엔비디아 젠슨 황

생각하는 기계

엔비디아 젠슨 황

NVIDIA
JENSEN HUANG

생각하는 기계

THE
THINKING
MACHINE

스티븐 위트 지음
백우진 옮김

RHK
알에이치코리아

불가능해 보이는 것조차 실행하라.
Practice even what seems impossile.

———————————

마르쿠스 아우렐리우스
Marcus Aurelius Antoninus

"젠슨 황은 우리보다 한 수 위이다. 그는 AI가 이 시대를 변화시킬 기술이라는 사실을 누구보다 먼저 알아차렸고, 그것을 비즈니스로 실현해 냈다. 이 밀착 취재는 우리가 앞으로 살아가게 될 미래에 대한 중요한 입문서이다."

스콧 갤러웨이 Scott Galloway, 뉴욕 대학교 경영대 교수, 《부의 공식》, 《플랫폼 제국의 미래》 저자

"흥미진진하고 훌륭하게 묘사된 책. 이 책은 우리 시대의 가장 중요한 기술 중 하나인 AI 반도체의 기원에 대한 놀라운 이야기이다."

무스타파 술레이만 Mustafa Suleyman, 마이크로소프트 AI CEO, 딥마인드 창시자

"이 책은 인공지능의 기하급수적인 성장과 인류의 필연적인 기술 융합을 주도하는 기업인 젠슨 황과 엔비디아의 흥미진진하고 예상치 못한 이야기를 훌륭하게 포착한다. 인류가 무한한 미래를 향해 도약하도록 이끄는 선구자들을 엿볼 수 있게 해준다."

레이 커즈와일 Ray Kurzweil, 미래학자, 《특이점이 온다》 저자

"흥미롭고 잘 조사된 이 책은 지금 세계에서 가장 가치 있는 기업 중 하나에 대해 더 많은 이야기가 필요하다는 사실을 알려준다. 다행히 이 책은 그 갈증을 충분히 충족시키고 있다."

타일러 코웬 Tyler Cowen, 조지메이슨 대학교 경제학 교수

"《엔비디아 젠슨 황, 생각하는 기계》를 읽기 전까지는, 젠슨 황과 엔비디아의 부상이 AI의 급속한 발전과 얼마나 밀접하게 연결되어 있는지 알지 못할 것이다. 광범위한 서사는 우리 삶을 빠르게 바꾸고 있는 여러 동인들을 하나의 생생한 기업 이야기에 담아 보여준다. 이 기묘하고 독특한 기업가가 어떻게 놀라운 회사를 만들고, 우리 시대의 대변혁을 이끌고 있는지 읽는 즐거움으로 가득하다."

리브스 위데먼 Reeves Wiedeman, 《빌리언달러 루저》 저자

"이 책은 비즈니스에 대한 강렬한 헌신, 사람에 대한 충성심, 철저한 직업 윤리를 가진 대만 이민자가 어떻게 인공지능 혁명의 엔진을 구축했는지에 대한 특별한 이야기이다."

마이클 모리츠 Michael Moritz, 세쿼이아 캐피털 전 회장

"엔비디아의 유일한 CEO 젠슨 황의 자서전 형식을 띠고 있지만, 이 책은 그보다 훨씬 더 흥미롭고 통찰력 있는 내용을 담고 있다. 초강력 AI가 등장하게 된 지적·문화적·경제적 생태계를 엿볼 수 있는 창이다. 스티븐 위트가 보여주는 가장 중요한 시사점 중 하나는, 엔비디아의 성공은 실리콘밸리, 그리고 더 넓게는 기술 산업 전반의 문화와 경제를 빼고서는 이해할 수 없다는 사실이다."

제임스 서로위키 James Surowiecki, 《대중의 지혜》 저자, 〈애틀랜틱〉 칼럼니스트

"흥미진진한 책이다. 월 스트리트 최고의 투자처이자 대중적으로도 널리 알려진 기업이 된 엔비디아의 이야기는 그 자체로도 매우 매력적이다."

케이티 노토풀로스 Katie Notopoulos**, 〈뉴욕 타임스〉 칼럼니스트**

"스티븐 위트는 AI의 하드웨어와 소프트웨어를 설명하는 데 능숙하다. 병렬 처리나 대규모 언어 모델 같은 개념이 익숙하지 않은 일반 독자들도 이 책《엔비디아 젠슨 황, 생각하는 기계》를 읽어볼 가치가 있다."

마크 레빈슨 Marc Levinson**, 경제학자, 《세계화의 종말과 새로운 시작》 저자,**
〈월 스트리트 저널〉 칼럼니스트

"이 시대, 아마도 이 세기 전체를 규정할 AI 혁명은 극소수 천재들의 어깨 위에 놓여 있다. 젠슨 황은 그 중심에 있는 인물이다. 이 책은 이 하드웨어 마법사의 복잡하고 고립된 면모를 흥미롭고 때론 불편하게 잘 포착해 냈다. 우리는 지금, 거의 자각을 가진 듯한 기계들을 향해 질주하고 있는 중이다."

세바스찬 말러비 Sebastian Mallaby**, 《투자의 진화》 저자**

"심도 있는 이야기들이 《엔비디아 젠슨 황, 생각하는 기계》의 모든 페이지에서 빛을 발한다. 그 결과, 아마도 지금 세계에서 가장 영향력 있는 CEO와 기업에 대한 손에서 놓을 수 없는 전기가 탄생했다."

데이비드 엡스타인 David Epstein, 《늦깎이 천재들의 비밀》 저자

"이 책은 '엔비디아 사람들'이 무엇을 했는지 뿐만 아니라, 그들의 발명품이 역사의 큰 흐름 속에서 어떤 영향을 미칠지에 대해 깊이 있게 탐구한다."

엠마 코스그로브 Emma Cosgrove, 〈비즈니스 인사이더〉 칼럼니스트

"이 책은 읽을 만한 가치가 충분하다."

〈월 스트리트 저널〉

"살아있는 전기. 엔비디아가 월스트리트에서 가장 뜨거운 투자처이자 유명 인사가 된 흥미로운 이야기!"

〈뉴욕 타임스〉

한 사람의 지칠 줄 모르는
뚝심이 만든 새로운 역사

변방에서 시작해 제국의 중심으로 향하는 영웅의 이야기는 대만 출신 작가 신필 김용의 무협지에서 언제나 반복되는 구성입니다. 대만에서 태어나 태국을 거쳐 미국의 시골에서 자란 후 주립대를 졸업하고 인류의 미래에 큰 영향력을 끼치고 있는 이 책의 주인공 서사 역시 다르지 않습니다. 차이가 있다면 예전 무협인의 목표가 중원을 평정하는 것인데 비해 이제 지구를 넘어 우주 탄생의 원리를 향하고 있다는 것입니다.

그 시작은 더욱 영웅담에 비견할 만합니다. 비디오게임을 위한 하드웨어 가속기라는 틈새 시장에 불과한 산업에, 그것도 36번째 후발주자로 들어가 1위로 올라설 때까지 쉬지 않고 달려온 과정은 책을 읽는 내내 독자들을 숨가쁘게 조여옵니다. 한 제품의 성공에도 바로 그다음 제품의 출시를 몰아치는 속도는 그 어떤 경쟁자도 따라하기 어려운 경쟁력의 원천이었습니다.

심지어 회사가 주식 시장에 성공리에 상장된 다음 날에도 "우리는 여전히 고전하고 있습니다. 더는 시간이 없습니다. 반드시 끝내야 합니다"라는 내용의 이메일을 직원들에게 보냈다는 내용에 이르면 그의 목표는 어쩌면 스스로를 넘어서는 것이 아닐까 생각하게 됩니다. 그는 목표를 정하면 절대 포기하지 않고, 시가총액 1위 자리를 차지한 지금도 55명에게 직접 보고를 받으며, 1993년 창업 이후 모든 결정을 스스로 해냈습니다. 그리고 이제, 인류 역사상 가장 큰 혁신으로 기대되는 인공지능의 도로를 만들어내는 막중한 책무를 짊어지고 있습니다.

그 자리에 오른 행운 역시 뚝심 있게 기초공사를 차분히 준비했기에 얻을 수 있었습니다. 엔비디아와 젠슨 황이 그래픽카드의 상품성을 높이기 위해 시도한 기술은 남들은 쓰지 않는, 병렬 처리 방식이었습니다. 한꺼번에 여러 개의 연산을 수행하는 병렬 처리는 그 효율성은 높았지만 사용하기 까다로운 방식이었고, 컴퓨팅 산업 분야에서 누구도 성공한 적이 없는 방식이었습니다. 하지만 굴하지 않고 연구개발을 지속해 마침내 성공시켰고, 이후에는 그 효용성이 그래픽이 아닌 곳에서도 활용될 것이라는 확신을 가집니다. 모두가 믿지 않았던 일이고, 예상조차 하지 못한 일이었습니다. 하지만 그는 이 기술이 다른 산업 분야에서 쓰일 수 있음을 증명하기 위해 수

많은 과학자와 연구자들을 꾸준히 지원해 왔습니다. 무엇보다 하드웨어 개발에만 머무르지 않고 소프트웨어 저작도구인 쿠다CUDA의 개발에 많은 투자를 지속적으로 감행해 사용자를 위한 에코시스템을 형성했습니다.

그 후 마법 같은 인류사의 발견들이 이어졌습니다. 눈으로 물체를 인식하는 다양한 기법을 실험하던 과학자들이 지금껏 너무나 많은 연산 자원이 필요해 시도조차 하지 못했던 심층 신경망 기반의 방식을 엔비디아의 그래픽카드를 이용하면 매우 빠른 시간 내에 구현할 수 있음을 증명했습니다. 사람들이 만들어낸 수많은 데이터가 이러한 머신러닝의 원료로 쓰이고, 또 다른 천재들이 연구와 개발에 몰입하며 이제 그가 놓은 병렬 처리 고속도로 위에 수많은 인공지능 슈퍼카들이 질주하기 시작했습니다.

무협인이 극한의 수련을 통해 근육과 기공을 조련해 초인적 힘을 가진 후 의협과 도를 지키는 사회를 만들어내고자 한 것은, 부당한 삶에 지친 민초들의 꿈을 보듬은 작가의 배려가 작동한 것입니다. 우리 시대의 과학자들이 뇌의 현상을 모사하여 인간 지능의 한계를 초월하는 초지능을 만들고자 하는 것은, 순수한 호기심에서 출발하였지만 더 현명한 무엇인가를 추구하는 호모 사피엔스라는 종의 본능을 따른 것일지 모릅니다.

그 동기와 결과가 무엇이든, 그것을 가능케 한 열정의 주인공의 이야기는 우리의 눈을 사로잡습니다. 지구 위 가장 똑똑한 생명체라 자랑해 온 인류가 스스로를 넘어설지 모르는 무엇인가를 만들고 있는, 흥미진진한 현재 진행형 역사의 현장을 들여다보고 싶은 모든 분들께 일독을 권합니다. 그리고 그 중심에는 한 사람의 지칠 줄 모르는 뚝심이 있음을 알게 될 것입니다.

송길영 _ 마인드 마이너, 《시대예보》 저자

AI 시대를 이끌 주역이 될 것인가, 이대로 주저앉을 것인가

젠슨 황Jensen Huang은 자동차 사고로 목숨을 잃을 뻔했던 순간이 있었다고 한다. 프러포즈 직후, 눈 덮인 도로에서 스포츠카가 전복되는 대형 사고였다. 일반적인 상황이었다면 생사를 넘나드는 충격에 빠지거나 최소한 운전에 대한 공포를 갖게 되었겠지만,《엔비디아 젠슨 황, 생각하는 기계》에 등장하는 젠슨 황은 오히려 그 극단적 위기를 삶의 터닝포인트로 삼았다. 작가 스티븐 위트는 이 장면을 통해, 젠슨 황이 어떻게 위험과 불확실성을 '공포'가 아닌 '도전의 촉매제'로 바꾸는지 생생하게 보여준다. 불가능해 보이는 상황에서 돌파구를 찾아내고야 마는 이 태도는, 그가 훗날 엔비디아를 비디오게임 그래픽용 칩 설계 회사에서 AI 시대를 선도하는 세계적인 기업으로 성장시킬 수 있었던 원동력이라 할 수 있다.

극한의 환경에서 길러진 끈기와 도전 정신

이야기는 그가 성장기 시절, 미국 켄터키의 기숙학교에서 고립된 환경과 차별을 온몸으로 겪으며 학업에 매달렸던 시기로 거슬러 올라간다. 언어적·문화적 장벽과 왕따를 동시에 겪었지만, 그곳에서 오히려 끈기와 투지를 배운 젠슨 황은 훗날 메모리나 CPU가 아닌 GPU로 새로운 시장을 열어젖히는 혁신의 주역이 된다. 이 대목은 내가 유튜브 영상 및 강연 등에서도 여러 차례 강조했던 부분과 일맥상통한다. 반도체 산업은 결코 평탄한 길이 아니며, 연구개발 단

젠슨 황은 누구?

출생	1963년 대만 타이난시
이민	10세에 미국 켄터키주 이주
학력	오리건 주립대 졸업(1984년 학사), 스탠퍼드 대학교 대학원 졸업(1992년 석사)
창업	1993년 엔비디아 설립
성과	세계 최초 GPU 개발(1995년), 쿠다 아키텍처 공개(2006년), 시가총액 1위 기업 등극(2024년 6월)
자산	약 1,170억 달러(한화 약 156조 원, 2024년)
세계 부자 순위	11위(2024년)

엔비디아 시가총액 1위 등극 추이

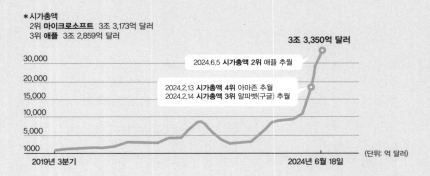

*시가총액
2위 **마이크로소프트** 3조 3,173억 달러
3위 **애플** 3조 2,859억 달러

3조 3,350억 달러

30,000

2024.6.5 **시가총액 2위** 애플 추월

20,000

2024.2.13 **시가총액 4위** 아마존 추월
2024.2.14 **시가총액 3위** 알파벳(구글) 추월

15,000

10,000

5,000

1000

2019년 3분기

2024년 6월 18일

(단위: 억 달러)

시가총액 3조 달러 달성까지 걸린 시간

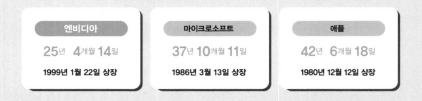

엔비디아	마이크로소프트	애플
25년 4개월 14일	37년 10개월 11일	42년 6개월 18일
1999년 1월 22일 상장	1986년 3월 13일 상장	1980년 12월 12일 상장

계에서 수많은 장애물을 만나게 된다. 혼자 하는 일이 아니라 다수가, 하나의 기업이 아니라 거미줄처럼 복잡하게 얽힌 기업들 사이에서 탄생하는 인류 역사상 가장 아름다운 '예술 작품'이기 때문이다.

현재 AI 시대의 도래와 함께 몰아친 거대한 파도는 누군가에게는 쓰나미 같은 재앙이, 누군가에게는 서핑을 타기에 딱 좋은 파도로 다가온다. 그리고 현 시대에는 스스로에게 주어진 악조건을 역으로 활용해 더 빠르게 성장하는 사람만이 시장의 파고를 넘어설 수 있다.

나는 반도체 전공자로서, 그리고 오랜 기간 유튜브 채널을 운영하고, 뉴미디어 분야 과학기술 관련 콘텐츠를 제작하는 입장에서, 젠슨 황의 자서전《엔비디아 젠슨 황, 생각하는 기계》를 읽으며 큰 영감을 받았다. 특히 이 책에서 자주 등장하는 테마 중 하나는 '기술적 모험을 현실적 근거 위에서 실행한다'라는 것이다. 그의 도전은 결코 막연한 베팅이 아니라, 산업과 시장에 대한 면밀한 분석을 기초로 이루어진다. 한때 무모해 보였던 병렬 컴퓨팅 기술 도입이나, 학계와 함께 GPU 연산을 연구하는 시도 또한 모두 '가능성이 있다고 믿는 현실'을 철저히 검증한 뒤에야 추진되었다. 이는 반도체 산업에서 흔히 간과하기 쉬운 부분이기도 하다. 기술 개발 자체로 끝나서는 안 되며, 이를 상용화하고 시장으로 연결할 수 있는 냉정한 평가와 실제 테스트가 반드시 뒤따라야 함을 젠슨 황은 몸소 보여주었다.

비디오게임용 칩에서 AI 훈련의 핵심으로

또 한 가지 주목할 부분은 젠슨 황이 "AI가 앞으로 모든 것을 바꿀 것"이라고 일찍이 단언했다는 점이다. 비디오게임 그래픽용 칩을 만들던 엔비디아가, 딥러닝과 AI 연구의 요람이 된 것은 결코 우연이 아니었다. 실제로 일전에 엔비디아 임원분과의 인터뷰에서도 그들의 성공은 결코 우연히 가상화폐와 블록체인 기술이 대세가 되고, AI가 시대의 결과물이 되었기에 운 좋게 시대에 편승한 것이 아니

급증하는 엔비디아 시가총액 추이

3조 4,489
(2025년 1월)

2조 570
(2024년 3월 2일)

1조 852
(2023년 5월 31일)

7352
(2021년 말)

814
(2018년 말)

3641
(2022년 말)

(단위: 억 달러)

엔비디아의 사업 구조

GPU	DGX	CUDA	엔비디아 AI	
반도체	AI 데이터센터시스템	소프트웨어	플랫폼	프로그램

자율주행

생성형 AI

신약 개발

로봇 개발

전 세계 데이터센터용 AI 반도체 시장 점유율

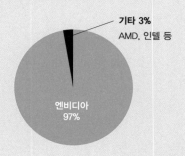

기타 3%
AMD, 인텔 등

엔비디아
97%

라 철저히 준비된 결과였음을 알 수 있었다.

병렬 GPU가 단순히 그래픽 렌더링에만 한정되지 않고, 막대한 계산량을 요구하는 AI 모델 훈련에도 최적화되어 있음을 젠슨 황은 일찍이 간파했다. 하지만 대부분의 사람들은 이 거대한 흐름을 읽지 못하고 그저 지나쳐간다. 한때 삼성전자가 AI에 대한 시대적 변화를 읽지 못하고 HBM 연구를 잠시 중단하는 악수를 둔 것처럼, 누군가는 거대한 변화 속에 흔들리고 중심을 잡지 못한다. 하지만 젠슨 황은 '확고한 리더십'을 가진 사람이었다. 실제로 엔비디아 GPU는 AI 훈련과 추론에 있어 사실상의 표준 플랫폼이 되었고, 이는 젠슨 황이 '시장이 원하는 것'을 발 빠르게 간파해 과감히 투자한 결과였다. 이러한 정신을 우리도 배울 필요가 있다. 대한민국 반도체 업계는 상대적으로 메모리 반도체에 치우쳐 있지만, 이제는 시스템 반도체나 AI 반도체 쪽으로 빠르게 이동하는 글로벌 추세에 대응해야 한다. 오랜 기간 나는 "한국 반도체 산업이 기술 초격차를 유지하려면 시스템 반도체와 AI 반도체 분야로 과감히 진출해야 한다"고 역설한 바 있는데, 젠슨 황의 성공 사례가 바로 그 필요성을 입증한다.

'황의 분노'를 가능케 한 리더십의 본질

한편 이 책을 통해 드러나는 젠슨 황의 독특한 리더십은 무척 흥미롭다. '황의 분노'라는 별칭이 있을 정도로, 그는 때로 직원들에게 거

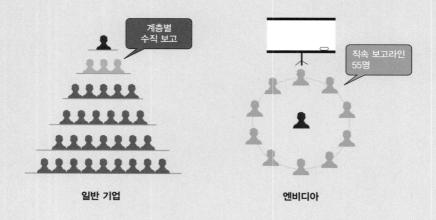

다이렉트 방식인 엔비디아의 보고체계

계층별
수직 보고

직속 보고라인
55명

일반 기업   엔비디아

친 면모를 보여준다. 그러나 이를 주변 사람들의 증언과 함께 살펴
보면, 순전히 개인적 성격이 아니라 '조직이 함께 나아갈 방향을 극
명하게 설정하기 위한 전략적 퍼포먼스'에 가깝다.

엔비디아 초창기 멤버들이 수십 년간 회사를 떠나지 않고 함께
성장했다는 점은, 그가 단순히 분노만 표출하는 게 아니라 직원들
에게 명확한 비전을 제시하고 성과를 공유한다는 사실을 보여준다.
이는 우리 기업들의 조직 문화에도 시사하는 바가 크다. 종종 "리
더가 위기를 외치기만 하고 구체적 대안을 제시하지 않는다"거나,
"직원에게 책임만 전가하고 성과를 보상해 주지 않는다"라는 문
제가 지적된다. 그러나 젠슨 황은 때로는 과격하게라도 임직원들
의 긴장감을 끌어올리고, 그 에너지를 명확한 목표 달성으로 이끈
다. 게다가 이를 위해 연구개발에 대대적인 투자와 조직 내부 보상

을 확실히 해주니, '리더의 강한 감정 표현'이 오히려 회사 전체를 한 방향으로 나아가게 만드는 동력이 되었다는 것이다. 회사를 이 끄는 것은 리더요, 회사를 구성하는 것은 직원 한 사람 한 사람이 기 때문이다. 이러한 그의 마인드는 행동 하나하나에도 드러나는데, 2025년 CES 엔비디아 행사장에 따로 초대를 받았고 젠슨 황을 만나볼 기회가 있었다. 엔비디아 코리아에서 감사하게도 초대를 해주셔서 CES 전시장 건너편의 한 호텔에 마련된 엔비디아 부스에 방문했다. 당일에 팀원과 함께 "젠슨 황이 와 있으면 조회수 100만은 나올 것 같은데…" 하는 농담을 주고받으며 호텔에 주차했던 것이 생각난다. 엔비디아 코리아의 상무님과 이야기를 나누고 있는 도중, 익숙한 '아저씨'가 쓱 지나가길래 설마 했는데 젠슨 황이었다. 이미 기조연설에서 대단한 퍼포먼스를 보여준 젠슨 황이었기에 엄청난 아우라가 보일 것 같았는데, 여타의 우리나라 고위 인사들과 달리 그는 머그잔을 한 손에 들고 터벅터벅 걸어 다니며 처음 본 내게 "Hi!"라고 격식 없이 인사를 건네며 본인의 감정을 솔직하게 표현하는 소박한 사람이었다. 물론 그때 입었던 가죽 재킷이 한화로 1,200만 원이 넘는다는 것을 보고 놀라긴 했지만, 아마 그에게 1,200만 원은 우리에게 1,200원 정도의 금액이 아닐까…? 그리고 잠깐 찍었던 젠슨 황과의 인사 장면은 인스타그램에서만 200만회, 유튜브에서도 30만 회 이상의 조회수를 기록했고, 그 인서트는 지금도 단물이 빠질 때까지 사용하고 있다.

엔비디아는 채용 문턱이 높기로 악명이 높지만, 일단 입사한 사람은 거의 해고하지 않는 회사라고 한다. 다음 날 출근하기 전까지 해고 사실도 모른다고 악명이 높은 실리콘밸리에서는 꽤나 드문 사례이다. 이는 반도체·AI 산업의 특성상 장기적 지식 축적과 팀워크가 필수적이기 때문에 내린 결단일 것이다.

실제로《엔비디아 젠슨 황, 생각하는 기계》의 인터뷰 내용을 살펴보면, 엔비디아 초기 멤버 중 상당수가 아직도 재직하고 있으며, 그 자녀까지 회사에 들어온 경우도 있다. 한때 엔비디아 직원의 80% 이상이 백만장자라는 기사가 보도되며 우리나라와 비교하는 일이 많았는데, 이러한 사례는 단순히 가족 경영이 아니라, 장기적 협업과 세대 간 기술 전수가 중요한 연구개발 중심 기업이 어떤 문화를 갖춰야 하는지를 보여주는 상징적 사례다. 실제로 2010년

현저히 낮은 엔비디아의 이직률

(단위: %)

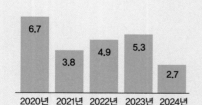

* 반도체 업계 평균 이직률 17.7%

엔비디아 매출 대비 R&D 비중

(단위: %)

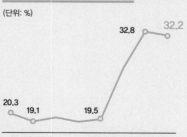

* 회계연도 기준. 2023 회계연도 1분기는 2022년 2~4월

엔비디아 2024년 11월~2025년 1분기 실적

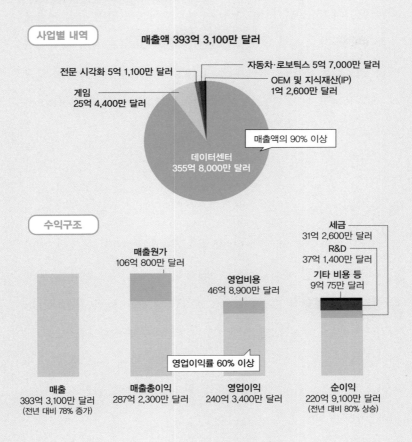

사업별 내역

매출액 393억 3,100만 달러

전문 시각화 5억 1,100만 달러

게임
25억 4,400만 달러

자동차·로보틱스 5억 7,000만 달러

OEM 및 지식재산(IP)
1억 2,600만 달러

매출액의 90% 이상

데이터센터
355억 8,000만 달러

수익구조

세금
31억 2,600만 달러

R&D
37억 1,400만 달러

기타 비용 등
9억 75만 달러

매출원가
106억 800만 달러

영업비용
46억 8,900만 달러

영업이익률 60% 이상

매출
393억 3,100만 달러
(전년 대비 78% 증가)

매출총이익
287억 2,300만 달러

영업이익
240억 3,400만 달러

순이익
220억 9,100만 달러
(전년 대비 80% 상승)

대 당시 우리나라의 우수 인력들이 해외로 유출되고, 삼성과 SK 일
부 임직원들이 중국으로 기술을 유출한 사례 역시 결국에는 '금전
적 보상'의 필요성에 대한 인식이 부족했기 때문이라고 생각되었
다. 그리고 이런 니즈를 채우지 못하는 근본적인 원인은 기업 문화
에 있을 것이다.

반도체는 사람과 자본이 장기간 축적되어야 하는 분야다. 따라서 대한민국 반도체 기업들도 단기 실적주의에서 벗어나, 인재들을 오랫동안 붙잡고 성장시키는 전략을 고민해야 한다. 과거에 작성한 여러 스크립트에서도 '반도체 인재 양성의 중요성'과 '장기적 보상과 커리어 로드맵'에 대한 주장이 자주 언급되었는데, 젠슨 황의 사례가 그 점을 다시 한번 뒷받침한다.

혼란 속에서 더욱 중요한 '기술 초격차'

오늘날 대한민국은 미·중 기술 패권 다툼의 전장에서 반도체, 배터리, 디스플레이 등 핵심 산업이 치열한 각축을 벌이고 있다. 반도체를 둘러싼 지정학적 갈등은 더욱 고조될 전망이다. 바이든 대통령 집권 당시 미국의 반도체법Chips and Science Act이 촉발한 파운드리 재편, 중국의 기술 굴기, 유럽연합EU과 일본의 반도체 육성 정책, 다시 돌아온 트럼프 시대로 인한 관세 전쟁 등 글로벌 공급망 재편과 맞물려 '기회와 위기'가 함께 몰려오고 있다.

이렇듯 혼란스러운 상황이지만, 바로 이때가 기술 초격차를 벌릴 최적의 타이밍이라는 사실을 우리는 잊지 말아야 한다. 젠슨 황이 한창 게임용 GPU에 매달려 있던 시절에도, 어느 누구도 '이것이 AI 시대의 핵심 부품이 될 것'이라고 확신하지 못했다. 그러나 그는 현실적 가능성을 냉정히 분석했고, 학계·산업계와 긴밀히 협업하며 GPU가 AI를 견인할 새로운 엔진이 될 것이라는 자신의 확

엔비디아를 선도기업으로 도약시킨 젠슨 황의 결단

```
┌─────────────────────────────────────────────┐
│  2012년 이미지넷 대회에서 알렉스넷 등장하며 우승  │
└─────────────────────────────────────────────┘
                    ▼
┌─────────────────────────────────────────────┐
│      엔비디아 GPU를 이용한 데이터 학습 훈련       │
└─────────────────────────────────────────────┘
                    ▼
┌─────────────────────────────────────────────┐
│             며칠 만에 딥러닝 완료               │
└─────────────────────────────────────────────┘
                    ▼
┌─────────────────────────────────────────────┐
│    "소프트웨어를 실행하는 완전히 새로운 방식"    │
│         – 젠슨 황 엔비디아 CEO                 │
└─────────────────────────────────────────────┘
                    ▼
┌─────────────────────────────────────────────┐
│       AI 반도체 기업으로 전면적 사업 전략 전환     │
│      1. 엔비디아 모든 칩의 초점 ⇒ AI에 집중      │
│      2. AI에 집중하는 연구·개발 조직 구축        │
└─────────────────────────────────────────────┘
                    ▼
```

AI용
GPU 시장
선점

신을 현실로 증명해 냈다. 이처럼 '과감한 혁신', '현실적 분석', '인재 육성', '글로벌 협력'이라는 네 가지 열쇠를 손에 쥘 때, 한국 반도체 산업도 현재의 혼돈을 새로운 도약의 발판으로 바꿀 수 있을 것이다.

실패를 뛰어넘어 얻은 노하우

엔비디아가 여러 번 위기에 봉착했을 때, 젠슨 황은 그 과정을 조직과 기술 역량을 업그레이드하는 기회로 삼았다. 한두 번 실패했다고 해서 주저앉지 않고, 오히려 그 실패에서 얻은 교훈을 반영해 새로운 제품 라인을 준비했다. 반도체 산업에서도 연구개발 실패 사례는 충분히 있을 수 있지만, 중요한 것은 그 실패를 발판 삼아 다음 프로젝트에 반영할 수 있는가이다. 우리나라 기업들이 종종 지나치게 단기 실적에 집중해, 실패했을 경우 인력 구조조정을 하거나 사업을 접어 버리는 경우가 있는데, 젠슨 황은 그러지 않았다. 오히려 기업 내부의 지식을 계속 쌓아 오면서, 경쟁자들과 확실한 기술 격차를 벌리는 방식으로 지속적인 초격차를 만들어냈다.

"한국 반도체 기업이 극복해야 할 것은 기술 그 자체보다, 내부 조정력의 부족과 근시안적 투자 문화"라는 지적이 나오는 것도 이러한 문제가 한국 깊숙이 퍼져 있다는 것을 시사한다. 정확히 젠슨 황의 사례가 이를 대변하는데, '불확실성도 결국 사람이 해결해 나가는 것'이라는 그의 철학이, 실패를 경험해도 그것이 곧 다음 성공의 밑거름이 되도록 장려한 셈이다.

AI가 불러올 미래, 그리고 우리의 과제

이 책은 AI가 불러올 변화에 대한 낙관과 경각심을 동시에 담아낸다. 젠슨 황은 AI를 단순한 기술 혁신으로 보지 않고, 인류의 삶 전반을 바꿀 새로운 문명적 전환으로 인식한다. 동시에 그는 AI가 일자리를 위협하거나 사회적 갈등을 촉발할 수 있음을 부정하지 않는다. 그럼에도 그러한 문제들을 해결하기 위해선 오히려 더 많은 사람이 AI를 연구하고, 이를 실제 산업과 사회에 접목해 보는 과정이 필요하다고 주장한다. 역사가 그러했듯 기술의 진보는 러다이트운동Luddite Movement이 일어난다고 한들 막을 수 없었다.

이러한 젠슨 황의 확고한 태도는 'AI 반도체와 클라우드 컴퓨팅, 그리고 로보틱스 분야 등에서 한국이 어떤 선택과 투자 우선순위를 가져야 하는가?'에 대해 힌트를 주는 듯하다. 젠슨 황이 GTC 2025에서 로봇을 깜짝 등장시켰듯, 앞으로는 로봇이나 자율주행, 의료, 금융 등 다양한 산업 분야가 AI와 결합해 급속도로 변할 것이다. 이뿐 아니라 공장 역시 AI와 결합된다.

GTC 2025에서도 강조되었듯, GPU 기반의 대규모 데이터 처리를 통해 공장을 효율적으로 가동함으로써 제조 효율이 크게 높아질 것이다. 이렇게 되면 제품 생산에서 물류, 유통까지 기존에 사람이 많은 시간과 노력을 들여 고민하던 문제들이 AI를 통해 효율적으로 해결될 것이며, 생산성은 높아지고 비용은 감소하는 효과를 불러올 것이다.

개인적으로 특히 관심 있는 것은 '피지컬 AIPhysical AI인데, 당연하겠지만 휴머노이드 로봇은 너무나 많은 정보를 처리해야 한다. 시각, 후각, 촉각, 청각 데이터 등을 처리하기 위해서는 다양한 데이터를 처리할 수 있는 멀티모달 AIMulti Modal AI는 선택이 아니라 필수다.

그리고 이 중심에 엔비디아의 GPU가 있다. 지금까지의 AI가 소프트웨어에 국한되어 있었다면, 이제 AI 기반의 로봇과 장비가 실제 세상과 물리적으로 소통하는 시대가 곧 다가올 것이다. 최근 여러 국내 대기업과 해외 빅 테크기업들이 로봇 관련 기업을 인수·합병하는 이유가 바로 미래를 준비하는 선제적 전략이 아닐까 조심스럽게 생각해 본다. 실제로 현대차그룹은 엔비디아의 플랫폼 '옴니버스Omniverse(엔비디아의 디지털 시뮬레이션 플랫폼)'를 중심으로 보스턴 다이내믹스Boston Dynamics 로봇을 시뮬레이션하며 학습시키고 있다. 구글의 제미나이Gemini 역시 피지컬 AI로 확장하며 엔비디아와 손을 잡았으니, AI의 중심에 엔비디아가 있다고 말할 만하다.

이 흐름에서 뒤처지지 않으려면, 반도체 연구개발 투자뿐 아니라 새로운 AI 생태계를 만들어가는 정책과 인프라 구축이 시급하다. 지금 이 시기에 과감한 도전과 실험을 한 기업만이, 훗날 AI 시대의 주도권을 쥘 수 있다.

대한민국이 직면한 지정학적 난관과 돌파구

미·중 갈등이 최악으로 치달을 경우, 한국 반도체 기업들은 미국 내 공장을 운영하면서 미국의 첨단 장비·기술을 수급하되 중국에 반도체를 판매하여야 한다. 또한 유럽과 일본의 반도체 제휴 정책 등 여러 모순적인 이해관계를 동시에 고려해야 한다. 이런 상황에서 우리는 '어떻게 실리와 기술 주권을 양립시킬 것인가?' 하는 문제에 부딪힌다. 이 난제 앞에서 젠슨 황은 글로벌 지정학적 리스크도 '결국 구체적인 기술과 시장 전략으로 돌파'할 수 있다는 걸 보여준다. 사실 가장 정확하되 가장 어려운 답이다. 압도적인 기술력과 이를 통해 쌓은 신뢰는 어떤 시장 상황에서든 돌파해 나갈 힘이 된다. 예컨대 엔비디아는 미국, 대만, 중국, 유럽, 한국 등 여러 파운드리나 고객사와 긴밀히 협력하면서도, 독보적인 핵심 기술을 바탕으로 누구도 함부로 손대지 못할 브랜드 파워를 키워 왔다. 한국 반도체 기업들도 핵심 기술력을 더 끌어올린다면, 미국과 중국 중 어느 한쪽에 치우치지 않고도 자율적 입지를 확보할 수 있을 것이다. 결국 중요한 건, 우리가 자체 연구개발 역량과 인재풀, 그리고 조직적 결단력을 가지고 있느냐이다.

사람과 혁신, 그리고 미래

정리하자면 『엔비디아 젠슨 황, 생각하는 기계』는 단순히 한 글로벌 테크기업 CEO의 성공 신화가 아니다. 극단적 위기 상황에서 어떻게 돌파구를 찾고, 어려운 환경에 처했을 때 끈기와 근면성을 어떻게 무기로 삼는지, 그리고 새로운 기술 패러다임을 시장과 협업하며 어떻게 구축하는지를 구체적 사례와 함께 보여준다. 이는 곧 대한민국이 현재 고민하는 정치적·산업적 과제에 대해 실질적인 해법을 제시한다고 볼 수 있다.

이 책의 핵심 메시지를 다시 한번 정리하면 크게 다섯 가지이다.

첫째, 혼란스러운 정치·경제 환경일수록 절대 주저앉으면 안 된다. 오히려 불확실성이 큰 시기일수록 기술 초격차를 마련할 기회가 된다.

둘째, 강력한 리더십과 조직 문화를 구축해야 한다. '황의 분노'라고 해서 오해받을 수 있으나, 그것이 조직을 파괴하지 않고 역동적으로 만든 건 정확한 비전 제시와 성과 공유를 전제로 했기 때문이다.

셋째, 인재를 중시하고 장기적으로 육성해야 한다. 반도체 산업은 연구개발의 깊이가 결정적이며, 이는 단기적 성과주의로 얻을 수 없다.

넷째, AI가 가져올 미래는 위협이 아닌 새로운 가능성으로 볼 필요가 있다. 문제는 AI 기술 자체가 아니라, 우리가 그 기술을 어떻게 사회적 가치 창출로 연결해 내는가 하는 것이다.

다섯째, 지정학적 위기를 기술·시장 전략으로 돌파해야 한다. 미·중 갈등이 심화되더라도, 독보적인 기술을 갖춘 기업은 어디서나 협상을 주도할 수 있다.

결국 젠슨 황의 인생을 통해 얻을 수 있는 가장 큰 교훈은 '위기는 곧 혁신의 토양이 된다'는 가장 단순한 사실이다. 그리고 그 중심에는 언제나 '사람'이 있고, 그 사람들을 하나의 목표로 결집시키는 '리더'가 있다. 스스로에게 끊임없이 질문하고, 답을 구해 나가는 과정이 지금의 대한민국에도 필요하다.

우리가 이 기회를 살려, 반도체와 AI 시대의 세계적인 리더로 도약할지, 아니면 남의 성공 사례를 바라보며 뒷걸음질 칠지는 우리의 선택과 노력에 달려 있다. 엔비디아의 GPU가 AI 시대를 열었듯, 우리가 만들어낼 새로운 혁신이 앞으로 10~20년 뒤 세상을 바꿀 수 있다. 그 중요한 변곡점을 눈앞에 둔 지금, 대한민국 반도체와 AI 업계가 젠슨 황이 보여준 통찰을 깊이 새기고, 과감한 혁신, 현실적 분석, 인재 육성, 글로벌 협력의 네 가지 화두를 실천으로 옮기길 바란다. 그렇게만 한다면, 현재의 혼란이 오히려 새로운 시대를 여는 마중물이 될 것이다.

권순용 _ 하이젠버그 대표, 유튜브 채널 '에스오디' 운영자

한눈으로 보는 엔비디아

엔비디아는 어떤 회사

창업자 겸 CEO	젠슨 황
설립연도	1993년
직원수	3만 6,000명(2025. 1)
본사	미국 캘리포니아주 산타클라라
연매출	609억 2,000만 달러(2024)
순이익	297억 6,000만 달러(2024)
사업 영역	고성능 컴퓨팅을 위한 그래픽처리장치(GPU), AI 가속 컴퓨팅, 데이터센터 솔루션, 그외 로보틱스 분야와 자율주행, 바이오, 로봇 플랫폼 등까지 확대 중

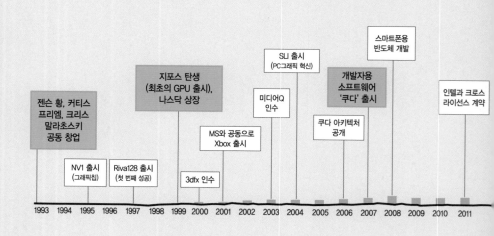

세계 반도체 공급업체 순위

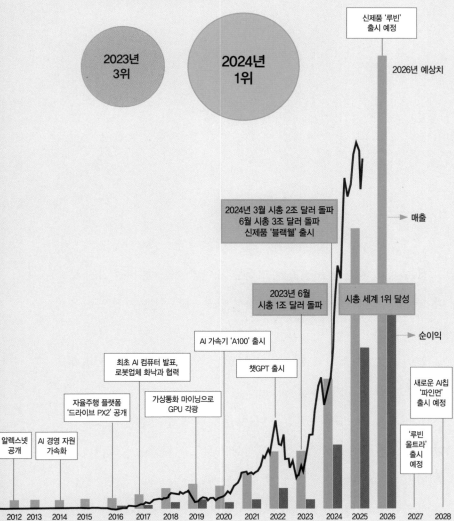

2023년
3위

2024년
1위

신제품 '루빈'
출시 예정

2026년 예상치

2024년 3월 시총 2조 달러 돌파
6월 시총 3조 달러 돌파
신제품 '블랙웰' 출시

매출

2023년 6월
시총 1조 달러 돌파

시총 세계 1위 달성

AI 가속기 'A100' 출시

순이익

최초 AI 컴퓨터 발표,
로봇업체 화낙과 협력

챗GPT 출시

자율주행 플랫폼
'드라이브 PX2' 공개

가상통화 마이닝으로
GPU 각광

새로운 AI칩
'파인먼'
출시 예정

알렉스넷
공개

AI 경영 자원
가속화

'루빈
울트라'
출시
예정

2012 2013 2014 2015 2016 2017 2018 2019 2020 2021 2022 2023 2024 2025 2026 2027 2028

엔비디아 젠슨 황 ✕ 생각하는 기계

한국어판 서문

젠슨 황의 자서전을 집필할 기회를 제안받았을 때, 나는 누구보다 놀랐다. 당시 엔비디아는 세계에서 가장 가치 있는 기업으로 올라서고 있었다. 반면 나는 그때까지 책을 단 한 권, 10여 년 전에 냈을 뿐이었고, 판매 실적도 소소했다. 나는 여러 해에 걸쳐 두 번째 책의 주제를 찾고 있었다.

내게는 강점이 하나 있었다. 나는 젠슨 황에게 완전히 매료되어 있었다. 그의 활동을 25년 가까이 관심을 갖고 지켜봤다. 또 2001년 엔비디아가 S&P500 지수에 편입됐을 때 주식도 매수했다. 물론 결과는 실망스러웠다. 내가 주식을 매수한 이후 엔비디아의 주가는 90% 이상 폭락했고, 10년 넘게 회복되지 않았다. 나는 실망한 나머지 그 중간 어느 시점에 주식을 팔아버린 뒤 다시는 사지 않았다.

그때 엔비디아는 오직 비디오게임 관련 하드웨어를 설계하는 회사로만 알려져 있었고, 젠슨은 업계에서 다소 변덕스러운 인물로 여겨졌다. 그는 거창한 선언을 했지만, 성과로 연결되지 않았고, 자주 사업 전략을 바꾸었다. 엔비디아가 상장한 1999년 젠슨의 나이는 36세에 불과했고, 그의 판단력과 성숙함에 의문을 제기하는 사람들이 있었다. 그가 불같이 화를 낸다는 소문도 있었다. 오랜 시간 동안 — 사실상 젠슨이 활동한 시기 중 대부분 동안 — 엔비디아에 대한 평판은 좋지 않았다.

그러나 2010년대 중반, 엔비디아 주가는 긴 침체를 벗어났다. 젠슨은 비디오게임을 구동하던 엔비디아의 회로기판을 과학자들을 위한 용도로 전환했다. 그 과학자 중에는 인공지능^AI 분야의 개척자들이 있었는데, 이들은 엔비디아의 하드웨어를 이용해 놀라운 돌파구를 만들어냈다. 그때 젠슨 황은 그 가능성을 알아보고 새로운 기술을 중심으로 엔비디아의 사업 방향을 전환했다. 지금의 AI 생태계는 그 시기에 만들어진 엔비디아의 플랫폼을 중심으로 형성되었다.

2020년대 초, 엔비디아는 세계에서 가장 뜨거운 주식이 되었고, 한때 고군분투하던 CEO는 세계에서 손꼽히는 부자가 되었다. 그의 옷차림도 평범한 비즈니스 캐주얼에서 디자이너 가죽 재킷으로 업그레이드되었다.

나는 이 이야기를 〈뉴요커^The New Yorker〉에도 연재할 것을 제안하면서 "AI에 관심이 있다"고 말했다. 그런데 나는 사실 젠슨 황의 비범한 여정 자체에 더 큰 흥미를 느꼈다. 50대 후반에 접어든 젠슨은 어떻게 이 시대에 가장 주목받는 사업가의 반열에 오를 수 있었을까? 그게 바로 내가 알고 싶었던 진짜 이야기였다.

나는 인터뷰를 앞두고 사전조사를 철저히 하는 편인데, 젠슨과의 첫 대화를 위해서 평소보다 대여섯 배에 달하는 노력을 기울였다. 그 결과 나는 젠슨과 관련해 첩보 스릴러에 나올 정도로 방대한 자료를 축적하게 되었다. 그 자료집에는 그의 생년월일과 학력, 경력 외에 어린 시절 친구들의 이름, 좋아하는 음식까지 포함되어 있었다. 〈뉴욕 타임스The New York Times〉에 실린 엔비디아 관련 기사 700여 건을 검토했고, 그때까지 젠슨 황이 출연한 유튜브 영상을 전부 시청했다. 오래된 영상은 시기가 2000년대 중반까지 거슬러 올라갔다. 아직 그가 유명해지기 전, 평범한 옷차림으로 투자자들의 신임을 얻기 위해 고군분투하던 시절이었다.

그런 다음 질문 리스트를 만들었다. 다른 어떤 기자도 젠슨에게 물어본 적이 없었을 것이 분명한 질문들이었다. 나는 젠슨의 관심은 매우 귀중한 자산이라고 생각했다. 그의 일 년 치 결정은 수조 원 규모의 시장 가치를 좌우할 수 있다는 점에서였다. 나는 젠슨의 시간 1분의 가치가 100만 달러쯤 될 것이라고 추산했다. (물론 정확하지는 않지만 어느 정도 들어맞는 금액일 것이다. 젠슨은 이를 'CEO 수학'이라고 부른다.)

첫 인터뷰는 엔비디아 본사의 네오퓨처리즘 스타일 회의실에서 진행되었다. 젠슨이 직접 디자인을 고른 회의실이었다. 본인의 요청으로 시작된 프로젝트임에도 그는 처음에는 내게 별 관심이 없어 보였다. 하지만 나는 과감하게 본론으로 들어갔다. 사전에 자료를 조사하는 과정에서 젠슨이 자동차 사고로 죽을 뻔했던 일을 잠깐 언급한 15년 전 인터뷰 기사를 읽었다. 당시 기자는 그 사고에 대해 더 물어보지 않았고, 젠슨도 이후 그 얘기를 한 번도 꺼내지 않았다는 걸 알게 됐다. 나는 그 이야기로 시작하기로 했다. "교통사고로 거의 죽을 뻔했던 때에 대해 들려주세요." 그러자 젠슨은 자세를 바꿔 몸을 바로 세우고 미소를 지은 채 나를 바라보며 말했다. "그 얘기를 들었나요?"

그 뒤 인터뷰는 술술 풀렸다. 한 시간 동안 나는 완전히 새로운, 그의 자서전을 쓰는 데 필요한 질문들을 던졌다. 젠슨은 어떻게 결혼 프러포즈를 하고 몇 시간 뒤에 눈 내리는 도로에서 스포츠카가 전복되는 사고를 겪었는지 들려줬다. 이어 가족 이야기와 성장 과정, 엔지니어로서의 초기 경력, 친구, 자녀, 자신의 커리어에서 겪은 어려움 등을 털어놓았다. 내가 던지는 질문들을 통해 전혀 다른 모습의 젠슨이 드러났다.

이후 나는 정기적으로 젠슨을 인터뷰했다. 엔비디아 본사 회의실에서, 강연 무대 뒤에서, 때로는 데니스Denny's 식당에서 긴 아침 식사를 하며 그를 만났다. 인터뷰가 거듭되면서 젠슨의 성격 중 또 다른 면모가 드러났다. 그는 복잡한 인물이다. 그는 때때로 인터뷰

중에도 자신의 의견을 바꾸곤 했다.

그는 비전가였다.

그래서 단순한 컴퓨팅 원리만으로도 먼 미래를 내다볼 수 있었다.

그는 인연을 중시했다.

그의 핵심 경영진은 수십 년간 거의 바뀌지 않았고, 그는 여가 시간의 대부분을 아내와 함께 보낸다.

그는 예측 불가이다.

인터뷰를 많이 할수록 그의 다음 말을 짐작하기가 더 어려워졌다. 그리고 소문이 사실임을 알게 됐다. 그는 정말 성격이 불같았다. 나 역시 그걸 직접 겪었다.

내가 이런 특별한 접근을 허락받을 수 있었던 이유는 간단하다. 내가 '숙제'를 철저히 했기 때문이다. 젠슨은 숙제를 좋아한다. 그는 숙제를 통해 학교에서 두각을 나타냈고, 아내도 숙제를 통해 만났다.

책을 쓰는 과정에서 나는 수많은 엔비디아 경영진들을 인터뷰할 기회를 얻었는데, 그들 모두 숙제를 열심히 했다. 나는 엔비디아의 전·현직 직원을 100명 가까이 만났는데, 그들은 내가 만난 사람들 중 가장 준비를 잘해서 왔다. 젠슨의 오래된 친구들 — 그를 경외하는 목소리로 묘사한 이들 —도 만났고, 예전의 라이벌들도 만났다. 애널리스트와 과학자, 투자자, 고객, 게이머들과도 이야기를 나눴다. 총 300여 명의 사람들을 인터뷰해 이 책을 썼다.

숙제를 꾸준히, 제대로 하는 것이야말로 젠슨의 성공 비결이었다. 그는 내가 들어본 모든 경영서를 읽었고, 내가 모르는 책들도 수없이 읽었다. 그로부터 그는 비범한 사업 전략을 도출해 냈다. 엔비디아는 예산이 적은 학계 고객을 위해 세계 최고 수준의 컴퓨터를 제작했다. 학계의 연구비는 적고, 그런 컴퓨터를 개발하는 비용은 컸기 때문에 많은 투자자들은 그 전략이 말도 안 된다고 생각했다. 그러나 젠슨은 정신이 나간 게 아니었다. 그는, 사업 전략은 약간 미친 것처럼 보여야 한다는 걸 알고 있었다. 그렇지 않으면 모두가 따라 하게 되고, 이익은 경쟁 속에 사라진다.

그리고 마침내 하드웨어 산업이 AI와 만났을 때, 젠슨은 홀로 그 기회를 즐길 수 있었다.

스티븐 위트

들어가며

이 책은 비디오게임 하드웨어 시장의 틈새 기업이 어떻게 세계에서 가장 기업 가치가 높은 회사가 되었는지에 대한 이야기이다. 더불어 30년간 컴퓨팅에 대한 급진적인 비전을 밀어붙이며 마침내 세계에서 가장 부유한 사람 중 한 명이 된 고집스러운 기업가의 이야기이기도 하다. 또한 실리콘밸리 기술 혁명에 관한 이야기인 동시에 이를 가능하게 만든, 월 스트리트의 예측을 거스르며 도전을 멈추지 않은 소수의 개척정신을 가진 엔지니어들이 만들어낸 이야기이며, 인간의 미래에 어떤 영향을 미칠지 알 수 없는 놀랍고도 두려운 새로운 범주인 인공지능 탄생에 관한 이야기이다.

이 이야기의 중심에는 추진력 있고 변덕스러우며 뛰어난 통찰력을 갖춘, 그리고 믿을 수 없을 정도의 헌신으로 전력을 다해온 한 사람이 있다. 바로 젠슨 황이다. 그가 CEO로 재임한 33년이란 기간은 S&P500에 포함된 그 어떤 테크기업 CEO의 재임 기간보다 길다. 젠슨 황은 친밀하다고 표현할 정도로 전자회로의 내부 구조를 깊이 이해하고 있는, 비전을 지닌 발명가이다. 그는 마이크로칩이 현재 할 수 있는 것이 무엇인지 근본 원리에서부터 생각을 시작하고, 미래에 무엇을 할 수 있는지에 대해 강한 확신을 가지고 과감하게 베팅한다. 항상 이기는 것은 아니지만 이길 때는 크게 성공을 거둔다. 젠슨 황이 초기 AI에 올인하여 투자한 것은 실리콘밸리 역사상 가장 뛰어난 투자 중 하나로 평가된다. 엔비디아는 오늘날 3조 달러 이상의 기업 가치를 자랑하며, 애플Apple과 마이크로소프트Microsoft에 필적하는 기업 가치를 지녔다.

내가 실제로 만난 젠슨 황은 매력적이고 유머러스하며, 때때로 자기 비하적인 태도를 보였다. 그는 진지하면서도 항상 반 농담조의 말투를 유지했다. 2023년 9월, 우리는 그가 가장 좋아하는 체인 레스토랑 데니스에서 아침 식사를 하며 이야기를 나누었다. 이 레스토랑은 30년 전 엔비디아의 사업 계획을 세운 바로 그곳이었다.

그는 매장 직원과 이야기를 나누며 슈퍼버드 샌드위치와 치킨 프라이드 스테이크를 포함해 일곱 가지 메뉴를 주문했다. 그러고는

● 엔비디아의 시가총액은 2025년 2월 20일 기준, 3조 4,300억 달러로 증가했고, 마이크로소프트를 능가했다.

이렇게 말했다. "제가 예전에 여기서 설거지 했었어요. 근데 정말 열심히 일했습니다! 진짜로요. 그래서 버스보이(레스토랑에서 웨이터를 도와 접시 등을 나른다.)까지 승진할 수 있었어요."

대만에서 태어난 젠슨 황은 열 살 때 미국으로 이민을 왔고, 데니스는 그가 미국에 정착하는 과정에서 중요한 역할을 한 장소였다. 그는 10대 시절 이곳에서 일하며 메뉴 전부를 다 먹어봤다고 했다. 그러면서 자신은 여전히 외부인의 시각을 가지고 있다고 말했다. "이민자는 이민자일 뿐이에요. 나는 언제나 중국인이죠."

그는 1993년, 30세의 나이에 ^{Nvidia} 엔비디아(발음은 '인비디아', '너비디아'가 아니다.)를 공동 설립했다.[•] 엔비디아는 초기에는 고사양 비디오게임 그래픽카드 시장을 공략했다. 엔비디아의 제품은 인기가 좋았고, 소비자들은 투명케이스를 사용해 엔비디아의 제품이 탑재되었다는 것을 뽐내기도 했다.

엔비디아는 1990년대 후반, 〈퀘이크^{Quake}〉 시리즈 게임을 더 잘 렌더링하기^{••} 위해 새로운 접근법을 취했다. 즉 프로세서의 아키텍처에^{•••} 미묘한 변화를 주어 한 번에 여러 문제를 해결할 수 있도록

- 이 책에서는 국내에 자리 잡은 '엔비디아'로 표기한다.
- •• 프로그래머가 2차원의 화상을 광원 등으로 처리하여 3차원 화상으로 만드는 과정을 뜻한다. 이 책에서 렌더링은 그 작업을 가리키거나, 그렇게 만들어진 화상을 그래픽카드가 게임 플레이어에게 보여주는 작업을 나타내는 말로 쓰였다.
- ••• 시스템 반도체는 회로와 아키텍처로 나뉘어 설계된다. 회로 설계는 반도체칩을 직접 대상으로 하고, 아키텍처 설계는 시스템의 구조와 동작 환경을 대상으로 삼는다.

한 것이다. '병렬 컴퓨팅 parallel computing'이라고 불리는 이 접근 방식은 당시로서는 도박에 가까운 혁신적인 도전이었다. 이에 대해 젠슨 황은 이제는 잊혀진 스타트업들의 목록을 늘어놓으며 이렇게 말했다.

"우리가 등장하기 전까지 병렬 컴퓨팅의 성공률은 0%였어요. 말 그대로 0%였습니다! 이를 사업화하려던 사람들은 모두 실패했습니다."

그는 이 암울한 기록을 무시하고, 월 스트리트 투자자들의 반대를 무릅쓰며, 10년 이상의 시간 동안 자신만의 독창적인 비전을 추구했다. 그는 게이머 외에도 기상 예보관, 방사선 전문의, 심해 석유 탐사관 등 엄청난 컴퓨팅 파워가 필요한 고객을 찾아냈다. 물론 그러는 동안 엔비디아의 주가는 부진했고, 자신의 자리를 지키기 위해 기업 사냥꾼들에게 맞서야 했다.

젠슨 황은 수년간 적자를 내면서도 회사의 명운을 이 도박에 계속 걸었다. 그러던 중 2012년 캐나다 토론토 대학교의 연구진이 이색적인 인공지능 방식인 신경망을 훈련하기 위해 엔비디아의 소비자용 그래픽카드 2장을 구매했다. 당시 신경망은 생물학적 뇌 구조를 모방하는 기술로, 학계에서 완전히 외면당하고 있었고, 대부분의 연구자들은 이를 시대에 뒤떨어진 장난감으로 여겼다. 그러나 젠슨 황은 자신의 병렬 컴퓨팅 플랫폼에서 신경망이 훈련되는 속도를 보고, 이 예상치 못한 공생 관계에 자신의 회사 전체를 걸었다. 이제 그는 늘 실패했고, 항상 외면당하던 두 기술, 즉 병렬 컴퓨팅과 신경망 개발을 모두 성공시켜야 했다.

딴 돈을 모조리 다시 거는 듯한 이 대담한 도전은 마침내 성공했다. 그러자 엔비디아의 가치는 수백 배로 뛰어올랐다. 지난 10년 동안 이 회사는 200달러짜리 게임 액세서리를 판매하는 기업에서 수백만 달러짜리 슈퍼컴퓨터 장비를 건물 한 층에 가득 채우는 규모로 공급하는 기업으로 진화했다. 오픈AI^OpenAI와 같은 선구자들과 협력하며, 엔비디아는 10년 연속으로 딥러닝 애플리케이션의 속도를 매년 10배씩 끌어올렸다. 미드저니^Midjourney, 챗GPT^ChatGPT, 코파일럿^Copilot 등 모든 주요 인공지능 애플리케이션은 엔비디아 GPU와 플랫폼을 통해 개발되었다. 현대 AI 혁명을 가능하게 한 것은 바로 이 100억 배로 증가한 연산 능력이었다.

하드웨어 시장에서 거의 독점적인 위치를 차지하고 있는 젠슨 황은 AI 분야에서 아마도 최고의 유력 인사일 것이다. 확실히 그는 AI로 가장 많은 돈을 벌었다. 이 '한 방에 부자가 되는' 전통에서 그는 캘리포니아 최초의 백만장자 새뮤얼 브래넌^Samuel Brannan과 가장 닮았다. 샌프란시스코에 거주하던 브래넌은 1849년 채굴 장비를 팔아 이름을 날렸다. 젠슨 황은 삽 대신 1,000억 개의 트랜지스터를 포함한 3만 달러짜리 AI 훈련용 마이크로칩을 판다. 그의 최신 하드웨어를 구매하기 위해서는 1년 이상 대기해야 하고, 중국 암시장에서는 칩이 2배 가격에 팔리고 있다.

그러나 젠슨은 사업가처럼 생각하지 않는다. 그는 엔지니어처럼 생각하며, 어려운 개념을 단순한 원리로 분해한 뒤, 그 원리를 효과적으로 활용한다. 그는 아침 식사 중 이렇게 말했다.

"나는 절대 망하지 않기 위해 할 수 있는 모든 것을 합니다. 실패하지 않기 위해 모든 걸 다 하죠."

젠슨은 AI를 통해 1960년대 초 IBM에 의해 도입된 이후 거의 변하지 않았던 디지털 컴퓨팅의 기본 아키텍처가 재구성되고 있다고 믿는다. 그는 말했다.

"딥러닝은 하나의 방법론입니다. 소프트웨어를 개발하는 새로운 방식이죠. 딥러닝은 알고리즘이 아닙니다."

이 새로운 소프트웨어는 놀라운 능력을 가지고 있다. 사람처럼 말할 수 있고, 대학 에세이를 작성하며, 까다로운 수학 문제를 풀고, 전문적인 의학 진단을 제공하거나 팟캐스트를 공동 진행할 수도 있다. 이 소프트웨어는 사용할 수 있는 연산 능력이 늘어나면서 할 수 있는 일도 계속 확장되고 있으며, 그 한계는 없어 보인다.

젠슨 황과 만나기 전날 밤, 나는 이 새로운 유형의 소프트웨어를 실행하는 로봇이 자신의 손을 바라보며 인식하는 듯한 모습을 보여준 후 블록을 색깔별로 정리하는 영상을 보았다. 오싹한 느낌이 들었다. 인간이라는 종의 퇴보가 눈앞에 닥친 것 같았다.

이에 대해 이야기하니 젠슨 황은 내 우려를 일축하듯 손가락으로 소시지를 팬케이크에 말면서 말했다.

"나는 이게 어떻게 작동하는지 알고 있습니다. 이건 별게 아닙니다. 전자레인지가 작동하는 방식과 다르지 않죠."

나는 다시 자율 로봇은 전자레인지와는 분명히 다른 위험을 불러일으킬 텐데 정말 걱정되지 않는지 물었다. 그는 이 기술에 대해 단 한 번도 걱정해 본 적이 없다고 답했다.

"이건 그냥 데이터를 처리하는 것뿐이에요. 걱정해야 할 다른 일이 훨씬 많죠."

이 기술이 어디로 향할지는 아무도 알 수 없다. 많은 기술 전문가들이 이제 AI의 능력이 인류의 생존 자체를 직접적으로 위협할 수 있다고 우려한다.(엔비디아의 플랫폼에서 처음으로 AI를 구현한 토론토 대학교 연구진도 이런 파멸론자 중 하나이다.) 젠슨 황은 이런 비관론을 일축한다. 그에게 있어서 AI는 순수한 진보의 힘이며, 그는 AI가 새로운 산업혁명을 촉진하고 있다고 선언한 바 있다. 이 주제에 대해서 그는 다른 생각을 전혀 받아들이지 않는다. 그의 강력한 카리스마는 약간 위압적으로 느껴질 정도였다. 실제로 엔비디아의 한 임원은 "젠슨 황과 상호작용하는 것은 전기 소켓에 손가락을 넣는 것과 같다"라고 말하기도 했다. 말은 그렇게 하지만 실제 엔비디아의 직원들은 젠슨 황을 숭배하며, 만약 그가 시장의 기회가 있다고 판단하고 고층 건물 창문 밖으로 나선다면 그조차 따라갈 것 같다는 생각이 들 정도였다.

2023년 5월, 폭주하는 AI의 위험을 핵전쟁과 동일시하는 성명이 발표되었다. 업계의 리더 수백 명이 이 성명을 지지했지만 젠슨 황은 서명하지 않았다. 일부 경제학자들은 산업혁명으로 인해 말의 개체 수가 감소했던 것처럼 AI가 인간에게 같은 영향을 미칠 수 있다고 우려했다. 이에 대해 젠슨 황은 "말은 경력 옵션이 제한적이지 않습니까. 예컨대 말은 타이핑을 할 수 없잖아요"라고 말했다. 나는 그와의 식사 자리를 마무리하며 우리의 대화 내용을 AI 엔진에 입력하면 즉각 구조적이고 더 나은 문장을 생성하는 모습을 보게 될 날이 머지않았다는 우려를 표명했다. 젠슨 황은 그 가능성을 부정하지 않았지만, 그런 일이 벌어지기까지 몇 년은 남았다고 답하며 나를 안심시켰다. 그리곤 "먼저 소설가들이 그 영향을 받을 겁니다"라고 말한 뒤 종업원에게 1,000달러를 팁으로 주고, 여러 접시에 남은 음식을 뒤로한 채 자리에서 일어났다.

나는 젠슨 황이 대하기 어려운 인물이라고 느꼈다. 어떤 면에서는 내가 취재한 사람들 중 가장 상대하기 힘든 사람이었다. 그는 자신에 대해 이야기하는 것을 싫어하며, 실제로 한 번은 내 질문에 답하지 않으려고 달아난 적도 있다. 이 책이 기획되기 전 〈뉴요커〉에 그에 대한 인물 기사를 쓴 적이 있다. 젠슨 황은 그 기사를 읽지 않았고, 앞으로도 읽을 의향이 없다고 말했다. 이 책에 대해서는 "책이 나오기 전에 내가 죽었으면 좋겠네요"라고 말했다.

그럼에도 불구하고 젠슨 황은 이 책을 위해 많은 사람들과 대화할 기회를 만들어주었다. 나는 그를 통해 엔비디아의 직원들과 공동 창업자들, 경쟁자들, 그의 오랜 친구들 몇몇을 포함해 약 300여 명과 만나 이야기를 나눴다. 많은 인터뷰에서 드러난 모습은 사랑받고 다소 엉뚱한 가족 중심적인 인물로, 엔비디아를 성공시킨 거리낌 없는 '포식자적' 경영자와는 거리가 멀었다. 그러나 바로 이런 유대감이 젠슨 황의 야망을 자극한다. 그는 자신의 불안과 직원들이 실망하게 되는 것에 대한 두려움, 가족 이름에 오명을 남기는 것에 대한 두려움에 대해 솔직하게 말했다. 일부 경영자들은 수익을 '점수 매기기'라고 표현하지만, 그에게 돈은 단지 미래의 재앙에 대비하기 위한 임시 보험일 뿐이다. 1,000억 달러 이상의 재산을 가진 사람이 이런 방식으로 이야기하는 것을 듣는 것은 일면 감동적이었다.

그를 움직이는 것은 불안만이 아니다. 그는 엔비디아의 기술이 만들어낸 매혹적인 힘에 대한 흥미로움에도 똑같이 이끌린다. 그는 처음부터 AI 선구자가 되려고 했던 것이 아니며, 심지어 병렬 컴퓨팅에 관심을 돌렸을 때조차도 그렇지 않았다. 하지만 AI가 등장하자 기계 지능에 대한 자신의 대담한 어젠다를 가능한 한 빠르게 그리고 멀리 밀어붙이기로 결심했다. 이 분야에서 가장 낙관적인 비전을 지닌 사람들조차 어느 정도 신중해야 한다고 권고한다. 예를 들어 오픈AI의 미션 역시 재앙을 막는 데 초점을 맞추고 있다. 그러나 젠슨 황은 AI가 긍정적인 결과만을 가져올 것이라고 믿는 거의 유일한 사람이다. 그는 이런 신념을 원동력으로 CEO로 재임한 지 30여 년이 지났음에도 여전히 하루 12~14시간, 주 7일 동안 일하고 있다.

물론 그는 AI가 아니었더라도 열심히 일했을 것이다. 그것은 그의 본성이고, 그의 삶을 관통하는 주제가 있다면 그것은 '증폭'이다. 그는 근면과 용기, 펀더멘털의 숙련이라는 단순한 원칙을 반복하고 또 반복하면서 점점 더 큰 성과를 이루었다. 나는 그가 훗날 어떤 사람이 될지, 그 대부분이 1973년 부모 없이 미국으로 온 어린 이민자 시절에 이미 드러났다는 사실에 놀랐다. 당시 환경은 너무나 좋지 않았는데도 그 악조건을 극복하고 기적적으로 살아남았으며, 그런 돌파력을 이후 현재에 이르는 과정에서 계속 보여주었다. 따라서 젠슨 황과 엔비디아를 완전히 이해하려면 엔비디아가 시작된 데니스 레스토랑이나 그가 나중에 건설한 거대한 기술의 성전이 아니라, 그가 처음으로 발을 디딘 가난한 시골 학교에서 이야기를 출발해야 한다.

━━━━━ PART 1 ━━━━━

세계가 탐내는 마이크로칩의 탄생

━━━ **PART 2** ━━━

엔비디아, AI 혁명의 미래

PART

1

세계가 탐내는 마이크로칩의 탄생

THE THINKING MACHINE

출렁다리에서 시작된 도전

01

The Bridge

1973년 말 어느 날, 열 살의 젠슨 황은 기숙사에서 깨어나 학교로 가는 위험한 여정을 떠났다. 대만에서 태어나 태국에서 자란 그는 그 무렵 미국 켄터키주의 시골 마을에 도착했다. 그의 등굣길은 경사진 언덕을 내려와 숲이 우거진 언덕 사이에 위치한 범람원을 지나, 밧줄로 매달려 있으며 판자가 군데군데 빠져서 발아래로 차가운 급류가 보이는 낡은 출렁다리로 이어졌다.

그는 똑똑하고 성실한 아이였고, 한 학년을 건너뛰어 6학년이 되었다. 나이에 비해 키가 작아 종종 학급에서 가장 작은 학생이었다. 그는 영어를 완벽하게 구사하지 못했고, 교내에서 유일한 아시아계 학생이었다. 같은 반 학생들의 부모는 대부분 담배 농사를 짓거나 탄광 노동자였으며, 거의 모두 백인이었다. 많은 학생들이 가난했고, 몇몇의 집에는 수도 시설조차 없었다.

젠슨 황은 형 제프와 함께 학기 중간에 이곳으로 왔고, 그의 부모는 태국에 남아 있었다. 형제는 기숙학교인 오네이다 침례교 인스티튜트OBI, Oneida Baptist Institute에 입학했는데 나이가 어렸던 젠슨 황은 이 학교에 다닐 수 없어서 오네이다 초등학교로 보내졌다. 전학을 간 첫날 교장은 그의 어깨를 팔로 감싸고 같은 반 학생들에게 "다른 나라에서 온 매우 똑똑한 학생을 환영합시다"라고 말했다. 하지만 곧바로 괴롭힘이 시작되었다. 그의 동창인 벤 베이스는 당시를 "그는 완벽한 표적이었다"라고 회상했다.

벤 베이스는 젠슨 황이 전학 오기 전까지 아이들의 괴롭힘 대상이었다. 그는 젠슨 황처럼 키가 작았고, 성적이 우수했다. 폭력을 가하는 아이들은 그를 학교의 사물함에 가두곤 했는데 때로는 몇 시간 동안 그대로 두었다고 한다. 젠슨 황이 전학 온 후 아이들의 괴롭힘은 인종 차별적인 성향을 띠게 되었는데, 이는 당시 같은 반 친구들의 가족 중 베트남 전쟁에 참전한 사람이 있는 경우가 많았던 게 원인이었다. 그로부터 50년이 지나 나와 만난 첫 인터뷰에서 벤 베이스는 무표정한 얼굴로 이렇게 말했다. "당시 중국인을 '칭크Chinks'라고 불렀습니다. 우리는 매일 그렇게 불렀어요."

젠슨 황을 괴롭히던 아이들은 교실 안팎을 가리지 않았다. 복도에서는 그를 밀쳤고, 운동장에서는 그를 쫓아다녔다. 출렁다리는 괴롭힘의 주 무대였다. 젠슨 황은 혼자 그 다리를 건너야 했는데, 아이들이 양쪽에서 밧줄을 흔들어 그를 강물에 떨어뜨리려고 했다. 벤 베이스는 이렇게 말했다. "그런데도 젠슨은 전혀 영향을 받지 않는 것처럼 보였어요. 사실, 그는 즐기는 것 같았습니다."

벤 베이스와 젠슨 황은 금세 절친한 친구가 되었다. 젠슨 황은 영어가 서툴렀음에도 뛰어난 성적을 거뒀고, 벤 베이스를 제치고 반에서 1등을 차지했다. 젠슨은 그림에도 재능이 있었고 글씨체가 완벽했지만, 대문자로만 글을 쓸 수 있었다. 벤 베이스에게 싸우는 방법도 가르쳤다.

동네 아이들이 중국 문화에 대해 알고 있는 것은 대부분 브루스 리 영화에서 본 것이었다. 젠슨 황은 처음에는 허세를 부리며 자신이 무술 전문가라고 주장했지만 운동장에서 금세 거짓말임이 들통났다. 그러나 젠슨은 부족한 기술은 투지로 메꿨다. 누군가 공격해 오면 항상 반격했으며, 때로는 자신보다 덩치 큰 아이들을 땅바닥에 넘어뜨리기도 했다. 벤 베이스는 젠슨 황이 한 번도 완전히 제압당한 적이 없다고 기억했다.(이에 대해 젠슨 황은 "그건 내가 기억하는 바와 다르네"라며 웃었다.)

그런 젠슨 황의 모습은 벤 베이스에게도 싸울 용기를 주었고, 시간이 지나면서 괴롭힘이 점차 줄어들었다. 벤 베이스의 가족은 극도로 가난했다. 그는 5명의 형제자매가 있었고, 전도사였던 아버지는 임시직을 떠돌았다. 그들은 작은 계곡 입구에 위치한 낡은 집에 살았는데 뒷마당에 있는 구덩이를 화장실로 사용해야 했다. 벤 베이스는 젠슨 황 같은 사람을 만나게 될 거라고는 꿈에도 생각하지 못했다. 그리고 조숙한 젠슨이 어떤 환경에서 자라다가 보호자도 없이 미국의 빈촌인 애팔래치아 산맥 깊숙한 이곳까지 오게 되었는지 궁금했다.

젠슨 황은 삼형제 중 둘째로 1963년 2월 대만의 타이베이에서 태어났다. 그의 아버지는 화학 엔지니어였고, 어머니는 초등학교 교사였다. 젠슨의 부모는 대만 남서부 해안 지역인 타이난 출신으로, 대만어를 모국어로 사용했지만, 인생의 대부분을 외세의 지배 아래서 살았다. 대만은 1945년까지 일본의 식민지였으며, 1949년 장제스가 마오쩌둥에게 중국 본토를 빼앗긴 후 군대와 함께 대만으로 건너왔고, 섬은 곧 계엄령 하에 놓였다.

그가 다섯 살이 되던 해 아버지 싱타이가 태국의 정유회사에 취직하며 그의 가족은 방콕으로 이주했다. 그는 동남아시아에서의 기억이 희미하지만, 자신의 집 수영장 위에 라이터 기름을 붓고 불을 질렀던 것과 친구의 애완 원숭이는 기억난다고 했다.

1960년대 후반 젠슨 황의 아버지는 당시 정확한 공조 시스템으로 사무 환경을 바꾸고 있었던 공조기기 제조업체 캐리어Carrier에서 직무 훈련을 받으며 뉴욕 맨해튼에 방문할 기회를 얻었다. 그는 뉴욕에 완전히 매료되었고, 가족과 미국으로 이주하기로 결심했다. 이주를 준비하며 어머니 차이슈는 아이들에게 영어를 가르치기 시작했는데 사실 그녀는 영어를 전혀 하지 못했다. 그저 매일 밤 사전에서 무작위로 선택한 단어 10개를 아이들에게 외우게 하고, 다음 날 복습하게 했다. 약 1년 후, 그녀는 세 아들을 국제 아카데미에 등록시켰고, 젠슨은 그때부터 영어로 정식 교육을 받기 시작했다. 그러나 부모와는 여전히 대만어로 대화했다.

가족의 이민 계획은 1973년 태국에서 발행한 정치적 혼란으로 인해 빠르게 진행되었다. 그해 10월, 군사 독재 정권의 해체를 요구하는 시민 50만 명이 거리로 몰려나왔고, 태국 정부는 탱크와 폭력을 동원해 이를 진압했다. 젠슨 황은 거리를 활보하는 탱크를 목격했다고 당시를 회상했다. 상황이 이렇게 전개되자 젠슨의 아버지는 젠슨과 형 제프를 워싱턴주 타코마에 있는 삼촌에게 보냈다. 젠슨의 부모와 막내 동생은 태국에 남았다.

삼촌은 두 아이를 기숙학교에 보내야 한다고 판단했고, 부모와 떨어져 타국으로 건너온 10세와 12세의 대만 아이들을 받아줄 학교를 찾았다. 젠슨의 삼촌은 아마도 오네이다 침례교 인스티튜트가 명문 기숙학교라고 착각했을지 모른다. 하지만 사실 이 학교는 인구 300명 정도의 작은 마을에 위치한 소년 교화 학교였다.

이 학교는 1899년, 침례교 목사인 제임스 앤더슨 번스가 치명적이고 오랫동안 지속된 가족 간의 불화를 끝내기 위해 설립했다. (번스는 한때 소총으로 머리를 가격당한 뒤, 도랑에 버려져 죽을 뻔한 경험을 했고, 이 일을 계기로 학교를 세울 아이디어를 떠올렸다.)

1970년대에 이르러 OBI는 몇몇 국제 학생들을 수용하긴 했지만, 대체로 사회에서 마지막 기회를 주는 학교, 즉 문제를 겪은 청소년들에게 교육과 교화를 제공하는 곳으로 알려져 있었다.

젠슨과 그의 형이 학교에 도착했을 때, 교정에는 담배꽁초가 널려 있었다. 젠슨은 "모든 학생이 담배를 피웠고, 나는 학교에서 주머니칼이 없는 유일한 학생이었다"라고 말했다. 열 살의 젠슨이 배정받은 방의 룸메이트는 열일곱 살이었다. 첫날 밤, 그의 룸메이트는 최근 싸움에서 여러 군데 칼에 찔렸다며 상처를 보여주기 위해 셔츠를 들어 올렸다. 그는 글을 읽지 못했다. 젠슨은 그에게 글을 가르쳐주었고, 그 대가로 그에게 벤치프레스를 배웠다. 젠슨은 "잠자리에 들기 전 매일 밤 팔굽혀펴기를 100개까지 할 수 있게 되었다"고 말했다. 이후 평생 동안 매일 팔굽혀펴기를 하는 습관을 유지했다.

젠슨 형제는 이름을 미국식으로 바꾸었다. 젠치에는 '제프'가 되었고, 젠쉰은 '젠슨'이 되었다. (막내 젠체는 나중에 '짐'이 되었다.) 제프와 젠슨은 국제 우편으로 카세트테이프를 보내 부모와 소식을 주고받았다. 먼저 부모의 메시지를 듣고, 그 위에 자신들의 메시지를 녹음하는 방식이었다. 젠슨은 가끔 향수병에 시달렸지만, 그 모든 것이 자신에게는 어떤 대단한 모험처럼 느껴졌다고 회상했다.

어린 시절 터득한 성실한 노동의 가치

여름 동안 OBI의 학생들은 육체노동을 해서 학비를 벌어야 했다. 제프는 담배 농장에서 일했고, 젠슨은 기숙사 화장실을 청소하는 일을 맡았다. "그건 처벌이 아니었어요." 젠슨은 말했다. "그저 내 일이었을 뿐이죠." 젠슨이 맡은 다른 일 중 하나는 낫으로 학교 교정의 잡초를 베는 것이었다. 벤 베이스는 교회로 가는 길에 그를 보았던 것을 이렇게 기억했다. "우리가 그곳을 차로 지나가고 있었는데, 젠 슨은 야구 셔츠를 입고 미친듯이 원을 그리듯 뛰어다니면서 잡초를 베고 있더군요."

오네이다 초등학교에서 첫 해가 끝날 무렵, 젠슨은 사실상 학교 를 정복한 듯 보였다. 그는 반에서 가장 우수한 학생으로 뽑혀 은 화를 상으로 받았다. 그는 인종 차별적인 언행과 비방을 견뎌냈으 며, 때로는 교사와도 맞서야 했다. 하교 시간이 되면 젠슨은 앞장 서서 히코리와 참나무가 우거진 숲으로 뛰어들었다. 그의 뒤를 따 라 '시골 남자아이들'로 불리던 클레이 카운티의 소란스러운 아이 들이 쫓아갔다. 그들의 발아래로는 부드러운 애팔래치아 진흙이 깔려 있었다.

젠슨 황은 1974년 여름을 기숙사에서 보냈다. 그는 기숙사에 남 아 있는 다른 학생들과 함께 매주 일요일 밤마다 ABC에서 방영하 는 영화를 보는 것을 즐겼다. 가을이 오자 창밖에 있는 사과나무에 서 사과를 따 먹었다. 그는 OBI에서 7학년을 시작했고, 벤 베이스 는 공립학교에 남아 있었다. 젠슨은 이런저런 싸움을 겪으며 단련 된 기숙사 룸메이트에게 의지해 큰 어려움 없이 새로운 환경에 적 응해 갔다.

그로부터 1년 후, 젠슨의 아버지가 마침내 미국에서 직장을 구 했고, 형제는 켄터키를 떠나 오리건에서 가족과 재회하게 되었다. 벤과 젠슨은 그 후 44년 동안 다시 만나지 못했다. 그 사이 벤은 요양원 관리자가 되었고, 젠슨은 세계에서 가장 부유한 사람 중 한 명이 되었다. 벤은 놀라지 않았다. 그는 어릴 적부터 젠슨 황이 위대한 일을 해낼 것이라고 믿었다고 말했다.

두 사람은 2019년에 재회했는데, 젠슨이 OBI에 건물을 기부하기 위해 학교를 방문했을 때였다. "그는 나를 잊지 않았어요." 벤 베이스가 말했다.

많은 경우 켄터키에서 젠슨이 보낸 2년여의 시간은 트라우마가 될 수도 있었을 것이다. 열 살의 어린 젠슨은 부모님으로부터 8,000마일이나 떨어진 낯선 땅에 보내졌고, 거기서 언어도 제대로 구사하지 못한 채 괴롭힘을 당하고, 고립되었고, 칼을 휘두르며 싸움을 벌인 적이 있는 룸메이트와 함께 지내야 했다. 게다가 화장실 청소까지 도맡아 했다.

그런 환경 속에서도 그가 학교 생활을 잘 해냈다는 것은 무엇을 의미할까? "당시에는 고충을 털어놓을 상담사가 없었어요." 젠슨은 말했다. "그때는 그저 강해져야 했고, 앞으로 나아가는 수밖에 없었죠."

시간이 지나면서, OBI에 대한 기억은 어느 정도 미화된 것 같았다. 그는 매일 학교에 가기 위해 건너야 했던 (지금은 사라진) 출렁다리에 대해서도 따뜻하게 회상했다. 그러나 당시 학생들이 자신을 다리에서 떨어뜨리려고 했던 일은 언급하지 않았다.

그에게 학교에서 했던 허드렛일에 대해 묻자, 그는 그것이 성실한 노동의 가치를 가르쳐주었다고 답했다.

"물론, 그 당시에 물어봤다면 아마도 전혀 다른 대답을 했겠지만 요." 그가 웃으며 덧붙였다.

2020년, 젠슨 황은 OBI 학생들을 위해 원격으로 졸업 연설을 해달라는 부탁을 받았다. 그는 이렇게 말했다.

"OBI에서 보낸 시간은 제 인생에서 있었던 최고의 일 중 하나였 습니다."

탁월한 집중력과 경쟁심

1976년, 젠슨은 오리건주 포틀랜드 교외에 위치한 알로하 고등학 교에 입학했다. 그는 데님과 벨루어 소재의 옷을 입었고, 오토바이 크 헬멧 모양의 머리 스타일 유지했다. 그는 여전히 학업 성적이 뛰어났으며 영어 실력도 빠르게 향상되었다. 알로하 고등학교는 포용적인 분위기의 학교였고, 그는 곧 자신과 비슷한 성향의 너드 형 친구들 몇몇과 어울려 지냈다. 젠슨은 말했다. "우리 서너 명은 모두 같은 동아리에 가입했어요. 수학 동아리, 과학 동아리, 컴퓨터 동아리였어요. 그야말로 인기가 많은 아이들이었죠! 여자친구는 없 었어요."

젠슨은 특히 컴퓨터 동아리에 큰 흥미를 느꼈다. 1977년, 학교 는 대량 생산된 최초의 개인용 컴퓨터 모델의 하나인 애플 II ^{Apple II}

를 구매했다. 그는 이 기계에 완전히 매료되어 원시적인 텍스트 기반 게임인 〈슈퍼 스타 트렉Super Star Trek〉을 하면서 클링온Klingons[*]을 제거하는 것을 즐겼고, 베이직BASIC 프로그래밍 언어로 스네이크 게임[**]을 자신의 버전으로 코딩하기도 했다.

그의 또 다른 특별한 취미는 탁구였다. OBI에서 젠슨은 휴게실의 탁구대를 장악하는 실력을 보여주었지만, 그때는 이 스포츠를 진지하게 대하지 않았다. 하지만 고등학교에서는 경쟁적으로 탁구를 치기 시작했다. 그의 멘토는 루 보첸스키Lou Bochenski였다. 그는 엘크 롯지 무도회장을 개조한 탁구 클럽인 패들 팰리스Paddle Palace의 소유주였다. 루 보첸스키의 딸 주디는 1971년, 미국과 중국 간 핑퐁 외교 교환 프로그램의 일환으로 베이징에 초청받은 방문단의 일원이 되는 행운을 누렸다. 하지만 젠슨은 아시아에서 탁구를 쳐 본 적이 없었고, 서구형 그립을 사용했다.

그는 한 여름 내내 연습에 몰두했다. 그런 모습에 깊은 인상을 받은 루 보첸스키는 〈스포츠 일러스트레이티드Sports Illustrated〉에 편지를 보내 "젠슨은 지금까지 북서부에서 탁구를 치는 주니어 선수 중 가장 유망한 선수이다"라고 칭찬했다. 젠슨이 경쟁적으로 탁구를 치기 시작한 지 3개월밖에 되지 았았을 때였다. 그의 시그니처 기술은 포핸드루프(국내에서는 '드라이브'라고 불린다)였다. 이 기술을

* 미국 SF 시리즈 〈스타 트렉〉의 휴머노이드 외계인
** 뱀이 사과를 먹으면 몸이 길어지는데, 머리가 몸통에 닿으면 끝나는 게임

통해 그는 종종 자신보다 랭킹이 높은 선수들을 이겼다. 때로는 도저히 받아칠 수 없을 것 같은 공을 되받아치기 위해 탁구대 아래로 몸을 던지기도 했다. 1년 만에 그는 전국 랭킹에 이름을 올렸고, 라스베이거스에서 열린 16세 이하 복식 챔피언십 결승전에 진출했다. "그는 탁구를 배우는 데 있어서 누구보다 빠르게 발전했어요." 그의 친구이자 패들 팰리스의 동료인 조 로마노스키Joe Romanosky 는 말했다.

젠슨은 운동신경이 뛰어났고 반사신경도 좋았지만, 그를 더욱 특별하게 만든 것은 탁월한 집중력이었다. 그가 어떤 영역에서 스스로 발전하겠다고 결심하면, 주변의 모든 것은 사라진 듯 몰입했다. 그는 누구보다 더 노력했고, 좌절하거나 정체된 모습을 보여준 적이 없었다. 대신 그는 기본기를 충실히 다지면서 자신 있게 실력을 쌓아나갔다.

젠슨은 거의 모든 시간을 패들 팰리스에서 보냈다. 연습을 하지 않을 때는 바닥을 닦으며 대회 참가비를 벌었다. 루 보첸스키는 젠슨에게 클럽 열쇠를 주었고, 젠슨은 때때로 집에 돌아가지 않고 탁구장에서 잠을 자기도 했다. 탁구장의 인테리어는 화려했다. 천장에는 샹들리에가 걸려 있었고, 바닥은 나무로 되어 있었으며, 벽에는 푹신한 벤치가 놓여 있었다. 이 시기의 사진에서는 15세 정도로 보이는 젠슨이 1970년대에 유행하던 체육복 반바지와 줄무늬 튜브 양말을 신고 있다. 그는 탁구대 가까이 낮은 자세로 서서 공을 치고 있는데 승리를 향한 결의가 가득 찬 표정이었다. 조 로마노스키는 이렇게 말했다. "그는 매우 공격적인 선수였고, 항상 공격 모드였어요."

졸업할 무렵, 젠슨은 데니스에서 아르바이트를 시작했다. 당시 이 전국적인 레스토랑 체인은 탄 맛 나는 커피, 계란가루를 물에 개어 만든 스크램블, 다시 데운 소시지 패티, 그리고 24시간 운영으로 악명이 높았다. 그럼에도 젠슨은 이곳을 좋아했다. 그는 설거지하는 일로 시작해 서빙을 담당하는 서버까지 맡게 되었다. "세계가 무너질 때 오히려 내 심박수는 낮아지는 것 같아요"라고 그는 나중에 말했다. "어쩌면 그건 데니스 덕분일지도 모르죠. 웨이터로서 러시아워를 처리해야 해요. 레스토랑에서 러시아워를 겪어본 사람은 이게 무슨 말인지 알 거예요."

데니스에서 젠슨은 미국 요리를 익히는 단기 과정 같은 경험을 했다. 그는 그곳에서 처음으로 베이컨 치즈 버거, 핫도그, 치킨 프라이드 스테이크를 먹어봤다. 그는 메뉴를 체계적으로 탐험했다. 가장 좋아한 음식은 구운 샌드위치 빵 안에 칠면조 고기와 베이컨, 토마토, 치즈를 가득 채운 '슈퍼 버드'였다. 새로운 나라의 문화에 적응하는 이민자에게, 작은 대중식당 음식을 즐기는 것은 가장 전형적인 미국 문화였다.

젠슨은 성적이 뛰어났고, 내셔널 아너 소사이어티 National Honor Society°에 선발되었다. 그의 성취 욕구는 내면에서 우러나왔다. 그는

° 1921년에 설립된 미국의 대표적인 장학재단

자신의 부모가 '타이거 부모'가 아니었다면서 학업에 대해 과도한 압박을 주지 않았다고 설명했다. "사실 내 형제들은 모두 공부를 정말 못했어요." 그는 이렇게 말하고는 이내 "하지만 두 사람 모두 똑똑하죠"라고 덧붙였다.

그에게 왜 혼자만 동기부여를 받아 학업 성적이 우수했는지 묻자, 그는 어깨를 으쓱하며 말했다. "나도 잘 모르겠어요. 나 자신을 그런 식으로 분석하려고 한 적이 없어요."

고등학교를 졸업할 무렵 젠슨은 이미 한 학년을 월반한 상태였고, 전국대회에서 경쟁력 있는 운동선수였으며, 거의 완벽한 학점 평균을 유지하고 있었다. 그럼에도 그는 대학 입시 경쟁에 뛰어들지 않기로 했다. 대신 집에서 가까운 오리건 주립대학교에 등록하기로 결정했다. 젠슨은 이렇게 말했다. "이 결정을 두고 별다른 고민은 없었습니다. 부모님도 다른 곳으로 가라고 압박하지 않으셨어요."

그의 고등학교 친구인 딘 베르하이덴은 오리건 주립대 동문 집안* 이었고 젠슨은 그와 함께 진학하기로 했다. "그냥 가장 친한 친구를 따라갔어요."

---

* 미국 대학 입시에는 레거시^{legacy} 제도가 있다. 일부 학교에서는 이 제도를 통해 동문 자녀의 입학에 혜택을 주고 있으며, 이 제도를 통해 입학한 학생은 '동문 학생^{legacy student}'이라고 불린다.

다른 사람들은 젠슨의 선택을 다르게 해석했다. 당시 17세였던 젠슨은 이미 3개국에서 살아본 경험이 있었고, 최소 5곳의 학교를 경험했다. 당시 오리건 주립대학교는 지원한 학생 중 70% 이상이 합격하는 곳이었다. 이 대학교는 오리건주에서 가장 높은 순위의 공립학교는 아니었다. 하지만 캠퍼스가 그의 집에서 90분 거리에 있었다. "그는 어디든 갈 수 있었어요. 아이비리그나 스탠퍼드, 동부의 명문대까지 어디든 말이죠." 그의 오랜 친구는 이렇게 들려주었다. "그런데도 오리건 주립대학교를 선택한 건 집 가까이에 있고 싶어서였어요."

젠슨은 1980년 오리건 주립대에 입학했다. 당시 이 학교에 컴퓨터공학 전공이 없었기 때문에, 그는 전기공학을 전공하기로 했다. 이 분야에서 기초 과정을 배우는 동안 그는 자신의 이후 인생 전체를 결정짓는 중요한 경험을 했다. 이곳에서 그는 회로 설계 방법을 배웠고, 이후 자신의 경력은 대부분 이 기술을 기반으로 발전해 갔다. 그리고 이곳에서 미래의 아내를 만났다.

로리 밀스Lori Mills는 18세의 오리건 주립대학교 신입생이었다. 안경을 쓰고, 곱슬곱슬한 갈색 머리를 가진 그녀는 친근하고 느긋한 성격이었다. 하지만 그녀는 구조화된 삶을 원했고, 인생 계획이 명확했다. 22세까지 직업을 가지고, 25세에 결혼하고, 30세에는 아이를 낳겠다는 목표를 세웠다. 젠슨은 수업 첫 주에 무작위 배정된 실험 파트너로 그녀를 만났다.

"전기공학과 학생은 약 250명이었는데, 여학생은 단 3명밖에 없었어요." 젠슨은 말했다. "그리고 그중에서 로리가 가장 매력적이었죠."

남학생들 사이에서 로리의 관심을 얻기 위한 경쟁이 시작되었는데 젠슨은 자신이 불리하다고 생각했다. "나는 반에서 가장 어린 학생이었어요. 마치 열두 살처럼 보였죠."

평범한 방식으로는 그녀의 관심을 끌 자신이 없었던 젠슨은 다른 접근 방식을 시도했다. "저는 외모로는 관심을 끌 수 없다고 생각했죠. 그래서 숙제를 완벽히 끝내서 그녀를 감동시키려고 했어요."

젠슨은 주말마다 로리에게 전화를 걸어 함께 숙제를 하자고 졸랐다. 그는 숙제를 잘 해냈고, 그것을 자신의 '슈퍼파워'라고 불렀다. 로리는 젠슨의 제안을 받아들였고, 두 사람은 함께 공부하는 파트너가 되었다.

실험실 수업에서, 젠슨과 로리는 '브레드보드breadboard'라고 불리는 직사각형 플라스틱 그리드 위에 엎드려 증폭기와 가산기 등을 조립해 냈다. 이 과정은 세심함과 신중함이 요구되는 작업으로 서로 가깝게 붙어서 협력해야 했다.

전류는 전원에서 시작하여 여러 구성 요소를 거쳐 다시 전원으로 돌아오는 순환 과정을 이뤘다. 원시적인 회로는 전구나 디지털 시계를 작동시킬 수 있었고, 더 발전된 회로에는 디지털 스위치 역할을 하는 트랜지스터를 활용했다. 트랜지스터를 결합하면 '논리 게이트'를 만들 수 있었고, 이를 활용하면 1 + 0 또는 1 + 1 같은 간단한 계산을 수행할 수 있었다. 이런 단순한 가산기를 연결하면 더 복잡한 연산도 가능했다. 그리고 마지막 단계는 회로를 완성해 전기가 흐를 수 있는 경로를 만드는 것이었다.

6개월간의 브레드보드 실험이 끝난 후, 젠슨은 로리에게 정식으로 데이트 신청을 했고, 그녀는 승낙했다. 그 이후 두 사람은 거의 떨어지지 않았다.

젠슨은 학업을 조기 이수하고, 최고 성적으로 졸업했다. 그가 졸업할 무렵은 1980년대 실리콘밸리 혁명이 한창이었다. 학생들은 브레드보드를 사용했지만, 상업적인 회로 설계에는 가공된 실리콘 크리스탈인 반도체를 선호했다. 엔지니어들은 자외선을 이용해 실리콘 디스크에 논리회로를 인쇄한 후, 이를 정사각형으로 잘게 잘라 마이크로칩으로 만들었다. 모든 전자 부품이 수정 불가능한 회로로 칩 속에 고정되었기 때문에 마이크로칩은 때로는 '집적 회로'라고도 불렸다.

1980년대의 개인용 컴퓨터 붐으로 마이크로칩에 대한 수요가 폭발적으로 증가했다. 디지털 기기의 인기 또한 마찬가지였다. 마이크로칩은 자동차, CD 플레이어, 어린이 장난감, 전자레인지와 같은 다양한 제품에 탑재되었으며, 시간이 지나면서 충전기, 냉장고, 신용카드, 전동 칫솔 등에도 들어갔다. 이로 인해 숙련된 회로 설계자가 부족해졌고, 이런 상황은 오늘날까지도 이어지고 있다. 졸업을 앞둔 젠슨은 세계적인 마이크로칩 산업의 중심지인 실리콘밸리에서 일자리를 얻었다.

대규모
집적 회로와
야망 있는
창업자

02

1984년 크리스마스를 앞둔 어느 날, 캘리포니아와 오리건주 경계의 외딴 산악 고속도로에 새벽이 밝아왔다. 길가 나무들의 그림자가 도로 위로 드리워졌고, 빠르게 달리는 화려한 자동차의 경사진 보닛 위를 가로질렀다. 토요타 수프라는 각진 디자인의 직렬 6기통 엔진을 탑재한 투도어 스포츠카였다. 차 전면부의 헤드라이트가 튀어나온 모양은 마치 친근한 안드로이드 같은 인상을 주었다. 운전석에 앉은 젠슨 황은 커브를 돌며 황량한 도로를 따라 가속페달을 밟았다.

그 순간 젠슨은 분명히 자신감에 차 있었다. 조수석에는 그의 여자친구이자 이제 약혼자가 된 로리 밀스가 앉아 있었다. 젠슨은 전날 밤, 자신이 근무하는 마이크로칩 제조업체 AMD^{Advanced Micro Devices}가 주최한 화려한 크리스마스 파티에서 그녀에게 프러포즈를 했다. 젠슨은 스무 살부터 AMD에서 일을 시작했다. 아직 술을 마실 수 있는 나이도 되지 않았을 때였지만 그의 첫 연봉은 2만 8,700달러에 달했다. 이 금액은 40년이 지난 후에도 또렷하게 기억날 만큼 인상적인 숫자였다. 그는 검소하게 생활했고, 1년 만에 스포츠카와 약혼반지를 살 만큼 충분한 돈을 모았다.

AMD의 크리스마스 파티는 프러포즈하기에 더없이 좋은 장소였다. 이 연말 파티는 실리콘밸리에서 가장 호화로운 연말 행사 중 하나였다. AMD는 샌프란시스코의 모스코니 컨벤션센터를 통째로 빌려 직원들에게 무료 음료와 유명 밴드의 음악을 선사했다. 그해에는 록밴드 시카고가 〈새터데이 인 더 파크Saturday in the Park〉, 〈25 or 6 to 4〉와 같은 신나는 곡들을 연주하며 엔지니어들을 춤추게 했다.

당시 실리콘밸리 기술 업계는 미국 경제에 있어 새로 개척된 변방이었다. 젠슨이 AMD에 입사했을 때 가장 기업 가치가 높은 미국 기업들은 듀폰DuPont이나 제너럴 일렉트릭General Electric 같은 전통적 산업 분야의 기업들이었다. 그러나 젠슨 세대의 창업가들이 자신의 시대를 마무리할 즈음, 이런 제조 산업 분야의 대기업은 거의 몰락했고, 주식 시장은 기술 회사들이 지배하게 되었다.

로리는 젠슨의 프러포즈를 받아들였다. 당시 기준으로 봐도 상당히 이른 약혼이었다. 젠슨은 겨우 21세였고, 로리는 22세로 아직 대학을 졸업하지 않은 상태였다. 하지만 두 사람은 안정적인 가정생활을 동경했고, 두 사람의 결혼은 시간이 지나면서 사교 모임이나 친구들 사이에서 부러움의 대상이 되었다. 프러포즈 후 젠슨은 로리를 집에 데려다주며 그녀의 부모에게 이 행복한 소식을 직접 알리자고 제안했다. 젠슨은 로리의 가족과도 가까웠고, 특히 로리의 아버지와 각별한 관계를 유지하고 있었다. 로리의 아버지는 외모나 다정다감한 성격까지 배우 지미 스튜어트Jimmy Stewart를 닮은, 전형적인 미국인 가장이었다. 로리의 가족은 젠슨을 매우 좋아했으며, 딸이 아직 어렸지만 그보다 더 좋은 상대를 만날 수는 없다고 생각했다. 이 커플의 친구들은 젠슨이 자신의 부모보다 로리의 부모와 더 가까운 것 같다고 농담을 하기도 했다.

젠슨은 믿음직스럽고 비범하며 성숙했다. 하지만 그 역시 가끔 21세의 젊은이만 생각할 법한 일을 계획하기도 했다. 크리스마스 파티 후 스포츠카를 타고 눈 덮인 산길을 밤새 9시간 동안 운전하는 것이 그런 사례였다. 해가 떠오를 무렵, 젠슨과 로리는 이미 5시간 넘게 도로를 달리고 있었다. 그들이 지나온 지역은 인적이 드물고 황량했으며, 그곳에 사는 이들 중 일부는 캘리포니아 골드러시 때 이곳으로 와 언덕에서 금을 찾던 개척자들의 후손이었다.

이 오래된 광산의 폐허 한가운데서, 젠슨의 차는 고속도로를 덮은 투명한 블랙아이스 위를 달리다가 미끄러지기 시작했다. 타이어는 헛돌았고, 차는 도로 가장자리로 떠밀리다가 도로 밖으로 굴러떨어졌다. 차가 전복되며 젠슨과 로리는 차체에 거꾸로 매달린 상태가 되었다. 차는 여러 번 구르며 도로에 부딪혔고, 차체의 고급스러운 장식들이 떨어져 나갔다. 차는 극심한 충격음과 함께 땅에 부딪혔다. 토요타 수프라는 완전히 파손되었고, 두 사람은 차 안에 갇

혀버렸다. 약혼반지를 낀 로리는 큰 부상을 입지 않았다. 반면 젠슨은 피를 흘리고 있었고, 목이 심하게 뒤틀린 상태였다. 해가 떠오르고 있었지만, 기온이 극도로 낮은, 하루 중 가장 추운 시간이었다. 응급구조대가 도착했을 땐 차체를 절단해서 두 사람을 구조해야 했다. 젠슨은 여러 부위에 봉합 수술을 받아야 했고, 몇 달간 목 보호대를 착용해야 했다. 내가 이 사고에 대해 물었을 때 젠슨은 주로 수프라에 대한 안타까움을 표현했다. "정말 놀라운 차였죠." 그가 말했다.

실리콘밸리의 이민자 엔지니어

다행히 젠슨은 완쾌했고, 두 사람의 약혼은 사고 충격에 아무런 영향을 받지 않았다. 어쩌면 오히려 고난을 함께 겪은 덕분에 더욱 단단해졌다. 젠슨은 일터로 돌아가 로리가 학업을 마칠 때까지 기다렸다.

AMD에서 그는 마이크로칩 설계도를 직접 종이에 그렸다. 각 설계도는 칩의 레이어를 한 장씩 따로 그렸다. 맨 아래 장에는 트랜지스터를, 그 위 장에는 복잡하게 연결된 배선구조를 그렸다. 젠슨은 각각의 레이어를 완성한 다음 사무실 뒤쪽 제작부서로 가져갔다. 거기에서 설계도는 투명 셀로판지로 옮겨졌고, 이 셀로판지를 바탕으로 포토마스크Photomask*가 제작되었다. 그런 다음, 포토마스크는 반도체 제조시설로 보내졌다.

어떤 이유에서인지 AMD의 포토마스크 제작 담당 직원들은 모두 중국계 여성이었다. 그들은 작업대에 앉아 색색의 셀로판지를 정밀하게 배열하는 일을 했다. 그 여성들은 영어를 거의 하지 못했고, 젠슨은 집에서 대만 방언인 호키엔을 썼기 때문에 중국 표준어인 만다린을 하지 못했다. 호키엔과 만다린은 독일어와 영어만큼이나 서로 다른 언어였다. 하지만 젠슨은 포토마스크 제작팀과 이야기를 나누면서 점차 만다린을 배웠다. "그냥 발음을 듣고 대화를 나누며 익혔어요." 그는 말했다. 그 여성들은 자신의 어머니를 떠올리게 했다.

젠슨은 AMD에서 2년간 근무했는데 그 시간을 매우 긍정적으로 기억했다. 그는 자사주 구매 프로그램을 통해 AMD 주식을 조금 사들였고, 그 주식을 오랜 세월 동안 보유했다. 그 때문에 아이러니한 상황이 빚어지기도 했다.

그는 1985년 한 동료의 설득으로 AMD를 떠나 LSI 로직LSI Logic이라는 혁신적인 실리콘밸리 회사로 이직했다. 이 회사는 마이크로칩 설계자를 위한 최초의 소프트웨어 설계 툴을 개발한 곳이었다.

• 반도체의 미세회로를 형상화한 유리기판. 포토마스크를 통과한 빛은, 표면에 감광물질이 도포된 웨이퍼를 반복적으로 비춘다. 이 공정은 노광이라고 불린다. 그 다음에는 빛을 받지 않은 곳이 화학적으로 제거되는 식각 공정이 진행된다.

1980년대 중반이 되자 엔지니어들은 수십만 개의 트랜지스터를 하나의 칩에 집적하기 시작했고, 이로 인해 종이 위에 회로를 설계하는 방식은 한계에 부딪혔다. 이 작업은 마치 사람의 머리카락으로 테니스 코트 위에 미로를 만드는 것과 같았다.

LSI 로직의 '대규모 집적Large Scale Integration' 프로세스는 회로 설계에서 낮은 단계의 작업을 자동화함으로써 엔지니어들이 더 높은 수준의 아키텍처에 집중할 수 있도록 했다. 시간이 지나면서 그 자동화된 설계 툴은 '초대규모 집적VLSI, Very Large Scale Integration'으로 진화했다. 오늘날 대부분의 엔지니어들은 이 VLSI를 기본 툴로 사용하여 반도체 설계를 시작하며, 회로 설계는 개별 트랜지스터가 있었는지 잊어버릴 정도로 집적도가 높아졌다. 이제 수작업으로 마이크로칩을 설계하던 시절을 기억하는 건 젠슨과 몇몇 베테랑 엔지니어들뿐이다.

로리는 1985년에 대학을 졸업한 후 실리콘 그래픽스SGI, Silicon Graphics에 입사했다. SGI는 고가의 3D 그래픽 워크스테이션을 제조하는 기업으로, 당시 실리콘밸리에서 일하고 싶은 기업으로 순위가 높았다. 처음에는 로리가 젠슨보다 연봉을 더 많이 받았다. AMD처럼 SGI도 산호세 시내에서 팔로알토의 스탠퍼드 캠퍼스까지 25마일에 걸친 101번 고속도로 근처에 위치해 있었다. 이 고속도로를 따라가면 쿠퍼티노, 산타클라라, 밀피타스, 마인트뷰처럼 별로 눈에 띄지 않는 교외 도시들의 이정표를 만날 수 있다. 그런데 이곳은 각각 애플(쿠퍼티노), 인텔(산타클라라), 시스코(밀피타스),

SGI(마운틴뷰)의 본사가 위치한 곳이었다. 인재가 밀집한 이 지역은 세계에서 가장 많은 부가가치가 창출되는 곳으로, 젠슨은 이곳에 단단히 뿌리게 되었다. 그는 이후 이곳의 반경 5마일 이내에서 경력의 대부분을 보냈다.

도시의 이름은 유명했지만, 이 지역의 건축물들은 눈에 띄는 특징이 없었다. 젠슨의 아버지가 매료되었던 맨해튼의 화려함은 실리콘밸리에서는 찾아볼 수 없었다. 마천루가 이룬 협곡도 없었고, 거리를 가득 채운 사람들의 활기도 없었다. 대신 현대적이지만 단조로운 중층 건물들이 주차장과 쇼핑센터, 장기 체류자들을 위한 비즈니스 호텔로 둘러싸여 있었다. 해안가 지역 남쪽 끝의 저지대를 여러 고속도로가 교차하며 지나갔다. 건물 외벽에 색이 입혀진 건물 안에서는 세계 최고 수준의 엔지니어들이 일하고 있었지만, 바깥에서 보이는 유일한 활동의 흔적은 오고 가는 차량의 흐름뿐이었다.

1980년대의 실리콘밸리 회사들의 사무실 내부는 건물 외관만큼이나 단조로웠다. 두꺼운 브라운관CRT 모니터, 칙칙한 카펫, 윙윙거리는 형광등과 냉난방 시스템의 공조 덕트를 숨기기 위한 드롭 천장이 기본이었다. 당시 유행하던 사무실 구조는 '액션 오피스 Action Office'라고 불리는 개방형 형태였다. 이런 구조의 특징은 다양한 높이의 칸막이를 조정해 필요한 형태로 재구성할 수 있다는 것이었다. LSI 로직에서는 직원들이 피트the pit라고 부르는 칸막이를 낮게 배치한 구조의 사무공간을 만들었다.

젠슨 황은 1985년에 LSI 로직에 합류했다. 그는 큰 안경과 세련된 손목시계, 단추가 달린 셔츠와 슬랙스를 입고 있었지만, 여전히 머리카락은 약간 긴 상태를 유지했다. 젠슨에게 피트는 천국과도 같았다. 세상 어디에도 이곳보다 더 가보고 싶은 곳은 없는 듯했다. 탁구를 칠 때 그랬던 것처럼, 젠슨은 LSI에서도 특유의 근면 성실함과 몰입으로 빠르게 두각을 나타냈다.

젠슨의 동료였던 엔스 호르스트만Jens Horstmann은 독일에서 건너온 전기공학자였다. 그는 원래 6개월간 LSI의 멘토십 프로그램을 이수한 뒤 돌아갈 예정이었지만 결국 실리콘밸리에 남았다.

그와 젠슨 두 사람 모두 이민자라는 공통점이 있었고, 비슷한 나이, 심지어 이름의 이니셜이 J.H.로 같다는 공통점이 있었다. 두 사람은 개인적인 삶과 정신적 여유를 희생하면서까지 끝없이 발생하는 기술적 문제를 해결하는 데 전념했다. 이런 헌신적 태도는 두 사람이 더욱 가까워지는 계기가 되었다.

"주말이라는 개념이 없었어요." 엔스는 말했다. "우리는 오전 7시에 출근해서, 밤 9시에 여자친구가 전화해서 언제 집에 올 거냐고 물어볼 때까지 일했죠."

시간이 지나면서 두 사람은 가장 가까운 친구가 되었다. 엔스는 카리스마 넘치고 외향적이며 유머러스했다. 젠슨보다 관심사가 다양했고, 인간관계의 폭이 넓었다. 사회생활을 하는 데 있어 더 무모하고 다양한 경험을 즐기는 타입이었다. 하지만 직장에서 더 큰 위험을 감수하는 모험가는 젠슨이었다.

젠슨은 끝없는 노력으로 SPICE[Simulation Program with Integrated Circuit Emphasis]라는 소프트웨어를 완전히 익혔다. SPICE는 회로 시뮬레이션 프로그램으로 엔지니어가 명령어 줄에 회로 구성 요소의 목록을 입력하면 전압 데이터가 텍스트 형태로 출력되었다. 당시 SPICE는 주로 학술 연구용으로 여겨졌지만, 젠슨은 이를 활용해 누구도 생각하지 못했던 수준으로 회로 성능을 끌어올렸다.

LSI의 고객들이 새로운 기능을 요구하면, 대다수 설계자들은 단호하게 말했다. "그건 불가능해요." 하지만 젠슨은 달랐다. "한번 해볼게요." 그는 시뮬레이터를 가지고 몇 시간씩 씨름하며, 고객이 원하는 기능을 구현할 방법을 찾기 위해 회로 구성 요소의 배열을 끊임없이 조정했다. 이는 그래픽 사용자 인터페이스[GUI, Graphical User Interface]나 컬러 모니터조차 없는 환경에서 진행된 일이었기에 매우 고된 작업이었다.

젠슨의 집중력은 놀라웠다. 하지만 옌스는 기술 문제에 깊이 몰입하는 엔지니어라면 이미 여럿 알고 있었다. 다만 젠슨이 그들과 달리 특별한 점은 막다른 길에 봉착해 오도 가도 못하기 전에 돌아서는 능력이었다. 옌스는 말했다. "보통 사람들은 길을 잃곤 해요,

---

• 집적 회로 시뮬레이션 프로그램. 컴퓨터에서 회로 설계 및 검증을 할 수 있도록 해주는 소프트웨어로 1973년 캘리포니아 대학교에서 개발되었다. 흔히 스파이스라고 불린다.

그렇죠? 그들은 아주 깊고 깊은 토끼 굴에서 빠져나오지 못하죠. 젠슨은 그러지 않아요. 그는 문제가 일정 수준 이상 복잡한 단계에 이르면 더는 나아갈 수 없음을 직감적으로 알아차리고, 과감히 방향을 전환합니다."

LSI의 가장 까다로운 고객들은 컴퓨터 그래픽 디자이너들이었다. 그들은 더 빠른 칩을 원했고, 그 욕심은 끝이 없었다. 그들에게 '성능의 한계'는 존재하지 않는 개념이었다. 옌스는 젠슨의 격려를 받아, 이들의 욕구를 충족시켜주기 위해 LSI가 실제로 만들 수 있을지 확신할 수 없는 제품을 제공하겠다는 계약을 체결하기 시작했다. 경력이 많은 엔지니어들은 두 사람에게 더 신중해지라고 조언했다. "너희들이 뭘 하고 있는지 아는 거야? 이게 실패하면 너희 경력이 끝날 수도 있어." 하지만 옌스는 그런 경고에 전혀 주눅들지 않았다. "그 말이 사실이었지만, 우리는 전혀 걱정하지 않았어요."

결국 두 사람이 약속했던 제품은 대부분 완성되었다. 어려운 기술적 도전을 해결한 보상은 더욱더 까다로운 기술적 도전이었다. 그러나 젠슨은 이런 난이도 곡선을 즐겼고, 레벨업하는 과정 자체를 좋아했다. "젠슨은 1 + 1을 3으로 만드는 능력이 있었어요. 이 말은 우리가 단순히 고객을 위한 작업을 하는 데 그치지 않았고, 고객의 주문으로 만든 결과물을 도구로 전환하고, 그 도구를 더 발전된 방법론으로 변환했다는 뜻입니다." 옌스는 이런 일을 할 수 있는 엔지니어는 거의 없다고 말했다. 그러고 나서 덧붙였다. "사실 대부분의 엔지니어는 1 + 1을 2로 만드는 일도 버거워해요. 1.5만 되어도 운이 좋은 거죠."

젠슨과 로리는 친구들 사이에서 책임감 있는 커플이라는 평을 들었다. 그들은 가장 먼저 결혼했고, 가장 먼저 집을 장만했다. 둘은 1988년에 산호세 동쪽의 침실 4개짜리 2층 주택으로 이사했다. 집 앞에 차고가 있었고, 뒤쪽에는 바비큐를 할 수 있는 뜰이 있었다. 두 사람은 안정적이고 보수가 좋은 직장에서 일하며, 세금 이연이 되는 퇴직연금 계좌에 최대한 많은 돈을 납입하며 성실하게 재정 계획을 세웠다. 그들은 '스시'라는 이름의 반려견을 입양했는데, 스시에게 조건 없는 애정을 쏟아부었다. 스시는 꼬리를 흔들어 주변 물건들을 마구 쓸어낼 정도로 열정적인 애정 표현으로 보답했다.

옌스 호르스트만은 젠슨의 안정적인 생활과 로리와의 관계를 존경했다. 로리 역시 존경해 마지않았는데 그녀가 뛰어난 엔지니어임을 잘 알고 있었기 때문이었다. 옌스는 자신이 골몰하고 있던 기술적 문제에 관해 로리와 대화한 기억을 떠올렸다. 그는 고객의 인공위성에 내장된 마이크로칩이 우주 방사선의 영향을 받아 오작동하는 문제로 골치를 썩고 있었다. 로리는 이와 비슷한 문제를 다룬 경험이 있었는데, 이를 해결하기 위해서는 전기공학뿐만 아니라 입자물리학 지식도 필요했다. 옌스는 말했다. "로리는 정말 놀라웠어요. 그녀의 사고방식은 깊고, 구조적이었죠."

하지만 이들 부부의 구조적인 삶의 방식에는 단점도 있었다. "솔직히 말해, 젠슨과 로리는 약간은 재미없었어요." 그들은 끊임없이 일했고, 여행도 거의 다니지 않았으며, 반도체 산업 종사자들 말고 다른 사람들과는 거의 교류하지 않았다. 옌스는 젠슨에게 수제 맥주 양조장을 운영하는 친구를 소개한 적이 있었다. 1980년대에는 수제 맥주 양조장이 매우 드물었는데 젠슨이 깜짝 놀라며 "어떻게 이런 사람을 알아요?"라고 물었다고 한다. 옌스는 이렇게 말했다. "이게 어떻게 가능하지? 하는 표정이었어요. 젠슨은 기술 업계 종사자 말고는 친구가 단 한 명도 없는 것 같았어요."

젠슨 황은 LSI에서 승진을 거듭했다. 그는 또한 전기공학 석사 학위를 따기 위해 스탠퍼드 대학교에서 야간 강의를 듣기 시작했다. 하지만 업무가 너무 바빠 학위를 받기까지 8년이 걸렸다. 그동안 그는 출퇴근에 적합한 실용적인 차를 운전해, 실리콘밸리 서쪽에 있는 학교와 동쪽에 있는 집, 그리고 그 중간에 위치한 직장을 오가며 101번 고속도로 위를 반복해서 달렸다. 1992년 그가 마침내 석사 학위를 받았을 때, 그가 입문 과정에서 배웠던 것들 중 많은 부분은 이미 시대에 뒤처진 것이 되어 있었다.

워커홀릭은 워커홀릭에게 반한다

젠슨은 LSI에서의 업무를 통해 크리스 말라초스키Chris Malachowsky와 커티스 프리엠Curtis Priem을 알게 되었다. 이들은 썬 마이크로시스템즈Sun Microsystems의 칩 설계자로 일하고 있었다. 썬 마이크로시스템즈는 SGI처럼 고성능 워크스테이션 컴퓨터를 제작하는 회사였다. 크리스와 커티스는 일반 영업사원들은 이해할 수조차 없는 복잡한 기능을 요구하는 까다로운 고객이었다. "LSI는 우리에게 가장 외향적이면서도 기술이 뛰어난 사람을 배정해 주기 위해 회사를 속속들이 뒤졌어요." 크리스는 회상했다. "그 사람이 젠슨이었죠."

크리스 말라초스키, 커티스 프리엠, 그리고 젠슨 황은 훌륭한 팀을 이루었다. 커티스는 머릿속으로 회로를 구상하고 전기가 더해지는 경로를 그릴 수 있는 설계자였다. 크리스는 자동차와 소형 엔진 비행기를 좋아했고, 커티스가 상상하는 것은 무엇이든 현실로 만들 수 있는 기계공이자 제작자였다. 젠슨은 생산 로지스틱스 전문가로 LSI의 제조 설비를 관리하며 그들의 설계를 대량 생산하는 책임을 맡았다.

이들 세 사람 중 커티스 프리엠은 가장 독특한 인물이었다. 그의 넓고 길쭉한 이마, 치켜 올라간 눈썹, 가늘게 뜬 실눈은 마치 천재의 전형적인 얼굴처럼 보였다. 그는 회로 아키텍처에 대해 계속해서 기술적 독백을 늘어놓았다. 가끔은 그가 설명하는 지도가 그의 머릿속에만 존재하는 듯했지만, 청중이 자신의 말을 따라오고 있는지는 그의 관심사가 아닌듯 보였다.

그는 독특한 이력을 가졌는데 공학 분야에서 일하기 전에 음악을 했다. 오하이오주 클리블랜드 교외에서 자란 커티스의 어머니는 그가 교향악단 소속 첼로 연주자가 되기를 바랐다. 커티스도 고등학교 때까지는 같은 꿈을 꾸었다. 하지만 고등학교 시절 노스캐롤

라이나 음악 캠프에 참가했을 때 그에게 배정된 자리는 2군 오케스트라의 마지막 자리였다. "그때 깨달았어요. 미래에 저는 고등학교 음악 교사가 될 거라는 걸요." 커티스는 말했다.

이후 그는 첼로를 포기하고 컴퓨터에 빠져들었다. 뉴욕에 위치한 렌셀러 폴리테크닉 대학교Rensselaer Polytechnic Institute를 졸업한 후 실리콘밸리에 자리 잡았다. 이곳에서는 그의 괴짜 같은 성격이 어느 정도 용인되는 범위 내에 있었다. 적어도 한동안은 말이다.

크리스 말라초스키는 보다 현실적인 인물이었다. 엔비디아 공동 창업자 셋 중에서 그가 유일하게 육체노동을 할 수 있는 체격의 소유자였다. 그는 어깨가 넓고, 손이 크며, 넉넉한 인상의 얼굴을 가지고 있었다. 뉴저지에서 자란 크리스는 친구들과 맥주를 마시고 빈둥거리기를 즐기던 자칭 장발을 휘날리던 청년이었다. 1970년대 말 머리를 단정히 자르긴 했지만, 그는 여전히 거칠고 유머러스한 태도를 유지했다. 크리스는 컴퓨터를 추상적인 아이디어가 아니라 물리적으로 존재하는 현실적인 기계로 인식했다. 커티스가 비행 시뮬레이터를 만들었다면, 크리스는 실제 비행기를 조종하는 사람이었다.

젠슨은 두 사람보다 몇 살 더 어렸고, 공식적으로는 외부 공급업체 직원이었지만, 두 사람의 매니저처럼 행동했다. 그는 LSI의 제조 공장과 협력해 두 사람이 고품질의 제품을 적시에 받을 수 있도록 했다.

세 사람은 각자의 전문 분야에서 완벽하게 조화를 이루었다. 크리스는 말했다. "우리는 서로의 영역을 결코 침범하지 않았어요."

이 독특한 협력 관계가 가능했던 이유는 단 하나였다. 크리스와 커티스가 젠슨을 전적으로 신뢰했기 때문이다. 사실 그들은 젠슨을 자신들의 상사보다 더 신뢰했다. "썬에서는 상상도 못할 정도로 사내 정치가 판을 쳤죠." 커티스가 말했다.

젠슨은 갈등을 피하며 솔선수범으로 이끌었다. 그는 자기 자신에게는 엄격했고, 험담을 삼가며 일을 잘한 사람들에게 공을 적절히 나눠주었다. 제품 출시가 지연되거나 LSI가 약속한 기능을 제공할 수 없을 경우에는 즉시 문제가 무엇인지, 책임자는 누구인지, 그리고 상황을 해결하기 위해 어떤 조치를 취하고 있는지 투명하게 설명했다. 크리스는 "그가 무언가를 하겠다고 했다면, 실제로 그 일이 이뤄질 가능성이 꽤 높았어요"라고 말하며 이렇게 덧붙였다. "실리콘밸리에서 이 같은 제품 매니저를 찾아보기 어려웠죠."

하지만 젠슨에게도 한 가지 단점이 있었다. 때때로 지나치게 솔직해서 도를 넘는 경우가 있다는 거였다. 물론 직설적인 태도는 그의 매력이기도 했지만, 때로는 다른 사람들의 감정을 상하게 했다. 젠슨은 사람들이 자신과 다른 의견을 내는 것을 잘 참지 못했고, 자신처럼 14시간씩 몰두해서 회로 시뮬레이터를 다루지 않는 사람들이 있다는 사실에 당황하곤 했다. 그러나 이런 젠슨의 특성은 크리스나 커티스처럼 논쟁을 즐기는 워커홀릭에게는 그가 관리자로서 유능하다는 것을 증명하는 요소로 보였다.

이들 세 사람의 성공적인 협력은 1989년 '썬GX Sun GX'의 출시로 이어졌다. 이 칩은 3D 그래픽 프로세서로 과학자, 애니메이터, 컴퓨터 지원 설계CAD 모델러를 위한 워크스테이션에 탑재되었다. 이 칩은 공간상의 점들로 구성된 와이어 프레임Wireframe• 스켈레톤 Skeleton을 입력받아 한 픽셀씩 그려냈고, 블록 형태의 다면체로 구성된 회전 가능한 오브젝트를 만들어냈다. 현대적인 관점에서 보면 썬GX의 그래픽 출력은 조악했지만, 당시에 눈을 가늘게 뜨고 CRT 모니터에서 16색 컬러의 화면을 보면, 컴퓨터 그래픽의 미래를 어렴풋이 엿볼 수 있었다.

썬GX의 성공으로 인해 LSI 로직의 창업자 윌프 코리건Wilf Corrigan 은 젠슨을 주목했다. 그는 칩 출시 이후 젠슨을 승진시켜 '시스템 온 칩SoC, system-on-a-chip' 설계 플랫폼을 총괄 운영하게 했다. 이 플랫폼은 고객들이 3D 그래픽, 비디오, 게임 컨트롤러 같은 여러 기능을 단일 실리콘칩에 집적할 수 있도록 해주는 것이었다. 이 플랫폼은 고객들에게 인기를 끌었다. 크리스는 이를 보며 윌프 코리건이 젠슨을 차세대 CEO로 생각하며 키우고 있는 것이라고 확신했다.

"그들은 스물 몇 살짜리 젊은 청년에게 전체 부서를 맡겼어요!" 크리스가 말했다. "분명 젠슨에게서 뭔가 특별한 걸 본 거죠."

젠슨에게서 특별한 가능성을 본 건 크리스와 커티스도 마찬가지 였다. 두 사람은 썬GX 칩의 성공에 힘입어 PC 비디오게임용으로

• 컴퓨터 그래픽에서 3차원 물체의 형상을 나타내기 위해, 철사를 이어서 뼈대를 만드는 것처럼, 수많은 선의 집합체로 나타내는 방식.

더 저렴한 버전을 만들자고 회사에 제안했다. 하지만 썬의 경영진은 이를 거절했다. "썬은 과학자들에게 제품을 공급하는 회사지, 게이머를 위한 회사가 아니다." 한 고위 임원은 거만하게 말했다. 이에 좌절한 두 사람은 자신들의 아이디어대로 PC 비디오게임용 칩을 직접 만들기로 결심했다. 하지만 그들은 사업 운영에는 자신이 없었다. 그들에게는 회사를 이끌어줄 경영자가 필요했다.

운명을 건 3인의 동업자

1992년, 크리스 말라초스키와 커티스 프리엠은 젠슨에게 자신들이 만든 신생 스타트업을 경영해 달라고 제안했다. 젠슨은 어려운 결정을 해야만 했다. 그들을 존경했지만, 자신은 이미 혁신적이고 안정적인 기업에서 자신의 부서를 이끌며 경영진 트랙에 올라 있었다. 이에 비해 두 사람이 제안한 신생 회사는 사업 계획도 없었고, 심지어 이름조차 정해지지 않았으며, 썬 마이크로시스템즈가 수익성이 없다고 반려한 제품의 아이디어 스케치만 가지고 있었을 뿐이다. 게다가 두 사람의 불안정한 관계도 문제였다. 두 사람은 자신들이 완벽한 팀이라고 주장했지만, 동료들은 그들의 관계가 불안하다고 봤다.

두 사람은 끊임없이 다퉜다. "크리스와 저는 늘 서로 고함을 질러댔어요." 커티스가 말했다. 이들의 격렬한 언쟁은 종종 한 사람이 작업실을 가로질러 자신의 사무실 문을 세게 닫고 들어가는 것으로 끝났다. "우리 팀원들은 항상 '우리 해체되는 건가요?'라고 물었죠." 커티스는 말했다. "하지만 그건 그냥 우리가 소통하는 방식이었어요."

두 사람은 고집도 꽤 셌다. 커티스는 크리스를 두고 임피던스 함수impedance function라고 표현하기도 했다. 임피던스는 전기회로에서 전류 흐름을 방해하는 저항을 나타내는 공학 용어인데 크리스가 의사결정에 있어 흐름을 방해한다는 뜻으로 한 말이었다. 내가 그 이야기를 크리스에게 전하자 그는 웃으며 말했다. "그래요, 얼마나 오래 커티스와 이야기해 보았는지 모르겠지만, 그의 사용자 인터페이스도 그렇게 잘 설계된 편은 아니에요."

이들 두 사람과 함께 일한다는 것은 평생 문을 쾅 닫아버려야 끝나는 싸움과 이런 엔지니어식 농담을 견딜 각오를 해야 한다는 의미였다. 게다가 젠슨의 재정 상황은 여유롭지 않았다. 1990년에 첫째 아들 스펜서Spencer가 태어났고, 1991년에는 딸 매디슨Madison이 태어났다. (반려견 스시는 아이들이 입에 물고 있는 공갈 젖꼭지를 빼앗으려는 장난으로 새 가족 구성원들에게 반응을 보였다.) 원래의 계획은 젠슨과 로리 둘 다 계속 직장을 다니면서 주택 담보 대출금을 갚는 것이었다. 그러나 믿을 만한 보육 시설을 찾지 못했고, 결국 로리가 직장을 그만두고 아이들을 키우기로 했다.

옌스 호르스트만은 두 아이의 대부가 되었는데, 그의 부인 또한 아이를 양육하기 위해 엔지니어 일을 그만두었다. 크리스 말라초스키의 아내 티나도 마찬가지였다. 옌스는 이 세 여성이 모두 뛰어난 엔지니어였다고 회상하며 이렇게 말했다. "이렇게 열심히 일하고, 이 일에 나 자신을 쏟아부을 수 있는 자유를 누렸다는 점에서 가끔 가족에게 죄책감을 느껴요." 그는 덧붙였다. "보모도 고용해 봤고, 여러 가지를 시도했지만, 어쩌면 우리가 더 노력했어야 했는지도 모르죠."

수십 년 후, 내가 젠슨에게 아이들이 태어났을 때의 상황에 대해 물었을 때 그의 표정에는 불편함이 드러났다. 그는 먼저 뛰어난 재능을 가진 아내에게 일을 그만둬달라고 요청했던 것을, 그리고 은행 계좌에 6개월치 생활비밖에 없는 상황에서 스타트업에 뛰어들기 위해 직장을 그만두겠다고 한 것을 떠올렸다. 하지만 로리는 그를 응원했다. "아내는 항상 나를 믿어줬어요."

젠슨은 훗날 자신이 회로기판 설계자에서 CEO로 급부상한 과정을 우연의 연속이라고 묘사했다. "나는 주립대 출신의 엔지니어였고, 특별히 야망이 큰 사람도 아니었어요." 그는 2020년 OBI 졸업 연설에서 이렇게 말했다. "만약 누군가가 회사를 운영할 사람을 찾고 있었다면, 나를 선택하지 않았을 겁니다." 젠슨은 이처럼 자신의 성공을 겸손하게 이야기했지만, 때로는 그 겸손이 과장된 듯 보이기도 했다.

이 시절을 알고 있는 모든 사람들은 젠슨의 연설이 사실이 아니라고 입을 모았다. 크리스 말라초스키는 그를 스탠퍼드 석사 학위를 가진 매우 유능한 노력가로 회상하며, 그의 야망은 숨겨지지 않았다고 말했다. "그는 서른 살이 되기 전에 무언가를 운영하고 싶다고 말했어요. 그가 우리 집에서 저녁을 먹던 날, 직접 그렇게 말한 걸 똑똑히 기억해요."

산업 애널리스트로서 엔비디아의 기업공개IPO를 도운 한스 모제스만Hans Mosesmann은 LSI에서 젠슨의 상사 중 한 명과 나눈 대화를 떠올렸다. 그 매니저는 인사평가를 담당했는데, 성적표와 비슷하게 생긴 평가 양식의 모든 등급란을 공란으로 비워둔 채 이렇게 썼다. "젠슨은 훌륭한 직원입니다. 언젠가 그가 내 상사가 되기를 기대합니다."

한편 한스 모제스만은 젠슨이 LSI에서 야기한 갈등을 기억하고 있었다. 당시 20대였던 젠슨은 2억 5,000만 달러의 연매출을 올리는 부서를 책임지고 있었고, 자신보다 나이도, 경험도 더 많은 직원들을 이끌고 있었다. 윌프 코리건은 갈등을 완화하기 위해 인텔 출신의 선임 이사를 영입해, 젠슨과 공동으로 부서를 관리하도록 했다. 젠슨은 이 결정에 대해 '정치적인 결정'이라며 분개했다. 엔지니어의 표현 중 가장 모욕적인 것이었다. "아무것도 없는 상태에서부터 그 부서를 키워냈는데, 그것을 빼앗긴 것이죠." 한스가 말했다.

어쩌면 이 굴욕적인 경험이 젠슨이 회사를 떠나게 된 결정적 이유가 되었을지 모른다. 크리스와 커티스는 까다롭고 고집이 세긴 했지만, 그들은 분명 뛰어난 인재였다. 그리고 젠슨은 그들이 그래픽 스타트업을 이끌 경영자로 선택한 첫 번째이자 유일한 사람이었다. "우리는 젠슨을 전적으로 신뢰했어요. 다른 사람은 누구도 믿을 수 없었죠."

하지만 젠슨 황은 곧바로 결정을 내리지 않았다. 그는 스타트업이 얼마나 어려운지 잘 알고 있었다. 게다가 하드웨어 스타트업은 특히 더 어려웠고, 소비자용 하드웨어 스타트업은 가장 어려운 분야였다. 대부분은 프로토타입Prototype(시제품) 제작 단계를 넘어서지 못했고, 그 단계까지 가지 못하는 회사도 많았다. 젠슨에게 의사결정은 막연한 희망 같은 감정이 개입할 여지가 없는 철저히 이성적인 과정이었다. 그에게 사업은 단지 또 다른 엔지니어링 문제였을 뿐이었다.

엔지니어들은 복잡한 문제를 단순한 기본 원리로 분해한 뒤 그 원리를 활용해 강력한 결과를 이끌어내는 것을 목표로 삼는다. 젠슨은 스타트업에 뛰어들기 위해서 먼저 그런 원리를 명확히 이해해야 했다. 젠슨은 시장, 공급망, 경쟁사, 기술, 제품 적합성에 대해 연구했다. 고객, 게임 개발자, 컴퓨터 그래픽 전문가들에게 탐색하는 전화를 돌렸고, 몇 년 치의 업계 보고서를 꼼꼼히 검토했다. 막대그래프, 판매 수치, 고객 설문조사를 한 장 한 장 넘기며 상승세의 단서를 찾기 위해 지난한 작업을 수행했다. 다시 말해 그는 숙제, 즉 사전조사를 철저히 해야만 했다. 그리고 그 작업을 수행할 곳은 단 한 군데뿐이었다.

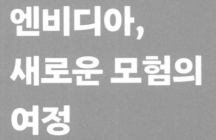

엔비디아,
새로운 모험의
여정

03

New Venture

전설이 된 데니스는 산호세의 고속도로 옆에 자리 잡고 있었다. 주유소와 해외 송금소들이 늘어선 초라한 풍경 속에서 높은 기둥에 부착된 데니스의 간판은 마치 등대처럼 빛났다. 레스토랑 바닥의 카펫은 연보라색과 자주색 무늬로 장식되어 있었고, 1993년 당시, 몇몇 테이블에는 여전히 재떨이가 놓여 있었다. 긴 카운터에는 스툴이 줄지어 놓여 있었고, 그 너머로 주방이 보였다. 뒤쪽에는 손님들이 몇 시간 동안 커피 리필을 즐길 수 있는 조용한 공간이 있었다. 출입문 유리창에는 '그랜드 슬램 조식' 메뉴를 홍보하는 포스터가 붙어 있었다. 계란과 소시지, 베이컨, 팬케이크로 구성된 이 메뉴의 가격은 단돈 3.99달러였다. 이 레스토랑은 문을 닫는 일이 없었다.

젠슨은 이곳을 모임 장소로 제안했다. 그의 집에서 가까웠고, 가끔 아이들과 식사를 하는 곳이었다. 식당 뒤편의 조용한 공간에는 주로 커피를 마시며 보고서를 작성하는 경찰관들이 앉아 있었다. 그 무렵 캘리포니아는 역사상 최악의 범죄율을 기록하고 있었다. 1993년 한 해에만 캘리포니아주에서 4,000명 이상이 살해되었다. 부유한 실리콘밸리와 인접한 곳이었지만, 산호세도 이 사태를 피할 수 없었다.

젠슨은 경찰들로 둘러싸인 테이블에 앉아 노트북과 연구 자료들을 펼쳐 놓고 있었다. 크리스 말라초스키와 커티스 프리엠이 함께 자리했다. 음식에 큰 기대를 하지 않은 두 사람은 주로 커피 리필 프로모션을 과도하게 활용했다. 젠슨은 이런 무례함을 만회하려는 듯 종업원들과 대화를 나누고, 계속 음식을 주문했으며, 후하게 팁을 남겼다.

썬 마이크로시스템즈는 소비자용 PC 비디오게임 하드웨어를 다루는 시장에 진출하지 않기로 결정했다. 로리의 이전 직장이자 3D 그래픽 업계의 선두주자인 실리콘 그래픽스도 마찬가지였다. (당시 실리콘 그래픽스 직원들은 〈쥬라기 공원〉의 컴퓨터 생성 이미지CGI, computer-generated imagery 공룡을 애니메이션화하는 작업으로 바빴다.) 주요 업체들이 PC게임에 투자하지 않은 결과로 시장에는 커다란 공백이 생겼고, 이 틈을 차지하기 위해 여러 스타트업 기업들이 앞다투어 뛰어들고 있었다.

그래픽 가속기는 원래 비행기와 공룡의 와이어 프레임 스켈레톤을 그리는 데 사용되던 하드웨어를 활용해 3D 게임에서 조작 가능한 애니메이션 캐릭터를 만드는 것이었다. 이를 실행하려면 저렴하고 효율적인 회로를 대량 생산해야 했고, 동시에 게임 프로그래머들이 하드웨어의 컴퓨팅 구조에 쉽게 접근할 수 있도록 하드웨어 위에 얇은 소프트웨어 층을 추가해야 했다. 완성된 제품은 그래픽 칩을 핵심으로 하는 주변기기용 회로기판이었다. 설치는 컴퓨터의 외장 금속 케이스를 풀고, 메인보드의 지정된 슬롯에 이 회로기판을 끼워 넣기만 하면 되었다.

이런 그래픽 가속기를 만들려는 회사는 최소 35개가 경쟁하고 있었고, 젠슨은 36번째 경쟁자가 진입할 자리가 있을지 걱정했다. 젠슨은 컴퓨터 그래픽 분야의 최고 전문가인 존 페디Jon Peddie에게 시장 상황을 묻기 위해 연락했다. 그는 이 분야의 교과서를 여러 권 집필한 이였다. 두 사람은 곧 친구가 되었고, 젠슨은 밤늦게까지 끊임없이 전화를 걸어 질문을 던졌다. 존 페디는 젠슨에게 이 시장은 이미 너무 많은 경쟁자가 있고, 최고의 엔지니어들은 이미 다른 스타트업에서 일하고 있다고 말했다. "하지 말라고 조언했죠." 존 페디는 말했다. "그건 그가 따르지 않은 조언 중 최고의 것이었어요."

데니스에서 크리스와 커티스는 주로 구경꾼 역할만 했다. "나는 파이를 먹으러 갔었어요." 커티스는 말했다. "그리고 사실, 그냥 젠슨을 지켜보려고 간 거예요." 젠슨 황이 산출한 매직넘버는 5,000만 달러였다. 그는 스타트업이 매년 최소 5,000만 달러의 매출을 달성해야 사업을 지속할 가치가 있다고 판단했다. 젠슨의 노트북에는 향후 몇 년간의 매출 전망치를 담은 스프레드시트가 열려 있었다. 젠슨이 셀에 있는 변수를 조정하면 매출 전망치가 5,000만 달러 아래로 떨어졌다. 그러다 다른 셀의 변수를 조정하면 다시 5,000만 달러 이상으로 올랐다.

모두가 우리를 질투하게 될 것이다

이런 만남이 몇 차례 이어진 뒤, 젠슨 황은 스스로 결정을 내렸다. 이후 곧바로 커티스 프리엠, 크리스 말라초스키, 젠슨 황은 회사 이름도 정하지 않은 채 팔로알토의 변호사 짐 게이더Jim Gaither의 사무실을 찾아가 법인 설립을 요청했다. 한 해 동안 무려 129번의 이사회에 참석한 경험이 있는 짐 게이더는 실리콘밸리에서 매우 인기 있는 자문변호사 중 한 명이었다. 그는 특히 젠슨에게서 깊은 인상을 받았다. 그가 보기에 젠슨은 타고난 리더였다. 짐은 이렇게 말했다. "저는 이 사람들이 우리 사무실을 나서기 전에 우리가 그들을 붙잡을 방법을 찾아야겠다고 곧바로 결심했어요."

짐 게이더는 창립자들과 함께 회사 구조에 대해 논의한 후 서류를 작성했다. 스타트업의 이름이 아직 없었기 때문에, 짐 게이더는 임시로 새로운 벤처new venture를 뜻하는 'NV'라고 적었다. 이는 흥미로운 우연이었다. 커티스와 크리스는 이미 자신들의 그래픽칩 프로토타입을 'NV1'이라고 부르고 있었는데, 이는 썬GX처럼 경쟁자들이 '질투하게 만들겠다'는 농담에서 비롯된 이름이었다. 커티스는 라틴어를 비롯한 다양한 언어의 사전을 참고하며 'NV'라는 개념에서 파생된 단어 목록을 작성했다. 세 사람은 이 목록에서 '엔비전 Nvision'이라는 이름을 선택했다. 하지만 검색을 해보니 이미 재활용 화장지를 생산하는 환경 친화적 제조업체에서 이 이름을 사용하고 있었다. 다음으로 선택된 이름이 '엔비디아'였는데, 이는 '질투'를 의미하는 라틴어 단어 '인비디아invidia'에서 유래된 것이었다.

그들은 계약 세부 사항을 최종적으로 합의하기 위해 다시 데니스로 돌아갔다. 젠슨은 엔비디아의 최고경영자CEO, 커티스는 최고기술책임자CTO, 크리스는 엔지니어링 부문 부사장을 맡기로 했다. 세 사람은 회사의 지분을 동등하게 보유하기로 합의했다. 커티스와 젠슨이 세부 사항을 논의하는 동안, 크리스는 넓은 간선도로를 향해 나 있는 대형 유리창 쪽으로 걸어갔다. 창밖으로 타코벨과 오래된 주유소가 보였다. 나트륨 가로등 불빛 아래의 풍경은 지저분했고, 특별히 눈길을 끌 거리가 없었다. 그는 자연스레 눈길을 위쪽으로 옮겼다가 창문 위에 총알 자국으로 움푹 파인 곳을 발견하고 움찔했다.

크리스는 뒷걸음질쳐 황급히 동료들 곁으로 돌아갔다. 그는 조심스럽게 속삭였다. "저 창문 좀 잘 봐. 총알 자국이 가득해! 사람들이 저 고가도로 위에 올라가 경찰을 향해 총을 쏘는 것 같아!" 서류 작업을 하던 커티스와 젠슨은 고개를 들어 증거를 확인했다. 세 사람은 계산을 마치고, 팁을 두둑하게 남긴 뒤 식당을 떠나 커티스 프리엠의 아파트로 피신했다. 이후 몇 년 동안 그들 중 누구도 그곳을 다시 찾지 않았다.

따라서 엔비디아가 총알이 관통한 자국이 가득한 데니스에서 설립되었다는 이야기는 엄밀히 말하면 사실이 아니다. 창업자들이 실제로 회사 설립 서류에 서명한 장소는 커티스 프리엠의 산호세 타운하우스였다. 하지만 총알 자국이 가득한 데니스에서 창업했다는 이야기는 기업 신화를 만드는 데에는 충분히 괜찮은 내용이었다. 그들이 모여 커피를 마시며 대화를 나누던 자리에는 지금도 멋진 명판이 걸려 있다.(주소는 산호세 베리에사 로드 2484번지로, 보고 싶다면 방문할 수 있다. 매장 측에 따르면 최근 몇 년간 식당을 향해 총을 쏜 사람은 없었다.)

이제 남은 절차는 자본금 납입이었다. 이는 형식적인 절차로 금액도 임의로 정할 수 있었다. 서명한 서류를 다시 짐 게이더의 사무실로 가져가자, 짐은 젠슨에게 지갑에 있는 현금을 모두 달라고 했다. 지갑에 있던 돈은 약 200달러였다. 그 대가로 젠슨은 공식적으로 엔비디아 주식의 3분의 1을 배정받았다. 이는 시간이 지나면서 훌륭한 투자가 되었다.

이후 젠슨은 공동 창업자들에게 그들의 지분에 해당하는 금액을 회수했고, 그렇게 엔비디아라는 기업이 탄생했다. 젠슨은 1993년 2월에 서른 살이 되었고, 엔비디아의 법인 설립 증서는 약 6주 뒤인 4월에 발급되었다. 크리스는 "마감 날짜를 살짝 벗어난 셈이다"라고 말했다.

실리콘밸리의 전형적인 기업들은 차고에서 시작된다는 이야기가 많다. 하지만 엔비디아는 이 상투적 공식도 뒤집었다. 이들은 커티스 프리엠의 집에서 가구를 차고로 옮기고, 대신 2층에 있는 2개의 침실을 사무실로 사용했다. (커티스는 세 번째 침실을 자신의 공간으로 남겨두었다.) 회사가 초기 자금을 투자받기까지 몇 달이 걸렸지만, 썬 GX 칩이 워낙 인상적이었기 때문에 몇몇 썬 마이크로시스템즈 직원들이 즉각적인 보상을 기대하지 않고 엔비디아로 이직했다. 그들은 젠슨 황이 자금을 조달하면 급여가 지급될 것이라고 믿었다. 크리스는 "우리가 스스로 특별하다고 생각했는데, 다른 사람들도 그렇게 생각해 준다 걸 확인해서 기분이 좋았어요"라고 말했다.

물론 모두 엔비디아를 믿은 것은 아니었다. 옌스 호르스트만은 젠슨의 집에서 맥주를 마시던 중 젠슨이 어머니와 통화하던 것을 떠올렸다. 대만어로 이루어진 대화였기에 내용을 알아듣지는 못했지만, 점점 격양되는 분위기는 느낄 수 있었다. 젠슨이 전화를 끊고 돌아와서 지친 표정으로 말했다. "이해가 돼? 방금 우리 엄마가 엔비디아 그만두고 대기업으로 돌아가라고 하셨어."

커티스 프리엠의 집에서 하나의 방은 하드웨어팀이 사용했는데, 이들은 썬 마이크로시스템즈의 워크스테이션을 사용해 회로를 설계했다. 다른 방은 소프트웨어팀이 차지했고, 비디오게임 개발자들이 칩과 통신하는 데 필요한 프로토콜을 설계했다. CEO의 사무실은 1층 부엌 옆 작은 원형 테이블이었다. 의도한 것이든, 우연이었든 직원들은 음료나 간식을 가지러 냉장고로 갈 때마다 젠슨의 옆을 지나쳐야 했다. 그의 영향력이 커진 현재까지도 그는 언제나 이렇게 사람들이 많이 오가는 중심에서 일하려고 했다.

엔비디아가 설립되고 두 달 후 〈쥬라기 공원〉이 극장에서 개봉했다. 이 영화는 처음으로 컴퓨터 그래픽 이미지와 실사 장면을 자연스럽게 통합했다. 이를 구현하는 데 어마어마한 컴퓨팅 파워가 필요했는데, 티라노사우루스가 나무를 부수고 나오는 3초짜리 장면 하나를 렌더링하는 데에만 애니메이터들이 10개월을 쏟아부어야 했다. 엔비디아의 NV1 칩이 출력하는 결과물은 이와 비교하면 원시적이었지만, 그 차이는 정도의 문제일 뿐 본질적으로 같은 원리를 따르고 있었다. 존 페디는 이렇게 설명했다. "사실 오늘날에도 인터랙티브 비디오게임과 영화의 특수효과는 본질적으로 그냥 블록들이 이리저리 움직이며 서로 부딪히는 거예요."

엔비디아에서 가장 중요한 목표는 NV1을 시장에 나와 있는 수십 개의 다른 제품과 어떻게든 차별화하는 것이었다. 이를 위해 설계자인 커티스는 칩과 소프트웨어에 특이하고 난해한 기능들을 추가했다. NV1은 와이어 프레임 스켈레톤을 그리는 데 2차원 텍스처 매핑quadratic texture mapping 기법을 사용했는데, 이는 깊이감과 현실감을 더하기 위한 것이었다. 소프트웨어 측면에서는 프로그래머들이 재사용 가능한 코드 블록을 설계할 수 있도록 객체 지향object-oriented 접근법을 사용했다. 내가 커티스에게 NV1의 아키텍처에 대해 처음으로 질문했을 때, 그는 27분 동안 쉬지 않고 설명했다. 그리고 이렇게 덧붙였다. "나는 100년 동안 지속될 아키텍처를 만들고 싶었어요."

커티스가 NV1 개발을 이끄는 동안 젠슨은 투자 유치에 나섰다. 짐 게이더의 도움으로 엔비디아는 실리콘밸리의 대표적인 벤처 캐피털 회사인 세쿼이아 캐피털Sequoia Capital과 서터 힐 벤처스Sutter Hill Ventures와의 미팅을 성사시켰다. 세쿼이아에서 프레젠테이션하기 전날 밤, 젠슨은 사업 계획서를 준비하며 고군분투했지만 난항을 겪었다. "밤새 노력했지만 끝내 아무것도 준비하지 못했어요." 그는 잠시 멈췄다가 덧붙였다. "지금도 마찬가지예요."

하지만 그에게는 강력한 지원군이 있었다. 바로 LSI 로직 창업자 월프 코리건의 지지였다. 다음 날, 젠슨과 커티스는 세쿼이아의 창립자이자 직설적인 것으로 유명한 돈 발렌타인Don Valentine을 만났다. 돈 발렌타인이 스타트업에게 즐겨 하는 질문은 "그게 왜 중요한가?"였다. 프레젠테이션은 잘 풀리지 않았다. 젠슨은 발표 내내 버벅거렸고, 커티스는 불필요한 기술적 설명으로 흐름을 끊었다. 결과적으로 그들의 프레젠테이션은 특별한 인상을 남기지 못한 채 끝났다. 그러나 미팅이 끝난 후 돈 발렌타인이 젠슨을 따로 불렀다. "음, 프레젠테이션은 별로였어요." 그는 잠시 뜸을 들이더니 덧붙였다. "하지만 월프 코리건이 반드시 당신에게 투자하라고 하더군요. 그러니 이제 당신은 사업을 시작하는 겁니다."

세쿼이아 캐피털과 서터 힐 벤처스는 각각 수백만 달러의 수표를 발행했고, 그 대가로 이사회 의석을 확보했다. 세쿼이아의 자리는 하버드 MBA 출신의 사교적이고 외향적인 성격인 33세 투자자 마크 스티븐스Mark Stevens가 차지했다. 서터 힐의 자리는 텐치 콕스Tench Coxe가 맡았는데, 36세인 그도 사교적이고 외향적이었으며 하버드 MBA 출신이었다. 두 사람은 모두 파타고니아 의류를 즐겨 입었다. 그래서 둘을 구분하기가 약간 어려울 때도 있었다.

마크 스티븐스와 텐치 콕스는 엔비디아의 사업 제안서보다 젠슨 황의 개인적인 자질에 주목했다고 말했다. "우리가 투자한 이유는 그들이 세계적인 수준의 컴퓨터 과학자들이었기 때문이에요." 텐치 콕스가 말했다. "평범한 CEO는 고객의 말을 들으려 노력하겠지만, 컴퓨팅 분야에서는 그게 큰 실수예요. 고객들은 뭐가 가능한지조차 몰라요. 무엇이 실현될 수 있는지 알지 못하죠." 그는 인텔과 마이크로소프트가 전통적인 경영 방식 때문에 나중에 어려움을 겪었다고 지적하며 덧붙였다. "젠슨은 처음부터 세계적인 수준의 엔지니어였어요. 그는 무엇이 가능한지 내다볼 수 있었죠."

젠슨 황의 머릿속 같은 화이트보드

1994년, 엔비디아는 서니베일의 한 쇼핑몰에 사무실을 마련하고 NV1의 상용화를 위한 개발에 착수했다. 사무실은 낡고 초라했다.

카펫은 헤졌고, 천장에는 물 샌 자국으로 얼룩져 있었으며, 휴게실 바닥은 리놀륨으로 되어 있었다. 인근 중식당의 음식 냄새가 환기구를 통해 자주 스며들었고, 화장실은 다른 회사와 공용으로 사용했다. 사무실 맞은편에는 웰스파고^{Wells Fargo} 은행이 있었는데, 지역 강도단의 표적이 되곤 했다. "우리가 그곳에 있는 동안, 그 은행은 두 번이나 강도를 당했어요!" 크리스가 말했다. "우리 사무실 창문으로 그 강도 사건들을 지켜볼 수 있었다니까요."

사무실 뒤쪽은 휴게 공간으로 개조되었다. 점심시간에는 직원들이 탁구대에 둘러앉아 식사를 했고, 젠슨은 종종 직원들을 상대로 탁구 실력을 발휘했다. 한편 다른 방은 컴퓨터 실험실로 사용했는데, 해체된 장비들 옆에는 세가^{Sega} 게임기가 연결된 작은 휴대용 TV가 놓여 있었다. 세가는 2차원 텍스처 매핑 방식을 사용하는 유일한 콘솔 제조사였고, 커티스가 선호하는 플랫폼이었다. 그는 종종 근무 시간에 게임을 즐겼고, 여러 게임 중 대부분에서 최고 점수를 기록했다. 그는 다리를 꼬고 몸을 뒤로 젖혀 기대 앉은 채 9인치 화면 속 오토바이를 조종했다.

컴퓨터 실험실 옆에는 회의실이 있었고, 젠슨 황은 그곳을 자신의 '지휘 본부'로 삼았다. 그는 화이트보드에 특유의 단정한 대문자 필체로 사업 전략과 NV1의 마감 기한을 상세히 적어 놓았다. 화이드보드에 녹색, 빨강, 주황색 보드 마커를 사용해 칩 아키텍처의 정밀한 다이어그램도 그려 놓았다. 화이트보드 공간이 부족해지자, 그는 회의실 벽에도 그림을 그리기 시작했다. 젠슨은 미술을 배운 적도, 서예를 배운 적도 없었지만, 모든 것이 깔끔했고, 색상별로 잘 정리되어 있었다. 그는 모든 것이 단정하게 정리되어 있는 것을 좋아했다.

젠슨의 사무실에 들어가는 것은 그의 머릿속에 들어가는 것과 같았다. 이사진들은 그가 만든 엔비디아의 청사진이 방 안을 둘러싼 광경을 보고 놀랐다. 텐치 콕스는 "그의 필체는 믿을 수 없을 정도로 깔끔했어요"라고 말했다.

초기 엔비디아의 중요한 이정표 중 하나는 '테이프아웃tape-out'이었다. 이는 첫 프로토타입 칩의 설계도를 제조 공장으로 보내는 시점이었다. 젠슨은 테이프아웃 날짜가 다가오던 시점에 이사회를 진행하고 있었다. 그때 밖에서 직원들의 환호성이 들려왔다. 그는 첫 제품의 완성된 설계도를 볼 수 있을 것이라는 기대를 안고 회의실을 뛰쳐나와 실험실로 달려갔다. 그러나 그가 목격한 것은 설계도가 아니라 게임 콘솔을 둘러싸고 환호하는 직원들이었다. 커티스가 〈로드 래시Road Rash〉 게임에서 신기록을 세운 것이었다. 화가 잔뜩 난 젠슨은 콘솔을 압수해 자신의 아이들에게 줘버렸다. "젠슨은 합리적이라는 측면에서 항상 가장 어른스러운 사람이었어요." 한 초창기 직원이 말했다. "그는 회사에서 가장 어린 사람이었을 때조차 가장 어른스러웠죠."

엔비디아는 '상업용 칩merchant chip' 비즈니스 모델을 따랐다. 칩 제작은 유럽의 반도체 공장에 외주를 맡기고, 완성된 회로기판의 조립, 유통 및 판매는 미국의 다이아몬드Diamond 사에 맡겼다. 엔비디아가 직접 담당한 유일한 작업은 칩 설계와 품질 관리뿐이었다. 생산 일정이 다가오면서 직원들은 밤늦게까지 일했다. 곧 실험실은 배달 음식 상자와 대량의 사탕 상자로 가득 찼다.

엔비디아의 초기 멤버이자 지금도 근무하고 있는 제프 피셔^{Jeff} ^{Fisher}는 VHS 캠코더로 NV1 프로토타입이 배달된 날을 기록했다. 저화질의 영상 속에서 각기 각색인 게이머 한 무리가 보호용 하드 케이스를 둘러싸고 흥분을 감추지 못했다. 그들 모두 남성이었는데 보호용 케이스가 열리자 웅성거림이 퍼졌다. 케이스 안에는 검은 보호막에 쌓인 15개의 칩이 들어 있었다. 커티스는 플라이어(펜치)를 들고 케이스 하나를 열어 손톱 크기만 한 실리콘칩을 꺼냈다. 이 작은 기적을 평가하는 동안 그들은 다시 소년이 된 듯했다. 그들의 몸짓에서 초조함과 활력이 동시에 드러났다.

영상 속 엔비디아 직원들은 1990년대에 유행하던 큼지막한 무늬가 새겨진 버튼다운 셔츠를 입고 있었다. 많은 이들이 허리띠 없이 청바지에 셔츠를 집어넣은 모양이었다. 젠슨은 가족과 시간을 보내느라 프로토타입 언박싱 현장에는 없었다. 그런데 그 무렵 촬영된 사진을 보면 그는 두껍고 동그란 안경을 쓰고 빨간색과 흰색 줄무늬의 버튼다운 셔츠 위에 멋진 조끼를 입고 있다. 제프 피셔는 젠슨이 옷에 지나치게 풀을 많이 먹였다고 회상했다. "그의 옷은 항상 너무, 너무, 너무 빳빳했어요."

엔비디아는 이제 이 프로토타입의 결함 여부를 '검증'해야 했다. 이 작업을 총괄한 사람은 또 다른 초기 멤버인 드와이트 디어크스 Dwight Dercks 였다. 그 역시 지금도 엔비디아에 몸담고 있다. 그는 미네소타의 유서 깊은 돼지 농장 가문에서 태어났고, 외모도 농부의 분위기를 풍겼다. 덩치가 크고, 살집이 있었으며, 엔비디아 본사를 천천히, 정말 느릿느릿 어슬렁거렸다. 금발에 파란 눈을 가진 그는 전형적인 미국 중서부 스타일이었다. 엔비디아 직원 중 몇몇은 내게 이렇게 조언했다. "드와이트를 과소평가하지 마세요."

엔비디아의 첫 번째 칩, NV1의 상용화

드와이트는 프로토타입을 테스트하기 위해 '아트 데모art demo'라 불리는 그래픽 클립을 실행한 다음, 각 프레임을 하나씩 검사하며 오류를 확인했다. 이는 마치 영화를 한 프레임씩 편집하는 것처럼 극도로 세밀한 작업이었다. 검증을 완료한 뒤 엔비디아는 오류를 수정한 설계도를 다시 유럽의 반도체 공장으로 보냈고, 비로소 칩의 대량 생산이 시작되었다.

NV1 출시 날짜가 다가오던 시점에, 젠슨은 이미 NV2를 준비

• 1994년에 선임 소프트웨어 엔지니어로 엔비디아에 입사했으며, 1999년 부사장으로 승진했다. 2008년 이후 소프트웨어 엔지니어링 담당 선임 부사장을 맡고 있으며, 자동차 사업 부문도 이끌고 있다.

하며 세가와 협력해 차세대 드림캐스트 콘솔의 그래픽 가속기를 개발하기로 계약했다. 이 계약의 일환으로 엔비디아는 NV1 보드에 사운드칩과 조이스틱 컨트롤러를 장착해 세가 게임을 PC로 포팅할 수 있도록 했다. 가장 큰 인기를 얻은 건 〈버추어 파이터Virtua Fighter〉였는데, 이 게임은 블록 형태의 사각형으로 구성된 무술가 캐릭터들이 격투하는 장면을 구현했다. 게임 광고에는 직사각형으로 만들어진 사람이 TV 화면을 뚫고 날아가는 장면이 등장했다.

칩을 최대한 빨리 출시해야 했다. 1995년까지 3D 그래픽 시장은 젠슨이 가장 낙관적으로 예측했던 수준을 넘어서며 크게 성장했다. 이런 성장은 2개의 블록버스터 게임 덕분이었다. 〈미스트Myst〉는 1993년 9월 출시된 우아한 두뇌 퍼즐 게임으로, 신비로운 섬을 배경으로 했고, PC게임 역사상 가장 많이 팔린 타이틀이 되었다. 불과 석 달 후에는 〈둠Doom〉이 출시되었다. 〈둠〉은 SF와 호러가 결합된 게임으로, 플레이어는 화성에서 악마들을 샷건으로 사냥했다. 두 게임은 비디오게임이 구현할 수 있는 양극단에 위치한 완전히 상반된 개념의 게임이었다. 하지만 두 게임 모두 수백만 장이 팔렸고, 게이머들은 그래픽 가속기를 구입하기 위해 매장으로 달려갔다.

NV1은 1995년 가을, 이처럼 치열한 시장에 출시되었다. 그해 크리스마스 시즌, 전자 제품 매장을 찾은 고객들은 수십 개의 그래픽 칩 제조사가 경쟁하는 혼란스러운 진열대를 마주했다. 엔비디아 외에도 매트록스Matrox, S3 그래픽스S3 Graphics, 3dfx, 시러스 로직Cirrus Logic, ATI 테크놀로지스 등이 고객의 관심을 끌기 위해 경쟁했다.

상황을 더 복잡하게 만든 것은 엔비디아와 유통 계약을 한 다이아몬드 사였다. 이 회사는 엔비디아 칩셋을 '다이아몬드 엣지'라는 브랜드로 판매하면서, 그와 동시에 경쟁업체인 3dfx 칩셋을 '다이아몬드 몬스터'라는 브랜드로 판매했다.

제품 패키지는 조악했다. 기존의 모뎀이나 프린터 부품 같은 단조로운 품목으로 구성되어 있던 컴퓨터 주변기기 매대는 그래픽 가속기가 더해지면서 현란해졌다. 제품 가격도 비쌌다. NV1 칩셋을 탑재한 다이아몬드 엣지 그래픽카드는 249달러였는데, 이는 당시 슈퍼 닌텐도보다 비싼 가격이었다. 못생긴 박스를 열면 더 못생긴 회로기판이 나왔다. 초록색 플라스틱 그리드 위에 커패시터와 몰드된 에폭시 하우징이 박혀 있는 이 제품은 조잡하고 일회용처럼 보였으며, 실제로도 그랬다. 그래픽 가속기는 빠르게 구식이 되어 몇 년 주기로 교체가 필요했다. 젠슨의 사업 계획에서 가장 중요한 변수는 얼마나 많은 고객이 이런 값비싼 업그레이드 사이클에 뛰어들 것인가 하는 것이었다.

그런데 그 숫자는 예상보다 많았다. 〈미스트〉와 〈둠〉의 성공으로 고무된 게임 개발자들은 세가나 닌텐도의 폐쇄적인 하드웨어 생태계를 벗어나 PC로 눈을 돌리고 있었다. 이 시기에 〈문명Ⅱ Sid Meier's Civilization II〉와 〈커맨드 앤 컨커 Command & Conquer〉 같은 명작이 등장해 게이머들을 끝없는 작은 선택과 반복 가능한 게임 플레이 속에 빠져들게 만들었다. PC게임은 항상 재미있는 것은 아니었지만 완전히 중독성이 있었고, 플레이어들은 몇 시간, 심하면 며칠씩 게임에 몰두했다. 고품질 그래픽카드를 구매한 플레이어들은 제국의 흥망성쇠를 목격한 후 새벽녘이 되어서야 시계를 바라보며 흐릿한 눈을 비비곤 했다.

그해 연말까지 엔비디아는 NV1 칩을 10만 개 이상 판매했는데 이는 NV1과 번들로 제공된 〈버추어 파이터〉의 인기 덕분이었다. 젠슨은 제품에 자신감을 얻어 대규모 채용에 나섰고, 엔비디아의 직원 수는 100명을 넘어섰다. "갑자기 우리가 진짜 회사가 된 것 같았죠." 드와이트 디어크스가 말했다. "그해 크리스마스 파티는 정말 과하게 성대했어요."

엔비디아의 첫 번째 실패

하지만 1996년 1분기가 되자 문제가 드러나기 시작했다. 〈버추어 파이터〉를 질릴 때까지 즐긴 고객들은 NV1이 다른 게임을 렌더링하지 못한다는 문제를 알게 되었다. 사실 대다수 프로그래머들은 2차원 매핑보다 삼각형 기반으로 3D 객체를 구성하는 것을 선호했다.

"NV1은 깊이 버퍼dpeth buffer가 없었고 곡면만 렌더링할 수 있었어요." NV1을 사용했던 게임 개발자 팀 리틀Tim Little의 말이다. "결과적으로 장면 안에서 객체들을 어떻게 정렬할지 정할 수 없었죠." 이로 인해 게임 캐릭터가 보도블록에 빠지거나, 벽을 뚫고 순간 이동하는 클리핑clipping 오류가 심각하게 발생했다. 최악의 경우 NV1은 윈도우 운영체제와 연결이 끊어지면서 악명 높은 블루 스크린을 띄웠다. 팀 리틀은 말했다. "그건 재앙이었어요."

지원되는 게임의 수가 적었기 때문에 NV1 판매는 급격히 감소했고, 실망한 고객들은 대형 소매점의 관대한 반품 정책을 이용해 제품을 반품했다. 출시 후 몇 달이 지나, 드와이트 디어크스는 프라이즈 일렉트로닉스Fry's Electronics에 쇼핑을 갔다가 다이아몬드 엣지 박스가 선반에 수북이 쌓여 있는 모습을 보았다. 이미 개봉된 박스들이었고, 가격도 대폭 할인되어 있었다. 엔비디아가 인력을 대폭 늘린 바로 그 시점에 회사의 유일한 제품에 대한 수요가 사라진 것이다.

한편 게임 개발자들은 커티스 프리엠의 실험적 접근 방식을 점점 외면하고 있었다. 1995년, 그래픽 주변기기들이 계속해서 운영체제와 충돌하는 것을 참다 못한 마이크로소프트는 게임 개발자를 위한 자체 다이렉트XDirectX 표준을 도입하겠다고 발표했다. 이 표준은 삼각형 렌더링만 지원했으며, NV1은 이 표준과 전혀 맞지 않았다. 기대를 받으며 출발한 NV1은 결국 실패작이 되었다.

몇 년 후에도 커티스는 여전히 NV1을 옹호했지만, 다른 두 창업자는 NV1을 실패한 연애나 세무 감사를 떠올릴 때처럼 씁쓸하게 회상했다. 젠슨은 NV1을 두고 '재앙'이라고 불렀고, 크리스는 '쓰레기'라고 표현했다.

문제는 이것만이 아니었다. 엔비디아는 NV1을 기반으로 세가와 계약한 NV2, 나아가 NV3까지 출시할 계획을 세우고, 그에 맞춰 공급망 전체를 구축해 놓은 상태였다. 이제 젠슨 황의 완벽한 필체로 그려진 사업 계획과 세밀한 다이어그램은 모두 지워야 했다. 화이트보드에 남은 잉크 자국은 젠슨의 치밀했던 전략이 무산된 것을 조롱하는 것 같았다. "우리는 모든 것을 놓쳤어요." 젠슨 황은 초창기를 떠올리며 말했다. "우리가 내린 모든 결정이 잘못된 것이었죠."

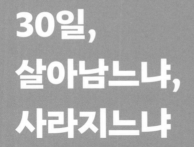

30일,
살아남느냐,
사라지느냐

04

Thirty Days

데이비드 커크David Kirk는 1996년 엔비디아 사무실을 처음 방문했을 때 한눈에 '이 회사 망하겠네'라고 판단했다. 그는 실리콘밸리 전역을 돌아다니며 컨설팅을 제공하던 그래픽 전문가 였는데, 여러 경력을 쌓으며 실패의 감별사가 되어 있었다. 데이비드는 자신이 설립한 회사를 포함해 많은 스타트업이 무너지는 모습을 지켜보았고, 엔비디아는 파산으로 치닫는 회사가 보여주는 모든 징후를 나타내고 있었다.

직원들은 지쳐 보였고 사기가 저하된 상태였으며, 독특한 제품

• MIT에서 기계공학 학사와 석사를 마치고 캘리포니아 공과대학교CalTech에서 컴퓨터과학으로 석사와 박사를 취득했다. 엔비디아 입사 전에 휴렛팩커드의 아폴로 시스템스 디비전 등에서 일했다.

은 시장과 맞지 않았다. 게다가 겉으로는 친밀해 보이는 공동 창업자들은 심각한 의견 충돌을 겪고 있었다. 그들의 기술적 논의는 토론을 넘어선 감정적 충돌이었다. 데이비드 커크는 엔비디아에 대해 회의적이었다. 고용 조건으로 매 주말 수표로 직접 급여를 받겠다는 조건을 고집했을 정도였다. 그는 엔비디아가 한 주 한 주 버틸수 있을지 확신하지 못했다.

당시 엔비디아의 분위기는 최악이었다. 데이비드가 합류하기 직전, 젠슨 황은 직원들을 소집한 뒤, NV1 실패에 대한 후속 조치를 발표했다. 그는 회사의 자금이 바닥나고 있으며, 기존의 NV1 아키텍처를 포기해야 한다고 말했다. 그는 엔비디아가 살아남을 유일한 생존 전략이 세가를 버리고 마이크로소프트와 손을 잡는 것이라고 설명했다. 이제 회사는 경쟁사보다 저렴한 범용 칩을 가능한 한 빨리 시장에 내놓아야 했다. 그런데 이 피봇pivot 전략은 직원 중 대다수를 해고해야 한다는 의미이기도 했다. 남은 직원들은 초과 근무를 해야 했다. 젠슨은 범용 그래픽 가속기를 기록적인 시간 안에 저렴하게 설계, 제조, 출하하기 위해 애썼다.

이 발표 후, 젠슨은 100명이 넘던 일반직 직원들을 35명의 엔지니어로 대폭 줄였다. 그 직후 합류한 데이비드 커크가 처음 마주한 것은, 스산하고 반쯤 버려진 채 방치된 사무실이었다. 낮은 칸막이로 나눈 책상들 위로 형광등이 드리워져 있었지만, 대부분의 책상은 텅 비어 있었다. 사무실 한쪽에는 '하드웨어 에뮬레이터hardware emulator'라는 이상하고 볼품없는 장비가 자리 잡고 있었는데, 젠슨은 회사의 마지막 자금으로 이 장비를 구매했다. 엔비디아의 생존은 바로 이 정체불명의 기계에 달려 있었다. 하드웨어 에뮬레이터는 가상의 마이크로칩을 만들어 이를 테스트하는 장치였다. 하지만 단순한 시뮬레이션 도구라고 하기엔 그 성능을 과소평가한 것이다. 본질적으로 에뮬레이터는 실리콘으로 만들어진 실제 칩 대신 코드로 구현된 가상의 마이크로칩 역할을 했다.

이 장치는 다루기 불편하고 느렸으며, 마치 조립이 끝나지 않은 듯 내부 회로가 노출되어 있었고, 복잡하게 얽힌 케이블이 바닥으로 뻗어 나와 있었다. 크기가 너무 커서 컴퓨터 실험실에 들어갈 수 없었기 때문에, 직원들은 휴게실의 탁구대를 치우고 그 자리에 에뮬레이터를 설치해야 했다.

젠슨의 계획은 이 에뮬레이터를 활용해 비용이 많이 드는 프로토타입 생산 단계를 건너뛰고, 디지털 설계도만으로 바로 대량 생산에 돌입하는 것이었다. 반도체 산업 역사상 그전까지 어떤 회사도 프로토타입 생산 과정을 생략한 적이 없었다. 하지만 엔비디아에게는 이 방식 외에 다른 선택지가 없었다.

젠슨은 에뮬레이터 작업에 교대 근무자를 배치했다. 낮에는 드와이트 디어크스가 장비를 다뤘고, 밤에는 데이비드 커크가 이어서 작업했다.

에뮬레이터 프로그래밍을 몇 주간 진행한 뒤, 데이비드는 엔비디아에서 자신이 맡아야 할 두 번째이자 암묵적 역할이 있다는 사실을 깨달았다. 그것은 공동 창업자 커티스 프리엠의 기술적 야망을 관리하는 일이었다. 데이비드는 엔비디아에 합류하자마자 NV1에 사용된 2차원 매핑 기법을 포기하는 것이 좋겠다고 조언했다. 그 기술은 커티스가 개발한 것이었다. "그건 그냥 내가 떠올린 아이디어 중 하나였어요." 데이비드는 말했다. "나는 그런 아이디어를 많이 가지고 있어요."

하지만 데이비드 커크의 제안은 오히려 커티스가 2차원 매핑 방식을 더 강하게 밀어붙이게 만들었다. 커티스는 순수주의자로서 기술적 타협을 '돈에 굴복하는 비겁한 양보'라고 여겼다. "커티스는 이상적인 완성 형태만 생각해요." 크리스는 이렇게 말했다. "하지만 회사를 계속 운영하면서 사업을 이어가는 데 필요한 사고방식은 그에게 별로 없는 것 같아요."

데이비드는 이내 2차원 매핑을 사용할지 말지에 관한 난해한 논쟁 이면에 더 중요한 질문이 있다는 것을 깨달았다. 그건 '누가 엔비디아의 실질적인 권한을 가지고 있는가' 하는 문제였다. 커티스는 CTO로서 회사의 기술 로드맵을 온전히 독자적으로 결정하고 싶어 했고, 젠슨은 CEO로서 고객들이 제품을 매장에 반품하는 일이 더이상 벌어지지 않기를 바랐다. 중재자 역할을 하던 크리스도

118

논쟁을 통제하지 못하는 지경이 되었다. 데이비드가 입사했을 무렵 접한 상황이 이를 단적으로 보여주었다. 회로 아키텍처와 관련해 회의실에서 시작된 논의가 급기야 회사에 남아 있던 몇몇 당황한 직원들이 지켜보는 공개 언쟁으로 격화되었다.

많은 사람들이 커티스와 함께 일하기가 어렵다고 느꼈다. "커티스와 나는 사이가 그리 좋지는 않았어요." 데이비드가 말했다. 이는 다른 사람들이 좀 더 거친 표현으로 밝힌 공통된 심정을 대변하는 말이었다. "그는 기술적으로 정말 뛰어난 사람이었지만, 대인관계를 잘하는 사람은 아니었어요." 커티스는 분명 괴짜였고, 종종 단순한 문제에도 독특한 해결책을 만들어냈다. 대표적인 예가 스팸메일에 대처하는 방식이었다. 사람들은 대개 스팸 필터를 사용하거나 그냥 스팸을 감수하고 지냈다. 하지만 커티스는 연락하는 사람마다 각각 별도의 이메일 주소를 하나씩 만들었고, 나중에는 수천 개의 이메일 계정을 사용했다.

그러나 커티스가 아무리 고집이 세다고 해도 젠슨의 상대는 되지 못했다. 비로소 자신의 관점을 처음으로 내놓을 때면, 젠슨은 신중한 어조로 전제에서 시작해 논거를 제시하고 결론에 이르렀다. 바로 이 순간 퓨즈에 불이 붙었고, 대화 상대방에게 남은 선택지는 두 가지였다. 그의 논리에 동의해 불을 *끄*거나, 폭발을 감수하는 것이었다. 그의 말에 반대하는 사람들은 그가 분노를 터뜨리며 동료들 앞에서 거칠게 질책할 때 종종 충격을 받았다. 사람들은 이것을 '황의 분노'라고 불렀다.

황의 분노가 어디에서 무엇 때문에 생기는지 그를 잘 아는 사람들
조차 명확히 알지 못했다. 그와 가장 가까운 친구인 옌스 호르스트
만은 젠슨이 LSI 로직에서 일하던 시절에는 성질을 폭발시키는 모
습을 전혀 보이지 않았다고 했다. 그러나 그는 CEO가 된 이후 자주
격분했다.

한 엔비디아 직원은 "처음 그가 폭발하는 걸 봤던 날을 절대 잊
지 못할 겁니다. 입사한 지 몇 달밖에 안 됐을 때였는데, 젠슨은 항
상 매력적이고 자기 자신을 낮추는 편이었어요. 그런데 어느 날,
100명 앞에서 갑자기 소리를 지르며 폭발하더군요."

젠슨에게는 관중이 매우 중요했다. 직원을 질책할 때 대개 다른
사람들이 지켜보는 가운데 공개적으로 진행했다. 모두 그 경험에서
배우게 한다는 취지에서였다. 젠슨 황은 "실패를 모두 공유해야 한
다"고 말했다. 프로젝트가 지연되면, 책임자를 일어서게 한 뒤 무엇
이 잘못되었는지 하나하나 낱낱이 설명하라고 시켰다. 그런 다음
그들의 성과를 신랄하게 분석했고, 인색한 평가로 프로젝트 구성원
들의 기를 꺾었다.

이런 식의 회사 내 '투쟁 세션'은 누구나 쉽게 받아들일 수 있는
방식은 아니었다. 드와이트 디어크스는 말했다. "누가 여기서 오래
버틸 수 있을지, 누가 버티지 못할지 금방 알 수 있었어요. 누군가
가 방어적으로 변명하기 시작하면, 저 사람은 오래 버티지 못하겠

구나 예상할 수 있었죠."

드와이트 디어스는 젠슨의 방식에 나름대로의 의도가 있다고 믿었다. "그가 누군가에게 이유 없이 화를 내는 일은 절대 없었죠." 드와이트는 말했다. "젠슨은 회의 때, 여러 사람들이 지켜보는 가운데 그런 상황을 만들었어요. 모두에게 교육적인 기회가 되도록 말이에요."

하지만 젠슨의 비판이 항상 건설적인 것은 아니었다. 때로는 단순한 언어 폭력처럼 느껴질 때도 있었다. 한 전 직원은 자신이 사소한 업무를 실수했을 때를 떠올렸다. 젠슨은 임원 30여 명 앞에서 그에게 회사 근무 경력과 연봉을 물었다. 그가 머뭇거리며 숫자를 말하자, 황은 머릿속으로 그 직원이 지금까지 받은 보수를 대략 계산한 뒤 전부 환불하라고 요구했다. 그 상황은 농담처럼 느껴지지 않았다. "그는 꽤 진지했어요." 그 직원은 말했다. "그 후 거의 3주간 잠을 제대로 못 잤어요."

젠슨의 폭발을 직접 경험하는 것만큼 이를 지켜보는 것도 견디기 힘든 일이었다. 몇몇 엔비디아 직원들은 동료가 젠슨에게 가차 없이 질책을 당할 때 몸 둘 바를 몰랐다고 털어놓았다. 한편 데이비드 커크는 젠슨이 자신에게 호통친 것은 단 한 번뿐이라고 말했다. 그건 다른 사람을 변호하기 위해 끼어들었을 때였다. "젠슨이 한 직원을 몰아세우고 있었는데, 제가 도저히 참지 못하고 중간에 끼어들었어요. 그런데 갑자기 나를 공격하기 시작하더군요!" 데이비드는 말했다. "마치 전쟁터에서 누군가를 향해 총을 쏘고 있는데, 내가 '이봐, 그만 쏴!'라고 말하며 일어서자 그 총구가 바로 나한테로 향하는 것과 똑같았죠."

공동 창업자들 간의 권한 다툼

커티스 프리엠은 엔비디아에서 젠슨 황과 동등한 지분을 가지고 있었고, 회사 설립 서류는 그의 집에서 서명되었다. 그는 젠슨에게 자신의 회사를 경영해 달라고 제안했지만, 사실 다른 누군가를 선택할 수도 있었다. 크리스의 설명처럼, 그들의 업무 관계에는 창업자끼리 서로 영역을 침범하지 않는다는 암묵적 합의가 늘 존재했다. 즉 젠슨은 사업을 맡고, 커티스는 기술에 집중하는 것이었다. 그러니 젠슨이 그 합의를 깨뜨렸을 때 커티스가 배신당한 것처럼 반응한 것도 어쩌면 당연한 일이었다. 하지만 커티스는 영향력을 행사할 별다른 수단이 없었다.

엔비디아 주식의 약 10%를 보유했는데도 커티스는 이사회 의석을 요구한 적도, 제안받은 적도 없었다. 이건 크리스 말라초스키도 마찬가지였다. 젠슨은 CEO로서 이사회에 자신만 있으면 된다고 두 사람을 설득했다. 사업이나 영업 통화, 이사회 회의를 극도로 싫어한 나머지 다른 누군가를 상사로 모실 정도였던 두 사람은 순순히, 그리고 다소 순진하게도 이 제안을 받아들였다. 결국 이사회가 마이크로소프트와의 협력 전략을 지지하자, 젠슨은 커티스의 반대에도 불구하고 일방적으로 그 결정을 강행했다. 커티스가 할 수 있는 건 아무것도 없었다.

과감한 생략과 지름길, 에뮬레이터의 도입

에뮬레이터 이야기로 돌아오기 전 소개할, 젠슨이 마음을 바짝 졸인 일이 한 가지 있다. 세가는 엔비디아의 NV2의 작동 프로토타입을 받은 후 100만 달러를 지급하기로 합의했었다. 1996년 중반, 젠슨은 이 프로토타입을 세가에 전달했는데, 이 칩은 세상에 하나뿐인 유일한 제품이었다.

젠슨은 매우 정중한 태도로 세가 측에 엔비디아가 마이크로소프트와 손을 잡게 되었으니 드림캐스트 제작에는 참여하지 못할 것이라고 알렸다. 하지만 프로토타입을 납품한 것으로 기술적인 계약 조건은 이행했으니, 대금을 지불해 주기를 바란다고 전했다. 그러지 않으면 엔비디아는 파산할 것이라고도 덧붙였다. "상황을 감안하면, 그들은 의외로 담담하게 받아들여줬어요." 젠슨은 이렇게 말했다.

세가에서 대금을 지급하자마자, 젠슨은 그 돈으로 에뮬레이터를 구입했다. 엔비디아가 가진 마지막 자금을 사용한 것이었다. 이미 회사에서는 긴급 대책이 실행되고 있었다. 회계 부서는 지불을 미룰 수 있는 순서대로 청구서를 정리해 두었다. 먼저 공급업체 대금을 미루고, 그다음 공과금을 체납하기로 했다. 직원들의 급여 체불은 마지막 선택지로 남겨두었다. 어떤 일이 벌어지더라도 회사의 불이 꺼지는 날까지 직원 급여만큼은 지급하겠다는 것이 젠슨의 결심이었다.

에뮬레이션은 위험한 도박이었다. 곧 출시될 NV3 칩에 들어간 수백만 개의 트랜지스터 중 하나라도 배열이 틀렸다면, 실제 양산 단계에서 실패하고, 회사가 망할 수도 있었다. 그러나 젠슨은 새로운 리스크의 세계로 스스로 뛰어들기로 결심했다. 그는 학창 시절 공부부터 운동, 회사 생활에 이르기까지 늘 1등을 향해 달려왔다. 하지만 이제는 꼴찌가 주는 색다른 자유를 누릴 차례였다. 수많은 경쟁자들이 앞서가는 모습을 지켜보며, 젠슨은 꼴찌가 되는 것도 꽤 재미있다는 걸 깨달았다. 어중간하게 중간에 머무는 것보다 훨씬 나았다.

꼴찌 기업이라면 무엇이든 마음대로 할 수 있었다. 다른 누구도 감히 시도하지 못하는 지름길로 갈 수도 있었다. 물론 에뮬레이터 작업을 맡은 사람들에게는 꼴찌 자리가 그리 흥미롭지 않았다. 당시 비디오게임들은 움직임을 만들어내기 위해 대략 초당 30프레임을 렌더링했다. 그런데 에뮬레이터는 이 비율을 거꾸로 뒤집어, 30초마다 한 프레임씩만 렌더링했다. 이를 보면서는 동영상을 떠올릴 수 없었고, 게임 플레이도 불가능했다. 드와이트 디어크스의 지휘 아래 엔지니어들은 엄청나게 느린 속도로 재생되는 데모 영상을 꼼꼼히 살펴봤다. 머리가 멍해질 정도로 지루한 검증 과정은 몇주간 이어졌다. 그러나 에뮬레이터는 서서히 진가를 드러냈다. "보통 12개월가량 걸리는 개발 주기를 약 3개월로 단축했습니다." 드와이트가 말했다.

드와이트가 퇴근한 후에는 데이비드가 업무를 이어받았다. 그는 사무실에 가장 늦게까지 남아 일하곤 했는데, 밤이 깊어지면 플라스틱 권총을 쥐고 세가의 슈팅 게임 〈버추어 캅Virtua Cop〉을 플레이했다. 그리고 커티스가 세운 최고 점수를 깨는 것으로 스트레스를 풀었다. "게임의 메커니즘을 파악하면, 어떻게 이길 수 있는지도 알게 되죠." 데이비드는 덧붙였다. "커티스를 괴롭히는 건 그저 덤이었어요."

에뮬레이션 작업이 거의 마무리 단계에 이르자, 젠슨과 커티스 사이의 갈등이 다시 고조되었다. 커티스는 기술적인 문제로 복도에서 젠슨과 언쟁을 벌인 일을 떠올렸다. "젠슨에게 어떻게 해야 할지 조언해줬는데, 그가 해야 할 일이 너무 많다며 내게 소리치기 시작했어요." 커티스는 이렇게 덧붙였다. "그때 비로소 그가 혼자 모든 걸 짊어지고 있다는 걸 깨달았죠."

꼴찌의 다른 이점은 모든 경쟁자가 움직인 후에 행동할 수 있다는 것이었다. 엔비디아의 경쟁사들은 홍보를 위해 잡지와 웹사이트의 하드웨어 리뷰어들에게 그래픽카드 프리뷰 버전을 보내고 있었는데, 엔비디아는 이를 이용했다. 데이비드는 언론 쪽 인맥을 교묘하게 활용해 경쟁사들이 어떤 기능들을 구현했는지 알아냈다. 엔비디아는 프로토타입 단계와 사전 공개 모두를 건너뛸 계획이었기에 경쟁사가 구현해 낸 기능들을 NV3에 복제해 넣을 시간은 충분했다.

NV3는 1997년 초, 테이프아웃 단계에 도달했다. 설계 도면이 유럽의 반도체 공장으로 보내져 생산이 시작되었고, 36명의 엔비디아 직원들은 근처 쇼핑몰에 있는 치즈 스테이크 프랜차이즈에서 맥주를 마시며 축하했다. 식당에서 젠슨은 축배를 제의했지만, 그는 나중에 NV3가 실제로 작동할지 전혀 확신이 없었다고 털어놓았다.

"확률은 반반이었어요. 하지만 어차피 우린 망하기 일보 직전이었으니까요."

칩이 생산되는 동안 젠슨은 데이비드에게 정규직 제안과 함께 상당히 파격적인 수준의 스톡옵션을 제시했다. 비록 커티스 프리엠 밑에서 일해야 한다는 조건이 붙었지만, 데이비드는 도의적으로 거절할 수 없는 제안이라고 느꼈다. 젠슨은 그에게 수석과학자라는 직함을 주었다.

리바128, 때로는 무모한 도박이 필요하다

완성된 NV3 칩은 늦은 봄에 도착했다. 이제 회사의 생존은 각 칩에 들어 있는 350만 개의 트랜지스터가 모두 에뮬레이션과 완벽히 일치하느냐에 달려 있었다. 드와이트 디어크스는 칩을 회로 테스트 기기에 장착하고 데모 영상을 재생했다. 결과는 완벽했다. 최초로 초당 30프레임의 매끄러운 화면이 구현되었고, 마침내 진짜처럼 보이는 움직임이 만들어졌다.

NV3는 대부분 이미 존재하는 기능을 모방한 칩이었지만, 몇 가지 혁신이 있었다.

첫째, 메모리에서 프로세서로 데이터를 전송하는 속도가 128비트에 달했다. 이는 업계 표준의 2배에 달하는 것이었다.

둘째, 스위스 군용 칼과 같은 다기능성을 갖추고 있었다. 비디오게임을 가속할 수 있을 뿐 아니라, 스프레드시트를 확대하거나 DVD를 재생하는 기능도 가지고 있었다. 이처럼 폭넓은 기능을 부각하기 위해 NV3를 '리바128^{RIVA128}'이라는 브랜드로 만들었다. 리바는 '실시간 인터랙티브 비디오 및 애니메이션 가속기$^{Real-Time\ Interactive}$ $^{Video\ and\ Animation\ accelerator}$'의 약칭이었다.

이 칩은 유통사들에게 넘겨졌고, 그들은 회로기판에 칩을 장착한 뒤 베스트 바이$^{Best\ Buy}$와 같은 매장에서 판매하기 시작했다. 1997년 8월, 이 제품이 매장에 도착했을 때쯤 엔비디아는 사실상 연료가 바닥 난 상태였다. 젠슨은 "기화되기 직전이었어요"라고 말했다. "우리에겐 남은 게 전혀 없었죠."

엔비디아는 게임 전문 언론에도 사전 공개를 전혀 하지 않은 상태였다. 이제 언론 보도를 요청해야만 했다. 다행히도 리뷰어들은 리바128을 긍정적으로 평가했다. "초당 최대 500만 개의 삼각형을 렌더링할 수 있는 이 제품은 돈으로 살 수 있는 최고의 가속기다." 이런 호평에 힘입어 엔비디아는 출시 후 첫 4개월 만에 리바 카드를 100만 장 판매했다.

절박해야 이긴다

리바128이 성공을 거둔 이후, 젠슨은 에뮬레이터에 더욱 적극적으로 투자하는 한편, 물리적 프로토타입 제작을 완전히 포기했다. 그는 이렇게 말했다. "오늘날까지도 에뮬레이터를 가장 많이 사용하는 회사는 엔비디아입니다."

반도체 업계에서 실제 프로토타입을 제작하는 것은 일견 필수적이고 당연한 일로 보였다. 충돌 테스트를 거치지 않은 자동차가 판매된다면 어떻겠는가. 프로토타입 제작은 합리적이고, 어른스러운 사람들이 택하는 실질적인 방식으로 여겨졌다. 그러나 밤낮없이 일하면서 직원들의 게임기까지 압수한 젠슨은 정작 그 어른들이 오히려 충분히 위험을 감수하지 못한다는 것을 깨달았다. 또한 업계의 모범적인 설계 방식과 절차를 따른 NV1은 실패로 끝났지만, 광적일 정도로 즉흥적인 방식으로 만들어낸 NV3라는 짝퉁 제품은 성공을 거두었다. 때로는 무모한 도박이 필요했다.

이 경험은 젠슨에게 해방감을 안겨주었다. 승리의 어머니는 영감이 아니라 절박함이었다.

그는 직원들에게 리바 개발 당시의 위기감을 잊지 말고, 회사가 파산 직전에 있다고 생각하며 일하고 독려했다. 회사가 막대한 이윤을 내고 있을 때조차도 이런 기조는 유지되었고, 이후 수년간 젠슨은 사내 발표를 시작할 때마다 "우리 회사는 앞으로 30일 후면 파산합니다."라는 말을 되풀이했다. 이 말은 오늘날까지도 엔비디아의 모토로 자리 잡고 있다.

병렬 컴퓨팅,
성공률 0%를
뒤집다

Going Parallel

05

1998년, 젠슨 황과 커티스 프리엠 사이의 마지막 언쟁은 그날 하루 종일 이어졌다. 그 언쟁이 촉발된 계기가 무엇이었는지는 아무도 기억하지 못했지만, 두 사람이 회의실에서 서로에게 고함을 지르다가, 잠시 진정했다가, 다시 분노를 폭발시키며 긴 싸움을 벌였다는 것은 모두가 기억했다. 시간이 흐를수록 두 사람 모두 목소리는 점점 쉬었고, 이미 이런 갈등에 익숙했던 엔비디아 직원들도 이번에는 상황이 심상치 않다는 것을 직감했다. 그날 상황은 극한으로 치달았고, 이제 두 사람이 갈라설 것 같다는 느낌이 팽배했다.

결국 먼저 한계를 드러낸 건 커티스였다. 그는 굳은 표정으로 빠르게 자기 사무실로 향하더니, 문을 쾅 닫고 들어가 한동안 틀어박혀 있었다. 그리고 다시 나왔을 때는 아예 젠슨과 대화하려는 시도조차 하지 않았다.

커티스 프리엠은 이런 완고한 태도로 인해 종국에는 주변 사람들의 신뢰와 호의를 모두 잃었다.

NV1 개발 당시 그는 원하는 것을 마음껏 설계하라는 '백지 위임'을 받았지만, 자신이 만든 제품이 재고로 남아 매장 선반에 쌓여 있는 모습을 보고 난 뒤로는 자존심을 회복하지 못했다. 그해 초, 젠슨은 데이비드 커크를 승진시켜 엔비디아의 기술 아키텍처를 공동으로 개발하도록 했다. 커티스의 부하직원이었던 데이비드가 그와 동등해진 것이었다. 얼마 지나지 않아 커티스는 자신의 영향력을 유지하기 위해 유치한 방식을 동원했다. 그건 다름 아닌 몇몇 직원들이 생산용 데이터베이스에 접근하지 못하게 차단하여, 그들이 작업을 업데이트하지 못하도록 한 것이었다.

그동안 이런 분쟁을 조정해 온 크리스 말라초스키도 참다못해 결국 손을 들었고, 이사회는 엔비디아에 외부 중재인을 고용하라고 권고했다. "그 중재인은 과거 애플에서 존 스컬리John Sculley 와 스티브 잡스Steve Jobs의 갈등을 조정했는데, 결국 스티브 잡스가 해고되는 것으로 끝났죠." 커티스는 이런 말도 함께 전했다. "그런데 그 중재인이 말하길, 젠슨과 내가 훨씬 더 심각한 상태라고 하더군요."

이 무렵 엔비디아 경영진 사이에서는 "커티스가 투자자와 대화하게 하지 말라", "커티스가 고객과 대화하게 하지 말라" 하는 말이 돌았다. 커티스도 이에 대해 인정했다. "둘 다 사실이었어요."

중재가 끝난 뒤, 커티스는 두 차례 더 강등당했다. 그는 잠시 데이비드 커크의 기술 고문 역할을 맡았지만, 그 자리가 자신에게 맞지 않는다고 느꼈다. 데이비드는 이에 대해 이렇게 말했다. "그는 내 밑에서 일하기를 꺼렸어요. 나 말고도 전에 부하직원이었던 사람 밑에는 근무하지 않으려고 했죠."

마지막으로 커티스는 엔비디아 특허 포트폴리오를 관리하는 업무를 맡게 되었는데, 이로써 일상적인 의사결정 과정에서 사실상 배제되었다. 이후 데이비드 커크는 엔비디아에서 1,000명에 가까운 직원을 이끄는 위치에 올랐다. 반면 커티스가 관리를 담당한 사람은 4명이 넘지 않았다.

이런 굴욕을 당하면서도 커티스는 엔비디아의 지분을 계속 보유했다. 젠슨과 크리스도 여전히 그를 친구로 여겼다. 3년 사이에 두 번이나 강등되고 1년이 지난 1999년, 커티스가 결혼할 때는 크리스가 신랑 들러리 역할을 맡았다. 커티스 프리엠은 비디오게임 시장의 잠재력을 미리 내다봤고, 엔비디아라는 이름을 지었으며, 초기 창업 당시 자신의 집을 스타트업의 근거지로 제공했다. 그러나 1998년 이후 그는 엔비디아의 성공에 거의 관여하지 않았다.

☰ 시장을 독식하고 싶어 하는 포식자들 ☰

데이비드 커크는 젠슨의 참모 역할을 하게 되었다. 학계 출신인 그는 실리콘밸리 특유의 고강도 업무 환경을 좋아하지 않았다. 내가 그와 처음 화상으로 통화했을 때, 그는 하와이에서 전화를 걸어왔는데, '미루기 대학교 Procrastination University'라는 문구가 적힌 티셔츠를 입은 채 와인을 마시고 있었다. 그는 인기가 많아 대기자가 많은 강의를 맡은 대학 교수처럼 보였을 뿐, 사업가 같지는 않았다. 그러나 그의 온화한 태도 이면에는 경쟁 상대에 대한 무자비함이 숨어 있었다. 그는 알코올 중독자로 집을 나가버린 아버지 밑에서 자랐고, 어릴 적부터 병약하고, 잦은 편도염에 시달리면서 신체적으로 충분히 성장하지 못했다. 이런 경험을 거치며 그는 오히려 강해졌다. "승리가 중요하지 않다고 말하는 사람들이 있죠?" 커크는 위협적이지 않은 부드러운 억양으로 살짝 목소리를 높이며 물었다. "그런 사람들은 한 번도 이겨본 적이 없는 겁니다."

데이비드와 젠슨은 폭넓은 기술적 전문 지식을 지녔고, 동시에 영리한 책략술에도 능한 인물들이었다. 엔비디아가 성공을 거두는 동안 다른 그래픽 관련 스타트업들은 도태되고 있었다. 젠슨은 기회를 감지하고 자신의 사무실 화이트보드에 경쟁사들의 목록을 적어넣었다. 그리고 데이비드와 논의하며 각 회사에서 두어 명의 최상급 엔지니어를 선별한 뒤 그들을 어떻게 영입할 것인지 전략을 세우기 시작했다.

데이비드는 한 박람회에서 경쟁사 엔지니어에게 리바128을 자랑한 일을 들려주었다. 그 엔지니어는 리바128의 성능을 보자마자 사기가 꺾여버렸다. "며칠 만에 그를 우리 회사에 채용했어요. 그러면서 그가 원래 근무하던 회사는 끝장이 났죠." 데이비드는 이렇게 말했다. "왜냐하면, 그 회사의 두뇌를 제거해 버린 거나 다름없었으니까요."

온화하고 학자 같은 분위기를 풍기던 데이비드는 사실 이렇게 포식자의 본능도 지닌 사람이었다. "우리는 다른 스타트업들에서 최고의 인재들을, 그러니까 천재들을 모두 영입했어요. 우리가 더 많은 작은 회사들을 추월할수록 남아 있는 회사들이 점점 더 버티기 어려워졌죠."

1993년, 데니스에서 젠슨은 여러 경쟁사와 공존하며 큰 시장을 공유하는 비전을 그렸다. 하지만 1998년에 이르자 시장을 독식하고 싶어 했다. "이 분야에는 아직도 40개의 회사가 있습니다." 젠슨이 데이비드에게 이렇게 말했다. "5년 후에는 3곳만 남을 겁니다. 하나는 시장 지배하는 큰 회사, 다른 하나는 뒤처져 따라잡으려 애쓰는 회사, 마지막 하나는 나머지 두 회사를 방해하려는 작은 회사일 겁니다." 젠슨은 자신이 그 시장의 지배자가 되겠다고 마음먹었다.

학습하는 CEO는 반드시 탁월해진다

젠슨은 CEO 역할이 딱 맞는 타고난 기업가처럼 보이지만 사실 처음부터 그랬던 것은 아니었다. 그는 정식으로 경영 교육을 받은 적이 없었고, 기본 회계 개념조차 이해하지 못해 종종 실수를 했다. 텐치 콕스는 이렇게 회상했다. "처음에는 그가 이해하지 못하는 것이 정말 많았어요." 그러나 젠슨은 배울 수 있었고, 배우는 것을 정말 좋아했다. 그는 손에 잡히는 모든 경영서를 읽으며 독학했다. 한 직원은 이렇게 전했다. "현재 그는 자신의 사무실을 거의 사용하지 않아요. 대신 사무실에는 경제경영서로 가득 차 있어요. 책이 쌓이고 또 쌓여 있죠."

젠슨 황은 문학서이든 대중서이든 책을 많이 읽는 사람으로 보이지는 않았다. 실리콘밸리에서는 에인 랜드의 《파운틴헤드The Fountainhead》, 아이작 아시모프의 《파운데이션Foundation》 시리즈, 더글러스 애덤스의 《은하수를 여행하는 히치하이커를 위한 안내서The Hitchhiker's Guide to the Galaxy》 등의 책이 인기가 있었지만 젠슨은 이중 어떤 것도 읽지 않았다. 사실 그는 SF 소설을 단 한 권도 읽은 적이 없다고 말했다. 그리고 흥미롭게 읽은 유일한 소설가는 파울로 코엘료뿐이라고 덧붙였다.

하지만 경영서에 대한 젠슨의 지식은 백과사전 수준이었다. 드와이트 디어크스는 젠슨이 제품 가격을 두고 한 임원과 논쟁했던 일을 떠올렸다. "그 임원은 MBA 출신이었지만, 가격 책정에 관한 책은 한 권도 읽은 적이 없었어요." 드와이트는 말했다. "반면 젠슨은 아마 열 권, 아니 열다섯 권은 읽었을 겁니다." 논쟁이 계속되자, 젠슨은 대화를 중단하고 MBA를 가진 그 임원에게 가격 책정에 관한 책 중 좋아하는 책 세 권의 제목을 말해 보라고 했다. 그 임원은 한참을 머뭇거리더니 단 한 권도 말하지 못했다. 그러자 젠슨은 자신의 추천 도서 세 권을 줄줄이 읊은 뒤, 이렇게 말했다. "이 책들을 다 읽고 나면, 그때 다시 논의합시다."

젠슨 황이 가장 좋아한 경영서는 하버드 비즈니스 스쿨 교수인 클레이튼 크리스텐슨Clayton Christensen이 쓴 《혁신기업의 딜레마The Innovator's Dilemma》였다. 1997년에 처음 출판된 이 책은 대기업들이 스타트업 경쟁자들에게 밀려 도태되는 방식을 설명하는 개념인 '파괴적 혁신disruptive innovation'이라는 용어를 대중화시켰다. 이제는 '파괴적'이라는 단어가 남용되면서 그 의미가 퇴색되었지만, 이 용어의 원전은 여전히 되돌아볼 가치가 있다. 클레이튼 크리스텐슨의 모델에서는 소규모 기업들이 시장 리더들이 무시해 온 틈새 시장이나 수익성이 낮은 고객을 만족시키면서 대기업들을 서서히 잠식해 갈 수 있다고 설명한다.

클레이튼 크리스텐슨의 파괴적 혁신 기업은 반드시 첨단 기술을 가진 기업을 의미하는 것은 아니다. 그런 기업의 목록에는 고철 재활용 업체, 유압 굴착기 제조업체도 포함되었다. 그가 파괴적 혁신의 대표적 사례로 든 기업은 혼다Honda였다. 혼다는 1960년대 초, 미국 10대들에게 '혼다 슈퍼 컵Honda Super Cub'이라는 오프로드용 오토바이를 판매하며 성공을 거두었다. (비치 보이스가 이 오토바이를 주제로 노래를 쓰기도 했다.) 제너럴모터스GM 같은 대형 기업들은 오프로드용 오토바이 시장을 외면했다. 모든 조건이 같다면 브라이언 윌슨(비치보이스 멤버)에게 슈퍼 컵을 파는 것보다 사업가에게 캐딜락을 파는 것이 더 이익이라고 생각했기 때문이다. 하지만 GM이 이 시장을 이처럼 무시한 덕분에 혼다는 오히려 성장할 기회를 얻었다. 시간이 흐르면서, 혼다는 전문성을 활용해 소형차를 생산했고, 하위 시장에서부터 미국 자동차 산업을 잠식해 나갔다.

수익성이 낮은 시장부터 서서히 잠식하라

클레이튼 크리스텐슨의 통찰은 수익성의 에스컬레이터는 올라가긴 쉽지만, 내려가기는 어렵다는 것이었다. '내려간다'는 것은 의도적으로 성능이 낮은 제품을 만들어 수익률을 줄이는 것을 의미하는데, 이는 투자자들의 반발을 불러오고, 경영진도 제자리걸음을 하는 것 같은 기분을 느끼게 만든다. 이러한 통찰로 클레이튼 크리스텐슨은 가장 지속적이며, 직관에 반하는 추천을 내놓았다. "고객의 말을 듣지 않는 것이 옳을 때가 있다. 때로는 이윤이 적고, 성능이 낮은 제품에 투자하는 게 옳을 때가 있다. 큰 시장이 아니라 작은 시장을 공략하는 것이 옳을 때가 있다." 하지만 '파괴적 혁신'이라는 단어가 유행어처럼 퍼지는 가운데에도 이런 핵심은 종종 간과되었다.

젠슨은 클레이튼 크리스텐슨에 집착할 정도로 매료되었다. 클레이튼 크리스텐슨 교수는 키가 크고 매우 친절한 모르몬교 주교로, 대학 시절 농구 선수로 활약하기도 했다. 젠슨은 그의 책을 모두 읽었고,《혁신기업의 딜레마》를 경영진 필독서로 지정했으며, 이후 그에게서 직접 경영 컨설팅을 받았다.

클레이튼 크리스텐슨 교수는 썬 마이크로시스템즈와 실리콘 그래픽스 같은 대형 기업들이 PC 비디오게임 하드웨어에 투자하지 않은 이유를 처음으로 명확히 설명해 주었다. 그들이 게이머를 싫어해서가 아니라, 워크스테이션과 비교했을 때 수익률이 낮았고, 성공하든 실패하든 게이머들이 회사의 수익 구조에 큰 영향을 미치지 않을 것이라고 판단한 것이었다.

하지만 워크스테이션 제조업체들이 PC게임 시장을 엔비디아에 내어준 것은 치명적인 실수였다. 이는 수십 년 전 혼다를 무시했던 GM의 실수와 같은 맥락이었다. 혼다처럼 엔비디아는 당시 10대 소년들에게 수익률이 낮은 제품을 판매하고 있었지만, 만약 이 비유가 맞는다면 내일은 썬 마이크로시스템즈와 실리콘 그래픽스 같은 기업들의 비즈니스 워크스테이션 시장을 장악할 수도 있다. 가끔 젠슨은 경영진에게 당시 세계에서 가장 가치 있는 기업 중 하나였던 인텔을 파멸시킬 가능성에 대해 이야기하기도 했다.

그동안 엔비디아는 지속적인 전략적 후퇴를 통해 인텔의 영역에서 생존했다. "오늘날까지도 우리는 인텔과 경쟁하지 않습니다." 2023년, 젠슨은 엔비디아와 인텔이 '톰과 제리' 같은 관계라고 묘사하며 말했다. "인텔이 우리 쪽으로 가까이 다가오면, 나는 칩을 챙겨 도망칩니다."

클레이튼 크리스텐슨의 가르침에 따라 엔비디아는 인텔이 만들 생각조차 하지 않는 제품을, 인텔이 절대 상대하고 싶어 하지 않을 고객들에게 판매했다. "젠슨은 그때부터 엔비디아가 언젠가 인텔보다 더 큰 회사가 될 수 있다고 말했어요." 데이비드 커크는 이렇게 회상했다. "그건 단지 전략의 문제였죠."

TSMC, 미래를 함께 만들 파트너와의 시작

엔비디아의 리바 그래픽카드에 대한 수요는 급증했지만 유럽의 반도체 공장에서 이를 다 감당하지 못했다. 젠슨 황은 새로운 공급업체를 물색하기 시작했다. 만장일치로 세계 최고의 독립 칩 제조업체로 평가받던 곳은 대만의 타이완 세미컨덕터 매뉴팩처링TSMC, Taiwan Semiconductor Manufacturing Company이었다. 대만 타이난에 위치한 TSMC의 대규모 공장은 세계 반도체 생산의 상당 부분을 담당하고 있었다. TSMC는 자체적으로 칩을 설계하지 않았고, 엔비디아 같은 기업들을 위한 칩 제조만 전문으로 하는 파운드리 역할을 했다.

독립적인 파운드리 서비스가 부상하면서 컴퓨팅 혁신은 가속화되었다. 신생 기업들이 과감하게 반도체 설계에 도전할 환경을 제공했기 때문이다. TSMC는 뛰어난 정밀도와 효율성으로 주문을 처리했으며, 이는 극도로 까다로운 업무 문화의 산물이었다. TSMC 직원들은 회사의 위계적인 조직 문화를 '군대식'이라고 표현했고,

'996 근무제'를 따랐다. 즉 오전 9시부터 오후 9시까지, 주 6일간 근무하는 방식이었다.

젠슨 황은 TSMC의 관심을 끌기 위해 여러 차례 시도했지만 번번이 실패했다. TSMC의 CEO 모리스 창^{Morris Chang}에게 여러 통의 음성 메시지를 남겼고, 마지막으로 직접 편지를 써서 우편으로 보냈다. 사실 젠슨은 답장을 받을 것이라고 기대하지는 않았다. 그러나 얼마 지나지 않아 젠슨에게 전화가 걸려왔다. 퇴근 시간 무렵이었고, 많은 직원들이 게임을 시작한 상태였다. "사무실이 꽤 시끌벅적했어요. 내가 전화를 받았는데 밖에서 사람들이 웃고 소리 지르고 있었죠." 젠슨이 말했다. "그래서 '이봐, 조용히 좀 해, 모리스야!'라고 했죠." (하지만 오래 근무한 한 엔지니어의 증언은 조금 달랐다. 그에 따르면 젠슨은 "젠장, 다들 조용히 해! 지금 모리스 창이랑 통화 중이잖아!"라고 했다고 한다.)

모리스 창은 평생 반도체 산업과 함께 한 인물이었다. 1931년 중국에서 태어난 그는 10대 시절 미국으로 이주했다. 그는 텍사스 인스트루먼트^{TI, Texas Instruments}에서 다년간 성공적인 경영자로 일했지만, 1970년대에 CEO 승진에서 밀려났다. 일부에서는 이를 두고 반아시아적 인종 차별 때문이라고 풀이했다. 이후 모리스 창은 대만으로 이주해 TSMC를 이끌게 되었고, 그의 지도 아래 TSMC는 아시아 최대의 테크기업으로 성장했다.

모리스 창은 젠슨 황을 첫 만남에서부터 마음에 들어 했다. "그들은 아주 작은 회사였어요. 사실 거의 파산 직전이었죠." 모리스가 말했다. "반면 나는 훨씬 더 큰 회사를 운영하는 나이가 많은 사람이었어요. 하지만 젠슨은 너무나 솔직하고, 개방적이고, 거침이 없는 사람이었어요! 대화 내내 정말 편안한 태도였죠." 결국 두 사람은 계약을 체결했다.

두 사람은 공통점이 많았다. 당시 실리콘밸리 테크기업들은 대부분 백인 남성들이 경영진을 차지하고 있었다. 그런 환경에서 두 사람은 중국계 이민자 CEO였다. 미국 인구 비율에 비해 실리콘밸리에서는 아시아계 엔지니어의 비중이 높았지만, 정작 경영진은 거의 찾아볼 수 없었다. 젠슨에게 대나무 천장*에 대해 묻자, 그는 무심한 태도를 보였다. 그는 정체성 정치에 관심이 없는 것 같았다. 그는 말했다. "그 당시 나는 유일한 중국계 CEO였어요. 하지만 그것에 대해 생각해 본 적이 없어요. 지금도 마찬가지고요." 한편 모리스 창에게 이 주제에 대해 묻자, 그는 아예 언급조차 거부했다.

TSMC는 엔비디아의 장기적인 성공에 핵심적인 역할을 하게 되지만, 초기 협력 과정은 순탄하지 않았다. 1998년 초, TSMC가 제조 공정의 마지막 단계에서 화학물질을 잘못 적용해 대량의 칩에서 합선이 발생했다. 이 실수는 엔비디아를 거의 파산 직전까지 몰

---

* 2010년 기준, 미국의 숙련 노동력 중 5% 이상이 아시아계였음에도 불구하고, 기업 임원진의 비율은 단 0.3%에 불과했다. 경영 컨설턴트 제인 현Jane Hyun은 이 현상을 '대나무 천장Bamboo Ceiling'이라고 명명했다.
** 모리스 창은 1962년 미국 시민권을 획득했다. 그는 2023년 〈뉴욕 타임스〉 인터뷰에서 자신의 정체성이 미국인임을 분명히 했다.

고 갔다. 엔비디아는 대부분의 운영 자본을 이 생산 작업에 투자했기 때문이었다. 칩의 절반 이상이 폐기되었고, 엔비디아는 회로기판 파트너사에게 지분을 매각하며 가까스로 위기를 모면할 수 있었다. 드와이트 디어크스는 말했다. "그때도 파산 직전이었어요. 그냥 하는 말이 아닙니다. 진짜 그랬습니다."

시간이 지나면서 엔비디아와 TSMC의 관계는 두 회사 모두에게 큰 이익을 가져다주었다. 특히 엔비디아의 칩이 점점 더 복잡해지면서 TSMC의 정밀한 반도체 제조 역량은 필수불가결한 요소가 되었다. 젠슨 황 개인적으로도 이점이 있었다. 이 협력 관계 덕분에 어린 시절 이후로 한 번도 가보지 않았던 대만을 다시 방문할 이유가 생긴 것이다. 1990년대 후반, 젠슨은 처음으로 TSMC 공장을 방문했다. 그곳은 지구상에서 가장 청결한 환경을 가진 곳 중 하나였다. 그곳에서 젠슨은 장화, 장갑, 위생모를 착용하고 에어샤워실로 들어갔고, 끈적한 매트 위에 서서 팔을 들어 올리자, 윗부분에 달린 팬이 보풀과 머리카락, 먼지, 피부 각질, 오물 등 각종 이물질을 날려 보냈다. 에어샤워실을 지나 에어락Air Lock을 통과해 제조센터로 들어갔다. 그곳에서는 공기가 천장에서부터 격자 바닥에 이르기까지 수직으로 끊임없이 부드럽게 내려오고 있었다.

이곳에서는 신성한 노광장비들이 거울처럼 빛나는 실리콘 웨이퍼Silicon Wafer 위에 동일한 패턴을 천천히, 눈에 보이지 않는 주기로 새기고 있었다. 공장 안 누구도 기계에 손가락 하나 대지 않았다. 그 공정이 너무 섬세해서 한 걸음만 잘못 디뎌도 공정이 흐트러질 수 있기 때문이었다. 웨이퍼는 몇 주에 걸쳐 여러 층을 쌓은 후 다이아몬드 코팅된 줄톱으로 절단되어 개별 칩으로 나뉘었고, 이후 포장 공정을 거쳐 출하되었다. 업황이 좋은 해에는 TSMC 공장에서 수천만 개의 칩이 생산되었다.

젠슨은 공장을 둘러보고 나와서 유명한 야시장에 갔다. 그곳에서 그는 어린 시절 즐겼던 대만 음식을 마음껏 먹었다. 그는 현지 언어를 능숙하게 구사했고, 얼핏 보면 현지인처럼 보이기도 했다. 하지만 그곳에 대한 기억은 거의 없었다. 단, 결코 잊을 수 없는 아픈 기억 하나를 제외하고 말이다. 젠슨이 네 살 정도였을 때, 노점상에게 너무 가까이 다가갔다가 상인이 닦던 칼이 젠슨의 뺨을 스쳤고, 피가 났다. 이제 젠슨은 수십 년 전 사고의 흉터를 지닌 채 다시 그곳으로 돌아왔다.

젠슨은 아주 부유하고 유명해진 뒤에도 대만 야시장에 들르는 것을 빼놓지 않았다. 그는 종종 대만의 대표 음식인 뜨끈한 우육면 한 그릇으로 자신을 대접하곤 했다. 이 음식은 붐비는 거리 한편에 놓인 플라스틱 의자에 앉아 먹을 때 가장 맛있었다. 일회용 젓가락으로 양념이 잘 밴 소갈비와 쏸차이(절인 채소)를 함께 집어 국수를 후루룩 삼키며 그는 이미 자신의 패기 넘치는 미국 팀과 대만의 훌륭한 신부 사이의 태평양을 건넌 결혼을 구상하고 있었다. 즉 미국의 스타트업과 대만 반도체 산업의 결합을 그리고 있었다.

존 카맥John Carmack은 하드웨어 설계자들에게 항상 실망했다. 〈둠〉과 〈퀘이크〉의 수석 프로그래머였던 그는 '코드 외과의사' 같은 사람었는데, 자신의 베스트셀러 게임을 렌더링하는 그래픽칩의 내부를 직접 해부해 보는 사람이었다. 우주 정거장의 복도에 빛을 비추는 렌더링 작업을 하기 위해서 대부분의 프로그래머들은 미리 제공된 알고리즘을 활용할 것이다. 하지만 존 카맥의 팀은 달랐다. 그들은 기본 변수의 메모리 주소 구조 자체를 해킹해 자신들만의 접근 방식을 만들어내 새로운 조명 시스템을 구축했다. 정보 흐름을 0과 1 수준에서 개념화해야 하는 작업이었다. 한 평론가는 이를 두고 "이건 지금껏 본 것 중 가장 아름다운 코드일 것이다"라고 표현했다.

존 카맥은 금발에 마른 체격을 가진, 사교성이 뛰어나지 않은 사람이었다. 비음이 섞인 목소리에, 말투는 빨랐고, 기술적인 내용을 말하는 중간중간에 '음…음…' 하고 중얼거렸다. 코딩에 몰입할 때는 몇 주 동안 세상과 단절된 채 어두운 방에 틀어박혀 하루 14시간씩 작업을 했다. 그리고 그렇게 세상을 놀라게 할 무언가를 만들어냈다.

그의 걸작 〈퀘이크〉는 최초의 베스트셀러 3D 슈팅 게임이었다. 이 게임은 그래픽 가속을 활용해 폴리곤polygon●으로 구성된 괴물들

● 3D 그래픽에서 물체를 표현할 때 쓰이는 기본 단위 다각형.

을 렌더링했고, 플레이어는 못을 발사하는 네일건^{nailgun}으로 그 괴물들을 사격할 수 있었다. 더 폭력적인 후속작 〈퀘이크Ⅱ〉는 멀리 떨어진 행성에서 인간의 절단된 신체 부위로 만들어진 사이보그 좀비들과 싸우는 게임이었다.

두 게임 모두 멀티플레이 전투가 가능한 '데스매치' 모드를 제공했다. 존 카맥의 독창적인 최적화 기법 덕분에 〈퀘이크〉 시리즈는 당시 시장에 출시된 그 어떤 게임보다 더 부드럽게 실행되었다. 하지만 명확히 한계가 있었다. 한 번에 수십 명의 플레이어를 같은 전장에서 렌더링하는 것은 여전히 도전 과제였다. "우리는 좀 더 반응이 빠른 〈퀘이크〉를 원했어요. 그래야 유저들이 상대를 더 쉽게 '프랙(처치)'할 수 있을 테니까요." 그는 이렇게 말했다. "하지만 당시 대부분의 하드웨어 가속기는 그걸 구현할 수 없었습니다."

젠슨은 기회를 포착했다. 서니베일의 엔비디아 사무실 한쪽에 먼지를 뒤집어쓴 세가 게임 콘솔들이 방치되어 있었다. 〈퀘이크〉가 모든 것을 정복했고, 직원들은 게임에 너무 중독되어 젠슨이 업무 시간에는 데스매치를 금지했을 정도이다. 델^{Dell} 같은 PC 제조업체들은 엔비디아의 그래픽 가속기를 새로운 컴퓨터에 기본 부품으로 탑재하며 주변기기 소매 유통 과정을 건너뛰고 있었다. 엔비디아의 수석 엔지니어 데이비드 커크는 이렇게 말했다. "이 특정 게임을 가장 잘 렌더링하는 회사가 그래픽 전쟁에서 승리할 것이 분명해지고 있었죠." 젠슨은 개발팀에 존 카맥만을 위한 새로운 칩을 만들라고 지시했다. 프로그래밍계의 지미 헨드릭스를 위한 맞춤형 스트라토

캐스터Stratocaster*를 만드는 작업이었다.

존 카맥이 원한 것 중 하나는 여러 개의 '픽셀 셰이더Pixel Shader'였다. 이는 3D 그래픽에서 개별 픽셀에 색상을 지정하는 알고리즘이었다. 여러 셰이딩 알고리즘을 동시에 실행하면, 먼저 벽면에 빛의 반사효과를 적용한 뒤, 이어서 그 위로 튀는 피의 질감을 추가할 수 있었다.

하지만 문제는 이렇게 이중으로 구현되는 셰이더는 2배의 연산량을 요구한다는 것이었다. 당시 그래픽 가속기 시장의 최강자였던 3dfx는 2개의 그래픽칩을 같은 회로기판에 탑재하는 방식으로 이 문제를 해결했다. 하지만 데이비드와 그의 팀은 더 급진적인 해결책을 구상했다. 픽셀 셰이딩 작업을 2개의 데이터셋으로 나누고, 각각의 연산을 동일한 명령어셋에서 동시에 실행한다면, 그것도 하나의 칩 안에서 실행한다면 어떨까 생각했다.

이 방식은 그래픽 렌더링 작업에 적합한 접근 방식이었다. 왜냐하면 그래픽 연산은 동일한 계산을 반복적으로 수행하는 작업이기 때문이었다.

젠슨 황은 처음에는 이에 대해 회의적이었다. '병렬 컴퓨팅parallel computing'으로 알려진 이 접근 방식은 과거에 값비싼 슈퍼컴퓨터를 제조하던 업체들이 시도한 적이 있었다. 하지만 어느 곳도 성공하

---

* 1954년 발매된 일렉트릭 기타 제품명. 현재도 일렉트릭 기타의 대표적인 존재이며, 타사에서 발매되는 같은 모양의 기타는 '스트라토 타입'이라고 불린다.

지 못했다. 젠슨은 약간 과장해 이렇게 말했다. "실리콘밸리에는 이전에 병렬 컴퓨팅을 시도했다가 실패한 회사들의 시체가 널려 있어요. 엔비디아를 제외하고는 성공한 병렬 컴퓨팅 회사는 단 한 곳도 없습니다. 단 하나도요, 제로입니다."

그러나 이후 젠슨은 근본 원리에서부터 다시 생각하기 시작했다. 그는 존 카맥이 2개의 픽셀 파이프라인에 만족하지 않을 것이라고 예측했다. 슈팅 게임이 점점 복잡해질수록, 그는 분명 더 많은 연산을 필요로 할 것이었다. 예를 들어 여러 가지 빛의 소스가 있는 장면을 생각해 보라. 조명으로 가득한 아레나, 여러 개의 총기에서 발사되는 탄환, 저 멀리서 추락하는 우주선, 그리고 이 모든 것을 비추는 쌍둥이 태양이 있는 장면이다. 이 모든 광원을 별도의 칩으로 처리한다면 어떻게 될 것인가? 만약 3dfx가 이 모든 광원에 각각의 칩을 할당하는 방식을 고수한다면, 결국 회로기판 위의 공간이 부족해질 것이었다. 미래에 벌어질 존 카맥의 요구까지 충족시켜줄 수 있는 방법은 단 하나였다. 그건 하나의 실리콘칩 안에 다중 파이프라인을 배치하는 것이었다.

젠슨은 실행에 옮기기 전에 철저히 조사부터 했다. 왜 과거에 병렬 컴퓨팅을 시도한 회사들이 그렇게 여러 차례 실패했는지 이해하는 것이 먼저였다. 시모어 크레이Seymour Cray*의 강력한 병렬 슈퍼컴퓨터들은 너무 비싸고, 고객들은 복잡하다고 불평했다. 오라클Oracle

---

* 크레이를 창업해 슈퍼컴퓨터의 시조인 크레이-1을 개발했다.

의 창립자 래리 엘리슨Larry Ellison이 수백만 달러를 투자한 병렬 컴퓨팅 스타트업 엔큐브nCube도 1990년대 후반 결국 실패하고 말았다. 문제는 병렬 프로그래밍이 어렵다는 데 있었다. 2개 이상의 데이터 스트림을 동시에 처리하려면 여러 개의 메모리 뱅크 사이를 오가야 했고, 이 과정이 극도로 복잡했다. 이로 인해 병렬 컴퓨팅 회사들은 인텔에 밀려버렸다.

인텔의 칩은 표준적인 직렬 처리 방식을 사용해 한 번에 한 가지 연산만 수행했지만, 성능이 기하급수적으로 증가했다. 이는 훗날 인텔의 CEO가 되는 고든 무어Gordon Moore가 1965년 처음 예측한 바*를 따른 것이다. 약 18개월마다 처리 능력이 2배로 증가한다는 그의 예측은 여러 차례 검증되며 '무어의 법칙Moore's Law'으로 불리게 되었다. 날씨 예측이나 고에너지 물리학과 같은 특수 기술 분야를 제외하면, 무어의 법칙 덕분에 단일 프로세서(모든 것을 담당하는 CPU)만으로도 가장 까다로운 사용자들의 요구를 충족시키기에 충분했다. 병렬 컴퓨팅 전문가 빌 댈리Bill Dally는 이렇게 말했다. "만약 소프트웨어가 더 빠르게 실행되길 원한다면 둘 중 하나를 선택해야 했어요. 병렬 컴퓨터로 옮기고 100만 줄의 코드를 다시 작성하든가, 아니면 그냥 2년 후에 CPU가 2배로 빨라지기를 기다리는 것이었죠."

• 무어는 당시 페어차일드의 연구·개발 책임자로서 〈일렉트로닉스〉 매거진에 '집적 회로에 더 많은 부품을 채워 넣기'라는 글을 기고했다.

무어의 법칙은 이미 엔비디아가 처음 진출한 애드온카드add-on card 시장도 삼켜버렸다. 1993, 3D 그래픽 가속기가 처음 구상되었을 때는 사운드카드, 네트워킹카드, 프린터카드 등과 함께 여러 슬롯형 확장 카드 중 하나로 간주되었다.

그러나 1990년대 후반 인텔은 사운드, 네트워킹, 프린팅 기능을 모두 메인보드에 통합했다.

유일하게 3D 그래픽카드만 살아남았다. 파괴된 생태계의 고립된 생존자였다. 그래픽카드 업체들은 이후 탐욕적으로 모든 것을 흡수했다. 사용 가능한 모든 컴퓨팅 용량을 빨아들인 후에도 더 많은 것을 요구했다. 멀티미디어 PC의 다른 기기에는 요구되는 성능의 상한이 있었다. 예를 들어 오디오를 CD와 동일한 품질로 처리하면 추가 컴퓨팅 파워는 필요하지 않았다. 그러나 3D 그래픽의 경우 수요의 한계가 없었다. 3D 그래픽에 완성이란 없었고, 우리가 영화 〈매트릭스Matrix〉 안에 살게 되는 순간까지 끝난 것이 아니었다. 반도체 애널리스트인 한스 모제스만은 이렇게 분석했다. "인텔이 간과한 점은 그래픽 회사들이 얼마나 더 멀리 가야 하는지였어요. 그 분야에서의 처리 능력에 대한 수요는 사실상 무한했어요." CPU는 3D 렌더링의 가속도를 따라잡을 수 없었다. 지금도 마찬가지이고, 앞으로도 그럴 것이다. 2배로 빨라지는 것만으로는 결코 충분하지 않았다.

1998년 6월, '리바TNT'가 출시되었다. TNT는 '트윈 텍셀Twin Texels' 의 줄임말로, 정교한 스위칭 메커니즘으로 제어되는 듀얼 픽셀 렌더링 파이프라인을 의미하는 것이다. 존 카맥은 이 새로운 스트라토캐스터를 받아들고 감격해 '완벽한 카드'라고 불렀다. 그는 〈퀘이크III〉를 듀얼 파이프라인 아키텍처에 맞게 특별히 설계했고, 많은 팬들에게 〈퀘이크〉 시리즈는 엔비디아 하드웨어에서 가장 잘 실행된다고 조언했다. 존 카맥은 젠슨이 예언했던 바를 목격했다. 게임이 엔비디아에 기반을 제공하여 더 높은 수익성을 가진 워크스테이션 시장을 파괴하는 발판이 될 것이라는 점이었다. 존 카맥은 이렇게 말했다. "많은 경우 TNT가 실제로 1만 달러짜리 컴퓨터보다 뛰어났습니다."

프로그래머 중 이 사실을 알아챈 사람은 존 카맥만이 아니었다. 데이비드 커크는 실패한 스타트업에서 최고의 인재를 영입하는 데에서 발을 더 넓혀, 이제 실리콘 그래픽스에서 인재를 빼오고 있었다. 그중 한 명이 댄 비볼리Dan Vivoli이다. 그는 원래 엔지니어였는데 이후 마케팅 분야로 경력을 전환했고, 리바TNT를 활용해 엔비디아의 브랜드를 구축하기 시작했다. 존 카맥이 추천한 이후 고객들은 엔비디아 제품에 열광하기 시작했다. 이런 현상은 젠슨 황의 관심을 끌었다. 그의 사무실 한편에는 이제 마케팅 관련 도서들이 추가되었다.

엔비디아는 리바TNT의 병렬 처리 기능을 고객에게 직접 광고하지 않았다. 왜 그들을 혼란스럽게 만들겠는가? 대신 마치 컴퓨터 안에서 살아가는 듯한 꿈을 활용했다. 이 환상은 묘하면서도 강렬한 매력을 지니고 있었다. '매트릭스'라는 개념, 즉 공유 컴퓨팅의 환각은 사실 1999년작 영화 〈매트릭스〉에서 비롯된 것이 아니라 윌리엄 깁슨^{William Gibson}의 1984년작 소설 《뉴로맨서 ^{Neuromancer}》에 처음 등장했다. 윌리엄 깁슨은 2011년 〈파리 리뷰^{The Paris Review}〉와의 인터뷰에서 자신이 영감을 받은 상황을 이렇게 들려주었다.

당시로서는 새로운 형태의 사업이었던 오락실 앞을 지나가다가, 아이들이 나무 합판으로 만든 구식 콘솔형 비디오게임을 하고 있는 모습을 보았습니다. 그 게임들은 공간과 원근법을 매우 원시적으로 표현하고 있었습니다. 어떤 게임은 아예 원근법조차 없었지만, 원근감과 입체감을 추구하려는 시도는 보였습니다. 그렇게 매우 원시적인 형태였는데도, 그 게임을 하는 아이들은 굉장히 몰입하고 있었고, 아이들은 게임 속에 들어가고 싶어 하는 것처럼 보였습니다.

엔비디아에는 사명 선언문이 없었다(젠슨 황은 사명 선언문의 필요성을 믿지 않았다). 하지만 윌리엄 깁슨의 이 말은 엔비디아의 미션을 대변할 수 있을 만한 것인지 모른다. 목표는 몰입, 디지털 세계 속으로 완전히 빠져들게 만드는 것이다. 점묘법처럼 정교한 디테일로 렌더링된 게임 속으로 들어가게 만드는 것, 바로 그것이다. 윌리엄 깁슨이 사람들의 몸짓을 보며 직관적으로 이해한 것을 젠슨 황은 논리적 추론을 통해 재발견하고 있었다. 엔비디아의 작업은 게이머들이 게임 속으로 들어가게 되는 순간까지 끝난 것이 아니었다.

그러나 이 목표를 추구하는 과정에서 엔비디아의 엔지니어들은 자신들이 생각했던 것보다 훨씬 더 위험한 게임을 하고 있었다. 리바TNT 칩 내부에는 비밀이 숨겨져 있었다. 그 비밀은 마치 악마 같은 것이었으며, 실리콘 아키텍처 깊숙이 묻혀 있어서 젠슨 황도, 데이비드 커크도, 존 카맥도, 댄 비볼리도, 세상 누구도 그 존재를 눈치채지 못했다. 만약 TNT 칩의 덮개를 열고 현미경으로 회로를 들여다본다면, 단순히 트랜지스터 배열의 변화만이 아니라 모든 컴퓨터, 어쩌면 인류 전체를 영원히 바꿀 변화가 있음을 발견하게 될 것이었다. 그 작은 칩 안에는 세상을 바꿀 비밀이 숨겨져 있었다.

인간을 능가한 최초의 신경망, 젤리피시

06

Jellyfish

1997년 텍사스주 댈러스에 위치한 브리스톨 스위트 호텔의 우아한 객실. 제안 도박사proposition gambler*들이 백개먼backgammon** 보드 주위로 모여들었다. 그들 앞에 펼쳐진 대결은 이전에 본 적이 없는 종류였다. 인간을 대표하는 선수는 세계 최고의 백개먼 플레이어인 낙 발라드Nack Ballard와 마이크 센키위츠Mike Senkiewicz였다. 기계를 대변하는 역할은 말콤 데이비스Malcolm Davis가 맡았다. 말콤은 인간을 상대로 거액의 내기를 걸었고, 자기 옆에 놓인 컴퓨터가 제시하는 대로 말을 움직였다.

•   제안 도박은 게임(주로 도박)에서 승부나 득점이 아니라 구체적인 결과를 놓고 벌어진다. 예컨대 야구라면 어느 투수가 얻을 삼진아웃 수가 대상이 된다.

••   2개의 주사위를 던져 그 수만큼 체커라고 불리는 15개의 말을 움직여 먼저 자기 쪽 진지에 모으는 쪽이 이기는 게임이다.

몇 달 전, 러시아의 개리 카스파로프Garry Kasparov는 전 세계적으로 눈길이 집중된 가운데 치러진 IBM 체스 컴퓨터 딥블루Deep Blue와의 승부에서 패배했다. (《뉴욕 타임스》는 '신속하고 예리하게, 컴퓨터가 개리 카스파로프를 무너뜨리다'라는 헤드라인 아래, 세계 최고의 체스 그랜드 마스터가 두 손으로 얼굴을 감싼 사진을 실었다.)

　댈러스에서 열린 백개먼 게임은 그 정도로 관심을 끌지는 못했다. 객실을 들락거리며 경기를 지켜보는 건 오직 도박사들뿐이었다. 그들은 추상적인 전략 게임에 집착적으로 몰입하며 평생을 바친 이들로, 바둑이나 포커, 스크래블, 브리지, 체스 등을 즐기며, 상당수는 최고 수준의 실력자였다. 그들은 주사위를 던질 때마다 웃고 떠들며 현금을 주고받았다. 도박사들은 대체로 옷차림이 단정하지 않았고, 체격도 건강해 보이지 않았다. 이들의 이름은 관련 분야 전문가들에게나 알려져 있을 뿐 대중들에게는 생소했다.

　하지만 댈러스에서 벌어진 알려지지 않은 이 대결이, 뉴욕에서 개리 카스파로프가 패배한 승부보다 더 명백하게 새로운 기계 시대의 시작을 알리는 사건이었다.

　낙 발라드는 백개먼 실력이 최고였다. 명랑한 성격인 그는 넓쩍한 얼굴에 구레나룻을 길렀고, 통통한 체형이었다. 하루에 6시간씩 백개먼을 연구했고, 여러 차례 세계 랭킹 1위에 올랐다. 가죽 컵에 든 주사위를 달그락달그락 흔든 뒤 보드 위로 던졌다. 개리 카스파로프가 딥블루와의 대결에서 눈에 띄게 동요했던 것과 달리, 낙 발라드는 현재 상황에만 집중하며 평정심을 유지했다. 그는 침묵 속

156

에서 다음 수를 숙고한 뒤 보드 위의 체커 2개를 움직였다.

낙 발라드 차례가 끝나자 말콤 데이비스는 자신의 주사위를 굴린 뒤 업데이트된 위치를 컴퓨터와 상의했다. 말콤 데이비스 역시 백개먼의 대가였지만, 1997년에는 소프트웨어가 이미 인간을 능가하고 있다고 확신했다. 그는 이 주장을 증명하기 위해 컴퓨터의 대리인으로서 포인트당 200달러의 조건으로 누구와든 대결하겠다고 나섰다. 백개먼은 운이 크게 작용하는 게임이라 말콤 데이비스의 확신이 틀렸다면 10만 달러 넘게 잃을 수도 있었다. 그러나 그는 컴퓨터에 대한 확신이 있었다. 이 컴퓨터는 이전에 존재했던 어떤 것과도 완전히 다른 유형의 인공지능 소프트웨어를 실행하고 있었다.

그 프로그램의 이름은 '젤리피시Jellyfish(해파리)'였다. 젤리피시의 특별한 점은 생물학적 뇌를 모방한 신경망 구조를 사용한다는 점이었다. 젤리피시는 인간 프로그래머가 작성한 코드를 실행하는 대신, 인공 뉴런으로 이루어진 그리드로 정보를 전달받아 결정을 내렸다. 이 뉴런들의 시냅스는 컴퓨터 안에서 거대한 숫자 매트릭스, 즉 '가중치'로 표현되었다. 이 그리드는 백개먼 보드의 상태를 판단한 다음 인공 신경망을 통해 답을 내놓았다.

투박한 대화 상자가 화면에 나타나 젤리피시가 결정한 수를 표시했고, 말콤은 그에 따라 보드 위의 체커를 움직였다. 가끔 프로그램이 논란의 소지가 있는 수를 추천하면, 이를 본 관중들이 열띤 논쟁을 벌이며 곁가지 내기를 걸었다.

그런 소란 속에서도 낙 발라드는 다시 주사위를 굴린 뒤 보드를 바라보며 깊은 생각에 잠겼다.

초기 신경망 연구의 발자취

댈러스에서 열린 백개먼 게임은 언론뿐 아니라 AI 커뮤니티에서도 큰 관심을 받지 못했다. 1997년 당시 주류 컴퓨터 과학자들은 신경망을 그저 장난감에 불과하다고 여겼다. 신경망은 1940년대에 처음으로 '신경 네트워크'라는 개념으로 구상되었다. 초기 연구자들은 복잡한 전기 기계 하드웨어를 사용해 뇌의 뉴런과 시냅스를 물리적으로 재현하려고 했다. 이 거대한 장치는 막대한 전력과 자금을 소모했지만, 쓸모 있는 결과를 거의 내놓지 못했다. 결국 1969년, MIT의 저명한 연구자 마빈 민스키Marvin Minsky가 단일 뉴런 층으로는 가장 간단한 논리 연산조차 수행할 수 없음을 증명하면서 연구는 중단되었다. 자금 지원이 끊겼고 대다수 기계가 해체되었다.

이후 AI는 여러 차례 수많은 실패를 겪으며 '경력의 무덤'이라는 악명을 얻었다. 결국 1974년, 첫 번째 AI 겨울˚이 찾아오면서 초기

˚   인공지능 연구에 대한 자금 지원이나 관심이 감소하는 기간을 의미하는 용어이다. AI 연구

의 '기호 기반 AI'는 정체 상태에 빠졌다. 1980년대에는 '전문가 시스템 AI'에 대한 관심이 부활하며, 잠시나마 주식 시장에서 거품을 일으켰지만, 1987년 주식 시장 붕괴 이후 그 거품은 터지고 말았다. 일본, 영국, 미국 정부는 모두 야심 찬 AI 계획을 추진하며 연구를 위한 대규모 프로젝트에 수십억 달러의 재정을 투입했다. 그러나 독립 애널리스트들의 분석에 따르면 모든 경우에서 지원한 자금 중 대부분이 낭비되었다.

한편 1970년대와 1980년대에도 소수의 개척적인 컴퓨터 과학자들은 신경망 연구를 계속 이어갔다. 그들은 과거의 허술했던 기계 장치를 소프트웨어로 대체할 수 있다고 믿었다. 또한 뉴런 층을 여러 겹으로 쌓으면 단일 뉴런 층의 한계를 극복할 수 있을 것이라고 확신했다. 대다수의 AI 연구자들은 이러한 시도를 엉뚱하거나 비현실적인 것으로 여겼지만, 1986년, 인지 심리학자인 데이비드 럼멜하트David Rumelhart는 UC 샌디에이고에서 컴퓨터 과학자 제프리 힌턴Geoffrey Hinton, 로널드 윌리엄스Ronald Williams와 함께 역전파backpropagation**라는 다층 신경망을 위한 우아한 수학적 기법을 발표

역사에서 이런 일은 주기적으로 반복되었으며, AI 겨울은 과장된 기대, 기술적 한계, 그리고 이로 인해 정부와 기업의 연구 자금이 삭감으로 인해 생겨났다.

** 기술적으로 설명하면, 역전파는 다변수 계산multivariable calculus과 선형 대수linear algebra를 결합하여 여러 층으로 이루어진 그리드에서 새로운 발견을 분배하는 방식이다. 역전파는 먼저 기존 신경망 출력의 오류 정도를 계산함으로써 이를 수행한다. 이 오류 값은 '그라디언트gradient'로 알려진 편미분의 집합을 계산하는 데 사용되며, 이는 본질적으로 어떤 뉴런이 가장 '틀렸는지'를 판별하려는 시도다. 그라디언트가 계산되면, 역전파는 뉴런을

했다. 이 방법은 연구자들이 새로운 정보를 학습할 때 컴퓨터의 인공 뉴런을 미세 조정할 수 있도록 했다. 그 개념은 인간의 뇌가 과제를 학습할 때 새로운 시냅스 연결을 형성하며 학습하는 방식과 유사했다.

인간처럼 학습하는 강화 학습

역전파는 침체되어 있던 신경망 연구 커뮤니티를 되살리며 컴퓨터가 완전히 새로운 방식으로 작동할 수 있게 만들었다. 이 기술은 컴퓨터 소프트웨어가 명시적으로 프로그래밍될 필요 없이 스스로 규칙을 만들 수 있게 했고, 컴퓨터 시스템이 스스로 학습하고 진화할 수 있는 길을 열어주었다.

반대 방향으로 미세 조정한다. 이 과정을 원하는 만큼 반복해서 수행할 수 있다.

역전파 기술은 1970년 핀란드 수학자 세포 린나인마Seppo Linnainmaa가 처음 발견했지만, 그는 이를 신경망에 명시적으로 적용하지는 않았다. 1974년, 미국 컴퓨터 과학자 폴 웨어보스Paul Werbos가 역전파를 독립적으로 재발견해 MIT의 마빈 민스키에게 제시했다. 이는 마빈 민스키의 책 《퍼셉트론Perceptrons》에 언급된 문제를 해결하기 위한 방법이었다. 그러나 폴 웨어보스의 설명에 따르면, 마빈 민스키는 자신의 사무실에서 폴을 쫓아내다시피 하며 이 기술 사용을 단념시켰다. (폴 웨어보스는 이후 마빈 민스키가 자신이 역전파를 발견하지 못한 것에 화가 났을 것이라고 추측했다.) 1986년 데이비드 럼멜하트와 로널드 윌리엄스, 제프리 힌턴은 역전파를 신경망 훈련 방법으로 다시 소개함으로써 이 기술을 널리 알렸다.

1980년대 후반, IBM의 연구원 제럴드 테사우로Gerald Tesauro는 회사의 인기 있는 체스 연구 그룹 대신 백개먼 게임을 정복하기로 마음먹었다. 체스의 권위나 포커의 신비로움을 가지지 못한 이 게임은 기본적으로 24개의 포인트가 있는 보드 위에서 육면체 주사위 2개를 굴려 상대방의 체커를 공격하면서 반대 방향으로 이동하는 일종의 경주 게임이었다. 승패는 육면체 주사위의 숫자에 따라 크게 좌우되었고, 이런 예측 불가능성 때문에 이 게임은 도박사들에게 매력적이었다. 하지만 제럴드 테사우로에게는 백개먼이 다른 매력을 가지고 있었다. 주사위 굴리기를 시뮬레이션함으로써 수십만 개의 인공 백개먼 게임을 빠르게 생성할 수 있었고, 이는 신경망이 학습할 수 있는 방대한 훈련 데이터가 되었다.

제럴드 테사우로는 이 틈새 프로젝트를 거의 혼자서 진행했다. 당시 대부분의 AI 연구자들은 신경망과 마찬가지로 백개먼을 진지하게 받아들이지 않았다.

초기에 그는 신경망을 인간 최고수들의 플레이를 모방하도록 훈련시켰다. 하지만 이 접근법은 별다른 성과를 내지 못했다. 1990년경, 그는 완전히 다른 접근 방식을 시도하기로 했다. 신경망에서 백개먼에 대한 모든 전략적 조언을 제거하고, 게임의 규칙과 무작위로 가중치가 부여된 뉴런 세트만 남겼다. 그런 다음, 컴퓨터가 스스로 수십만 번의 게임을 플레이하도록 했다.

이런 기술은 '강화 학습reinforcement learning'이라 불린다. 그리고 제럴드 테사우로는 이를 성공시킨 최초의 인물이었다. 초기 프로그램은 희망적이지 않았고, 체커를 무작위로 움직이는 데 그쳤다. 그러나 몇천 번 게임을 플레이한 후 신경망은 체커를 하나만 남겨두는 수는 위험하지만, 2개의 체커를 함께 쌓는 수는 유리하다는 것을 학습했다. 이로써 프로그램은 초보자 수준에 도달했다. 수만 번 게임을 훈련한 후 신경망은 더 고급 전략을 터득하기 시작했다. 예를 들어 체커를 여러 개 쌓아 벽을 만드는 등 더 발전된 전략을 활용하기 시작했다. 그리고 약 20만 번의 게임을 플레이한 후, 제럴드가 'TD-가몬TD-Gammon'이라고 명명한 이 신경망은 강한 중급 수준의 실력을 갖추게 되었다. 제럴드는 이후 몇 년 동안 TD-가몬에게 수백만 번에 걸쳐 시뮬레이션 게임을 입력시켰다. 1995년이 되자 TD-가몬은 인간이 이전에 본 적이 없는 전략을 구사하기 시작했다. 신경망은 단순히 학습하는 것을 넘어, 이제 혁신을 이루고 있었다.

기존의 지식에 얽매이지 않은 TD-가몬은 백개먼에 대한 새로운 접근 방식을 발견했다. 즉 인간 플레이어들이 초반에 우위를 점하려는 욕심으로 너무 많은 위험을 감수하고 있으며, 초반 전략은 보수적인 것이 더 낫다는 결론에 도달했다. 또한 게임 막판에 보장된 승리를 포기하고 점수를 2배로 늘리려는 욕심 많은 전략을 택했다. 이런 전략은 인간 플레이어 대부분이 무모하다고 여기는 방식이었다. 게다가 게임 중반에는 더 미묘한 수를 다양하게 구사했는데, 인간 전문가들이 이 전략의 의도를 깊이 분석한 후에야 그 의미를 이해할 수 있는 수준의 수였다.

1995년, 백개먼 강사 킷 울지Kit Woolsey는 TD-가몬과 겨룬 뒤 찬사를 담은 편지를 제럴드에게 보냈다.

TD-가몬과 고수준 체스 컴퓨터를 비교하니 매우 흥미로웠습니다. 체스 컴퓨터는 전술적 국면에서 놀라운 성능을 발휘합니다. 다양한 변수를 계산할 수 있죠. 그러나 상황이 분명하지 않고 무엇이 진행되고 있는지 명확하지 않은 애매한 포지셔닝 게임에서는 약점을 드러냅니다.

반면 TD-가몬은 정반대입니다. TD-가몬의 강점은 계산이 아니라 판단이 중요한 애매한 포지셔닝 전투에서 나타납니다…. 당신은 체스 컴퓨터처럼 단순히 인간보다 훨씬 빠르게 계산할 수 있는 기계를 만든 것이 아니라, 인간이 경험을 통해 배우는 방식과 매우 유사하게 학습하는 스마트한 기계를 만들어냈습니다.

이런 찬사에도 불구하고 IBM은 제럴드 테사우로의 프로젝트를 상업화하지는 못했다. 비즈니스 서버를 판매하는 회사가 몇백 명의 고객을 대상으로 백개먼 상업 소프트웨어를 판매할 이유가 있었을까? 당연히, 그럴 이유는 없었다.

이 시장의 작은 틈새는 1994년 노르웨이의 연구원 프레드릭 달Fredrik Dahl이 채웠다. 그는 취미가 독특해 백개먼과 체스, 시뮬레이션 탱크 전투, 주짓수, 숲에서 식용 버섯을 채취하는 것을 즐겼다. 그는 노르웨이 국방부에서 근무하며 가상의 러시아(구 소련) 침공시나리오를 시뮬레이션했다. 그의 작업은 1983년작 영화 〈워게임 WarGames〉에서 영감을 받았다. 이 영화에서 매튜 브로데릭이 연기한 주인공은 인공지능이 상황을 오인하여 일으킬 뻔한 핵전쟁을 막는 역할을 한다.

프레드릭 달은 핵전쟁을 막는 것이 자신의 목표는 아니라고 확언했지만, 군사 문제에 큰 관심을 보였다. 소련이 붕괴한 뒤 그에게 지원되던 연구 자금이 끊어졌다. 그는 "정말 끔찍한 시기였다"라고 말했다. (아마 농담이었을 것이다.) 그는 박사 학위 논문을 위해 신경망을 구축했는데, 컴퓨터가 스스로 수백만 번 전투 시뮬레이션을 수행하게 해 전투 결과를 모델링하도록 했다. 이 프레임워크는 백개먼에 쉽게 적용될 수 있었고, 그는 곧 제럴드 테사우로의 성과를 뛰어넘었다.

1994년에 프레드릭 달은 젤리피시를 공개했다. 이는 대중에게 판매된 최초의 신경망 기반 프로그램이었다. 젤리피시는 수백만 번의 백개먼 게임을 치루며 훈련받았지만, 이 방대한 연산 과정을 거친 결과물은 3.5인치 플로피 디스크에 담길 정도로 용량이 작았다. 프레드릭은 젤리피시를 자신의 원시적인 웹사이트를 통해 판매했다.

이때 AI의 두 가지 주요 단계, 즉 훈련 단계training stage와 추론 단계inference stage 사이의 중요한 구분이 확립되었다. 첫째, 훈련 단계는 컴퓨터가 학습하는 과정으로 번거롭고 느리게 진행된다. 둘째, 추론 단계는 컴퓨터가 학습한 지식을 활용해 결정을 내리는 과정으로 전 단계에 비해 훨씬 저렴하고 효율적이었다. 인간의 경우도 이와 유사한 구조를 가지고 있다. 추론을 담당하는 인간의 뇌는 고작 무게 3파운드(1.4㎏)인데, 이를 훈련시킨 것은 수억 년에 걸친 진화적 조건화이기 때문이다.

프레드릭 달은 신경망의 이 같은 생물학적 유사성을 잘 이해하고 있었다. 그가 프로그램 이름을 젤리피시로 정한 것은 해파리가 지구 생물 중 초기에 출현한 해양 자포동물로서 자극과 반응 체계를 제어하는 신경망을 가졌기 때문이었다. 프레드릭은 "이 프로그램은 약 100개의 뇌세포를 가지고 있었습니다. 해파리와 비슷한 수준이죠."라고 말했다. 이것이 신경망 구조의 힘이었다. 백개먼을 정복하거나, 위험한 해양 생태계에서 5억 년 동안 살아남거나, 어쩌면 소련군의 침공을 막아내는 데에도, 단 100개의 작은 신경세포만으로 충분할지 모른다.

인간 vs. 기계

이제 다시 앞의 백개먼 게임으로 돌아가보자. 낙 발라드와 마이크 센키위츠는 각각 젤리피시와 300번씩 대결하기로 합의했다. 적절한 통계적 샘플을 제공하기 위해서였다. 연속 84시간 동안 백개먼 게임을 펼친 적이 있을 만큼 '백개먼 마라톤'에 익숙했던 낙 발라드는 집중력을 유지할 수 있었다. 그는 컴퓨터를 상대로 58번의 승리를 거두며 1만 1,600달러를 상금으로 챙겼다. 그러나 마이크 센키위츠는 이와 비슷한 금액을 잃었다. 기계를 대변한 말콤 데이비스는 본전을 지켰다.

결과적으로 대결은 무승부로 선언되었다. 닉 발라드는 개인적으로 승리한 것에 만족했지만, 이후 분석 결과 그가 단순히 주사위 운이 좋았다는 사실이 밝혀졌다. 그는 자신의 시대가 끝났다는 것을 직감했다. 이후로는 인간이 백개먼 프로그램을 상대로 돈을 걸고 도전하는 무모한 일은 없을 것이었다.

젤리피시와의 게임에 대한 소식은 서로 긴밀하게 연결되어 있던 백개먼 커뮤니티 전반에 빠르게 퍼졌다. 체스 경기를 한 딥블루는 값비싼 슈퍼컴퓨터로 무차별 대입brute-force 방식을 사용했기 때문에 인간이 딥블루의 전략을 참고하거나 재현하는 것은 불가능했다. 그렇기 때문에 딥블루의 승리는 체스 전문가들의 접근 방식을 근본적으로 바꾸지는 못했다. (실제로 딥블루는 1997년 승리 이후 해체되었다.) 그러나 젤리피시는 윈도우 운영체제가 설치된 개인용 컴퓨터에서도 실행 가능한 저렴한 소프트웨어였으며, 백개먼 게임의 패러다임을 완전히 뒤바꿔놓았다.

백개먼 강사 킷 울지는 《백개먼의 새로운 아이디어New Ideas in Backgammon》라는 책을 출판했다. 이 책은 자신의 집 컴퓨터에서 젤리피시를 활용해 백개먼을 실행해 본 뒤 신경망의 판단과 인간의 직관이 극명하게 갈린 사례를 모은 것이었다. 시간이 흐르자 컴퓨터의 판단이 항상 옳다는 것이 명확해졌다. 시간이 지나면서 분석가들은 그가 몇 번을 이겼는가가 아니라, 그가 얼마나 젤리피시의 이상적인 해법과 비슷한 플레이를 했는가를 기준으로 인간의 경기 실력을 평가하기 시작했다.

젤리피시는 인간을 능가한 최초의 신경망이었다. 이후 프레드릭 달은 포커에 주목했다. 그는 강화 학습 기술을 사용해 어쩌면 '만들었다'보다 '진화시켰다'는 표현이 더 적합할지도 모를 신경망을 개발했다. 이 신경망은 포커룰을 변형한 2인용 '헤즈업 리미트 텍사스홀덤'에서 세계 누구와 붙어도 이길 수 있는 실력을 자랑했다. 프레드릭은 이 신경망을 카지노 슬롯머신 제조업체에 라이선스 형태로 제공했다. 그 업체는 이를 라스베이거스 스트립 구역의 카지노에 설치해, 돈을 건 사람이 이 포커봇과 대결하도록 했다. 그 누구도 이 기계를 이길 수 없었다.

예측할 수 없는 결과를 향하여

하지만 혁신은 거기서 멈췄다. 프레드릭 달은 슬롯머신 사업으로 상당한 수익을 거두었다. 하지만 노리미트 텍사스홀덤을 위한 신경망을 만들고자 했을 때 문제가 발생했다. 노리미트 홀덤에서는 베팅금액이 제한되지 않기 때문에 합성된 데이터셋의 규모가 기하급수적으로 커졌다. 이는 그가 리미트 홀덤이나 백개먼에서 사용한 폐쇄된 구조와는 완전히 다른 형태였다. 그의 노리미트 신경망은 이 압도적인 양의 데이터를 학습하는 데 어려움을 겪었다. 그는 이렇게 말했다. "합리적인 플레이는 했지만, 내가 원하는 대로 완벽하게 해내지는 못했죠."

프레드릭은 이 문제를 해결하기 위해 여러 해 동안 노력했다. 가장 큰 장애물은 그가 자신의 포커봇이 실제로 어떻게 작동하는지 거의 알지 못한다는 점이었다. 그 신경망의 구조는 무척추동물의 신경계만큼이나 해석하기 어려웠고, 개별 뉴런의 가중치를 분석해 게임 전략을 파악하려는 시도는, 현미경으로 뇌세포를 들여다보는 행위를 통해 그 너머에 존재하는 의식을 풀어내려는 시도와 같은 일이었다.

이것이 바로 신경망에 대한 비판의 핵심이었고, 학계가 신경망을 경계했던 근본적인 이유였다. 신경망 프로그램은 대개 학습 정체기에 도달하는데, 그 시점에서 성능을 개선할 방법이 명확하지 않았다. 고전적인 프로그래밍은 논리적이고, 체계적이었다. 반면 신경망을 다루는 것은 완전히 다른 사고방식을 요구했다. 프레드릭은 이를 생물학 실험에 비유했다. 결과는 예측할 수 없었고, 사소해 보이는 변수를 조정하는 것만으로도 예상치 못한 결과가 나타났기 때문이다.

그는 노리미트 포커봇을 개선하기 위해 생각할 수 있는 모든 것을 시도했다. 평가 함수를 조정하고, 컴퓨터의 메모리를 조정하고,

뉴런의 활성화 함수를 교체했으며, 더 단순한 데이터 환경을 만들어 신경망이 탐색하도록 했다. 그러나 그 어떤 방법도 포커봇이 전문가 수준으로 플레이하도록 만들 수는 없었다.

결국 프레드릭도 이전의 수많은 신경망 프로그램 연구자들이 그랬던 것처럼 포기하고 말았다. 그는 포커봇을 제쳐두고, 그 이전의 기술을 활용해 의료 데이터를 분석하는 일을 시작했다. 신경망에 비판적이었던 많은 사람들도 그와 비슷한 전적을 가진 사람들이었다. 초기에 성공을 거둔 뒤 이후 수년간 부진한 결과에 시달리며 실망을 경험한 이들이었다. 물론 프레드릭 달은 완전히 회의론자가 되지는 않았지만, 그의 신념은 심하게 흔들렸다. "나는 그것을 버렸어요." 대중에게 최초의 신경망 프로그램을 판매했던 사람의 말이었다. "데이터가 없었기 때문에 버린 겁니다." 그는 가능한 모든 것을 시도했으나 해결책을 찾지 못했다. 무엇이 신경망을 성공시킬 수 있을지 상상할 수도 없었다.

데스매치,
빛의 속도로
압도하라

07

Deathmatch

조너선 웬델Johnathan Wendel은 탄약 더미에 무기를 겨누고 기다렸다. 최초의 프로게이머 중 한 명인 그는 '파탈리티fatal1ty'라는 아이디로 활동했다. 1999년 무렵, 그는 세계 최고가 되고 싶다는 야망을 품고 있었고, 〈퀘이크Ⅲ: 아레나 게임〉 대회에서 연속으로 우승을 거두며, 종종 완벽한 승리를 기록했다. 그의 강점은 상대의 심리를 꿰뚫어보는 능력이었다. 그는 이번 상대가 탄약에 지나치게 집착하는 것을 눈치채고 함정을 준비하고 있었다.

프로게이머들은 대다수가 말랐고, 이른바 너드 같은 괴짜 이미지였지만, 웬델은 근육질 체형에 아이스하키, 테니스, 골프를 즐기는 사람이었다. 그는 얼음처럼 차가워 보이는 파란 눈, 모래 빛의 금발, 넓고 강인한 인상의 얼굴을 가졌고, 마치 1980년대 코미디 영화에 등장하는 대학 운동부 선수처럼 보였다. 그가 자신의 〈퀘이크〉 플레이 실력을 깨달은 건 15세이던 1996년이었다. 캔자스주 위치타에서 열린 대회에서 대학생 100명을 꺾으며 승리를 거둔 뒤였다. 이후 그는 대학을 중퇴하고 프로게이머를 직업으로 삼은 1세대 중 한 명이 되었다. "중요한 건, 한 번만 우승하면 사람들은 금방 잊어버리잖아요, 그렇죠?" 조너선 웬델은 자신의 우상인 타이거 우즈를 언급하며 말했다. "내가 더 많이 이기지 않으면 사람들은 나를 잊어버릴 겁니다."

그는 프로 운동선수처럼 광적인 집념으로 〈퀘이크〉에 몰두했다. 매일 8시간에서 12시간씩 데스매치 스파링 세션을 진행했고, 오직 연습할 시간을 더 확보하기 위해서 여자친구와도 헤어졌다. 그는 수십 개 대회에서 우승하며 7년 연속으로 프로게임 분야에서 가장 많은 상금을 받은 사람이 되었다. 한 번은 텍사스에서 열린 대회에서 우승한 후, 헤드폰을 벗어 던지고 주먹을 흔들며 환호성을 지른 일이 있었다. 당시 대전 상대는 안경을 쓰고, 상대적으로 왜소한 체격이었다. 그는 조너선의 위압적인 모습에 움찔하며 후드점퍼의 지퍼를 끝까지 올린 채 몸을 웅크렸다. NFL 바람막이와 건빵바지를 입고 훨씬 덩치가 컸던 조너선 웬델은 당장이라도 장난을 치며 상대를 괴롭힐 것 같은 모습이었다.

조너선의 모든 동작은 밀리초(1,000분의 1초) 단위로 측정되었다. 그는 반사적으로 총을 쏘는, 즉 트위치샷 본능을 단련하기 위해 연습에 매진했다. 컴퓨터 모니터 앞에 앉아 마우스에 손가락을 올려놓고 있다가 화면이 초록색으로 바뀌면 최대한 빠르게 클릭하는 방식이었다. 그는 연습을 거듭한 끝에 반응 시간을 140밀리초까지로 줄이는 데 성공했고, 이런 훈련을 하는 동안에도 짬짬이 몇 킬로미터씩 달리기를 했다. 그가 러닝을 지속한 이유는 반사신경을 향상시키는 데 도움이 된다고 믿었기 때문이었다. 그는 자주 스포츠를 활용한 은유를 즐겼는데, 자신을 경주 시작과 동시에 가속 페달을 밟는 포뮬러원[F1] 드라이버에 비유하곤 했다.

병렬 처리 기술의 성공과 부의 축적

이제 다시 앞서 소개한 게임으로 돌아와보자. 조너선은 헤드폰을 통해 상대의 발소리가 탄약 더미 쪽으로 다가온다는 것을 알아차렸다. 그는 훈련으로 다져진 본능대로 손가락을 가볍게 마우스 버튼 위에 올려놓았다. 핵심은 상대가 나타나기 바로 직전에 사격을 시작하는 것이었다. 그 결정적인 순간이 왔다. 조너선은 버튼을 눌렀고, 그와 동시에 시간이 느리게 흐르는 듯한 감각을 느꼈다.

조너선은 〈퀘이크Ⅲ〉를 플레이하기 위해 엔비디아의 그래픽카드 TNT2를 사용했다. 일반 프로세서는 이 게임을 초당 20~30프레임으로 렌더링했지만 엔비디아의 병렬 처리 기술은 이를 60~70프레임까지 끌어올릴 수 있었다. 이 중요한 향상 덕분에 조너선의 140밀리초 반응 시간 안에 렌더링되는 프레임 수가 5장에서 10장으로 2배가 되었다. 이 차이가 조너선이 필요로 한 결정적 우위를 가져다주었다.

조너선 웬델은 상대를 보기 직전, 1~2프레임 먼저 사격을 시작했다. 30밀리초, 즉 0.03초가 흘렀다. 그러자 적이 그의 사격 범위에 들어섰고, 엔비디아 프로세서는 한 프레임을 더 렌더링하며 상대를 적중시켰다. 곧이어 또 한 프레임에 총격이 가해졌고, 새 프레임이 다시 렌더링되었다. 다시 한 프레임의 총격, 그리고 또 한 번. 매 프레임마다 프로세서는 약 2억 번의 개별 연산을 수행했다. 조너선의 헤드폰으로 상대의 고통스러운 신음소리가 들려왔고, 마지막 프레임에서 상대가 산산조각 나며 쓰러졌다. 이로써 파탈리티는 또 한 번의 킬을 기록했다.

조너선 웬델은 엔비디아와 자신의 관계를 마이클 조던과 나이키의 관계에 비유했다. 엔비디아는 그에게 최신 하드웨어를 무료로 제공했고, 그는 대중들에게 엔비디아 하드웨어를 홍보해 주었다. 그는 그래픽카드가 작동하는 원리인 병렬 처리 기술을 잘 알지 못했다. 2024년 그 기술에 대해 물었을 때, 그는 어깨를 으쓱하며 답을 대신했다. 그가 아는 것은 단 하나였다. "데스매치에 TNT2만 한 게 없었죠. 그 프레임 속도는 말도 안 될 정도로 좋았어요." 조너선은 이렇게 말했다. 그는 새로운 모델이 나올 때마다 카드를 업그레이드했고, 곧 모든 프로게이머가 그를 따라 하기 시작했다.

월 스트리트는 열광했다. 엔비디아는 6개월 주기로 신제품 그래픽카드를 출시했는데, 이는 다른 제조업체보다 2배나 빠른 속도였다. 엔비디아는 매년 가을 학기 시작 시즌에 맞춰 새로운 제품 라인업을 내놓았고, 봄에는 이를 업데이트한 버전을 발표했다. 엔비디아의 그래픽 가속기는 평면 모니터가 등장하면서 수요가 급증했고, 몇 년 만에 대부분의 PC에서 표준이 되었다. 1999년 초, 엔비디아는 창립된 지 6년도 채 되지 않아 기업 가치를 6억 달러로 평가받으며 상장했다. 초기 엔비디아를 600만 달러로 평가한 세쿼이아 캐피털Sequoia Capital은 투자수익률 100배를 기록하며 수많은 다른 투자 손실을 메우는 데 성공했다. 엔비디아는 나스닥에서 NVDA라는 티커 심볼Ticker Symbol로 상장되었고, 공모가는 주당 12달러였지만 거래 첫날 즉시 2배로 뛰었다. 그리고 그해 연말 엔비디아의 주가는 60달러에 도달했다. 당시 기업 공시 자료에 따르면, 커티스 프리엠, 크리스 말라초스키, 그리고 젠슨 황은 각각 300만 주 이상을 보유하고 있었다.

지포스, 세계 최초의 GPU

젠슨 황은 이제 억만장자에 가까운 부자가 되었지만, 그의 목표는 새로 얻은 부에도 흔들리지 않았다. 그건 바로 경쟁자를 압도하고 흡수해 궁극적으로 엔비디아만 살아남는 것이었다. 드와이트 디어크스는 당시를 회상하며 말했다. "축하 파티 같은 건 없었습니다. 샴

페인을 터트리지도 않았고요. 안도감 같은 건커녕. 젠슨 황의 축하도 없었습니다" 대신 그는 당시 젠슨에게서 받은 한 통의 이메일을 보여주었다.

"TNT2 팀은 어떻게든 목표를 달성해야 합니다. 우리는 델Dell, 그리고 컴팩Compaq과 메인보드 사업을 차지하기 위해 매 순간 치열하게 경쟁하고 있습니다. S3 그래픽스의 새비지4는 카미노camino • 에서 잘 작동하고 있지만, 우리는 여전히 고전하고 있습니다. 더 이상 시간을 지체할 여유가 없습니다. 반드시 끝내야 합니다. ATI로부터 시장 점유율을 빼앗고, S3 그래픽스를 견제하며, 엔비디아를 한 단계 더 성장시키기 위해 반드시 설계 승인을 받아야 합니다. 기억하세요, 최우선 과제는 세 가지뿐입니다. 하나, 둘, 셋입니다. 1분기 목표를 달성하기 위해 우리는 4월까지 TNT2를 25만 개 출하해야 합니다. 그렇게 하려면, 리스크를 감수하고 웨이퍼 생산을 승인 받아야 합니다. 반드시 해내야 합니다."

드와이트 디어크스는 그때의 놀라움이 떠오른듯 다시금 고개를 저었다. "그가 그 이메일을 보낸 게 상장 바로 다음 날이었어요." 이메일에서 언급된 ATI와 S3은 모두 엔비디아의 경쟁사였다. 하지

• 인텔의 820칩셋의 코드명이다. 이 칩셋은 당시 인텔이 개발한 메인보드용 칩셋으로 고급형 시스템을 위한 것이었다.

만 엔비디아의 진정한 숙적은 3dfx였다. 3dfx의 부두^{Voodoo} 그래 픽카드는 그 이전 2년간 최고의 그래픽 가속기로 자리 잡고 있었다. 젠슨 황은 1999년 말 부두를 대체할 제품을 선보였고, 이 제품을 '지포스^{GeForce}'로 명명했는데, 기하학적 힘을 뜻하는 'Geometry Force'를 줄인 말이었다. NV10으로 구동되는 이 제품은 초당 1,000만 개의 삼각형을 렌더링할 수 있었고, 3D 장면의 픽셀 색상을 광원의 위치에 따라 실시간으로 변화시킬 수 있었다. '변환과 조명 처리^{transformation and lighting}'를 단일 플랫폼에서 통합하는 것은 오랜 시간 염원해 오던 것이었으며, 이를 엔비디아가 마침내 이뤄낸 것이었다. 엔비디아는 이를 대대적으로 알리고 싶어 했다. 존 페디는 이렇게 말했다. "간단히 말해서, 이제 2달러짜리 제품으로 2,000달러짜리 워크스테이션이 하던 일을 할 수 있게 된 겁니다."

젠슨 황은 실리콘 그래픽스에서 영입한 댄 비볼리에게 지포스의 홍보를 일임했다. 댄 비볼리는 한정된 예산을 기회로 여길 만큼 영리한 인물이었다. 그는 게이머들이 구매를 결정할 때 6명 정도의 독립적인 하드웨어 리뷰어들의 평가를 크게 참고한다는 사실을 간파했다. 그는 이들 리뷰어에 연락을 해서 지포스가 세계 최초의 '그래픽 처리 장치^{Graphics Processing Unit}', 즉 'GPU'라고 알렸다. 사실 이 용어는 댄 비볼리가 만들어낸 것이었는데, 리뷰어들은 이를 공식 명칭처럼 받아들였고, 제품을 GPU라는 카테고리로 분류하기 시작했다. 결국 그래픽 가속기는 전 세계적으로 GPU로 불리게 되었다. 댄 비볼리는 이렇게 말했다. "우리가 이 카테고리를 발명한 이유는 그 분야의 리더가 되기 위해서였죠."

엔비디아의 경쟁사인 3dfx의 엔지니어들은 이런 교묘한 전략을 접하고 머리카락이 바짝 서는 느낌을 받았다. "엔비디아가 벤치마크 테스트에서 몇 가지 꼼수를 사용한 경우가 있었죠." 존 페디의 말이다. "엔비디아가 마케팅에서 3dfx를 압도한 건 사실이지만 단순히 마케팅으로 이긴 건 아니에요. 기술적으로도 압도했죠! 엔비디아는 회사를 더 잘 운영한 겁니다."

지포스는 하나의 단일 칩에서 4개의 렌더링 파이프라인을 처리했다. 반면 더 고가였던 3dfx의 부두4는 4개의 칩을 사용하고도 지포스의 성능을 따라잡지 못했다. 엔비디아의 광적인 6개월 주기 제품 출시 전략은 완벽주의에 빠져 있던 3dfx를 궁지로 몰아넣었다. 결국 3dfx의 공동 창업자 중 한 사람이 공개적으로 두 회사 간 휴전을 언급하며, 다음 세대 제품을 출시하기 전까지의 휴전 기간 동안 기술 표준을 확립하자고 제안했다. 데이비드 커크는 이렇게 말했다. "그 순간, 우리는 상대를 제압했다고 확신했어요. 우리는 3dfx와 죽음을 건 싸움을 벌이고 있었고, 둘 중 하나는 사라져야만 했죠."

일인자가 되고자 하는 야망

한편 데이비드 커크의 이른바 '개발 두뇌 빼 오기', 즉 인재 빼 오기 전략은 끊임없는 논란을 일으켰다. 엔비디아로 이직하는 엔지니어들은 종종 기존 회사의 독점 기술을 가져왔고, 이로 인해 법적 분쟁이 끊이지 않았다. 1996년부터 1999년 사이 S3, 실리콘 그래픽스, 3dfx는 모두 엔비디아를 상대로 특허 침해 소송을 제기했다. 네 번째 경쟁사인 매트록스는 엔비디아가 직원들이 기밀 유지 계약을 위반하도록 부추겼다고 주장하며 소송을 제기했다. 이들이 제기한 소송 중 3건은 법정 밖에서 합의되었지만, 3dfx는 중재에 응하지 않았다. 도산 위기에 처했던 3dfx는 재판에서 승리하는 데 생존을 걸었다. 2000년 8월, 3dfx의 CEO였던 알렉스 레웁^Alex Leupp은 투자자들에게 이번 분기에만 손실이 1억 달러가 넘을 것으로 예상된다는 끔찍한 실적 발표를 했다. 그로부터 한 시간 후, 엔비디아는 3dfx를 상대로 맞고소를 진행했다. 젠슨 황은 3dfx가 자사의 기술을 침해했다고 주장했다. 그런데 소송을 제기한 타이밍이 너무 잔인했다. 일부는 젠슨이 이기지 못할 것임을 알면서도 일부러 골칫거리 소송을 제기했다고 의심했다. 그리고 그 목적은 현금이 부족했던 3dfx의 법적 비용을 늘리는 것이라고 보았다.

한 달 후, 법원은 3dfx에 유리한 예비 판결을 내리고, 엔비디아의 맞고소는 완전히 기각했다. 3dfx는 판결에 따라 배상금을 받기 위해 급히 움직였지만, 엔비디아는 영리한 법적 전략을 써서 지급을 미뤘다. 절박해진 알렉스 레웁은 마지막 카드로 3dfx를 인텔에 매각하려 했다. 그는 엔비디아를 상대로 얻어낸 승소 판결을 3dfx가 유일하게 가진 가치 있는 자산으로 내세웠다. 그러나 인텔은 이

사소한 분쟁에 끼어들 의향이 전혀 없었다. 다른 회사들 역시 마찬가지였다. 3dfx는 자금이 바닥나고 제품도 실패한 상황에서 패배를 인정하고, 결국 엔비디아에 인수를 제안할 수밖에 없었다.

젠슨이 승리했다. 그러나 그가 얻은 것은 자신을 증오하는 새로운 직원 무리였다. 법원 서류에 따르면 3dfx 직원들은 젠슨을 '다스 베이더'라고 불렀다. "사실 그보다 더 심한 말도 많았어요. 젠슨을 부르던 다른 별명들 중 몇 가지는 정말 예의없는 말이었어요." 존 페디는 이렇게 말했다.

젠슨을 둘러싼 소문은 점점 더 신화적인 사악함을 띠어갔다. 그는 인재를 빼돌리고, 아이디어를 훔치고, 리뷰어를 조종하며, 쓰러진 경쟁자를 무자비하게 짓밟는다는 이야기들이었다. 그런데 무엇보다 그들이 젠슨을 증오한 가장 큰 이유는, 젠슨이 자신의 회사를 박살냈기 때문이었다. 존 페디는 당시를 이렇게 설명했다. "엔비디아가 시장에서 권력의 정점에 오르는 동안 수많은 적을 만들었습니다. 파트너나 공급업체도 예외는 아니었습니다. 젠슨은 개인적으로는 제 친구이기도 하지만 그는 정말 냉혹했어요."

미친 듯이 반복하고, 그저 실행하라

프로그래머 벤 갈릭Ben Garlick은 12월 어느 금요일 오후에 3dfx 오스틴 지사에서 전체 직원들과 함께 해고 통지서를 받았다. 곧바로 직원들의 워크스테이션 접속이 차단되었고, 보안 요원들이 직원들의 배낭과 핸드백을 검사한 뒤 그들을 건물 밖으로 내보냈다. 얼마 뒤 주차장에서 서성이던 직원들 앞에 인사관리 부서 매니저가 나타난 길 건너 창고로 다시 모이라고 지시했다. 텍사스의 업무 단지는 보행자를 염두에 두고 설계된 것이 아니어서, 비즈니스 캐주얼 차림의 '인질'들은 초라한 행렬을 이루게 되었다. 배수로를 지나고, 표시도 없는 도로를 무질서하게 가로질러 창고에 도착했다. 그곳에는 팔리지 않은, 아니 앞으로도 팔릴 일이 없는 그래픽카드로 가득했다. 이곳에서 직원들은 즉시 발효되는 해고 통보를 받았다. 벤 갈릭은 그날을 떠올리며 "정말 웃기는 날이었죠"라고 말했다.

운이 좋은 사람들에게는 위로가 있었다. 엔비디아는 3dfx 전체를 매수하는 대신 특정 자산을 7,000만 달러에 인수하겠다고 제안했다. 알렉스 레옵은 이를 수락했고, 소송은 취하되었다. 내부 문서에 따르면 젠슨 황은 3dfx의 최우수 엔지니어들을 1인당 100만 달러의 가치로 평가했다. 이는 엔비디아에서 그들이 지니는 가치와 함께 경쟁사들이 그들을 영입하지 못하게 했을 때 얻는 가치 모두를 반영한 금액이었다. 창고에서 해고 통보를 받은 직원들은 주말 동안 집에 머물며 전화를 기다리라는 지시를 받았다. 젠슨이 직접 고용 제안을 할 수도 있다는 말도 함께 들었다.

젠슨은 데이비드 커크와 논의한 끝에 500명 가량의 해고자들 중 120명의 이름을 골랐다. 하지만 선택받은 사람들은 젠슨을 신뢰하지 못했다. 사실 그들 사이에서 엔비디아와 젠슨에 대한 소문은 악명 높은 것들이었다. '엔비디아는 노동 착취 공장이다', '젠슨 황은 폭군이다', '회의 중에도 직원들에게 소리를 지르며 몰아세운다'는 등의 내용이었다. 어떤 이들은 돈을 얼마를 준다고 해도 못 버틴다면서 젠슨 밑에서는 절대 일하지 않겠다고 단언했다. 하지만 벤 갈릭은 현실적이었다. 크리스마스가 다가오고 있었고, 그는 일자리가 필요했다.

벤 갈릭은 가장 먼저 채용 제안을 받은 사람 중 한 명이었다. 그는 유능한 프로그래머였지만 겸손했다. 그에게 당신이 100만 달러 가치만큼의 기여를 했다고 생각하는지 물었을 때 그는 "그쯤 되는 것 같네요"라고 답했다. 주말이 지난 월요일 아침, 그는 다시 창고로 향했다. 그곳에서 젠슨 황을 직접 만났고, 급여 20% 인상, 복리후생, 스톡옵션을 제안받았다. 벤 갈릭은 그 제안을 수락했고, 이후 17년 동안 엔비디아에 재직했다. 그는 이렇게 말했다. "내 생각에 젠슨은 본성적으로 선한 사람입니다. 다만 성공을 위해 냉혹하게 행동할 수밖에 없었을 뿐이에요." 그리고 이렇게 덧붙였다. "진짜 나쁜 CEO는 본심은 악랄하면서도 좋은 척하는 사람들이에요." 벤 갈릭 외에도 젠슨이 영입하고자 했던 120명 중 106명이 이른바 '어둠의 세력'에 합류했다.

벤 갈릭은 엔비디아의 코드베이스*에 접근할 수 있는 권한을 받

---

* 코드베이스를 이해하려면 소스코드(원시코드)부터 알아야 한다. 컴퓨터 소프트웨어를 개발

았다. 그리고 그걸 본 다음 큰 충격을 받았다. 당시를 떠올리며 그는 이렇게 말했다. "기본적으로, 그건 암 덩어리 같았어요. 암세포가 퍼지는 데 규칙이 없잖아요? 그냥 변이하고 확장할 뿐이죠." 그는 3dfx에서 자신의 프로그래밍이 우아하다는 데 자부심을 느꼈었다. 체계적인 시스템을 개발했고, 명확한 주석을 달아 다른 프로그래머들도 누구나 쉽게 유지·보수가 가능하도록 만들었다. "3dfx는 코드를 깔끔하게 만드는 데 시간을 들이다가 망했죠."

반면 엔비디아의 접근 방식은 짜임새가 있지 않았다. 한밤중에 정신없이 쓴 코드 블록들이 주요 시스템의 기반으로 사용되었다. "정말 엉망진창이었어요! 코드는 형편없었고, 툴체인toolchain•도 난장판이었죠. 그런데 문제는, 아무도 신경쓰지 않는다는 거였어요!" 벤 갈릭은 말했다. "그들에게 중요한 건 단 하나, 다음 테이프아웃을 성공시키는 것뿐이었죠."

엔비디아는 수많은 지름길을 선택한 결과로 상당한 '기술 부채'를 쌓아왔다. 시간이 지나며 유지·보수가 어려운 코드를 만들어내고, 지속적인 버그를 만들고, 비효율적인 코드 구조를 반복적으로

할 때 그 구조와 작동 원리에 대한 모든 내용을 소스코드에 담는다. 소스코드는 대개 사람이 읽고 쓸 수 있는 텍스트 형식 파일로 작성된다. 개발자는 소스코드를 컴퓨터가 이해할 수 있는 기계 언어로 번역해 소프트웨어로 만든다. 소스코드 중 소프트웨어를 빌드 혹은 실행시키기 위해 사용되는 종류가 코드베이스이다.
• 주로 다른 컴퓨터 또는 시스템의 소프트웨어 제품을 만드는 데 사용되는 컴퓨터 프로그램 개발 도구들의 집합이다. 일반적으로 여기에 포함된 개발 도구들은 연쇄적으로 사용된다.

선택한 것이다. 벤 갈릭은 이를 불안정한 기반 위에 건물을 짓는 것에 비유했다. "일단 집이 지어지고 나면, 기초를 고치는 건 아주 어렵죠." 그러나 그는 엔비디아식 지름길에 익숙해지면서 이런 접근 방식의 가치를 이해하게 되었다. "그 모든 것에는 이상할 정도로 뛰어난 면이 있었어요. 그냥 반복하고, 반복하고, 반복하고, 실행하고, 실행하고, 실행하는 거죠." 그는 말했다. "지금 와서 보니, 기술 부채란 생존자의 전투 흔적 같은 거예요."

다른 테크기업에 없는 엔비디아만의 문화

새로 채용된 인력 덕분에 불과 4년 전 35명이던 직원 수는 600명 이상으로 늘어났다. 회사는 산타클라라 도로 근처로 본사를 이전했다. 유리와 강철로 지어진 곡선형의 다층 건물들이 하늘다리로 연결된 복합 단지였다. 조각상들로 장식되어 있던 이 건물들은 주차장으로 둘러싸인 가운데 고속도로와 인접해 있었고, 총 11에이커(4만 5,000㎡)에 걸쳐 있었다. 새로운 사무실에서는 테이크아웃 음식 냄새가 나지 않았다. 사실 아무 냄새도 나지 않았다. 현대적이고 깔끔한, 그만큼 지루하고 예상 가능한 분위기를 풍기는 공간이 완성된 것이다.

이런 교외 사무 단지의 풍경 — 끝없이 늘어선 책상과 칸막이,

줄지어 늘어선 자동차, 진저리나는 체인 레스토랑들 — 은 마이크 저지의 1999년작 영화 〈오피스 스페이스^{Office Space}〉에서 신랄하게 풍자되었다. 마이크 저지는 이 영화를 만들기 전 엔비디아의 경쟁사 중 한 곳이던 그래픽카드 스타트업에서 근무한 적이 있었고, 그 경험을 바탕으로 이 영화를 만들었다. 그가 다닌 회사는 엔비디아 본사에서 몇 마일 떨어진 곳에 있었다. 그는 이런 삭막한 환경을 혐오했지만 내가 만나 인터뷰한 엔비디아 직원들 중에서 마이크 저지와 같은 감정을 언급한 사람은 없었다. 인생의 많은 시간을 칸막이 사무실에서 보내기로 결정한 그들에게 엔비디아식 기업 문화는 딱 맞았다.

젠슨은 관료주의적 어리석음을 제거하기 위해 끊임없이 노력하며 자신의 역할을 다했다. 〈오피스 스페이스〉의 주인공은 여러 상사로부터 TPS^{Test Procedure Specification}(테스트 대상 입력 명세) 보고서에 올바른 표지를 사용하라는 지시를 반복해서 받는다. 실제로 소프트웨어 엔지니어들은 종종 TPS 문서를 작성한다. 그러나 만약 관리자 중 한 명이 표지 문제로 엔지니어의 귀중한 시간을 낭비하고 있다는 사실을 젠슨 황이 알게 된다면, 그는 그 관리자를 칸막이 사무실 한가운데로 끌고 가 본보기를 보이는 차원에서 '십자가에 못 박았을' 거라고 생각한다.

엔비디아로 이직한 직원들 중 다수는 게임 회사에서 일하던 경험을 바탕으로 보다 자유로운 기업 문화를 기대하며 출근했다. 하지만 실제는 달랐다. 한 전직 직원은 이렇게 말했다. "3dfx에서는 모토가 '열심히 일하고, 열심히 놀자'였어요. 엔비디아에서는 그냥 '열심히 일하자'였죠." 긴 업무 시간이 기본이었고, 6개월 주기의 신제품 출시는 직원들을 끊임없이 압박했다. "결과적으로 마감이 거의 끊임없이 이어졌고, 항상 일정에 뒤처진다는 느낌이 들었죠"라고 또 다른 직원은 회상했다.

하지만 어떤 직원들은 엔비디아의 전문성을 높이 평가했다. "적어도 이 회사는 망하지 않을 거라는 확신이 있었습니다"라고 한 베테랑 직원이 말했다. 게임 회사들은 일반적으로 드레스코드가 없었고, 일부 프로그래머들은 일부러 지저분한 모습을 과시하기도 했다. 3dfx 출신인 카렌 후아울메는 〈퀘이크〉를 만든 iD 소프트웨어 본사를 찾다가 댈러스 교외의 사무 단지에서 길을 잃은 적이 있다. 그녀는 가장 지저분하게 차려입은 사람을 따라가기로 결심했다. 그러다 창백한 얼굴에, 흐트러진 긴 머리, 슬리퍼를 신고, 낡은 티셔츠를 입은 남자를 발견했다. 그녀는 그를 따라갔고, 정확히 iD 소프트웨어의 정문에 도착할 수 있었다.

하지만 엔비디아에는 사무실에 슬리퍼를 신고 오는 사람이 없었다. 게다가 이전에 다녔던 회사에서 남자 동료들이 카렌의 자격을 노골적으로 의심하거나, 때로는 지나치게 친밀한 척해서 불쾌감을 준 적이 있었다고 했다. 엔비디아는 그런 곳들과 달랐다. 당시 엔비디아에는 여성 직원이 많지 않았지만 그럼에도 이곳이 상대적으로 안전하다고 느꼈다. 카렌은 이렇게 말했다. "엔비디아에서는 그런 일이 없었고, 보호받는 느낌이었어요."

수많은 채용 면접을 주관한 것은 데이비드 커크였다. 그는 자신의 스타트업에서 100명의 엔지니어를 해고해야 했던 고통스러운 경험을 가지고 있었다. 그 사건은 그에게 큰 상처를 남겼고, 결국 며칠 후 회사를 그만두었다. 그는 다시는 그런 경험을 반복하지 않겠다고 다짐했고, 해고를 피하는 가장 좋은 방법은 채용 과정에서 철저하게 검증을 하는 것이라는 결론에 이르렀다.

엔비디아는 초기에 직원을 채용하면서 몇 단계에 걸친 면접과 이후 모두가 합의해야 채용을 확정하는 방식을 고수했다. 그러나 엔지니어들은 지원자를 불편하게 만드는 것을 꺼리며, 형식적인 질문들만 던졌다. 예를 들면 "역경을 극복한 경험을 말씀해주세요.", "당신의 가장 큰 약점은 무엇인가요?", "맨홀 뚜껑은 왜 둥글까요?" 같은 진부한 질문이 자주 등장했다.

데이비드 커크는 직원들이 시간을 낭비하고 있다고 느꼈다. 그는 젠슨이 어떻게 반응할지 알고 있었다. 엔지니어들을 회의실에 모아 놓고 소리를 지를 것이 분명했다. 드와이트 디어크스와 마찬가지로, 데이비드 커크도 젠슨 '황의 분노'가 다분히 의도적인 것이라고 믿었다. "사람들에게 소리를 지르는 것은 그의 동기 부여 전략의 일부였어요." 데이비드 커크는 말했다. "겉으로 보기엔 그냥 화가 난 것처럼 보이지만 나는 그게 철저히 계획된 행동이라고 봅니다. 실제로 효과가 있었죠. 사람들을 짜증나게 만들긴 하지만, 정말 효과가 있었습니다."

데이비드는 젠슨이 공개적으로 분노를 표출하는 상황에서 관객이 존재하는 것이 매우 중요하다고 믿었다. "젠슨은 절대 복도에서 어떤 직원 한 사람만 붙잡고 소리를 지르진 않아요. 그가 사람을 괴롭힐 때는 모두에게 교훈을 주고 싶을 때였습니다. 그리고 그 교훈은 절대 잊히지 않았어요."

직원들이 자기 후임을 어떻게 뽑아야 할지 모른다는 것을 깨달은 데이비드는 젠슨의 교육 방식을 선택하기로 했다. 그는 철저한 계획하에 엔지니어들을 회의실로 불러 모았다. 평소 갈등을 피하고 목소리를 좀처럼 높이지 않던 온화한 데이비드가 소리를 질렀다. "대체 뭐 하는 짓이야?!" 데이비드는 소리쳤다. "방금 너희가 면접 본 사람은 당신들 일의 절반을 맡게 될 사람인데, 그 사람이 그 일을 해낼 수 있는지 확인해 보지 않았어! 이제 당신들은 2배로 일해야 할 거고, 그 사람은 너희 월급의 절반을 받아 가겠지!" 직원들은 충격에 빠져 아무 말도 하지 못했고, 데이비드는 그 모습을 만족스럽게 바라보았다. 그리고 말했다. "그 사람을 다시 불러 면접을 볼 거야. 내가 직접 질문을 할 거고, 당신들은 그걸 지켜보면서 배우도록 해!"

불운한 지원자는 마치 공개 심문장 들어선 것 같은 상황을 마주하게 되었다. 데이비드는 직원들이 지켜보는 가운데 간단한 질문으로 면접을 시작했다. "삼각형을 그리는 방법에 대해 알고 있나요?" 지원자가 이 질문에 답하면, 난이도를 조금씩 높였다. "좋아요, 그러면 삼각형의 변을 어떻게 그리나요?" 이에 대한 답이 나오자 데이비드는 더 깊이 파고들었다. "만약 삼각형의 좌표 중 하나가 0이라면 어떻게 하나요? 0으로는 나눌 수 없으니, 그럴 때는 어떻게 하나요?" 그는 지원자의 한계를 시험하듯 끊임없이 질문을 이어갔다. 그리고 마침내 지원자가 답할 수 없을 것이라고 확신하는 마지막 질문을 던졌다. 이 질문은 해결하기 매우 까다로운 기술적 과제에 관한 것이었다.

이 질문에 대해 어떤 대답을 내놓는가에 따라 채용 여부가 결정되었다. 지원자들은 종종 거짓말을 하거나 그럴듯한 답변을 지어내려고 했다. 이런 경우 자동 탈락이었다. 또 다른 지원자들은 아무 생각 없이 "잘 모르겠습니다"라고 답했다. 이 역시 보통 탈락이었다.

하지만 테스트를 통과하는 지원자들도 분명히 있었다. 그들은 자신이 단순한 면접이 아니라 소크라테스식 문답법*에 참여하고 있다는 것을 깨달은 사람들이었다. 이들은 이전 질문들을 되짚어가며 그 과정을 이해하고, 면접 과정에서 나눈 대화에서 배운 것들을 활용해 이 마지막 질문에 대한 새로운 답을 스스로 도출해 냈다. 그들의 사고 과정은 문제를 해결하기 위해 논리를 확장해 나가는 방식

* 소크라테스는 대화 상대가 스스로 자신의 명제들을 인정하게 하면서 무지 혹은 모순을 자각하게 하는 대화법을 사용한 것으로 유명하다. 이런 소크라테스식 문답법을 '산파술'이라고도 하는데, 소크라테스가 상대방에게 계속 질문을 해서 결국에는 진리를 깨달을 수 있도록 도와주기 때문에 이렇게 불린다.

이었다.

데이비드는 단 15분 만에 지원자의 역량에 대해 직원들이 8시간 동안 구조화된 면접을 통해 알아낸 것보다 훨씬 더 많이 파악했다. 동시에 직원들은 어떻게 올바른 질문을 던져야 하는지 배울 수 있었다.

젠슨 황만큼 채용에 더 까다로운 사람도 없었다. 엔비디아가 성공을 거두자, 그의 가족들은 성과를 가족들과 나누라고 압박했다. "그의 부모님은 '형제들에게 일자리를 줘야 한다'고 강하게 말씀하셨어요." 옌스 호르스트만은 이렇게 회상했다. 그러나 젠슨은 이를 거절했고, 그가 가족과 전화 통화를 할 때면 종종 팽팽한 긴장감 속에서 대화가 진행되었다. "기본적으로 젠슨은 '정당한 이유가 없다. 내 형제들은 우리 문화와 맞지 않는다'라고 말했습니다." 젠슨 황은 가족의 요구에 아랑곳하지 않고 형제들을 끝내 고용하지 않았다.

젠슨의 형 제프는 엔지니어어로서 다양한 직업을 거쳤다. 옌스는 자신과 젠슨, 제프 세 사람이 젠슨의 집 뒷마당에 데크를 만들었던 것을 떠올렸다. "공사는 나랑 젠슨이 했고, 제프는 감독만 했어요. 그는 못질용 공구도 다루지 못하더군요."

젠슨의 동생 짐은 젠슨을 따라 오리건 주립대에 진학해 젠슨과 같은 전기공학 학위를 땄다. 젠슨이 커티스 프리엠의 집에서 엔비디아를 운영하고 있었을 때, 짐은 보다 안전한 길을 선택해 인텔에서 일하기 시작했다. 그는 이후 30년 동안 인텔에서 소프트웨어 툴을 개발하고 유지 · 보수하는 일을 했다. 옌스는 짐에 대해 이렇게 말했다. "그는 유능한 엔지니어였습니다. 하지만 창업가에게 필요한, 리스크를 감수하고, 실패를 받아들이고, 그 대가를 치르는 용기는 그에게서 찾아볼 수 없었습니다."

젠슨 황은 형제들에게 일자리를 주는 대신 부동산을 나누어주었다. 2000년대 초반, 그는 자신이 보유한 엔비디아 주식 중 일부를 현금화하여, 그 돈으로 로스 알토스 힐스Los Altos Hills에 넓은 땅을 구매했다. 이 지역은 실리콘밸리가 내려다보이는 부촌으로, 현재 미국에서 세 번째로 부유한 지역으로 손꼽힌다. 젠슨은 아내 로리의 감독하에 6,000평방피트(약 1,700평, 560㎡) 규모의 저택을 건축했다. 이 저택은 5개의 침실과 7개의 욕실, 수영장과 대형 차고를 갖추고 있었다. 그는 자신과 아내가 탈 페라리 2대도 구입했으며, 고급 위스키를 수집하기 시작했다. 그는 과거에 살던 ─ 뒷마당에 데크를 함께 설치했던 ─ 그 집은 형 제프에게 증여했다.

그러나 맞춤형 드림 하우스조차 젠슨의 기준을 충족시키지 못했다. 재산이 늘어나면서 그는 초고액 자산가들이 보이는 특유의 까다로운 완벽주의적 성향을 드러내기 시작했다. 어느 날 퇴근 후 집에 돌아온 그는 저택의 정원으로 통하는 유리문이 뒷마당의 풀하우스와 정확히 일직선으로 정렬되지 않는다는 사실을 알아차렸다. 그런 비대칭이 몹시 거슬렸던 그는 결국 풀하우스를 철거한 뒤 막대한 비용을 들여 18피트(5.5m) 옆으로 이동시켰다.

한편 지포스 라인은 엔비디아를 시장의 리더로 확고하게 자리 잡게 해주었다. 동시에 엔비디아는 '쿼드로Quadro'라는 전문가용 GPU 라인업을 출시하며 고급 컴퓨터 모델링과 디지털 애니메이션 분야를 공략했다. 이는 예견된 일이었다. 엔비디아는 실리콘 그래픽스를 노리고 있었고, 반대로 젠슨의 이전 상사 중 몇몇은 이미 엔비디아로 자리를 옮기고 있었다. 2000년, 젠슨은 자신의 첫 직장인 LSI 로직에서 상사였던 토미 리를 채용했다.

3D 가속기3D accelerator 부문의 성장은 주식 시장이 과열되었던 시기와 맞물려 있었다. 엔비디아는 실체가 없는 닷컴기업이 아니었다. 실제 제품을 출하했고, 실질적인 매출과 이익을 냈다. 그러나 엔비디아 역시 테크기업이었고, 기술주 거품 속에서 운영되고 있었다. 2000년 초, 엔비디아는 아직 이름이 정해지지 않은 마이크로소프트의 가정용 게임 콘솔을 위한 칩을 개발하는 계약을 체결했다고 발표했다. 이 소식이 전해지자 엔비디아의 주가는 주당 100달러를 돌파했다. 주가는 술자리에서 장난처럼 걸었던 회사 임원들의 내기를 현실화시키는 수준이었다. 크리스 말라초스키는 귀를 뚫었고, 커티스 프리엠은 머리카락을 대부분 밀어버린 뒤 정수리 부분에만 머리카락을 남겨 초록색으로 염색한 다음, 엔비디아 로고 모양으로 깎았다. 젠슨 황은 자신의 왼쪽 팔 윗부분에 엔비디아 로고를 문신했다. 그는 이후 몇 년 동안 문신할 때 얼마나 아팠는지 끊

임없이 불평했다고 한다.

2001년까지 엔비디아는 연간 10억 달러 규모로 GPU를 판매했다. 엔비디아의 혁신 속도에 맞설 수 있는 유일한 회사는 토론토 교외에 본사를 둔 ATI 테크놀로지스뿐이었다. ATI의 주력 제품은 '라데온Radeon'이었는데, 라데온은 지포스와 마찬가지로 냉각팬이 장착된, 병렬 픽셀 파이프라인을 갖춘 가속기였다. 심지어 두 제품의 칩은 모두 TSMC 공장에서 제조되었다. 또한 ATI의 공동 창업자이자 CEO 귀위안 호는 젠슨 황과 마찬가지로 치열한 경쟁심을 가진 이민자 출신으로, 그의 회사 또한 성공하기 전 여러 차례 파산 위기를 넘겼다.

라데온의 출시와 함께 GPU 시장은 고착된 양강 체제가 구축되었다. 이후 20년 동안 지포스와 라데온은 시장 패권을 놓고 치열하게 경쟁했다. 두 브랜드는 번갈아가며 시장의 정점에 올랐다. (현재는 지포스가 훨씬 앞서 있다.)

그러나 이런 성공에도 불구하고 젠슨 황은 여전히 경계심을 늦추지 않았다. 1996년 당시 최고의 그래픽 가속기 회사는 S3 그래픽스였다. 하지만 1999년이 되자 그 회사는 사라졌다. 1998년에는 3dfx가 선두 기업이었다. 그러나 불과 2년 뒤인 2000년에 이 회사도 사라졌다. 같은 일이 엔비디아에도 일어나지 않으리라는 보장은 없었다. 젠슨 황의 사무실에 쌓여 있던 경제경영서 중에는 인텔 CEO 앤디 그로브가 쓴《편집광만이 살아남는다Only the Paranoid Survive》도 있었다.

경쟁 위협은 모든 자본주의 기업이라면 피할 수 없는 요소이지만, 반도체 산업에서의 위협은 전혀 다른 수준이었다. 코카콜라 같은 기업의 경우, 일단 성공적인 레시피를 개발하면 그 제품은 저절로 팔렸다. 회사가 해야 할 일은 성공을 유지하는 것이었다. 그러나 반도체 산업은 패션업계와 더 비슷했다. 오늘의 제품이 어제의 제품과 비슷하다면 그것은 치명적인 실수였다. 반도체 산업에서는 모든 것이 몇 년마다 처음부터 다시 재창조되었다. 이는 칩 설계에 사용되는 소프트웨어 툴, 칩에 회로 패턴을 새기는 자외선 포토리소그래피UV Photolithography, 칩의 아키텍처도 해당되었다. 엔비디아의 첫 번째 칩에는 100만 개의 트랜지스터가 집적되었다. 하지만 2000년이 되자 엔비디아의 칩에는 그 20배에 달하는 2,000만 개의 트랜지스터가 집적되었다. 이 칩들은 고속팬으로 냉각되고, 절반 크기의 패키지에 담겼다. 자본주의의 초기 관찰자는 이렇게 말했다. "모든 고체는 녹아 공중으로 사라진다." 몇 년 뒤에 앤디 그로브는 다음과 같이 말했다. "우리는 모두 변화의 바람에 스스로를 노출시켜야 한다."

젠슨만 이 업계의 도박사인 건 아니었다. 모든 경영진이 도박사여야 했다. 트랜지스터 제조 기술의 정밀도가 갈수록 높아짐에 따라, 새로운 제품을 출시하는 주기마다 연구개발, 마케팅 비용 등 참여 비용이 증가했다. 이 산업은 판돈이 계속 올라가는 고액 포커 토너먼트와도 같았다. 토너먼트에서 가만히 머물러 있으면 가진 칩stack이 점점 줄어들 뿐이었다. 생존할 유일한 방법은 승산이 있는

패를 찾아, 모든 칩을 올인하는 것이었고, 다음 라운드에도 또다시 전부를 걸어야 했다.

끝없는 혁신, 프로그래머블 셰이더

젠슨 황이 받아들여 감행한 값비싼 도박 중 하나는 GPU에 프로그래머블 셰이더Programmable Shader를 추가하는 것이었다. 당시 그래픽 기술은 종종 플라스틱이나 고무 같은 느낌으로 장면을 렌더링하곤 했다. 데이비드 커크는 프로그래머들에게 더 나은 라이팅 도구를 제공하고 싶어 했다. 하지만 셰이더를 추가하는 것은 단순한 일이 아니었다. 그것은 인프라 구축을 위해 수익을 희생하는 일이었다. 더구나 초기에는 게임 개발자들 중 소수만 이 기술을 활용할 것이 분명했다. 데이비드는 젠슨에게 이렇게 말했다. "이걸 하면 당분간 비용이 좀 더 들 겁니다. 하지만 결국 모두가 이것을 원하게 될 거고, 우리를 따라잡으려 애쓰게 될 겁니다."

병렬 파이프라인 도입 때 그랬던 것처럼 젠슨은 처음에는 셰이더 도입에 회의적이었다. 하지만 셰이더를 도입하지 않았을 때 발생할 비용을 고려하면서 생각을 바꾸었다. 이 업계에서 유일하게 보장된 사실은 오직 하나였다. 그건 더 많은 트랜지스터가 등장할 것이라는 사실이었다. 그렇게 되면 그래픽 렌더링은 점점 더 저렴하고 쉬워질 것이었다.

젠슨은 지금까지 경쟁사들보다 앞서 나가는 데 성공했지만, 엔비디아라는 자산 경량화^{asset-light} 방식의 머천트 사업 모델은 본질적으로 실리콘밸리 사무실에 앉아 있는 엔지니어들로 이루어진 집합체에 불과했다. 만약 이 엔지니어들이 끊임없이 새로운 기술, 복제하기 어려운 기술을 개발하지 못한다면, 아시아의 제조업체들이 엔비디아의 칩을 모방하기 시작할 것이고, 엔비디아는 존재하지 않게 될 것이었다.

젠슨은 나중에 이렇게 말했다. "우리가 컴퓨터 그래픽스를 재창조하지 않으면, 우리 스스로를 재창조하지 않으면, 이 프로세서로 할 수 있는 것들의 캔버스를 열지 않으면, 우리는 상품 경쟁에서 도태되고 말 겁니다." 도박을 하지 않는 것이야말로 가장 큰 위험이었다.

프로그래머블 셰이더를 탑재한 첫 번째 지포스 모델은 2001년 6월에 출시되었다. 그리고 같은 해 11월, 마이크로소프트의 게임 콘솔 X박스가 출시되었다. X박스의 대표작은 〈헤일로^{Halo}〉였다. 〈헤일로〉는 〈퀘이크〉와 〈둠〉의 전통을 잇는 슈팅 게임이었지만, 지옥이 아닌 자연스럽고 아름다운 조명이 있는 고리 모양의 인공 세계를 배경으로 했다. 이 게임의 사실적인 빛과 그림자는 엔비디아의 하드웨어가 만들어낸 것이었다. 헤일로의 성공은 엔비디아의 기업 가치를 시가총액은 200억 달러에 이상으로 끌어올렸다. 2주 후, 엔비디아는 S&P500지수에 포함되었다. 엔론^{Enron}을 대체한 것이었다.

196

당시 젠슨 황은 38세로, S&P500지수에 포함된 기업의 CEO 중 가장 젊은 사람 중 한 명이었다. 그는 8년 만에 데니스 한쪽에서 제품 아이디어를 구상하던 위치에서 미국에서 가장 가치 있는 500대 기업 중 하나를 운영하는 위치까지 올라섰다. 그는 단 한 곳을 제외한 모든 경쟁사를 이기거나 흡수했으며, S&P500에 편입된 후 몇 주 동안 잠시나마 서류상 억만장자가 되기도 했다. 하지만 주식 시장은 가치를 판단하는 변덕스러운 중재자였고, 젠슨의 영광은 오래가지 못했다. 그가 다시 그 정도의 부를 얻게 되기까지는 14년이 걸렸다.

고객을
붙잡아두는
강박적
루프 전략

Compulsion Loop

08

젠슨은 만족스러운 '탁' 소리와 함께 강력한 스핀을 만들어내며 탁구대 위로 공을 힘차게 날려 보냈다. 그는 선수 시절 자신의 결정적인 기술이었던 포핸드루프를 연습하고 있었다. 다음 공이 날아오자 그는 자세를 재정비하고, 몸을 비틀며 폭발적으로 스윙했다. 발을 축으로 삼아 몸을 회전시키며 라켓을 휘둘렀고, 탁구공은 곡선을 그리며 네트를 넘어갔다. 그는 이 동작을 반복하며 공을 치고 다시 자세를 잡고, 치고 또 자세를 잡았다. 그의 몸은 축이 되는 발을 중심으로 마치 기계식 피스톤처럼 회전하고 있었다.

회사의 상황이 좋지 않았다. '탁'. 닷컴 버블이 꺼지며 주식 시장이 폭락하고 있었다. '탁'. 최신 지포스 제품에 장착된 냉각팬은 결함이 있었다. 팬은 마치 낙엽 청소기처럼 시끄러운 소음을 냈다. '탁'. X박스와의 거래는 무산될 위기에 처했다. '탁.' 엔비디아는 회계 조작 혐의로 조사를 받고 있었다. 탁, 탁, 탁, 탁. 땀에 젖은 젠슨은 라켓을 내려놓았다.

2002년이었다. 젠슨은 다시 탁구대 앞에 섰다. 그는 오랜 친구이자 탁구 파트너였던 조 로마노스키에게 전화를 걸었다. 거의 20년 만의 연락이었다. 젠슨의 연락은 뜻밖이었지만 두 사람은 잠시 옛 추억을 떠올리며 다정하게 대화를 나눴다. 조 로마노스키는 젠슨이 대학 시절 주립 교도소에서 열린 탁구 대회에 참가했던 일을 말해 주었다. 죄수들 앞에서 손쉽게 승리를 거둔 젠슨은 자제할 수 없었던지 묘기를 선보이기도 했다. "그는 여러 가지 묘기를 부렸는데, 그것을 마치 경기의 일부처럼 보이게 만들었어요." 조가 말했다. "마치 할렘 글로브트로터스Harlem Globetrotters(미국의 묘기 농구단)처럼요."

통화 중에 젠슨은 자신이 비디오게임 장비를 만드는 회사를 창업했다고 말했다. "그는 정말 신나 보였어요." 조는 그렇게 회상했다. 젠슨은 조의 아들에게 GPU를 보내주었고, 그의 아들은 그것으로 직접 컴퓨터를 조립했다. 조 로마노스키는 보답으로 젠슨이 가장 좋아하는 브랜드의 탁구 라켓을 주문해 선물했다. 그 후 젠슨은 다시 탁구 연습을 시작했고, 전직 올림픽 선수를 코치로 고용해 훈련을 받았다.

샌디에이고에서 보잉의 엔지니어로 일하던 조 로마노스키는 종종 아내와 함께 베이 에어리어로 날아가 젠슨의 가족과 시간을 보냈다. 젠슨은 옮겨 지은 풀하우스 옆 정원에 커다란 일본식 철판구이 그릴을 설치해 베니하나^{Benihana}° 셰프의 묘기를 연습하고 있었다. 그는 볶음밥을 던지고, 음식을 공중에 던져 올리며, 양파 링으로 화산을 만드는 실험 중이었다. 하지만 구운 새우를 모자로 받는 기술은 끝내 익히지 못해서 새우가 우수수 바닥에 떨어지고 말았다.

뒷마당에서 열린 저녁 식사 자리의 주된 화제는 가족, 아이들, 취미와 관심사 등이었고, 사업과 관련 없는 이야기만 나눴다. 사려 깊은 조 로마노스키는 일부러 사업 이야기는 꺼내지 않았다. 기사를 통해 상황을 알고 있었기 때문이었다. 젠슨은 점점 늘어나고 있는 자신의 위스키 컬렉션을 대접했고, 두 사람의 부인들은 서로 친구가 되었다. 한 번은 조가 시에라 산맥으로 캠핑을 가자고 초대하기도 했다. (젠슨은 정중히 거절했다.) "그는 정말 따뜻하고 매력적이에요." 조 로마노스키가 말했다. "그와 함께 앉아 있을 때는 슈퍼스타 경영자처럼 보이지 않아요. 정말 진솔한 사람이라는 느낌이 들어요."

조 로마노스키가 본 젠슨 황의 모습은 동료나 경쟁자들이 묘사한 강박적인 대기업 총수의 모습과는 전혀 달랐다. 그가 본 젠슨은 단지 활기차고, 에너지가 넘치며, 장난기가 넘치는 사람일 뿐이었다. 예전의 알던 그대로였다. 어떻게든 젠슨은 사업적 페르소나와 가정 생활을 철저하게 분리하고 있는 듯 보였다. 조 로마노스키가 젠슨

° 일본식 철판 요리를 판매하는 미국의 프렌차이즈. 철판에서 요리를 하며 다양한 볼거리를 제공하는 서비스로 유명하다.

황의 다스 베이더 같은 면모를 본 적이 있는지 궁금했다. 조는 그런 적은 없다며 말했다. "만약 그런 면이 있다면, 그는 그 부분을 완전히 꺼놓은 상태일 거예요. 내가 아는 젠슨은 정말 따뜻하고 소탈한 사람이에요."

지포스FX와 엔비디아의 위기

2001년 여름부터 2002년 가을까지, 엔비디아의 주가는 90% 이상 폭락했다. 이와 함께 젠슨의 재산도 급감했다. 문제는 2002년 1월, 미국 증권거래위원회SEC가 엔비디아의 회계 처리에 대한 조사를 시작하면서 불거졌다. 비슷한 조사로 월드컴과 엔론의 회계 부정이 밝혀지면서 기업 비리 의혹이 퍼지고 있었다. 그해 7월, 엔비디아는 3년 치 실적을 정정 발표해야 했고, 그 직후 최고재무책임자CFO인 크리스틴 호버그가 물러났다. 텐치 콕스는 그의 해고가 안타까운 일이었으며, 이사회는 젠슨에 대한 신뢰를 한 번도 잃지 않았다고 말했다. "SEC는 마치 낚시하듯 무작정 조사를 벌였어요." 텐치 콕스의 말도 일리가 있었다. 정정된 실적 보고서에서 엔비디아의 수익은 이

• SEC는 이후 크리스틴 호버그에게 비용 300만 달러를 회계에서 누락시킴으로써 감추었다는 책임을 지웠다. 그는 60만 달러를 벌금으로 냈지만, 잘못은 인정하지 않았다.

전 보고보다도 더 높았다.

회계 스캔들은 역사상 최악의 약세장이던 시기에 발생했다. 닷컴 버블 붕괴, 9.11 테러, 엔론 파산 사태라는 세 가지 악재가 동시에 발생하면서 S&P500 지수는 거의 절반 가까이 폭락했다. 이런 불운과 동시에, 엔비디아는 마이크로소프트와 갈등을 빚기 시작했다. 이 분쟁은 가격 책정과 지적재산권 문제로 불거졌다고 알려졌지만, 엔비디아의 자부심이 커진 것도 주요한 이유였다.

엔비디아 직원들은 엘리트라는 자부심을 드러내는 데 거리낌이 없었다. 그들은 자신들이 최고라고 믿었다. 실제로 그들은 뛰어난 인재였지만, 그들의 자부심은 자만심처럼 보이기도 했다. X박스 출시를 몇 주 앞두고 마이크로소프트는 축하 연회를 열었고, 빌 게이츠가 축사를 했다. 그 연회에서 엔비디아의 엔지니어들은 연회장 뒤쪽 자리를 배정받았고, X박스가 선반에서 미끄러지지 않도록 고정하는 고무 스태빌라이저 제조업체와 같은 테이블에 앉게 되었다. 수십 년 후 데이비드 커크는 이 자리 배치에 대해 결혼식에서 버림받은 들러리처럼 취급받았던 기억으로 떠올렸다. 그러고는 자조적으로 말했다. "그래, 우리가 이 프로젝트에서 중요한 파트너라는 거 알겠어. 고무 발 만드는 사람들과 딱 같은 수준이었지."

데이비드는 농담이라고 강조했지만, 젠슨처럼 그도 뒤틀리고 불쾌한 진실을 말할 때 종종 농담을 구사했다. 아마도 행사 기획자의 실수였을 수도 있다. 그러나 데이비드는 그 일이 마이크로소프트가 하찮은 하드웨어 공급업체에게 얽매이지 않겠다는 뜻을 드러낸 신호로 받아들였다. 그 모욕은 쉽게 잊히지 않았고, 얼마 지나지 않아 비즈니스 관계도 악화되었다. 마이크로소프트는 엔비디아에 제품의 대량 공급 및 가격 인하를 요구했다. 이에 대해 엔비디아는 계약상 이런 요구를 수용할 의무가 없다고 맞섰다. 결국 이 문제는 중재로 넘어갔다. 이후 마이크로소프트는 차세대 X박스에서 공급업체를 ATI로 교체했다.

하지만 여러 문제 중에서 엔비디아에 가장 큰 타격을 준 것은 프로그래머블 셰이더의 도입률이 저조하다는 것이었다. 이 도박이 성공하려면 새로운 코딩 언어를 채택하도록 개발자들을 설득해야 했다. 이를 위해 엔비디아는 '던Dawn'이라는 CGI 캐릭터를 앞세워 셰이더를 홍보했다. 옷을 덜 입은 CGI 요정 던은 더듬이와 나비 날개를 가지고 있었고, 가슴이 컸다. 던은 엔비디아의 프로그래밍 교재 《Cg 튜토리얼The Cg Tutorial》의 표지를 장식했다. 표지에 비해 책의 내용은 덜 자극적이었다. 이 책은 정점 변환, 픽셀 파이프라인, 샘플 코드, 연습 문제 등 10개 챕터로 구성되어 있었다. 하지만 이런 노력에도 불구하고 셰이더의 도입은 더디기만 했다.

젠슨은 회사에서 점점 더 화를 냈다. 엔비디아는 2003년 초 지포스FX를 출시했다. 느린 렌더링 속도, 소음이 심하고 과열되는 결함 있는 팬으로 악명이 높았던 이 제품은, 게이머들 사이에서 '더스트 버스터'로 통했다.

리뷰어와 고객들, 심지어 젠슨의 열세 살짜리 아들 스펜서까지 이 제품을 혹평했다. 어느 날 저녁 젠슨이 집에 돌아왔을 때 그를 기다리고 있었던 것은 혹독한 제품 리뷰가 실린 게임 잡지였다. 그 위에 붙어 있던 포스트잇에는 이런 메모가 적혀 있었다. "아빠, 한 단계 더 업그레이드해야 할 것 같아요."

젠슨은 곧바로 회의를 소집했다. 수백 명의 직원들 앞에서 제품 관리자들은 지포스FX의 실패 원인이 된, 잘못된 결정을 하나씩 발표하도록 했다. 그런 다음 거의 한 시간 동안 거의 목이 터져라 소리를 질렀다. 당시 품질 관리를 담당했던 샤론 클레이Sharon Clay는 그 상황을 이렇게 회상했다. "끔찍했지만, 동시에 어떤 면에서는 카타르시스가 느껴지는 경험이었어요." 젠슨의 격렬한 질책은 공포만큼이나 죄책감을 불러일으켰다. 그는 직원들에게 고객을 실망시켰을 뿐 아니라, 서로의 가족에게도 실망감을 안겨주었다고 자세히 설명했다. 후일 젠슨은 내게 이렇게 말했다. "나는 아마도 죄책감이 동력이 되는 경우가 많은 사람일 겁니다."

엔비디아는 정기적으로 직원들의 성과를 평가했는데, 지포스FX 참사 이후 샤론 클레이는 자신의 평가서에 'RI Requires Improvement(개선 필요)'라는 평가가 적힐 것을 걱정했다. 엔비디아에서 이 문구는 마치 검은 딱지*를 받는 것과 같았다. 샤론은 지포스FX의 품질 관리 테스트를 네다섯 번 실행했지만, 후속 모델의 품질 관리 테스트는 100번으로 늘렸고, 결국 수천 번에 달하는 테스트를 진행했다. 샤

---

* 소설 《보물섬》에서 해적들 사이의 소환장을 검은 딱지라고 불렸다. 이 소환장은 두목 자리 박탈이나 처형을 뜻했다.

론은 말했다. "처음 이 과정을 시작했을 때, 우리가 최종적으로 도출해 낸 해결책은 상상조차 할 수 없었어요. 하지만 적절한 압박이 가해지자 우리는 새로운 방식으로 생각하기 시작했습니다."

결국 샤론은 물론 품질 관리팀의 그 누구도 강등되지 않았다. 대신 엔비디아의 마케팅팀은 제품 관리자를 주연으로 한 풍자적인 영상을 제작해 언론에 배포했다. 영상에서는 그래픽카드를 낙엽 송풍기로 재활용하는 모습이 그려졌다. 그로부터 6주 후, 업데이트된 지포스가 출시되었고, 이번에는 호평을 받았다.

엔비디아의 직원 중 다수는 '황의 분노'가 회사 내에서 일종의 규율을 확립하는 역할을 했다고 말했다. 마치 군대 지휘관이나 프로 풋볼 코치가 사람을 몰아붙이는 방식과 비슷했다. 한 직원은 이렇게 말했다. "다른 〈포춘Fortune〉 500대 기업의 CEO들보다 더 소리를 지르는지는 잘 모르겠어요. 하지만 보세요, 그의 역할이 직원들의 친구가 되는 건 아니잖아요. 그의 역할은 직원 스스로 자신이 생각했던 한계를 넘어서도록 밀어붙이는 거예요."

그런데 이런 경영 방식에 불만을 가진 사람들조차 젠슨의 개인적인 면모에 대해서는 긍정적으로 말하는 경우가 많았다. 엔비디아에서 근무했던 팀 리틀은 '네 한심한 엉덩이를 끌고 결승선까지 가라'라는 제목의 이메일을 다른 관리자로부터 받은 일을 떠올렸다. 당시 그는 몇 주 동안 가족과 떨어져 늦은 밤까지 회로 시뮬레이터에서 작업에 매달리고 있었다. 더 이상 버틸 힘이 없다고 느낀 그는 그 이메일에 대한 답장으로 사직서를 제출했다. 며칠 후, 새벽 2시경 마지막 근무를 마무리하던 그의 앞에 젠슨이 나타났다. 젠슨은 팀의 곁에 앉아 시뮬레이터 화면을 바라보며 말했다. 피곤에 지친 얼굴에 모니터의 빛이 희미하게 비추는 가운데 젠슨은 자신이 감내했던 희생과 얼마나 숱한 밤을 가족과 떨어져 보냈는지, 직접 회로 시뮬레이터를 돌리며 일했던 경험을 진솔하게 털어놓았다. 젠슨은 솔직히 말해 그 모든 것이 과연 가치가 있었는지 확신하지 못한다고 밝혔다. 그리고 팀이 원한다면 사표를 반려하겠다고 제안했다. 팀이 거절하자 젠슨은 그가 보여준 회사에 대한 헌신에 감사를 표하고 자리를 떠났다. 팀은 "그건 내가 엔비디아에서 근무한 기간 중 가장 기억에 남는 일이었어요"라고 말했다.

이 책을 준비하며 내가 인터뷰한 전·현직 엔비디아 직원 100여 명 중 대부분이 젠슨과 관련된 미담을 하나씩은 가지고 있었다. 앞에서 소개한 수십 명 앞에서 젠슨이 굴욕을 주며 급여 전액을 환불받고 싶다고 했던 그 직원은, 나중에 심각한 질병을 진단받았는데 그때 젠슨이 치료비 전액을 사비로 부담하겠다고 제안했다고 말했다. 벤 갈릭은 스타트업으로 이직하기로 결심했을 때, 젠슨이 진심으로 만류하여 놀랐다고 했다. 벤은 "그와 회의 테이블에 함께 앉아 있었는데, 그가 너무 가까이 다가와서 무릎이 거의 부딪힐 정도였어요. 그러고는 정말로 가지 말라고 애원했어요." 벤 갈릭은 수천 명의 직원이 있는 회사에서 단 10명을 관리하는 일선 매니저였다. 그는 이런 말도 덧붙였다. "사실 젠슨이 내 이름을 알고 있을 거라고 생각조차 하지 않았어요."

젠슨의 애정, 두려움, 죄책감을 섞은 리더십은 매혹적이고 강력한 동기 부여 요소였다. 이에 대해 샤론 클레이는 이렇게 말했다. "그를 실망시킬 수는 없었어요. 그냥 그럴 수가 없었어요."

PC게임 전성시대

이 무렵 커티스 프리엠은 결국 손을 떼기로 했다. 수년간 그의 역할은 축소되었고, 결국 그는 더 이상 사무실에 나오지 않았다. (데이비드 커크는 "그가 다른 임원과 갈등이 있었고, 자신이 해고되었다고 생각한 것 같아요"라고 말했다.) 커티스는 보유하고 있던 엔비디아 주식을 매각하기 시작했고, 이를 통해 마련한 재원 대부분을 자신의 모교인 뉴욕 북부의 렌셀러 폴리테크닉 대학교에 기부했다. 커티스 프리엠은 학교의 이사회 위원으로 임명되었고, 이 기부금은 2억 달러 규모의 공연 예술 센터 건립과 양자 컴퓨터 구매에 사용되었다.

커티스 프리엠은 오클랜드 동쪽 디아블로 산맥에 위치한 600만 달러짜리 목장으로 물러났다. 능선 위에 자리 잡은 집에서 커티스는 샌프란시스코만의 전경의 한눈에 내려다볼 수 있었다. 울타리 안 소 떼 너머로, 맑은 날에는 반짝이는 물 위를 가로지르는 5개의 주요 다리를 모두 볼 수 있었다. 그는 캘리포니아와 렌셀러 폴리테크닉 대학교를 오가는 데 사용할 걸프스트림 제트기도 구입했고,

탄소 발자국을 상쇄하기 위해 실험적인 친환경 기술에 투자했으며, 목장을 자급자족 시스템으로 전환했다. 그는 복잡하고 불쾌한 이혼을 겪은 후, 스스로 명명한 '지구를 복구할 수 있는' 공식을 찾는 데 몰두하기 시작했다.

커티스 프리엠은 2004년부터 2006년까지 일련의 대량 거래를 통해 자신이 보유한 엔비디아 주식을 모두 매각했다. "그래서 엔비디아 주가가 한동안 제자리걸음을 한 거예요." 커티스는 이렇게 덧붙였다. "나는 주가가 오를 때마다 조금씩 매도했죠." 만약 그가 그 주식을 보유한 채 20년 동안 카우보이처럼 살았다면, 현재 그의 자산 가치는 1,000억 달러가 넘었을 것이고, 세계에서 가장 부유한 사람 중 한 명이 되었을 것이다. 그러나 그는 자신의 결정을 후회하지 않는다고 말했다. 순자산의 99.9%를 더 이상 자신이 근무하지 않는, 변동성이 큰 테크기업의 위험한 주식에 묻어두는 것은 좋은 생각 같지 않았다고 설명했다.

커티스는 조지 베일리George Bailey*를 떠올리며, 사라진 막대한 이익이 어디로 갔는지 생각해 보라고 했다. "그 주식은 사라진 건 아니에요. 그건 연금 기금에도 들어가고, 사람들의 집을 사는 데 쓰이기도 했죠. 어떻게 보면 내가 미국 경제에 1,000억 달러만큼 기여한 셈이에요." 커티스는 이렇게 덧붙였다. "평생에 걸쳐 5억 달러를 기부하는 게 목표이고, 이를 위해 대부분의 시간과 노력을 쏟아부

---

* 영화 〈멋진 인생It's A Wonderful Life〉의 주인공으로 마을을 위해 봉사하며 살아온 인물.

었어요. 저는 1,000억 달러 규모의 재단이 있다면 뭘 할지 고민해 봤는데 그게 쉽지는 않더군요. 그렇게 많은 돈을 어떻게 써야 할지조차 모르겠어요."

엔비디아는 결국 게이머들 덕분에 구원받았다. 주가가 바닥을 치는 상황에서도 엔비디아는 여전히 세계에서 가장 복잡한 실리콘 칩을 출하하고 있었다. 이 칩들은 가정용 초고속 인터넷의 도입, 그리고 멀티미디어 가정용 컴퓨터의 발전과 맞물리면서 일부 평론가들이 나중에 'PC게임의 황금기'라고 부른 시대를 열었다. 개발자들은 새로운 하드웨어를 활용해 〈콜오브듀티Call of Duty〉와 〈하프라이프2Half-Life2〉, 〈심즈The Sims〉, 〈월드오프워크래프트World of Warcraft〉와 같은 클래식 게임들을 선보였다. 한 평론가는 추억에 잠기며 "PC게임은 전성기는 2000년에서 2005년 사이였습니다"라고 말했다.

하지만 이런 기술의 사용이 최선이었는지는 의문이었다. PC게임이라는 하위 문화는 독성이 강했다. 여기에서 4chan(미국 이미지 보드 관련 웹사이트)이 탄생했고, 이후 게이머게이트Gamergate •가 이어졌다. PC 게이머들은 콘솔 게이머들을 '소작농peasants'이라고 불렀고 스스로를 'PC 마스터 레이스'라고 칭했다. 그래픽 기술의 선구자들은 주요 게임 타이틀이 미학적 발전을 이루지 못하고 정체된

• 여성 혐오 사이버 폭력 캠페인이자, 비디오게임의 여성주의, 다양성, 진보주의에 반대하는 활동을 가리킨다. 주로 2014년과 2015년에 걸쳐 비디오게임 산업의 대표적 여성인 조이 퀸, 브리아나 위 등을 타깃으로 삼았다.

것에 좌절했다. 이는 고객들의 미성숙한 취향을 그대로 반영한 결과였다. 엔비디아는 개발자들에게 놀라운 기술을 제공했지만, 개발자들은 그 도구를 이용해 괴물과의 총격전, 자동차 추격전, 잔혹한 장면을 그려냈다. 존 페디는 "그 모든 노력이 결국 사소한 결과로 이어지는 건 정말 놀라운 일입니다"라고 말했다.

하지만 이는 사업적으로는 매우 합리적인 선택이었다. PC 게이머들은 최고의 고객이었다. 그들은 중독자들이었기 때문이다. 게임은 설계상 무작위로 보상을 제공하면서 유저를 끌어들였다. 이는 카지노에서 슬롯머신 중독자들이 자리를 떠나지 못하게 붙잡아두는 방식과 비슷한 전술이었다. 2001년 출시된 게임 〈헤일로〉의 개발사에서 근무했던 연구원 존 홉슨은 이를 '강박적 반복 루프compulsion loop'라고 설명했다. 플레이어의 캐릭터를 업그레이드하고, 퀘스트를 완료하면 보상을 지급하고, 이를 다시 반복하는 구조였다. 일부 플레이어들은 이 루프에서 벗어나지 못했다. 연구자들은 열혈 게이머들이 약물 중독 증상과 유사한 행동을 보인다고 지적했다. 이들은 폭식하듯 게임을 했고, 금단 증상을 겪었으며, 게임을 몇 시간씩 하는지에 대해 친구나 가족에게 거짓말을 했다. 때때로 게임을 삭제했다가 다시 다운로드하는 일도 다반사였다. 미국 정신의학회APA, American Psychiatric Association는 진단 매뉴얼에 '인터넷 게임 장애' 항목을 추가했고, 젊은 남성이 특히 취약하다고 언급했다. 더불어 학교나 직장, 가정에서의 책임 소홀, 개인 위생 저하 등이 증상으로 제시되었다.

하지만 어떤 이들에게는 게임이 의미와 도전, 기회로 가득 찬 매혹적인 가상 세계를 제공했다. 〈월드오브워크래프트〉는 중독성이 있었지만, 이 게임을 통해 수많은 게이머들은 전 세계의 게이머들과 친구가 되었다. 게이머 중 약 4분의 1은 하루에 2시간 이상 게임을 했다. 엔비디아는 이들을 '열성 사용자'라고 불렀고, 그들은 최고의 고객이었다. 어린 시절 닌텐도 같은 콘솔게임기로 게임을 시작한 많은 이들이 성인이 되자 PC게임으로 넘어왔다. 절대적인 숫자로는 PC게임 시장의 고객이 콘솔게임 시장보다 적었지만, PC 게이머들은 자신의 시스템에 훨씬 더 많은 돈을 썼다. 게임 세션 사이사이, 일부는 직업을 구하는 데에도 성공했다.

머슬카가 '기어헤드'라고 불린 자동차광들에게 열광의 대상이 된 것처럼, 엔비디아의 지원 덕분에 커스텀 게이밍 컴퓨터는 열성 사용자들 사이에서 필수품이 되었다. 커스텀 게이밍 컴퓨터는 '리그rig'로 불렸고, 이를 애프터마켓* 부품으로 업그레이드할 수 있었으며, 여기에 수천 달러가 드는 경우도 있었다. 판매업체들은 하드웨어를 과시할 수 있는, 내부 조명이 들어간 투명 컴퓨터 케이스를 팔았다. 자동차 애호가들이 자신의 엔진을 자랑하기 위해 차의 보닛을 열듯이, 열성 사용자들은 온라인 포럼에 자신의 리그 사진을 올리며 오버클럭된 메인보드와 GPU의 렌더링 속도를 자랑했다.

게임 시장이 무르익자 엔비디아의 주가는 회복되었다. 사실 주

---

* 판매자가 제품을 판매한 이후 추가로 발생하는 수요에 의해 형성된 시장.

가가 폭락하고 있을 때조차 엔비디아는 성장을 멈추지 않았다. 2004년 초 직원 수가 1,000명을 넘어섰고, 사상 최고 실적을 발표했다. 이런 가운데 월 스트리트 애널리스트들은 오랫동안 고심해야 했는데 엔비디아의 가치를 대략적으로라도 가늠하기가 어려웠기 때문이다. 엔비디아만큼 투자 매니저들의 골치를 썩이는 회사도 드물었다. 과거 몇 년간의 수치를 분석해도 별 소용이 없었다. 젠슨 황은 엔비디아가 벌어들인 돈을 모두 미래의 혁신 기술에 재투자했고, 이 기술 투자는 컴퓨팅을 혁신하면 소위 대박이지만, 실패할 경우 말 그대로 쪽박인 투기적 재투자였기 때문이다.

2000년대 중반까지 엔비디아의 성적표는 손익분기점에 약간 못 미치는 수준처럼 보였다. GPU와 병렬 처리 기술로 성공했지만, 다른 여러 프로젝트에서는 실패했다. 그 결과 엔비디아는 실적 상으로는 성공적이었음에도 주가는 지속적으로 저평가되었다. 엔비디아에서 중요한 것은 이익이나 수익이 아니었다. 중요한 것은 집착적인 CEO와 그의 무모한 도박이었다. 그를 믿거나 믿지 않거나 둘 중 하나였다. 그리고 만약 믿지 않았다면, 힘든 시간을 겪을 준비를 해야 했다. 왜냐하면 젠슨 황은 이제까지의 행보 중 가장 무모한 도박을 준비하고 있었기 때문이다.

인류 최고의
기술이 된
쿠다

09

CUDA

게이머 조녀선 웬델은 데스매치에서 프레임 속도를 극대화하기 위해 화면 해상도를 낮췄다. 이안 벅Ian Buck은 정반대 접근 방식을 취했다. 그는 화면 속 액션을 최대한 크게 확대해서 보고 싶었다. 스탠퍼드 대학교에서 컴퓨터 그래픽을 전공하는 대학원생이던 이안 벅은 약간의 기술적 전문 지식을 활용해 단일 게임의 렌더링 작업을 여러 개의 엔비디아 그래픽카드에 분산시킬 수 있다는 것을 깨달았다. 2000년, 그는 32개의 지포스 유닛을 연결해 〈퀘이크Ⅲ〉를 8개 프로젝터로 출력했다. 이안 벅은 이렇게 말했다. "사실상 최초의 8K 해상도의 게임 장비였어요. 벽 전체를 가득 채웠죠. 정말 아름다웠습니다."

회로를 찬찬히 살펴보던 이안 벅은 자신의 GPU 데이지 체인daisy chain*이 게임 속 친구들에게 수류탄을 던지는 것 외에 다른 작업에도 유용하게 쓰일 수 있을지 궁금해졌다. 8K로 〈퀘이크Ⅲ〉의 30프레임을 연필로 종이에 직접 그린다고 가정하면, 하루 24시간 작업한다고 해도 약 1만 6,000년이 걸린다. 하지만 이안의 지포스 배열은 그 작업을 매초마다 해냈다. 게다가 장비 전체를 구축하는 데 든 비용은 약 2만 달러에 불과했다. 고성능 컴퓨팅 기준으로 봤을 땐 보잘것없는 금액이었다. 〈퀘이크〉를 큰 화면으로 즐기기 위해서 만들었을 뿐인데, 뜻밖에도 저렴한 예산으로 슈퍼컴퓨터를 만들어낸 셈이었다.

이안은 이 저렴한 컴퓨팅 능력이 과학과 산업 분야에서 유용하게 쓰일 수 있다고 생각했다. 그런데 엔비디아가 그래픽카드에 함께 제공한 코드는 삼각형을 다루는 언어만으로 작동했다. 만약 GPU 배열을 다른 용도로 사용하려면 직접 해킹해야 했다. 그는 엔비디아의 셰이딩 교과서(표지에 요정 던이 그려져 있는 바로 그 책)를 깊이 파고들었고, 그 내용을 마스터한 최초의 프로그래머 중 한 사람이 되었다. 아이러니하게도 그 과정에서 그는 컴퓨터 그래픽에 대한 흥미를 잃었다. 영화 〈트론Tron〉** 에서처럼 그는 기술적 기반 구조에 깊이 빠져들게 되었다.

●   연속적으로 연결되어 있는 하드웨어 장치들의 구성.
●● 1982년 월트디즈니 프로덕션이 제작한 SF 영화. 자신이 만든 게임을 도용당한 주인공 케빈 플린이 그 증거를 찾으려고 다니던 회사의 컴퓨터를 해킹하려는 도중, 컴퓨터 속 가상현실 세상에 빨려 들어간다. 케빈은 그 세계의 최고 전사인 트론과 동료가 되어 메인 통제 컴퓨터와 그 수하들을 상대로 전투를 벌이고, 음모를 밝혀낸다는 내용이다.

이안은 열정적인 성격에, 머리가 벗겨지기 시작한 모습이었고, 지적 에너지를 뿜어내는 사람이었다. 그는 회로에 가까워질수록 그 기능에 더욱 집착하게 되었다. 마치 베테랑 천문학자가 망원경을 내려놓고 우주의 광대함을 숙고하듯이, 컴퓨터가 얼마나 많은 계산을 할 수 있는지에 대해 경의로움을 느꼈다. GPU 1장이 초당 60기가플롭(600억 회 연산)이라는 어마어마한 연산을 수행하고 있었다. 아무리 저수준 회로 해킹을 많이 해도 경이로움은 사라지지 않았다. 그는 매일매일 연산 능력에 감탄했다.

미국 국방부의 연구기관인 DARPA^{Defense Advanced Research Projects Agency}(미국방위고등연구계획국)에서 연구비를 지원받은 이안은 연구자들을 모았다. 이안 벅과 그의 팀은 2003년에 브룩^{Brook}이라는 오픈소스 프로그래밍 언어를 출시했다. 브룩을 사용하면, 은하 형성 시뮬레이션이나 핵폭탄 점화 과정 모델링처럼 복잡한 계산 작업을 마치 밀수하듯 GPU로 넘겨 보낼 수 있었다. 즉 자동차 강탈이나 신체 절단 같은 장면을 렌더링하도록 설계된 하드웨어에 몰래 숨겨 넣을 수 있었다. 브룩 프로그램의 그래픽 출력은 무의미한 삼각형들의 나열에 불과했지만, 이미지를 렌더링하는 과정에서 GPU는 우연히 중요한 과학적 계산을 빠르게 실행했다. 이안은 "이 삼각형들을 해킹하려면 컴퓨터 그래픽을 정말 잘 이해해야 했어요"라고 말했다.

브룩은 병렬 컴퓨팅을 대중화했다. 학계에서는 지포스 카드를 대량 구매하여, 이를 서로 연결해 금융 모델링, 날씨 시뮬레이션, 고에너지 물리학, 의료 영상 처리 등 다양한 분야의 응용 프로그램을 개발했다. 게임용 카드였던 지포스는 이제 즉석에서 조립하는 과학 도구로 변모했다. 젠슨 황은 이들 새로운 유형의 고객이 등장에 주목했다. "그때 논문도 많이 발표했고, 모두가 정말로 응원해줬어요. 그리고 2004년쯤, 젠슨이 나를 엔비디아로 초대해서 진짜로 이 일을 해보자고 제안했죠."

이런 방식의 인재 영입은 엔비디아에서 일하게 된 많은 연구자들에게도 비슷하게 적용되었다. 실리콘 그래픽스는 엔비디아의 쿼드로Quadro 라인업과의 경쟁에서 밀려나 결국 2005년 뉴욕증권거래소에서 상장 폐지되었다. (이후 실리콘 그래픽스의 본사는 구글플렉스 Googleplex가 되었다.) 엔비디아는 과거 3dfx를 흡수했을 때처럼 SGI에서 나온 인재들을 대거 받아들였다. 그 결과 직원 수가 2배로 늘어 2,000명에 이르렀다. 그중 1,200명, 즉 전체 직원의 60%가 연구개발 인력이었다. 겉으로 보기에 엔비디아는 여전히 단순한 게임 하드웨어 제조업체였지만, 내부에서는 점점 과학 연구소 같은 분위기가 감돌기 시작했다.

스탠퍼드 대학교 컴퓨터공학과 학과장 빌 댈리는 오랫동안 병렬 컴퓨팅을 옹호해 온 전도사로서 점점 증가하는 엔비디아 칩의 '산술 집약도'를 흥미롭게 관찰했다. 빌 댈리는 엔비디아의 기술이 완전히 새로운 형태의 컴퓨터를 구축하는 데 중추적 역할을 할 수 있을 것이라 생각했다. 그는 엔비디아의 혁신을 칭찬하는 논문을 여러 편 발표했고, 2003년에는 젠슨이 직접 그를 찾아와 컨설팅을 요청했다. 빌 댈리는 지난 수년간 병렬 컴퓨팅 개념을 기업 경영자들에게 설명했지만 그들의 관심을 끌지는 못했다. 하지만 이제 상황이 달라졌다. 젠슨이 직접 그를 찾아와 영입 제안을 한 것이었다. "젠슨은 기술을 매우 깊이 이해하고 있으며, 항상 적절한 질문을 던집니다." 빌은 말했다. "가끔은 전문가라고 생각하는 주제에서 한발 앞서 있기도 해요."

그러나 빌은 젠슨에 대해 회의적인 시각도 가지고 있었다. 젠슨의 감정 기복이 심하다는 것과, 엔비디아의 업무 환경이 혹독하다는 이야기를 많이 들었기 때문이었다. 젠슨은 그런 우려를 예상했는지, 첫 만남에서 직접 사인한 수표를 빌 댈리에게 건넸다. 세계적인 학자인 빌은 그 자리에서 엔비디아의 자문 역할을 수락했다.

쿠다 비밀 프로젝트

이안 벅과 빌 댈리, 그 외 수십 명의 유능한 엔지니어들이 쿠다CUDA라는 비밀 프로젝트를 위해 영입되었다. '컴퓨트 유니파이드 디바이스 아키텍처Compute Unified Domain Architecture'의 약자인 쿠다라는 이름조차 의도적으로 모호하게 지어졌다. 쿠다의 개념은 간단했다. 비디오게임에 사용되던 병렬 컴퓨팅 회로를 과학자들이 활용할 수 있도록 전환하는 것이었다. 더 이상 삼각형을 해킹해 소중한 기가플롭을 얻어내지 않아도 되었고, 쿠다 아키텍처는 그 자체로 개방되었다. 드와이트 디어크스는 쿠다를 이렇게 설명했다. "기본적으로 쿠다를 이렇게 생각하면 됩니다. 한쪽에 비디오게임 카드가 있어요. 그런데 그 위에 스위치가 달려 있습니다. 그 스위치를 켜 카드를 뒤집으면, 갑자기 그 카드가 슈퍼컴퓨터가 되는 겁니다."

쿠다를 발명한 엔지니어는 엔비디아의 존 니콜스John Nickolls이다. 그가 공동 창업한 병렬 컴퓨팅 스타트업은 즐비한 실패 사례 중 하나로 기록되었다. 그는 뛰어난 다운힐 스키어이자 모형 기차 애호가로, 그의 사무실에는 마이크로칩 사진이 액자로 걸려 있었다. 그는 컴퓨터의 연산 속도를 높이는 데 누구보다 열정적이었다. 앞서 운영한 회사 이름도 '대규모 병렬 컴퓨팅'을 줄인 '마스파 코퍼레이션MasPar Corporation'이었다. 그는 직원들이 오전 9시부터 오후 6시까지 하루 12시간, 주 6일간 일하는, TSMC의 996 근무제의 도입을 시도하기도 했다. 존 니콜스는 마스파가 망한 뒤에도 병렬 컴퓨팅에 대한 신념을 꺾지 않았다. 그는 물리 법칙에 따라 마침내 병렬 컴퓨팅이 승리할 것이라고 굳게 믿었다.

수십 년간 전자기기 소형화를 가능하게 한 공학적 원칙은 데나드 스케일링Dennard scaling*이었다. 이는 트랜지스터가 작아질수록 전기를 효율적으로 처리할 수 있다는 원리로, 컴퓨터 속도가 매년 빨

---

* IBM의 로버트 데나드와 동료들이 1974년에 제시한 원리로 트랜지스터가 작아져도 전력 밀도는 일정하다는 관계를 나타낸다.

라지는 이유였다. 하지만 존 니콜스는 2005년쯤 데나드 스케일링이 무너질 것이라고 계산했다. 차세대 노광기술은 단지 100개의 원자 두께에 불과한 너비의 트랜지스터를 제작하게 될 것이었다. 이는 사람 머리카락의 6,000분의 1, 적혈구의 700분의 1보다 얇았다. 이런 미세한 크기일 때는 트랜지스터의 전도성 특성이 심각하게 손상되고, 전기가 주변 회로로 누출될 가능성이 있었다. 이런 현상이 발생하면 컴퓨터 속도는 느려질 수밖에 없었다.

존 니콜스는 업계가 이 문제를 외면하고 있다는 사실을 직시했다. 특히 인텔은 트랜지스터를 단일 원자 크기로 줄이면 선형적인 성능 향상이 이어질 것이라고 자신했다. 하지만 존은 그것이 불가능하다고 믿었고, 2003년 초 젠슨에게 자신의 생각을 담은 편지를 자발적으로 보냈다. 그는 공포를 조장하지도, 과장하지도 않았다. 대신 정확하면서 절제된 어조로 전기의 원리를 활용해 반도체 산업에서의 인텔의 장기 지배가 곧 끝날 것이라고 밝혔다. "이 문제는 우리가 어느 정도 예상하고 있었지만, 무어의 법칙Moore's Law이 정말로 끝났다는 사실을 확신시킨 건 존 니콜스였습니다." 젠슨은 이렇게 덧붙였다. "엔비디아가 지금의 모습이 될 수 있었던 것에는 존 니콜스의 공이 큽니다."

젠슨은 존을 채용해 지포스를 위한 과학적 응용 프로그램을 개발하는 파일럿 프로젝트를 맡겼다. 엔비디아에서도 존 니콜스는 강인한 인물로 평가받았다. 그런데 그는 첫 출근 후 2주 만에 악성 흑색종 진단을 받았다. 그는 암 치료를 받는 동안에도 주 72시간씩 일하면서, 가족과 동료들에게 자신이 겪는 고통을 숨겼다. 다행히 얼마 지나지 않아 그의 흑색종은 차도를 보여 완화된 상태에 접어들었고, 쿠다 플랫폼의 초기 버전도 세상에 모습을 드러냈다.

사실 존 니콜스는 비디오게임에 전혀 관심이 없었다. 그는 컴퓨터 그래픽에도 흥미가 없었다. 그가 집착했던 건 오직 마이크로칩을 더 빠르게 만드는 것뿐이었다. 그 외에 모든 면에서 그는 엔비디아에 딱 이상적인 직원이었다. 그의 아들 알렉은 이렇게 말했다. "아버지는 항상 큰 소리로 말하는 분이었어요. 전화로 회의하면서 사람들에게 소리치는 걸 자주 들었어요. 괴롭히는 방식은 아니었고, 그냥 '네가 뭘 하고 있는지 확실히 알아야 해. 생산적으로 일해야 해'라는 식이었죠."

존은 일뿐 아니라 개인 생활도 치열하게 살아갔다. 아들을 속여 자신과 함께 가장 난이도가 높은 스키 코스인 블랙 다이아몬드 코스를 타게 만들 정도로 극한을 즐겼다. 모형 기차 클럽에서는 사람들과 어울리기보다 선로를 까는 일을 더 좋아했다. 그의 아들 알렉은 어렸을 때 보이스카우트 생존 훈련에서 어려움을 겪은 적이 있었다. 바지를 구명조끼처럼 공기로 채워 물에 뜨게 만드는 훈련이었는데, 존은 알렉이 바지에 공기를 가득 채울 때까지 수영장에서 나오지 못하게 했다.

존 니콜스는 쿠다 플랫폼을 성공시키는 데 집착했다. 친구들이 그에게 왜 비디오게임을 하지도 않으면서 비디오게임 관련 회사에서 일하느냐고 물으면, 그는 단호하게 자신이 비디오게임이 아니라 역사상 가장 중요한 기술 중 하나를 만들고 있다고 답했다. 그는 다른 모든 컴퓨터가 과거 계산기 달린 손목시계처럼 보이게 할 만큼 빠른 플랫폼을 만들고 있었다. 그는 이렇게 말하곤 했다. "쿠다가 궁극적으로 세상에 미칠 영향만큼 큰 발명은 거의 없을 겁니다." 이 말은 사실상 신념의 선언이었다.

☰ 경쟁자들이 진입조차 하지 못할 시장을 개척하라 ☰

2000년대 후반, 일반 소비자들이 사용하는 컴퓨터는 사실 대부분의 용도에서 충분히 빨랐다. 존이 개발 중인 쿠다의 잠재 고객은 뚜렷하지 않았다. 쿠다를 소매용 회로기판과 함께 제공하는 것은 로켓 썰매에 미니밴을 붙여 교외 출퇴근자들에게 판매하려는 것과 마찬가지 일이었다. 하지만 존은 전혀 흔들리지 않았다. 그의 목표는 단순히 무어의 법칙을 극복하는 것이 아니라, 그것을 영원히 박살 내는 것이었다. 이를 위해선 회로의 산술 집약도를 한층 더 끌어올려야 했다. 마이크로칩은 해마다 점점 더 빨라지는 내부 메트로놈 박자에 맞춰 동작하며 시간을 측정했다. 2000년대 중반에 이르자, 이 메트로놈은 초당 수억 번, 즉 수백 메가헤르츠MHz에서 기가헤르츠 GHz 단위로 박동하며 연산을 수행했다. 그러나 이렇게 빠른 속도를 따라가기에 회로 배선이 한계에 도달했다. 병렬 컴퓨팅은 속도를 높이는 대신, 더 많은 트랜지스터가 동시에 반응하도록 함으로써 이 문제를 해결했다. 인텔 CPU는 한 번에 몇 개의 트랜지스터만 작동시켰지만, 엔비디아의 GPU는 수천 개의 트랜지스터를 동시에 작동시켰다.

그럼에도 불구하고 엔비디아는 이런 강력한 성능이 실제로 필요한 사용자를 찾는 데 어려움을 겪었다. 드와이트 디어크스는 당시를 이렇게 회상했다. "초기 고객은 유방암을 연구하는 연구자 두 명뿐이었어요." 매사추세츠 종합병원에서 재직 중이던 그 연구자들은 엔비디아에 유방촬영술 스캐너를 업그레이드해 달라고 요구했다. 젠슨은 병원을 쿠다의 알파 테스트 기관으로 지정하고, 이 파일럿 프로젝트에 수백만 달러를 투자했다. 하지만 이 프로젝트로 팔린 그래픽카드는 단 2장뿐이었다. 드와이트는 이렇게 덧붙였다. "하지만 젠슨은 그걸 정말 좋아했죠, 안 그래요?"

유방촬영술 스캐너는 훗날 젠슨 황이 '제로-빌리언 달러 시장'•이라 부르게 될 개념의 첫 사례였다. 젠슨은 오랫동안 엔비디아를 경쟁사들과 차별화할 방법을 모색해 왔다. 하드웨어 혁신만으로는 부족했다. 그것은 너무 쉽게 복제될 수 있었기 때문이다. 온라인에서는 반도체 마니아들이 '마이크로칩 다이 샷die shot'을 공유하고 있었다. 그들은 소매용 보드에서 칩을 분리하고, 끓는 황산에 외장 케이스를 녹인 뒤, 금속 현미경으로 회로를 스캔해 그 이미지를 퍼

• 아직 존재하지 않지만 엄청난 성장 가능성이 있는 시장

트렸다. 이런 열정적인 취미 활동은 경쟁사 연구소의 역설계 팀들이 하는 전문적인 산업 스파이 행위와 맞먹는 일이었다. 기술적으로 이런 실리콘칩이 특허로 보호받고 있었지만, 사실 3dfx 사건을 통해 이런 소송이 무의미하다는 것을 알고 있었다. "다들 경쟁사의 하드웨어와 작동 방식을 살펴봅니다. 이건 비밀 작전도 아니에요. 그냥 다들 그렇게 하는 거죠." 드와이트는 이렇게 말했다.

젠슨이 차별화를 위해 선택한 전략은 기존의 비즈니스 논리를 거스르는 것이었다. 즉 ATI와 같은 경쟁사들이 따라올 수 없는 전략을 구상한 것이다. 그는 경쟁자가 없는 대신 명확한 고객도 없는 탐색적인 제품을 만들기로 했다. 예컨대 300달러짜리 입문용 수준의 과학용 슈퍼컴퓨터 같은 제품을 만들기로 한 것이다. 제로-빌리언 달러 시장은 오직 젠슨만이 참여하고, 그만이 가능성을 알아볼 수 있는 시장이었다. 그는 옥수수밭 한가운데에 야구장을 지어 놓고 선수들이 오기를 기다리는 것처럼 보였다.

병렬 컴퓨팅은 큰 문제를 여러 작은 조각으로 나눈 뒤, 이를 동시에 해결하는 방식이다. 내부 작동 원리는 아주 복잡해 제대로 설명하려면 교과서가 필요할 정도다. 그렇지만 비유를 통해 어느 정도는 이해해볼 수 있다.

먼저 회로의 작동 방식을 생각해 보자. 마이크로칩이 춤추는 무대 크기로 확대되었다고 상상해 보라. 무대에는 빛나는 막대를 흔드는 댄서들로 가득 차 있는데, 바로 이 댄서들이 트랜지스터를 나타낸다. 무대의 조명이 번쩍이고 음악 비트가 강렬하게 울려 퍼지지만, 댄서들은 대부분 멈춰 있다. 그들은 자신이 움직일 차례가 되었을 때만 움직일 수 있다. 첫 마디의 첫 박자에 한 명의 댄서가 움직이고, 두 번째 마디의 네 번째 박자에 또 다른 댄서가 움직이는 식이다. 여기저기서 빛나는 막대가 흔들리는 것이 보이지만, 대다수 댄서들은 춤추지 않고 기다리고 있다. 직렬 DJ는 비트를 점점 빠르게 해서 관객들을 움직이게 하려고 했지만, 이 방식의 효과는 점점 줄어들었다.

그러다 병렬 DJ가 무대에 오른다. 병렬 DJ는 비트를 빠르게 하는 대신, 댄서들 사이에 훨씬 더 복잡한 안무를 만들어낸다. 이 방식은 효과가 있었다. 활동이 격렬해지고, 무대는 흔들리기 시작하며, 공간은 갑자기 훨씬 더 뜨거워진다. 일부 댄서들은 너무 활발하게 움직여 과열될 지경이다. 이제는 수천 개의 빛나는 막대가 각 비트마다 흔들린다.

이런 방식으로 회로를 병렬 구조로 재설계하는 것은 하위 구조부터 상위 구조까지 모든 것을 바꿔버리는 근본적인 변화였다. 이것이 병렬 컴퓨팅의 도전 과제였다. 복잡한 안무를 다루기 위해서는 정확한 조율이 필요했고, 그렇게 하려면 프로그래머는 문제를 완전히 새로운 방식으로 접근해야 했다.

인텔의 CPU에 명령을 입력하는 것은 쉬웠다. 그것은 한 번에 하나의 패키지를 배달하는 배송 트럭처럼 작동했기 때문이다. 트럭은 느릴지 몰라도 프로그래머에게 많은 것을 요구하지 않았다. 배달할 패키지가 있는가? 그냥 트럭에 던져 넣으면 된다!

엔비디아의 병렬 GPU는 마치 도시 전역으로 퍼져나가는 오토바이 배달원처럼 작동했다. 운전자들은 모든 소포를 거의 동시에 배달했고, 전체 과정은 약 30분 만에 완료될 수 있었다. 그러나 이 병렬 방식은 빠른 반면 실행하기가 훨씬 더 어려웠다. 더 많은 운전자에 더 많은 기계를 제공해야 하고, 더 복잡한 물류 시스템을 갖춰야 한다. 즉 오토바이 배달원들이 창고를 끊임없이 드나드는 상황에서 각 소포가 정확한 차량에 할당되어야 하고, 정확히 목적지로 배달될 수 있도록 경로를 정밀하게 설정해야 한다.

수십 년 동안 프로그래머들은 트럭 방식을 선호했다. 그러나 존 니콜스가 예측한 대로, 이제 트럭은 전자기학적 물리 한계에 도달하면서 교통 체증에 갇히게 되었다. 그 순간이 오면, 프로그래머들도 더는 어쩌지 못하고, 오토바이 배달원 무리를 관리하는 방법을 배워야만 할 것이었다. 사실 다른 선택지가 없었기 때문에 반드시 배워야 할 수밖에 없을 것이라 생각했다.

하지만 엔비디아가 실제 목표로 삼은 대상은 프로그래머들이 아니었다. 그들은 중개자에 불과했다. 언젠가 나타날 진짜 고객은 의사, 천문학자, 지질학자 같은 과학자들일 것이다. 이들은 고도의 교육을 받은 특정 분야의 전문가들이지만, 프로그래밍에 익숙하지 않을 가능성이 컸다. 결국 쿠다에 자금을 투입할 최종 사용자는 이들이었고, 그들을 위해서는 더욱 직관적인 비유가 필요했다.

과학자들에게 직렬 컴퓨팅과 병렬 컴퓨팅의 차이를 설명하기 위해서는 주방 도구를 활용한 비유가 효과적이었다. 먼저 인텔의 직렬 CPU를 고급 스테인리스강으로 만든 뷔스트호프Wüsthof 주방 칼에 비유하는 것이다. 이 칼은 아름답고 다용도로 사용할 수 있는 도구로, 어떤 모양으로든 자를 수 있다. 채를 썰거나, 막대 모양으로 자르거나, 다지거나, 저미거나, 깍둑 썰기 하거나, 거칠게 썰 수도 있다. 숙련된 요리사는 이 칼 하나만으로도 한 끼 식사를 만들 수 있다. 하지만 이 칼은 한 번에 하나의 채소만 자를 수 있다.

이와 대조적으로 엔비디아의 병렬 GPU는 쿠진아트Cuisinart 푸드프로세서와 더 비슷하다. 시끄럽고 섬세하지 않으며 전력 소비가 많다. 향신료 타라곤의 잎이나 뿌리를 곱게 채 썰거나 오징어 몸통에 십자 모양의 칼집을 내지는 못하지만, 고급 기술이 필요하지 않은 많은 양의 채소를 빠르게 다지는 데에는 제격이다.

마치 주방 칼 없이 쿠진아트 기기만으로는 요리하기 어려운 것처럼, GPU만으로 컴퓨터를 운영할 수는 없다. 이 장치는 너무 특화된 아키텍처를 가지고 있는 보조 도구이고, 여전히 CPU가 기본 도구이자 필수 도구이다. GPU는 값비싼 추가 장비일 뿐이다. 그리고 많은 주방 기기들이 처음 등장했을 때 요리사들에게 무시당했듯이 GPU도 처음에는 전문가들에게 비웃음을 샀다.

하지만 어느 날 요리사가 출근했더니, 트럭 한 대 분량의 신선한 채소가 창고에 쌓여 있었다면 어떨까? 이제 요리사는 채소를 곱게 채 썰 시간이 없다. 엄청난 양의 채소가 상하기 전에 빠르게 처리해야 한다. 이런 상황에서 쿠진아트 푸드프로세서는 유용할 것이다. 사실 이때는 한 대가 아니라 수십, 수백 대의 쿠진아트 기계를 동시에 가동하고 싶어질지도 모른다.

이 비유에서 트럭 가득 실린 채소는 빅데이터를 의미한다. 2000년대 중반, 전 세계 과학자들 앞에 기하급수적으로 커진 데이터셋들이 쌓이기 시작했다. 천문학 데이터, 지구공학 데이터, 의료 데이터, 정부 데이터, 금융 데이터, 인터넷에서 끊임없이 생성되고 확장되는 방대한 인간 활동 데이터 등이었다. 과거에는 과학자가 몇 주에 한 번 작은 채소 상자 하나를 받는 수준이었지만 이제는 매일 수십 개의 대형 컨테이너가 데이터를 날라 오는 수준이 된 것이었다.

인텔의 전통적인 주방 칼로는 이 도전을 감당할 수 없었다. 이제는 기계로 돌아가는 회전식 칼날이 필요했다. 물론 잘린 모양이 항상 아름답지는 않았다. 하지만 상관없다. 어차피 몇 분 뒤면 또 다른 트럭이 도착할 것이다. GPU는 데이터를 처리하는 쿠진아트 기기였다. 데이터 덩어리를 빠르게 절단하여 가공하는 기계였다.

존 니콜스의 지휘 아래 엔비디아의 엔지니어들은 마이크로칩을 '쿠다 코어CUDA Core'로 분할하기 시작했다. 쿠다 코어는 여러 데이터 그룹에서 동일한 명령을 병렬로 실행할 수 있도록 설계된 회로 배열이었다. 엔비디아의 하드웨어 엔지니어링 디렉터인 아르준 프라부Arjun Prabhu는 새 마이크로칩을 설계하는 과정을 도시 계획에 비유했다. 칩의 서로 다른 영역이 각기 다른 작업을 수행하도록 설계되었기 때문이다. 테트리스 플레이어들이 떨어지는 블록을 머릿속으로 상상하듯, 아르준 프라부는 때때로 꿈속에서 트랜지스터를 보기도 했다. 그는 이렇게 말했다. "가장 좋은 아이디어는 금요일 밤에 떠올라요. 말 그대로 꿈속에서 그것을 생각하고 있을 때죠."

듀얼 용도의 칩을 출시하기로 한 결정은 엔비디아 내부에 논란을 일으켰다. 이는 지포스의 생산 비용을 라데온보다 높이는 결과를 초래하기 때문이다. 이 비용을 엔비디아 내부에서는 '쿠다 세금'이라고 불렸다. 젠슨은 〈하프라이프 2〉에 빠져 있는 게이머들이 고성능 컴퓨팅이라는 난해한 영역으로의, 위험하고 어쩌면 무의미할 수도 있는 모험에 비용을 지원하고 있다는 사실을 눈치채지 못할 것이라고 내기를 걸었다. 쿠다 엔지니어 중 1세대에 속하는 브렛 쿤Brett Coon은 이렇게 회상했다. "쿠다 코어에 적용된 많은 아이디어들은 이미 오래전부터 슈퍼컴퓨터와 특수 프로세서에서 사용되었지만, 이 기술들은 소규모 특수 시장에서 판매되면서 너무 비쌌습니다." 브렛 쿤은 이렇게 회상했다. "내 생각에 쿠다의 '천재적인 발상'은 게임 사용자들이 막대한 칩 개발 비용을 대신 지불하게 만든 겁니다."

아르준 프라부가 설계한 회로에서는 여러 계층의 소프트웨어가 실행되어야 했다. 첫째는 기계 코드 층으로, 복잡한 수학 공식을 단순한 산술 연산으로 분해했다. 이안 벅의 작업 중 대부분이 이 영역에서 이루어졌다. 그는 회로기판 단계에서부터 개념을 구축해 나갔다. 이곳은 컴퓨팅의 지하 동굴 같은 곳으로, 가장 낮은 수준의 코드가 작성되며, 하드웨어와 직접 소통하는 영역이었다. 많은 프로그래머들이 이 계층의 작업을 지루하게 여겼지만, 이안은 이 일을 좋아했다. 그는 나중에 여러 가지 어셈블리 레벨 기법에 대한 특허를 받았다. 그는 이렇게 말했다. "이곳이 바로 시작점이에요."

이안 벅은 수치 해석 전문가들로 팀을 꾸렸다. 그중 다수가 모스크바 국립대학교 출신이었다. 이안은 "그러니까, 표트르가 많고, 보리스도 많았죠"라고 말했다. 이들 러시아 출신 연구자들과 함께 과학자들이 선호하는 미분 방정식, 고차원 행렬 등 복잡한 수학적 구조를 덧셈, 뺄셈, 곱셈, 나눗셈만으로 이루어진 기본 방정식으로 다시 구성했다. 그런 기본 연산을 여러 개의 데이터셋에 걸쳐 병렬로 실행하려면 독특한 총체적 사고 능력이 필요했다. 이안은 이렇게 말했다. "인간은 선형적으로 사고하죠. 누군가에게 여기서 스타벅스로 가는 길을 설명할 때, 개별 단계를 하나씩 알려주죠. 하지만 어디서든 스타벅스 어느 매장이든 가는 방법을 알려주지는 않습니다. 병렬적으로 사고하기란 그만큼 어려운 일이에요."

이안의 계층, 즉 기계 코드 계층 위에는 컴파일러가 자리 잡고 있다. 컴파일러는 C++이나 파이썬Python 같은 프로그래밍 언어를 기계어로 변환하는 역할을 했다. 최초의 쿠다 컴파일러를 작성한 네덜란드 개발자 바스 아르츠Bas Aarts 역시 집착에 가까운 몰입을 보였다. 그는 몇 주씩 깊이 생각에 빠져들었다. 친구, 인간관계, 취미까지 모두 뒤로한 채 컴퓨터가 정보를 어떻게 해석할지를 개념화하는 데 몰두했다. "주변 사람들 중 몇몇은 내가 꽤 단순한 사람이라고 생각하죠." 바스 아르츠는 말했다. "하지만 이건… 정말 우아하다고요! 복잡하고, 도전적이죠. 그리고 나는 도전이 없으면 금방 지루해져요."

쿠다의 비즈니스 전략은 장기적인 관점을 취했다. 젠슨 황은 존 니콜스에게 과학자 고객을 적극적으로 포용하라고, 그들을 단단히 붙잡고 절대 놓지 말라고 지시했다. 쿠다의 성능 향상이 압도적이고 명백해야만 고객들이 자발적으로 이 플랫폼을 중심으로 새로운 학문 분야를 구축하게 될 것이었다. "그렇게 되면 당신은 절대 떠날 수 없게 됩니다." 바스 아르츠는 말했다. "공급업체에 묶이는 것이죠. 빠져나갈 방법이 없어요."

이런 방식으로 엔비디아는 소프트웨어 개발자들이 쿠다 스택 CUDA stack이라 부르는 구조를 구축했다. 가장 아래에는 회로가 있었고, 그 위에는 전기의 흐름을 조작하는 기계 코드가, 그 위에는 기계 코드를 인간이 이해할 수 있도록 변환하는 컴파일러가 자리 잡고 있었다. 그리고 최상층에는 과학자들이 직접 사용하는 소프트웨어가 있었다. 이 스택은 아이디어를 전기로 변환하고, 다시 전기를 결과로 변환했다.

아무도 믿지 않은 쿠다의 가치

쿠다는 2006년 말 공식 출시되었다. 이 소프트웨어 패키지는 무료였지만, 엔비디아 하드웨어에서만 작동했다. 2007년 한 해 동안의 다운로드 수는 고작 1만 3,000건에 불과했다. 전 세계 지포스 사용자 수억 명 중 자신의 게임용 하드웨어를 슈퍼컴퓨터로 변환하는 기능을 사용해 보려고 한 비율이 0.01%밖에 되지 않은 것이었다. 회의적인 투자자들은 이 기술이 누구를 위한 것인지 의문을 제기했다. "월 스트리트는 쿠다가 가치 있다고 생각하지 않았을 뿐 아니라, 오히려 가치를 떨어트리는 기술이라고 봤어요." 당시 상황을 잘 아는 한 직원은 말했다.

많은 프로그래머들이 쿠다의 사용을 어려워했다. GPU의 성능을 최대한 활용하려면, 프로그래머들은 큰 작업을 수백 개의 작은 하위 작업인 스레드threads로 나눠야 했다. 그런 다음 스레드들을 매우 신중하게 쿠다 코어에 투입해야 했다. 이는 숨겨진 함정이 많은 까다로운 과정이었다. 프로그래머들은 여러 개의 메모리 뱅크를 혼동 없이 관리해야 했고, 잘못된 결과를 초래할 수 있는 타이밍 불일치를 피해야 했다. 병렬 프로그래밍의 학습 곡선은 완만했고, 고급 컴퓨터 과학 개념을 기반으로 했다. 물리학이나 의학 같은 다른 분야에서 훈련받은 학자들은 쿠다를 제대로 활용할 만큼의 프로그래밍 실력을 갖춘 경우가 드물었다.

데이비드 커크는 셰이더 기술로 거둔 성공을 반복하고자 했다. 그래서 컴퓨터 과학자 원메이 후Wen-Mei Hwu와 함께 교재 《대규모 병렬 프로세서 프로그래밍Programming Massively Parallel Processors》을 집필했다. 그는 이 교재를 가지고 쿠다를 홍보하려고 했다. 서문에서 저자들은 컴퓨터 아키텍처가 헝가리 출신의 천재 존 폰 노이만John von Neumann이 1945년에 기본 개념을 정립한 이후로 진화하지 않았다고 지적했다. 그들은 이렇게 썼다. "컴퓨터 사용자들은 새로운 세대의 마이크로프로세서가 나올 때마다 프로그램이 점점 더 빠르게 실행되리라고 기대해 왔습니다. 그러나 이제 그런 기대는 더 이상 유효하지 않습니다." 바람과 달리 이 교재를 강의에 도입한 교수는 거의 없었다. 그것은 이단적이었고, 신성 모독이었으며, 존 폰 노이만의 권위에 대한 의심이었기 때문이었다.

엔비디아는 산업 분야에서 주식 트레이더, 원유 탐사자, 분자 생물학자를 포함해 다양한 고객층을 확보하려 했다. 한때 회사는 제너럴 밀스General Mills와 계약을 맺고, 냉동 토티노스 피자 조리 과정에서 발생하는 열 물리 현상을 시뮬레이션하기도 했다. 그러나 대다수 계약은 몇 분기 만에 흐지부지되었다. 피자 조리사들에게는 그렇게 큰 컴퓨팅 파워가 필요하지 않았다.

범프게이트

쿠다는 높은 연구개발 비용으로 엔비디아의 재무 성과에 마이너스로 작용했고, 여기에 더해 더 미묘한 방식으로도 막대한 비용을 발생시켰다. 이 프로젝트는 내부적인 갈등도 초래했다. 때문에 존 니콜스는 자원을 확보하기 위해 애써야 했고, 때로는 싸워야 했다. 브렛 쿤은 당시 상황을 이렇게 들려주었다. "〈언리얼Unreal〉이나 〈둠〉 같은 게임의 성능을 개선해야 하는 이유를 하드웨어 설계자들에게 납득시키는 것은 비교적 쉬웠습니다. 하지만, 행렬 곱셈이나 고속 푸리에 변환FFT, Fast Fourier Transform 성능을 개선해야 한다고 설명하는 건 훨씬 어려웠죠." 한편 여전히 통제하기 어려운 코드베이스는 점점 더 복잡해졌다. 지포스 소프트웨어 패키지의 전체 코드 라인 수는 곧 1억 줄을 넘어서게 되었는데, 이는 일부 윈도우 운영체제보다도 더 복잡한 수준이었다.

가장 큰 숨은 비용은 쿠다로 인해 핵심 고객을 제대로 챙기지 못하게 되었다는 점이었다. 엔비디아의 제조 문제에 대한 소문은 2006년 말에 돌기 시작했다. 몇몇 게이머들은 노트북용 GPU가 몇 주 사용 후 작동하지 않는다고 불만을 제기했다. 문제가 공식적으로 인정될 즈음에는 게이머 커뮤니티에서는 음모론이 퍼지고 있었다. 사용자들은 엔비디아가 칩을 회로기판의 범프˙에 잘못 부착했다고 비난했다. 이른바 '범프게이트'가 시작된 것이다. 실망한 게이머들은 경쟁사 제품으로 이탈했고, 엔비디아 주가는 다시 한번 폭락했다. 6년 만에 두 번째로 90% 가까이 기업 가치가 떨어진 것이었다. 이 상황을 지켜보던 이사진은 주가 차트를 보며, 심장마비 환자의 심전도와 비슷하다고 말했다.

라데온 충성 고객들 — 모두 엔비디아를 싫어했다 — 은 환호하

˙ 칩에 전류를 흐르게 하는 입출력 단자 역할을 한다.

며 젠슨이 문제를 감추려 했다고 비난했다. 한 사용자는 "엔비디아가 망해 가고 있다. 우리가 그럴 거라고 했지?"라는 글을 남겼다. 델은 2009년 초 인기 게임용 노트북 라인의 선호 공급업체 목록에서 엔비디아를 제외했다. 한 신랄한 테크 칼럼니스트는 이렇게 썼다. "오랫동안 우리는 엔비디아의 어처구니없는 어리석음이 언제쯤 대가를 치르게 될지 궁금해했다. 적어도 델에서는 지금이다."

젠슨은 범프게이트에 선제적으로 대응하기로 했고, 환불 비용으로 2억 달러를 책정했다. 이 비용으로 엔비디아는 그해 수익을 완전히 날려버렸고, 상장 이후 처음으로 적자를 기록했다. 젠슨은 언론과의 질의응답 자리를 마련해 상황을 직접 설명했다. 그는 안경을 쓰고, 검은색 진 바지에 헐렁한 회색 운동복 티셔츠를 입고 등장했다. 그 티셔츠 위로 예상외의 탄탄한 상체 근육이 드러났다. 그가 평생 꾸준히 해온 푸시업 운동의 결과였다. "소비자들이 원활하게 환불받도록 하겠습니다." 그는 차분하고 참을성 있는 목소리로 말했다. "경쟁사들이 이 문제를 부추기려 해서 약간 혼란스럽긴 하지만, 사실 그렇게 복잡한 일은 아닙니다." 젠슨을 오래 지켜본 사람들만이 겉으로 드러난 말투 뒤에 감춰진 그의 분노를 알아차릴 수 있었다.

엔비디아는 기업 전략을 논의하기 위해 정기적으로 워크숍을 열었다. 범프게이트 이후 비용 절감을 위해 2008년 워크숍 장소는 회사 구내식당으로 변경되었다. 엔비디아의 핵심 하드웨어 엔지니어 중 한 명인 사미르 할레페테Sameer Halepete는 이렇게 말했다. "그

때 그가 소리치는 걸 가장 많이 들었어요." 젠슨의 분노가 향한 대상은 회사에서 오랫동안 헌신하며 뛰어난 실력을 인정받은 칩 설계자였다. 그는 구내식당 한쪽 구석에 서 있었고, 젠슨은 반대편에 자리했다. 벽을 따라 늘어선 150여 명의 고위 임원들은 숨죽인 채 이 고통스러운 광경을 지켜보고 있었다. 사미르 할레페테는 말했다. "아직도 생생하게 기억해요. 젠슨이 그를 거의 한 시간 반 동안 멈추지 않고 질책했어요. 어쩌면 두 시간쯤이었는지도 몰라요. 젠슨은 격분한 상태였죠."

그럼에도 불구하고 그 설계자는 직위를 유지했다. "젠슨은 실행상의 문제를 들어 큰 변화를 주는 일이 거의 없어요. 그는 사람들이 위험을 감수하고 혁신하려는 의지가 조금이라도 위축되는 것을 매우 경계해요. 그래서 심각한 실수를 저질러도 용서의 폭이 엄청나게 넓죠." 사미르가 추측하기에 젠슨의 격렬한 질책은 사실 해고를 대신하는 방식이었다. "그는 당신을 깰 겁니다. 소리를 지를 겁니다. 모욕할 수도 있어요. 뭐, 그럴 수 있죠. 하지만 절대 해고하지는 않을 겁니다."

신뢰를 회복하기 위해 황은 엔비디아의 글로벌 공급망을 관리하는 데브 쇼퀴스트Deb Shoquist에게 도움을 요청했다. 데브 쇼퀴스트의 업무는 과달라하라에서 하노이, 벵갈루루를 아우르며, 회사의 부품을 적시에 충분한 수량이 공급되도록 하는 것이었다. 전화로 소리를 질러야 하는 경우가 많았다. 데브는 말이 많았고, 감정 표현이 풍부한 인물로, 대립을 피하지 않는 성격이었다. 2007년 그가 엔비디아에 합류한 직후, 젠슨은 TSMC의 후방 공급업체인 대만의 패키징 업체에서 부품을 조달하는 리드 타임을 단축하라고 지시했다. 데브는 그것이 불가능하다고 보았다. 대만은 이미 효율성 면에서 탁월했고, 공급망에서 시간을 더 줄일 여지가 거의 없다고 생각했기 때문이었다. 두 사람은 리드 타임과 사이클 타임의 차이를 두고 논쟁을 벌이기 시작했다. 리드 타임은 주문 접수부터 출하까지 걸리는 총 시일을, 사이클 타임은 원자재를 투입해 제품을 생산하는 데 드는 시간을 가리킨다. 몇 차례 공방이 오간 뒤, 데브는 젠슨에게 정면으로 반박했다. "당신은 이 시스템이 어떻게 돌아가는지 제대로 이해하지 못하고 있어요."

이 논쟁은 회의 테이블에서 벌어졌고, 임원들은 노트북을 펼쳐둔 채 그 자리에 앉아 있었다. 데브가 젠슨에게 "이해하지 못하고 있다"라고 말한 순간, 동료들은 미친 듯이 메시지를 보냈다.

"멈춰!" 한 메시지에 이렇게 적혀 있었다. "멈춰, 거기까지 가지 마. 그의 말을 들어 봐."

하지만 이미 늦었다. 젠슨은 폭발하며 데브에게 소리쳤다. "당신은 자기 일도 제대로 모르는군요. 난 당신이 운영 전문가인 줄 알았는데, 아니었어! 당신은 운영을 몰라!" 젠슨이 화를 내자 데브도 화가 났다. 이 일을 20년 동안 해온 자신에게 운영 전문가가 아니라고 말하니 격분했고, 젠슨에게 말했다.

"좋아요. 제가 직접 대만으로 가서 공급업체에게 데이터를 받아올게요. 그리고 제가 맞다는 걸 증명해 보이죠."

포장업체는 그녀의 방문을 반겼다. 포장시설은 화려한 곳이 아니었고, 고객이 직접 방문하는 일은 거의 없었기 때문이다. 데브는 그곳에서 일주일 동안 머물며 이 후방 공급업체의 단위 경제를 철저히 파악했다.

보통 포장 시설에서 주문을 접수하고, 이행까지 걸리는 납기 시간은 3주였다. 그런데 엔비디아의 마이크로칩을 검은 케이스에 장착하기까지, 포장 작업을 완료하는 데 걸리는 사이클 타임은 불과 36시간밖에 되지 않았다. 공급업체는 이론적으로 리드 타임을 사이클 타임 수준으로 단축하는 일이 가능하다고 설명했다. 다만 그렇게 하려면 8달러인 칩 하나당 패키징 비용이 1,000달러로 크게 증가할 것이라고 했다.

어쨌든 젠슨의 말이 맞았다. 리드 타임 단축은 가능했다. 비용이 엄청나게 더 들지만, 불가능하지는 않았다.

실정을 파악한 데브는 패키징 주문을 신속하게 처리하는 데 드는 비용표를 정리해 엔비디아로 돌아왔다. 그는 젠슨과 단둘이 있을 때까지 기다렸다가 결과를 보고했다. ("젠슨에게 관객을 만들어주고 싶지 않았어요." 데브의 설명이다.) 그는 젠슨이 또다시 분노할 것을 예상하고 마음을 단단히 먹었지만, 예상과 달리 그런 일은 일어나지 않았다. 대신 젠슨은 이렇게 말했다. "이게 정답이에요."

이후 데브 쇼퀴스트는 엔비디아의 제조 네트워크에 속한 수백 개의 공급업체들에 대해 유사한 비용 일정을 개발했다. 이어 본격적으로 압박을 가하기 시작했고, 그 결과 엔비디아의 리드 타임은 몇 개월에서 몇 주로 단축되었다. 최단으로는 13일이라는 기록을 세웠다.

젠슨은 데브 쇼퀴스트를 독려하는 과정에서, 자신이 '광속(빛의 속도)'이라고 부르는 일정 관리 기법을 활용하고 있었다. 그는 이 관리 개념을 마치 종교적 교리처럼 직원들에게 주입시켰다. 내가 인터뷰한 엔비디아 직원들 중 거의 모든 이가 적어도 한 번씩 '광속'을 언급했을 정도다. 하지만 사람들이 흔히 생각하듯 '광속'은 단순히 빠르게 움직인다는 의미는 아니었다. 대신 젠슨은 관리자들에게 예산이 무제한이고, 모든 것이 완벽하게 진행된다고 가정했을 때, 어떤 작업이 이론적으로 가장 빠른 속도로 완료될 수 있는지 구체적으로 파악하라고 독려했다. (예를 들어 뉴욕에서 런던으로 '광속'으로 이동한다면 완벽한 날씨, 교통 체증 전혀 없음, 초음속 비행기 이용을 전제해야 하는 것이다.) 그런 다음, 관리자들은 달성 불가능한 기준점을 토대로 현실적이면서도 상당히 빠른 납기 일정을 역산해 낼 수 있었다. "어려워 보이지만 사실 이 방법은 오히려 부담을 덜어줘요." 데브는 내게 말했다. "무엇이 물리적으로 가능한지 그 한계를 이해하고 나면, 경쟁사들도 그보다 더 빠를 수 없다는 사실도 깨닫게 되죠."

젠슨은 이처럼 이룰 수 없는 이상을 매일 추구했다. "나는 하루 종일 충분히 지칠 만큼 일해서, 아무도 내 밤잠을 방해할 수 없도록 만들어요." 그는 나중에 말했다. "그게 내가 유일하게 통제할 수 있는 겁니다."

실제 그는 수십 년 동안 이런 속도를 유지했다. 하지만 모두가 그처럼 할 수 있는 건 아니었다. 다른 사람들은 번아웃되었다. 출퇴근에 지친 데이비드 커크는 2007년 정규직 생활을 그만두기로 결심했다. 그는 1990년대에 받은 주식의 일부를 현금화한 뒤 콜로라도 텔루라이드로 이주했고, 이후 하와이로 옮겨가며 처음 엔비디아와 일했을 때처럼 파트타임 컨설턴트로 일했다.

데이비드가 엔비디아를 떠날 당시, 그는 엔비디아 리서치를 이끌고 있었다. 이 그룹은 첨단 그래픽 기술을 연구하는 30명의 과학자로 구성되어 있었다. 젠슨은 점점 더 강력해지는 쿠다의 연산 능력을 활용하려면 더욱 야심 찬 프로젝트가 필요하다고 판단했고, 데이비드에게 직접 후임자를 찾는 임무를 맡겼다. 그리고 데이비드가 데려온 인물은 젠슨처럼 광속으로 사는 사람이었다. 그는 곧 엔비디아 리서치를 세계에서 가장 성공적인 연구개발 조직으로 탈바꿈시킬 참이었다.

미래를
예측하는
공명

Resonance

10

빌 댈리^{Bill Dally}는 비행기를 조종하거나 특허를 출원하거나 컴퓨터를 새롭게 발명하지 않을 땐 탈진할 때까지 자전거를 타거나, 타호 호수에서 노를 젓거나, 스키 대회에 출전하거나, 카리브해 섬 그레나다에서 앤티가까지 쉬지 않고 항해했다.

그의 발명 속도는 데이비드 커크와 존 니콜스가 게으른 것처럼 보이게 만들 정도였다. 그는 250편의 기술 논문과 4권의 교과서를 집필했고, 복잡한 회로 아키텍처부터 전원 공급 장치를 제어하는 칩까지 다양한 컴퓨팅 분야를 아우르는 120개의 특허를 보유하고 있었다. 대머리에 탄탄한 몸, 빠른 말투를 가졌고, 명석함이 돋보이는 그는, 컴퓨터를 논할 때는 학문적으로 한 치의 오차도 없이 정확했고, 그 외의 주제를 논할 때는 직설적이고 단도직입적인 태도로 말하곤 했다.

그가 이해하지 못하는 컴퓨팅 분야는 없어 보였고, 그의 삶에서 기술적 성취나 모험을 위해 최적화되지 않은 순간도 없어 보였다.

빌 댈리는 역사 수업을 듣기 싫어서 고등학교를 자퇴했고, 자동차 정비공으로 일하면서 시험 성적만으로 대학 입학 허가를 받아 냈다. 고등학교 졸업장은 받지 못했지만, 버지니아 공대에서 학사를, 스탠퍼드 대학교에서 석사 학위를 받았으며 캘리포니아 공과대학교에서 박사 학위를 받았다. 그리고 30대 초반에 이미 MIT 종신 교수직을 받은 상태였다.

빌 댈리는 손수 컴퓨터를 만드는 것을 좋아했고, 직접 비행기를 조종하는 일도 좋아했다. 1992년 9월의 어느 흐린 날, 그는 단발 엔진 경비행기 세스나를 몰고 롱아일랜드 해협을 넘어 뉴욕으로 향했다. 약 6,000피트(1,830m) 상공을 비행하던 중 연료 경고등이 켜지는 것을 발견했다. 그는 즉시 가까운 공항으로 기수를 돌렸지만, 몇 분 후 엔진이 멈췄다. 소프트볼 여러 개가 연료통 안에서 마구 굴러다니는 듯한 소리가 들렸다. 빌은 세스나를 활공 패턴으로 재조정한 뒤 해상에 불시착할 준비를 했다.

비행기가 물에 부딪힌 순간 그의 몸이 앞으로 쏠렸고, 조종간에 얼굴이 부딪히며 코뼈가 부러졌다. 어안이 벙벙한 상태에서 피를 흘리면서도 그는 세스나가 가라앉기 전, 약 20초 안에 탈출해야 했다. 그 짧은 순간 동안 조종석 창문을 부수고 빠져나와, 좌석 쿠션을 필사적으로 붙잡고, 바다 위에 떠 있었다. 다행히 얼마 지나지 않아 지나가던 요트에 의해 구조되었다. "나중에 그 사건을 시뮬레이터에 프로그래밍해 봤어요." 빌 댈리는 마치 우편물을 보낸 일을 이야기하는 것처럼 무덤덤한 태도로 말했다. "열 번 시도해서 아홉 번은 바다에 빠졌고, 딱 한 번, 그로턴-뉴런던 공항에 착륙하는 데 성공했죠."

비행기 추락 사고 이후, 빌은 불과 며칠 만에 다시 연구실로 돌아왔다. 당시 MIT에서 그의 팀은 '젤리빈 머신Jellybean Machine'이라는 실험적 병렬 컴퓨터를 개발하고 있었다. 젤리빈 머신은 정보 기술이 작동하는 방식을 새롭게 구상한 것으로, 마이크로프로세서와 회로기판, 네트워킹 하드웨어, 응용 소프트웨어까지 거의 모든 요소를 빌과 그의 팀이 기초부터 직접 설계한 맞춤형 기술이었다. 이 기계는 사람 키만큼 컸으며, 일부 부품은 덕트 테이프로 겨우 붙어 있었다.

벤치마크 테스트 결과 젤리빈 머신은 기존 컴퓨터보다 훨씬 빠르게 작동했다. 하지만 빌 댈리는 상용화 파트너를 찾지 못했다. 기존 컴퓨터도 대부분의 용도에서 충분히 빠르게 작동했기 때문에 병렬 컴퓨팅 장치에 대한 시장 수요는 없어 보였다. 마흔 살이 되던 2000년, 빌 댈리는 결국 MIT를 떠나 스탠퍼드 대학교로 자리를 옮겼다. 한때 고등학교 중퇴생이었던 그는 이제 세계 최고의 컴퓨터 과학과를 이끄는 학과장이 되었다.

빌 댈리는 2003년 젠슨이 방문한 이후 엔비디아의 자문을 맡기 시작했지만, 2009년 데이비드 커크가 정규직 제안을 했을 때 처음에는 거절했다. 엔비디아는 2009년과 2010년 회계연도에 적자를 기록했고, 주가는 하락세였다. 〈패스트 컴퍼니Fast Company〉의 2010년 '세계에서 가장 혁신적인 기업' 목록에도, 〈비즈니스위크 Businessweek〉의 목록에도 엔비디아의 이름은 없었다. 스탠퍼드에서 엔비디아로 옮기는 것은 수평 이동이거나, 어쩌면 경력적으로 후퇴하는 선택처럼 보였다.

엔비디아보다 10배 정도 규모가 큰 인텔은 투자자들에게 전류 누출 문제를 해결할 방법이 있다고 장담했고, 인텔 경영진은 여러 컨퍼런스콜에서 무어의 법칙이 죽지 않았다고 거듭 주장하며 기술 발전을 낙관했다. 그리고 젠슨이 빌 댈리를 영입하려고 하던 바로 그 시기에 인텔은 더 높은 보수를 제시했다.

빌 댈리는 한동안 고민했지만, 데이비드의 끈질긴 설득에 넘어가 결국 적자를 내고 있던 엔비디아를 선택했다. 그는 2009년 1월, 엔비디아의 주가가 한 자릿수로 떨어진 시점에 수석 과학자Chief Scientist로 합류했다.

스탠퍼드 대학교 공대 학장이자 인텔 이사회 위원이었던 짐 플러머는 빌 댈리의 결정을 이해할 수 없었다. 그는 빌에게 이렇게 말했다. "빌, 너 미쳤구나. 인텔이 엔비디아를 박살 낼 거야." 그러나 빌은 전혀 동요하지 않았다. "젠슨은 그냥 타고난 리더예요. 그가 어디로 가든, 따라가고 싶게 만드는 리더죠."

빌 댈리는 연구 인력을 300명 이상으로 늘리면서 엔비디아 리서치를 완전히 탈바꿈시켰다. 엔비디아가 가지고 있는 경쟁력은 시간이 지날수록 동일한 비용으로 훨씬 더 강력한 컴퓨팅 성능을 제공할 수 있다는 점이었다. 빌 댈리는 이러한 향상 곡선과 맞물리는 연구 프로젝트를 선택했고, 그 영역은 로보틱스와 자동차, 기후 모델링, 생화학 등으로 확장되었다.

한편 빌 댈리는 학계에 있을 땐 일정 제한 없이 자신만의 독특한 연구를 추구할 수 있었다. 그러나 엔비디아에서는 6개월마다 돌아오는 GPU 출시 주기에 맞춰 움직여야 했다. 뜻밖에도 그는 이 변화를 즐겼다. "엔비디아에서는 관료주의가 훨씬 덜해요. 직원 모두의 생계, 일자리, 그리고 그들의 가족 모두의 삶이 이 GPU가 제시간에 완성되는 것에 달려 있으니 해내야 했죠."

빌은 엔비디아가 학계 고객들과 더 긴밀하게 협력할 수 있다고 믿었다. 그가 합류한 지 몇 달 후, 엔비디아는 첫 번째 연례 'GPU 기술 컨퍼런스GTC, GPU Technology Conference'를 개최했다. 이 컨퍼런스는 2009년 산호세 다운타운의 페어몬트 호텔에서 열렸다. 오랫동안 콜스 캐시Kohl's Cash(콜스 백화점의 구매 마일리지)로 옷장을 채운 듯한 스타일을 유지하던 젠슨의 스타일이 한창 변해 가던 시기였다. 그는 몸에 딱 맞는 검은 셔츠에 부츠컷 청바지, 은색 버클이 달린 검은 구두를 신고 나타났다. 타고난 쇼맨십을 지닌 젠슨은 마치 최면술사처럼 자연스럽게 청중을 사로잡았다. "고성능 컴퓨팅의 우드스톡 페스티벌에 오신 것을 환영합니다!" 그는 이렇게 외쳤다.

그는 화려한 연출을 좋아했다. 한번은 과학 실험 프로그램 〈미스버스터즈〉를 진행하는 아담 새비지와 제이미 하이네먼에게 직렬 연산과 병렬 연산의 차이를 시연해 달라고 요청했다. 이들은 캔버스에 페인트볼을 쏘는 두 가지 장치를 등장시켰다. 첫 번째 장치는 원격 조종 로봇으로, 한 번에 하나씩 페인트볼을 발사하며 약 1분에 걸쳐 조잡한 웃는 얼굴을 그려냈다. 두 번째 장치는 1,100개의 페인트볼을 동시에 발사하는 고정형 대포 배열이었다. 이 장치는 단 한 번의 발사로 픽셀로 이루어진 모나리자 이미지를 순식간에 만들어냈다. 관객들은 환호했다. 이 컨퍼런스에 모인 이들은 이런 종류의 시각화된 실험을 누구보다 좋아하는 사람들이었다.

GTC도 비슷한 분위기로 운영되었다. 컨퍼런스 첫날 밤에는 지역 초등학교를 위한 자선 행사로 가장무도회가 열렸다. 다음 날 주요 주제는 양자 화학과 증강 현실, 블랙홀의 거동 모델링 등이었다. 그중 하나의 세션 제목은 '생물학에서 영감을 받은 컴퓨터 비전 해제 : 고高 처리량 접근법'이었다. 발표자인 MIT 교수 니콜라스 핀토 Nicolas Pinto는 여러 신경망 모델을 포함한 다양한 이미지 인식 애플리케이션을 모아 쿠다를 활용해 엔비디아의 GPU에 최적화했다. 그는 드라마 〈로 앤 오더Law & Order〉 DVD에서 추출한 영상 클립을 사용해 프로그램이 등장인물과 사물을 인식하는 실험을 진행했다. 가장 성능이 좋은 모델들을 조합했을 때, 시스템은 처음 보는 다른 영상에서도 〈로 앤 오더〉에 출연한 제리 오바크를 90%에 가까운 정확도로 식별할 수 있었다. 그는 연구 논문에서 엔비디아 칩셋이 동일한 가격대의 인텔 CPU보다 1,356배 더 뛰어난 성능을 제공했다고 분석했다.

이미지 인식은 인공지능의 기본적인 문제 중 하나였다. 컴퓨터가 이미지를 인식하도록 학습시키는 것은 보다 정교한 인지 능력을 개발하는 방향으로 나아가는 과정 중 첫 번째 단계였다.

2009년 첫 GTC가 열리던 시기, 그린란드의 암석층을 발굴하던 고생물학자들은 5억 년 전 삼엽충 화석을 발견했는데, 이 화석은 기적적으로 신경 조직이 보존되어 있었다. 삼엽충은 공룡보다 오래된 생물로 돌출된 눈자루를 가진 투구게와 비슷한 모습이었다. 이 화석 속에 박혀 있는 시신경을 따라가다 보면 쌀알보다 작은 작은 세포 덩어리가 나타났다. 이것이 지금까지 발견된 가장 오래된 뇌였다.

화석 기록은 니콜라스 핀토의 연구 방향이 옳다는 것을 보여주었다. 시각적 인식의 발달은 생물학적 지능의 폭발적 성장을 이끌었고, 곧 컴퓨터에서도 같은 일이 일어날 가능성이 있었다. 하지만 안타깝게도 그의 발표는 그 주에 진행된 수십 개의 발표 중 하나에 불과했고, 별다른 눈길을 끌지 못했다. 이후 2010년과 2011년에 열린 GTC에서도 그의 통찰이 이어지진 않았다. 그의 논문은 발표된 후 2년 동안 단 15회 인용되었을 뿐이었다.

이처럼 당시 신경망 연구는 외면받는 분야였다. 사실 삼엽충 화석도 마찬가지였다. 아무도 관심을 두지 않았다.

젠슨 황다운 가장 위험한 도박

한편 쿠다는 어려움을 겪고 있었다. 존 니콜스는 2000년대 후반에 다시 한번 흑색종 진단을 받았다. 이번에는 병이 치명적이었고, 결국 그는 2011년 세상을 떠났다. 그의 스키 경쟁 상대이자 친구였던 빌 댈리는 깊은 충격을 받았다. 젠슨 황 역시 마찬가지였다. 12년 후 내가 존 니콜스에 대해 물었을 때, 젠슨의 표정은 굳어졌고, 곧바로 화제를 바꿔버렸다. 존 니콜스는 암 투병 중에도 끝까지 일을 놓지 않았다. "아버지가 엔비디아에서 가장 뛰어나고 생산적인 시기를 보낸 건 그때였던 것 같아요." 그의 아들 알렉이 말했다. 엔비디아는 그를 기리기 위해 일리노이 대학교 어배너–섐페인 캠퍼스에 장학 기금을 출연했다.

존 니콜스는 마지막 순간까지 쿠다가 세상을 바꿀 것이라고 확신했다. 하지만 그는 쿠다가 진정한 변화를 만들어내는 모습을 끝내 보지 못했다. 그래픽카드를 슈퍼컴퓨터로 바꿔주는 이 소프트웨어는 2009년 한 해에만 30만 회 이상 다운로드되었다. 하지만 이후 3년 연속 관심이 감소했고, 2012년에는 신규 설치 수가 10만 회 초반대로 떨어졌다. 과학 컴퓨팅 시장은 포화 상태처럼 보였고,

투자자들은 엔비디아가 쿠다에 계속 투자하는 것이 재무적으로 타당하지 않다며 불만을 표출하기 시작했다. "그들은 이 새로운 칩 아키텍처에 굉장한 돈을 쏟아붓고 있었어요." 실리콘밸리 인기 팟캐스트 '어콰이어드Acquired'의 공동 진행자 벤 길버트는 이렇게 말했다. "수십억 달러를 투자했는데, 학계와 과학 연구라는 틈새 시장을 겨냥한 거였죠. 당시 그 시장은 매우 작았는데, 엔비디아가 투자한 돈에 비하면 터무니없이 작은 규모였어요." 2012년이 되자, 상황은 심각해졌다. 엔비디아의 주가는 10년 넘게 제자리걸음이었고, 회사의 매출과 직원 수는 크게 늘었는데도 이익은 정체 상태였다. 젠슨 황은 슈퍼컴퓨팅을 대중에게 보급하려 했지만, 문제는 대중이 그것을 원하지 않는다는 사실이었다.

2013년 초, 엔비디아 이사회는 행동주의 투자 펀드activist investor 스타보드 밸류Starboard Value로부터 공개서한을 받았다. 스타보드는 엔비디아 지분을 소규모 매입한 상태였다. 스타보드의 최고투자책임자CIO 제프 스미스Jeff Smith는 저성과 기업을 표적으로 삼아 경영권을 흔드는 기업 사냥꾼이었다. 그는 이사회 의석과 경영 전략 변경을 요구했고, 그 요구가 받아들여지지 않으면 보통 CEO 해임을 시도했다. 스타보드는 공개서한을 통해 젠슨 황이 회사를 자멸의 길로 이끌고 있는 것은 아닌지 의문을 제기했다. 투자 애널리스트들은 엔비디아가 수익을 쿠다에 재투자하는 대신 주주들에게 배당금을 지급했다면 주가가 더 높게 형성되었을 것이라고 주장했다. 더 나아가 젠슨 황이 계속 CEO를 맡아도 되는 적임자인지에 대해서도 의문을 제기했다.

당시 42세이던 제프 스미스는 에너지가 넘쳤고, 곱슬머리에 소년 같은 인상을 풍겼다. 그는 기업 운영상의 결정을 하나하나 집요하게 파고들기로 유명했다. 예를 들어 올리브 가든을 운영하던 다든 레스토랑Darden Restaurants의 이사진 12명을 전원 교체한 바 있었다. 당시 스타보드가 가진 지분은 불과 6% 미만이었다. 그 상태에서 294장짜리 경영 정상화 계획 프레젠테이션을 했고, 이를 통해 경영진을 갈아치운 것이었다.

스타보드가 발표한 올리브 가든 관련 슬라이드 자료는 주식 애널리스트들 사이에서 전설적인 문서가 되었는데, 특히 브레드스틱을 제공하는 방식을 비판한 104번 슬라이드가 화제가 되었다. 과거 올리브 가든의 웨이터들은 브레드스틱을 고객 1인당 하나, 테이블당 하나를 제공한 후 필요할 때만 리필해 주었다. 하지만 점점 서비스 품질이 저하되면서 브레드스틱을 무작정 무더기로 테이블에 쏟아 놓고 가는 식으로 변질되었다. 그러자 고객들의 추가 주문이 줄어들었다. 163번 슬라이드에서는 올리브 가든이 잘못된 판단으로 파스타 삶는 물에 소금을 넣지 않기 시작했다는 점을 지적했다. 이는 조리기구의 수명을 늘리겠다는 명목으로 시행된 잘못된 방법이었다. 스타보드는 이를 강하게 비판하며 반문했다. "세계 최대 이탈리안 레스토랑 체인의 경영진이 제대로 조리되지 않은 파스타를 제공하는 것이 괜찮다고 생각하는 이유가 대체 무엇인가?"

제프 스미스는 언론을 활용하는 데 능숙했고, 기사를 자신에게 유리한 방향으로 유도했다. 그는 3년 동안 30개 기업에서 80명의 이사진을 교체했으며, 2014년에는 〈포춘〉이 그를 '미국 기업들이 가장 두려워하는 인물'이라고 소개하기도 했다.

이제 그의 목표는 젠슨 황이었다. 쿠다가 돈을 끝없이 삼키는 밑 빠진 독이라는 제프의 판단이 완전히 틀린 것도 아니었다. 사실 젠슨은 과거에도 수익성이 낮은 사업들을 과감히 정리한 적이 있었다. 심지어 몇 년간 집중 투자했던 분야를 접은 경우도 있었다.

예를 들어 엔비디아는 2000년대 초반에 노스브리지northbridge 칩을 한동안 제작했다. 이 칩은 메인보드의 메모리 컨트롤러 역할을 했는데 몇 년간 이 시장에 도전한 후, 젠슨은 인텔과의 저가 전쟁에서는 승산이 없다는 것을 깨달았다. 결국 그는 노스브리지 칩 사업을 접었고, 직원들에게 실패를 인정한다고 직접 밝혔다. 쿠다를 개발하는 동안 젠슨은 태블릿과 모바일용 그래픽 시장에도 투자했다. 실제로 2010년대 초반 인터뷰를 보면, 그는 슈퍼컴퓨팅보다 모바일폰에 대해 더 많이 이야기했다. 이 선택은 어느 정도 타당했다. 모바일 시장의 규모가 엄청났기 때문이다.

하지만 2011년, 엔비디아는 다소 이해하기 어려운 결정을 내렸다. 셀룰러 모뎀 제조업체인 아이세라Icera를 3억 6,700만 달러에 인수한 것이다. 당시 모뎀 시장은 이미 성숙기에 접어들었고, 퀄컴Qualcomn이 압도적 점유율을 차지하고 있었다. 스타보드가 엔비디아의 전략을 문제 삼는 공개서한을 보낸 직접적인 계기도 바로 이 인수 때문이었다. 제프와 그의 팀은 엔비디아가 쿠다와 그래픽카드,

모바일칩, 모뎀 등 너무 많은 사업을 벌이고 있다고 판단했다. 그들은 2012년 엔비디아 본사를 방문해 젠슨과 면담을 진행했고, 엔비디아에 필요한 것은 사업 집중이라고 촉구했다. 겉으로 보기엔 우호적인 회의였지만, 그 이면에는 우리가 원하는 방향으로 변화하지 않으면 CEO 교체를 포함한 실력 행사에 나설 것이라는 위협이 깔려 있었다.

결국 젠슨 황은 제프 스미스의 의견을 받아들여 모뎀 시장에서 철수하기로 결정했다. 젠슨은 이렇게 말했다. "모바일 시장에서 사생결단으로 싸운다면, 그건 우리가 다른 중요한 일을 하지 못한다는 의미잖아요." 그는 과거에도 사생결단의 싸움을 벌여 승리한 경험이 있었지만, 그 과정에서 큰 상처를 입었다. 그래서 이번에는 그런 싸움을 하고 싶지 않았다. 하지만 젠슨은 쿠다만은 포기할 생각이 결코 없었다. 이 비인기 시장의 유일한 공급자는 엔비디아뿐이었기 때문이다.

누구도 믿지 못했던 쿠다의 미래

젠슨 황이 경력 동안 내린 수많은 결정 중, 제프 스미스에 맞서 쿠다에 올인하기로 한 선택은 가장 위험한 것이었다. 게이머들과 달리 슈퍼컴퓨팅 고객들은 변덕스러웠고, 늘 자금난에 시달렸다. 학계 고객들은 불확실한 연구 지원비에 의존해야 했고, 기업의 연구개발 부서는 회의적인 CFO들의 철저한 관리 감독을 거쳐야 했다. 정부 연구 프로그램은 10년 투자 계획과 함께 야심차게 발표되지만, 그 다음에는 예산 배분을 둘러싼 끝없는 관료적 다툼에 휘말려 지연되기 일쑤였다. 반도체 업계의 다른 경영진들조차 쿠다의 연구개발은 무모한 도박이라고 생각했다. 그들 또한 위험을 감수하는 데 익숙한 사람들이었는데도 말이다. 그러나 이 위험한 베팅이 젠슨 황을 지금의 젠슨 황으로 만들었다. 그를 남들과 다르게 만든 결정, 그를 차별화한 승부수였다.

젠슨은 CEO 자리를 지키기 위해 이사회 멤버였던 짐 게이더의 도움을 받아 이사회 설득에 나섰다. 짐 게이더는 엔비디아의 설립 당시 젠슨이 지갑 속의 모든 현금을 건넸던 바로 그 변호사이다. 엔비디아의 주요 주주들은 미 동부의 대형 뮤추얼 펀드들이었다. 그 중에서도 가장 중요한 곳은 피델리티Fidelity였다. 1조 달러가 넘는 자금을 운용하는 피델리티는 젠슨보다 엔비디아 주식을 더 많이 보유하고 있었다. 젠슨은 보스턴으로 날아가 피델리티 경영진과 회의를 진행했다. 하지만 그 결과는 처참했다. "우리는 완전히 두들겨 맞았습니다" 짐 게이더가 말했다.

보스턴에서 곧바로 뉴욕으로 이동한 젠슨은 또 다른 기관 투자자 6곳을 만났다. 그는 거대 투자자들을 설득해 쿠다에 대한 투자를 지지하게 만들고자 했다. 하지만 투자 포트폴리오 매니저들은 매서운 질문으로 젠슨을 몰아붙였다. 짐 게이더는 당시를 회상하며 이렇게 말했다. "솔직히 말해서, 정말 우리가 획기적인 돌파구를 만들 수 있을지 확신할 수 없는 상황이었습니다."

이사회는 대부분 엔비디아 창립 때부터 함께해 온 인물들로 여전히 젠슨을 지지하고 있었다. 하지만 내부에서도 불만의 목소리가 나오기 시작하고 있었다. "솔직히 말하면, 우리 회사는 그때 좀 정체되어 있었어요." 텐치 콕스가 말했다. 스타보드의 공개서한이 도착한 직후, 엔비디아는 NFL 마케팅 임원이었던 돈 허드슨^{Dawn Hudson}을 새롭게 이사회에 합류시켰다. 돈 허드슨은 당시의 상황을 이렇게 말했다. "내가 엔비디아에 합류했을 때, 회사의 평판은 그리 좋지 않았어요. 회사는 분명히 정체되어 있었고, 발전이 없는 것 같아 보였습니다."

오직 기술을 향한 헌신

젠슨 황은 집에서는 빈 둥지 증후군에 시달리고 있었다. 그의 아들 스펜서는 시카고의 예술 아카데미에 진학해 사진작가의 꿈을 키우고 있었고, 딸 매디슨은 파리의 요리학교에 입학했다. 그가 사랑하던 반려견 스시도 세상을 떠났다.

젠슨은 주 80시간 이상 일하는 바쁜 생활을 해왔기에 아이들의 어린 시절 동안 함께 보낸 시간이 적었다. 그는 "솔직히 말하면, 육아의 90%는 로리가 했어요"라고 말했다. 보통 주말 하루 정도는 아이들과 시간을 보내려고 했지만, 그 시간조차 자주 업무에 할애해야 했다. 옌스 호르스트만은 한번은 젠슨 황과 놀이공원에 간 적이 있었는데 그가 아이들을 계속 롤러코스터를 타게 해놓고, 자신과 기술적인 문제를 논의했다고 회상했다.

옌스는 젠슨의 아이들은 물론이고 자신의 아이들도 처음에는 기술 분야로 진출하지 않았다면서 이렇게 덧붙였다. "아이들은 아마도 이 미친 업무 환경에서 벗어나려고 했을 거예요. 우리 모습을 보고, '인생이 이게 전부일 리는 없어'라고 생각한 거겠죠."

젠슨은 아이들의 부재에 마음이 아팠고, 아이들이 집에 올 때마다 가정의 온기를 되살리려 애썼다. 그는 반려견 두 마리를 더 입양했고, 요리 실력을 키우면서 자주 주방으로 가서 즉흥적으로 맛있는 음식을 만들었다. 하지만 이것이 항상 위안을 주지는 않았다. 옌스 호르스트만은 피델리티와의 회의가 있었던 시기 즈음 열린 가족 모임에서 젠슨이 복잡한 요리를 망쳐버린 일을 떠올렸다. 르 코르동 블루에서 수련한 딸이 옆에 서 있는 가운데, 젠슨은 맞춤 제작된 자신의 주방에서 폭발하듯 분노하며 형편없는 주방기구를 향해 소리를 질러댔다. "그때 우리는 모두 부엌에서 나가야 한다는 걸 직감했어요." 옌스가 말했다. "그 순간은 그냥 젠슨이 자신의 스토브에 화를 낼 시간이었을 뿐이었죠."

한창 힘든 시기를 겪고 있을 무렵 젠슨은 자주 국립 대만대학교 물리학 교수인 팅와이 추趙挺偉의 연구실을 방문했을 때를 떠올렸다. 그는 이 경험을 여러 연설에서 언급한 바 있다. 팅와이 추 교수는 빅뱅 이후 물질의 진화를 시뮬레이션하기 위해 연구실 한편에 직접 만든 슈퍼컴퓨터를 가동시키며 연구를 진행하고 있었다. 젠슨이 연구실에 방문했을 때 실험실 곳곳에 지포스 박스가 놓여 있었고, 흔들리는 책상용 선풍기로 슈퍼컴퓨터를 냉각시키고 있었다.

팅와이 추 교수는 이렇게 말했다. "젠슨은 비전을 품은 사람입니다. 그는 제 평생의 연구를 가능하게 만들어줬습니다."

팅와이 추 교수는 게임용 그래픽카드를 사용해 고성능 컴퓨팅 시스템을 구축한 대표적인 고객이었다. 엔비디아는 쿠다를 일반 소비자용 그래픽카드에 탑재함으로써 연구 자금이 넉넉하지 않은 과학자들, 말하자면 개척적인 괴짜 과학자들도 고성능 컴퓨팅을 활용할 수 있도록 만들었다. 그들의 연구 주제는 주류 학계에서 주목받지 못하는 경우가 많고, 인기가 없어서 워크스테이션을 살 여유도 없었다.

여기서도 젠슨은 다시 한번 클레이튼 크리스텐슨 교수의 가르침을 따르고 있었다. 클레이튼 크리스텐슨 교수는 파괴적 기술이 종종 취미 활동가들의 커뮤니티에서 발전한다고 보았다. 즉 파괴적 기술은 대개 '비정규 자원'을 활용함으로써 개발되는데, 이는 기존 제품의 부품을 본래의 용도가 아닌 목적에 재사용하면서 탄생된다. 이런 기술은 초기에는 조악하고, 비효율적으로 보일 수도 있지만, 기존 강자들이 간과한 성능을 중심으로 급격히 발전해 나가는 특징을 가지고 있다.

하지만 이 교훈을 받아들였다고 해도 실행하는 것은 다른 문제였다. 틈새 시장을 공략하는 전략은 단기적으로 수익성을 악화시킬 수 있고, 그렇게 되면 투자자들은 경영진의 판단을 의심하게 될 것이었다. 클레이튼 크리스텐슨은 이런 상황이 벌어질 가능성도 미리 예견하고 이렇게 말했다. "기존 기업의 경영진이 신흥 시장을 공략하는 데 어려움을 겪는 이유 중 하나는, 그들의 투자자와 고객들이 그것을 원하지 않기 때문이다."

이것이 《혁신기업의 딜레마》에 담긴 진정한 비밀이었지만, 많은 독자들이 이를 놓쳤다. 이 책이 다룬 것은 성공하는 법이 아니라 실패하지 않는 법이다. 클레이튼 크리스텐슨의 저서는 스타트업을 위한 실용서가 아니라, 정체된 기업의 고위 경영진을 위한 대응 전략이었다. 젠슨 황은 창립 13년 차에 접어든 엔비디아가 그런 기업이 될 위험에 처해 있다고 느꼈다. 즉 그가 괴짜 과학자를 대상으로 하는 시장을 공략한 것은 낙관주의뿐만 아니라 일종의 불안 때문이기도 했다.

"모든 그래픽카드에 쿠다를 탑재하는 것은 위험한 일이었지만, 그렇게 하지 않는 것도 위험했습니다." 젠슨이 첫 만남에서 내게 한 말이다. 몇 달 동안 엔비디아를 취재한 끝에야 나는 그 말의 의미를 온전히 이해할 수 있었다. 그가 말한 위험이란, 누군가, 즉 다른 기업이 그것을 먼저 해낼 수도 있다는 것이었다. 어쩌면 중국 음식점 냄새가 들어오고 강도에게 자주 털리는 은행 옆의 허름한 사무실에서 운영되는 작은 신생 기업이 해낼 수도 있었다. 그들은 몇 년 동안 이윤이 적고 미래 전망도 불확실한 상태에서 소외된 학계 고객들을 위해 꾸준히 일하면서, 엔비디아가 실리콘 그래픽스를 밀어냈던 것처럼 엔비디아를 밀어낼 날을 꿈꾸고 있을지도 모른다. 이런 위험은 클레이튼 크리스텐슨 교수의 사상을 깊이 이해한 사람만이 인식할 수 있는 종류의 것이었다.

하지만 젠슨과 대화하다 보면 맥이 풀리는 때가 있었는데, 그와 의견이 일치한다고 생각하는 순간에도 예상치 못한 반박을 해왔기 때문이다. 내가 엔비디아에 클레이튼 크리스텐슨이 끼친 영향을 언급하자, 그는 즉시 내 말을 부정했다. "그의 책과 그 교훈을 완전히 흡수해야 해요. 하지만 클레이튼 크리스텐슨이 맞힌 것만큼이나 틀린 것도 많아요. 거기엔 훨씬 더 많은 것이 있죠." 클레이튼이 말한 '수익성이 낮은 고객'은 오프로드 바이크를 타는 사람이나 배수로 공사를 하는 노동자들이었다. 하지만 젠슨이 상대하는 '수익성 낮은 고객'은 과학자들이었다. 젠슨은 연구에 매진하는 과학자들을 지원함으로써 그들 중 한 명이 세상을 바꾸게 만들 수도 있었다.

이런 유형의 기술의 횡적 전이는 과거에도 일어난 적이 있었다. 1600년대 초, 안경 제조업에 종사하던 네덜란드 장인들은 안경 렌즈를 다양하게 재조합하면 먼 곳을 더 자세하게 볼 수 있다는 사실을 깨달았다. (어떤 이야기에서는 두 아이가 날씨 측정용 풍향계를 관찰하려다 이런 사실을 발견했다고 전해진다.) 렌즈 제작자들은 망원경 디자인을 들고 네덜란드 특허청으로 몰려갔다. 1년이 채 지나지 않아 갈릴레이는 망원경을 하늘로 향하게 했다. 그리고 인류 최초로 금성의 위상 변화, 목성의 위성들, 토성의 고리를 관측했다. 안경 렌즈를 조합해 만든 갈릴레이의 망원경은 현대의 조류 관찰용 쌍안경보다 배율이 낮았지만, 그것은 우주와 그 우주에 속한 인간의 위치에 대한 이해를 영원히 바꿔놓았다. 젠슨은 괴짜 과학자들에게 저렴한 슈퍼컴퓨터를 보급함으로써, 이와 유사한 혁신이 일어나길 기대했다.

지금 무엇을 할 수 있는가에서 출발하라

기술의 미래가 어떻게 펼쳐질지에 대한 황의 비전은 구체적이지 않았다. 어떤 기술 사업가들은 명확한 비전을 품고 있었다. 예컨대 일론 머스크는 자신이 화성 표면에 서 있는 모습을 상상하며 출발했고, 거기에 도달하기 위해 필요한 기술을 역으로 개발해 나갔다. 젠슨은 정반대 방식으로 접근했다. 그는 눈앞에 놓인 회로로 무엇을 할 수 있는지 파악한 후 예상할 수 있는 한계까지 전망을 확장해 나갔다. 그리고 그 지점에 도달한 뒤에야 비로소 한 걸음 더 내디뎌 불확실한 직관의 영역으로 나아갔다. 젠슨과 오랜 시간 함께 한 옌스 호르스트만은 이렇게 말했다. "젠슨이 하는 일은 단순한 집중을 넘어서요. 나는 그것을 '공명共鳴, Resonance'이라고 부르고 싶어요."

이 공명을 이루기 위해 젠슨 황은 고객, 그리고 직원들과 끊임없이 소통했다. 엔비디아가 주최하는 콘퍼런스에서는 기자들을 뒷자리에 배치했고, 과학자들을 맨 앞에 앉혔다. 발표에서도 언론보다 과학자들에게 더 많은 관심을 기울였다. 또한 그가 일선 직원들과 자주 만난 것도 단순히 사기를 북돋우기 위해서가 아니라, 자신의 손끝으로 회사의 맥박을 직접 느끼기 위해서였다. "LSI에서 일할 때, 우리는 때로 아무것도 하지 않아도 될 정도로 고객의 생각을 읽을 수 있었습니다." 옌스는 말했다. "병렬 컴퓨팅도 마찬가지였어요. 젠슨은 고객, 직원들과의 대화를 통해 그 공명을 감지할 수 있었어요. 그는 그 순간이 왔다는 걸 알아차린 겁니다."

돌파구가 다가오고 있었다. 젠슨은 그것을 감지했다. 연구자들과의 대화에서, 그리고 엔비디아의 기술이 가능하게 만든 속도 향상에 놀라는 그들의 반응에서 그것을 알아차렸다. 빌 댈리, 존 니콜스, 이안 벅 같은 뛰어난 직원들의 집착에 가까운 열정을 통해서도 그것을 감지했다. 이처럼 젠슨은 이 모든 것을 충분히 감지하고 확신했기 때문에 수익을 희생하면서까지 쿠다에 올인했다. 너무나 확실했기 때문에 핵심 제품을 위태롭게 할 수도 있는 결정을 내렸고, 자신의 자리를 걸었다.

그 돌파구가 팅와이 추 같은 양자 물리학자에게서 나오는 것이 아닐 수도 있다. 하지만 젠슨은 확신했다. 어딘가에 쿠다가 옳았다는 것을 증명해 줄 괴짜 과학자가 있을 것이라고 말이다. 어딘가에 연구비 신청의 번거로운 절차를 건너뛰고, 주거 보조금으로 엔비디아 GPU를 사서 혁명을 일으킬 대학원생이 있을 것이라고. 어딘가에 과학의 소외된 한 분야가 쿠다의 연산 능력을 활용해 기존 패러다임을 깨뜨릴 준비를 하고 있을 것이라고. 다만, 젠슨 황은 그것이 무엇인지 아직 알지 못했다.

신경망 연구의
전환점,
알렉스넷

11

AlexNet

알렉스 크리제브스키Alex Krizhevsky는 자신을 투명인간으로 만들 수 있었다면, 아마 그렇게 했을 것이다. 이 재능 있는 프로그래머는 사람들에게 관심받은 것을 거의 병적으로 싫어했다. 작고 마른 체격, 창백한 피부, 붉은빛이 도는 주황색 머리칼을 가진 그는, 동료들에게도 심지어 몇 년 동안 알고 지낸 사람들에게도 사적인 이야기를 거의 하지 않았다. 박사 과정 지도교수인 제프리 힌턴Geoffrey Hinton 조차 그에 대해 아는 것이 많지 않았다. 하지만 한 가지 중요한 사실만큼은 분명히 말했다. "알렉스는 아마 내가 만난 프로그래머 중 최고일 겁니다."

제프리 힌턴이 알렉스를 처음 만난 것은 2000년대 후반이었다. 당시 그는 부모와 함께 살며 토론토 대학교에서 대학원 과정을 이수하고 있었다. 알렉스 크리제브스키는 소련의 유대인 가정에서 태어났다. 그의 고향은 현재 전쟁으로 위협받는 우크라이나 동부 지역이며, 어린 시절 캐나다로 이민을 왔다. 그의 모국어는 러시아어였지만 영어를 완벽하게 구사했다. 다만 말을 많이 하지는 않았다. 많은 것을 알고 있지만 그렇다는 내색을 거의 하지 않는 노련한 첩보원. 그의 태도를 본 제프리 힌턴이 연상한 이미지였다. 알렉스 크리제브스키는 단 몇 마디만으로도 깊고 날카로운 지성을 전달할 수 있는 사람이었다.

어느 날 이 수수께끼 같은 인물이 제프리 힌턴의 연구실에 불쑥 찾아왔다. "저는 소프트웨어 공학에서 최고 성적을 받고 있지만, 이 학문 분야는 솔직히 너무 지루합니다." 알렉스는 이렇게 말하고는 제프리 힌턴의 연구팀에 합류할 수 있는지 물었다. 이 요청은 다소 무례한 것이었다. 제프리 힌턴은 신경망을 개발하는 데 수십 년을 바친 전설적인 학자였다. 그는 1986년 발표된 획기적인 역전파 논문[*]의 공동 저자였으며, 수십 년 동안 주류 AI 연구자들의 무관심과 심지어 적대감 속에서도 이 접근법을 지지해 온 사람이었다.

하지만 그런 신념은 그를 스탠퍼드나 MIT 같은 주류 컴퓨터 과

---

[*] 데이비드 럼멜하트, 제프리 힌턴, 로널드 J. 윌리엄스는 1986년 〈네이처Nature〉에 '역전파 오류를 통한 학습 표현Learning representations by back-propagating errors'이라는 논문을 발표하며 역전파라는 개념을 처음 내놓았다. 역전파는 신경망이 스스로 학습할 수 있게 해주는 핵심 알고리즘으로, 오차를 거꾸로 전파하면서 가중치를 조금씩 조정하는 방식이다. 즉 결과가 잘못됐을 경우, 문제의 원인을 거슬러 올라가서 고치는 방식으로, 수많은 가중치를 한꺼번에 학습할 수 있도록 해준다. 이 논문은 인공 신경망 학습에서 역전파 알고리즘의 효용성과 가능성을 처음으로 널리 알린 중요한 연구로 평가받고 있다.

학 연구 중심지에서 멀어지게 했다. 눈 덮인 토론토는 기술 연구의 중심지로 가장 먼저 떠오르는 곳은 아니었다. 아마 열 번째 안에도 들지 못했을 것이다. 당시 제프리 힌턴은 연구 자금이 거의 없는 상태였다. 그는 알렉스를 제자로 받아들이기 전에 신경망 연구가 완전히 외면받고 있다는 사실을 먼저 경고했다. 그의 연구팀이 기존 방법론과 경쟁할 만한 결과를 내놓고 있었지만, 그들의 논문은 자주 학술지 게재를 거절당했다. "신경망은 말도 안 되는 접근으로 취급되었죠." 제프리가 말했다.

제프리 힌턴이 보기에 신경망에 대한 편견은 '이데올로기적'이었다. 그는 이 단어를 젠슨이 '정치적'이라고 말할 때와 비슷하게 원한에 찬 어조로 발음했다. 당시 연구 공동체의 이데올로기는 AI가 단순히 유용하기만 한 것으로는 충분하지 않다는 것이었다. AI는 반드시 지능의 비밀을 풀어내고, 그것을 수학적으로 정리해야 한다고 믿었다. 당시의 표준으로 사용되던 1,100페이지 분량의 AI 교과서는 확률적 추론과 의사결정 트리, 서포트 벡터 머신SVM, Support Vector Machine 등과 같은 방법론을 광범위하게 다뤘다. 신경망에는 단 10페이지 정도 할애되었는데, 그 앞부분에 백개먼 게임에서 어떻게 사용되는지 정도만 짧게 언급했을 뿐이었다. 신경망에 대한 편견은 오랫동안 굳어져 있었다. 입문 AI 강의에서조차 일부 교수들은 신경망이 단순한 논리 함수조차 해결할 수 없다고 주장하곤 했다. 이를 역전파 기법이 수십 년 전에 해결한 문제였는데도 그런 견해를 고집했다.

제프리 힌턴의 동료가 신경망을 이용해 당시 최첨단 소프트웨어보다 보행자 인식에서 뛰어난 시스템을 만들어냈을 때조차, 그는 자신의 논문을 학회에서 발표할 기회조차 얻지 못했다. 그는 당시 학계의 반응을 다음과 같이 전했다. "사람들은 '그건 의미가 없어. 연산이 어떻게 이루어지는지 설명해 주지 않잖아. 그냥 우리에게 아무것도 알려주지 않는다고!'라고 말했어요."

제프리는 이에 맞서 생물학적 뇌가 언어를 처리하는 방식을 수학적으로 설명할 수 있는 사람은 아무도 없다고 반박했다. 그러나 이 논리는 별다른 설득력을 얻지 못했다. 당시 AI 연구 공동체는 지능을 모방하는 것이 아니라 지능을 완전히 해결하는 것을 원했다. 제프리는 뇌의 기능을 풀어내려는 시도가 다소 터무니없다고 생각했고, 이는 마치 신장의 기능을 풀어내려는 것이나 비슷하다고 봤다. 하지만 이 주장 역시 학계에서 받아들여지지 않았다. 그래서 그와 다른 신경망 연구자들은 연구 자금을 확보하기 위해 신경망 연구를 머신러닝machine learning 혹은 때때로 딥러닝deep learning이라는 다른 이름으로 불렀다. 단 하나, 인공지능AI이라는 단어만 피하면서 말이다.

세상을 뒤흔들 두 천재의 만남

알렉스 크리제브스키는 주저하지 않고 제프리 힌턴의 연구팀에 합류했다. 제프리는 알렉스를 연구원인 일리야 수츠케버^{Ilya Sutskever}와 팀을 이루게 했다. 일리야 수츠케버 역시 구 소련 출신의 러시아어를 사용하는 유대인 이민자였다. 하지만 두 사람은 외모도 성격도 완전히 달랐다. 일리야는 탄탄한 체격에 눈썹이 짙고 덥수룩했고, 깊은 갈색 눈에 장난기 어린 미소를 띠곤 했다. 그는 제프리 힌턴의 가장 열렬한 추종자로서 언젠가 신경망이 인간 지능을 능가할 것이라고 주장했다. 그런 주장은 당시에는 제프리 힌턴조차 하지 않던 말이었다. "일리야는 터무니없는 말을 잘하지만, 그는 너무 솔직하고 개방적이어서 용서받을 수 있어요." 제프리가 말했다. "그는 관습에 얽매이지 않습니다. 그는 자기 자신을 믿습니다. 그리고 그는 옳아요."

제프리 힌턴은 일리야 수츠케버와 알렉스 크리제브스키에게 야심 찬 과제를 맡겼다. 엔비디아의 GPU를 활용해 컴퓨터에게 '보는 법'을 학습하게 만드는 것이었다. 이때쯤 쿠다는 제프리의 연구실에도 도착해 있었다. 제프리 힌턴은 2008년에 대학원생 압델라흐만 모하메드^{Abdelrahman Mohamed}와 조지 달^{George Dahl}에게 고가의 엔비디아 서버를 이용해 음성 인식 모듈을 구축하라는 과제를 주었다. 2009년 초, 두 대학원생이 만든 신경망은 당시 존재하던 최고의 수학적 모델들과 어깨를 나란히 할 만큼 강력한 성능을 보여주었다.

그리고 2009년 말, 제프리 힌턴은 신경정보처리시스템 학회^{NeurIPS} 발표에서 병렬 컴퓨팅 프로세서에서 신경망을 구동하는 것이 AI의 미래이며, 당장 하던 일을 멈추고 엔비디아 GPU를 사야 한다고 선언했다. 이후 그는 엔비디아에 이메일을 보냈다. "방금 1,000명의 머신러닝 전문가들에게 엔비디아 그래픽카드를 사라고 말했습니다. 내게 하나를 무료로 제공할 수 있습니까?"

엔비디아는 거절했다. 당시 엔비디아는 슈퍼컴퓨팅 응용 분야를 다방면으로 모색하고 있었지만, AI를 전문적으로 연구하는 직원은 단 한 명도 없었다. 병렬 컴퓨팅 교재를 집필한 데이비드 커크조차 머신러닝을 주요 활용 사례로 다루지 않았다. 제프리 힌턴이 쿠다 팀에 이메일을 보내도 답장을 받지 못하는 경우가 많았다. 그는 엔비디아의 관심을 끌려면 경쟁자들을 단순히 따라잡는 것이 아니라 압도적으로 앞서 나가야 한다고 생각했다. 그리고 자신의 연구팀 중에서 그 일을 해낼 가능성이 가장 높은 사람은 알렉스 크리제브스키와 일리야 수츠케버라고 생각했다.

두 사람은 여러 면에서 공통점이 많았지만, 일리야는 알렉스를 친구라고 여기지는 않았다. 알렉스가 너무 폐쇄적인 성격이었기 때문이다. 하지만 두 사람은 마치 같은 지적 주파수에 맞춰진 듯 사고 방식이 일치했고, 제프리 힌턴조차 이들을 따라가기 어려울 때가 있었다. 연구실에서 제프리가 질문하면, 두 사람은 서로를 바라보며 러시아어로 논의한 뒤 답변을 내놓았다. 그리고 그 답변은 언제나 정확했다.

제프리 힌턴은 두 사람에게 합성곱 신경망convolutional neural network을 활용한 이미지 인식 시스템을 개발하라고 지시했다. 이 신경망은 수학적 필터를 이용해 이미지의 핵심적인 세부 정보를 포착하는 방식이었다. 제프리는 두 사람에게 단순히 이기라고 요구한 것이 아니라 압도해야만 한다고 강조했다. 알렉스는 이 분야에 대한 배경지식이 전혀 없었지만, 병렬 프로그래밍 기술을 빠르게 익혔다. 마치 그의 두뇌가 모든 장소에서 동시에 스타벅스로 가는 법을 이해한 듯했다. "그는 누구보다도 GPU에서 합성곱 신경망을 훨씬 더 효율적으로 실행하는 방법을 구현해 냈어요." 제프리는 이렇게 회상했다. "그는 정말 마법사 같은 존재였습니다."

2012년 초, 알렉스 크리제브스키는 학습용 실습에 사용되던 기존의 이미지 인식 신경망을 쿠다에서 실행할 수 있도록 개조했다. GPU는 이를 단 30초 만에 훈련시켰다. 알렉스가 이 성과를 일리야에게 보여주자, 그는 흥분을 감추지 못했다. GPU의 연산 속도는 그때까지 본 어떤 것보다도 수백 배나 빨랐다. 일리야는 신경망을 처음 접한 순간부터 그 가능성을 확신하고 있었다. 신경망은 그에게 컴퓨터 지능이 작동하는 가장 당연한 방식처럼 보였다. "인공 뉴런이 생물학적 뉴런과 비슷하다고 믿는다면, 결국 인간이 할 수 있는 모든 일을 할 수 있어야 합니다." 일리야는 말했다. "그리고 그것들을 가속할 수 있다고 믿는다면, 그건 곧 뇌를 훈련하는 방식과 같습니다."

과거에는 이런 접근 방식이 언제나 하드웨어의 한계에 부딪혔다. 하지만 엔비디아의 GPU는 인텔 컴퓨터로 1시간이 걸릴 작업을 단 30초 만에 수행했고, 생물학적 진화로는 10만 년이 걸릴 일을 해냈다. 일리야 수츠케버는 즉시 깨달았다. 알렉스 크리제브스키가 활용할 수 있는 연산 능력을 최대한 확장해야 한다. 다시 말해 이 새로운 형태의 합성 진화를 가능한 한 빠르게 실행해야 한다고 판단했다. 이는 예리하며, 이후 계속하여 적용된 놀라운 통찰이었다. 제프리 힌턴은 이에 대해 이렇게 설명했다. "일리야는 다른 사람들이 오랜 시간이 지나야 깨닫는 것들을 거의 즉각적으로 알아차립니다."

신경망의 경이로운 진화

두 대학원생은 자신들이 만들 수 있는 가장 빠른 컴퓨터를 구축하기 위해 돈을 모았다. 그리 큰 금액은 아니었다. 두 사람이 가진 돈을 모두 합쳐 구매할 수 있었던 것은 지포스 GTX580 2개뿐이었다. 지포스 GTX580은 당시 온라인에서 개당 500달러 정도에 판매되던 게이밍 GPU였다. 지포스 카드가 도착했을 때, 그것들은 마치 영화 〈에이리언〉에 나온 소품처럼 보였다. 각각 약 3파운드(1.4kg) 정도의 무게였고, 검은색 케이스에는 점액 같은 녹색 장식이 더해져 있었다. 그리고 내부 회로를 냉각하는 강력한 팬을 구동하는 원형 환기구가 달려 있었다. 케이스 아래에 큼지막한 엔비디아 칩이 자리 잡고 있었다. 검은색 회로기판에 장착된 이 칩은 방열판으로 둘러싸여 있었다. 이 칩에는 무려 30억 개의 트랜지스터가 집적되어 있었고, 32개의 병렬 코어가 탑재되어 있었다. 바로 알렉스 크리제브스키에게 필요했던 연산 능력을 갖춘 칩이었다. 이것이 그가 찾던 질주하는 오토바이였고, 회전하는 칼날이었으며, 춤추는 트랜지스터들이었다.

알렉스는 자신의 침실에 있던 데스크톱 컴퓨터에 GPU 2개를 장착한 다음 약 일주일 동안 연산을 돌리기 시작했다. "사실 전기 요금이 꽤 많이 나왔는데, 그건 그의 부모님이 대신 냈어요." 제프리 힌턴이 말했다.

그렇다. 여기, 마침내 젠슨 황이 꿈꾸던 고객이 있었다. 너무 가난해서 개조된 그래픽카드로 실험해야만 하는 프로그래머. 동료조차도 그에 대해 거의 알지 못하는 은둔형 천재. 진정한 괴짜 과학자. 기존 질서를 거부하는 이단아. 그리고 마침내 쿠다의 킬러 앱을 만들 인물. 바로 알렉스 크리제브스키였다.

알렉스는 신경망을 훈련시키기 위해 이미지넷ImageNet 데이터베이스를 사용했다. 이미지넷은 스탠퍼드 대학교의 컴퓨터 과학자 페이페이 리Fei-Fei Li가 구축한 이미지 데이터셋이었다. 온라인에서 사용할 수 있는 학습 데이터셋이 너무 빈약하다는 사실에 실망한 페이페이 리는, 아마존Amazon의 크라우드 소싱 시장인 미케니컬 터크Mechanical Turk를 이용해 2만 2,000개 카테고리에 걸쳐 1,500만 장 이상의 이미지를 수작업으로 라벨링하도록 했다. 이미지넷은 당시 사용 가능한 다른 데이터셋보다 수백 배 더 방대한 규모였다. 그의 지도교수들은 이런 노력이 과연 가치가 있는지 의문을 가졌지만, 이 데이터셋은 알렉스에게는 딱 맞는 자원이었다. 알렉스가 개발한 신경망은 약 65만 개의 뉴런을 가지고 있었는데, 이는 대략 꿀벌 한 마리의 뉴런 수와 비슷한 수준이었다. 그리고 이렇게 거대한 모델을 학습시키려면 엄청난 양의 데이터가 필요했다.

훈련이 시작될 때만 해도 뉴런들은 무작위로 연결되어 있었다. 그러나 학습이 진행되면서 점차 복잡하고 정교한 패턴으로 재배열되었고, 마침내 보는 법을 배우기 시작했다.

훈련이 시작된 첫 나노초 동안, 알렉스 크리제브스키의 신경망은 데이터셋에서 무작위로 선택된 이미지를 보았다. 그리고 그 이미지가 수천 개의 카테고리 중 어디에 속하는지 분류하라는 과제를 받았다. 그 이미지는 가오리일 수도 있고, 스코티시 테리어일 수도 있고, 골프 카트일 수도 있었다. 어떤 이미지이든 신경망은 본 적이 없는 이미지였다. 즉 그것이 무엇인지 알 수 없고, 답을 내놓을 때도 그저 추측할 수밖에 없었다. 첫 번째 추측은 당연히 틀렸다. 하지만 틀리는 것을 통해 신경망은 아주 작은 정보라도 얻었다. 예를 들어 신경망이 그 이미지를 가오리라고 잘못 분류했다면 적어도 한 가지는 확실해진다. '이 이미지는 가오리가 아니다'라는 것은 알게 되는 것이다. 이처럼 비록 미미한 정보일지라도 이렇게 하나씩 틀리면서 신경망은 이미지의 본질을 조금씩 알아가게 되었다.

신경망은 제프리 힌턴이 개발한 역전파 기법을 통해 뉴런 간의 연결을 조정하며 이 정보를 처리했다. 이것이 가장 어려운 과정이었다. 여기에는 반복적인 행렬 곱셈 연산이 포함되었기 때문이다. 과학자들은 이 연산을 상상조차 할 수 없을 정도로 거대한 루빅스 큐브를 푸는 것에 비유하곤 했다. 이전까지 신경망을 훈련시키려는 모든 시도가 항상 이 지점에서 한계를 맞이했다. 하지만 알렉스에 게는 쿠다가 있었다. 지포스 GPU의 병렬 아키텍처를 활용해 이 복잡한 연산 문제를 해결할 수 있었다. 단 몇 분의 몇 초 만에 수학적 연산이 끝나고, 신경망은 두 번째 이미지를 보게 되었다. 그다음 세 번째, 네 번째…, 수천 개, 수백만 개의 이미지가 신경망에게 제 시되었다.

신경망이 이미지를 본다는 것은 실제로 빛을 처리한다는 의미가 아니었다. 신경망은 픽셀 배열의 위치와 색상을 나타내는 일련의 숫자들을 입력받았다. 그 후 신경망은 입력된 데이터를 기반으로, 서로 다른 해석 계층에 할당된 시냅스 가중치를 나타내는 수치 데이 터(숫자 행렬)를 업데이트해 나갔다. 이러한 방식 때문에 일부 회의론 자들은 신경망이 그저 수학 연산을 수행하는 것뿐이라고 주장했다. 그러나 이런 환원주의적 시각은 "인간의 망막이 하는 일은 그저 광 자와 상호작용하는 것뿐이다"라고 말하는 것이나 마찬가지였다.

훈련이 시작된 지 몇 분쯤 되었을 때, 알렉스의 신경망은 순전히 우연으로 처음으로 이미지를 올바르게 분류해 냈다. 이를테면 그것 이 화분이었다고 해보자. 이 작은 성공은 신경망 내부에서 엄청난 규모의 행렬 곱셈 연산을 촉발시켰다. 역전파 알고리즘이 뉴런들에 게 '화분'이라는 것이 침팬지, 당구대, 덤프트럭과 어떻게 다른지 전달하려 했기 때문이다. 하지만 이 성공으로 얻은 학습 효과는 미미했다. 예를 들어 다음에 쓰레기통을 보여주면 신경망은 다시 화분이라고 추측할 가능성이 높았다. 그러나 만약 다음 이미지가 고래상어처럼 전혀 다른 형태의 사물이라면, 신경망은 적어도 화분과 고래상어가 다르다는 사실만큼은 구별할 수 있게 되었다.

이 과정은 하루 24시간, 수백만 번 반복되었고, 알렉스의 침실은 초고속 진화의 실험장이 되었다. 신경망을 훈련하는 과정은 경이로운 일이었다. 알렉스의 신경망은 여러 계층으로 이루어져 있었고, 각 계층은 점진적으로 데이터의 서로 다른 특징을 구별하는 법을 배워나갔다. 어떤 계층은 모양을 학습했고, 다른 계층은 색상을 배웠고, 또 다른 계층은 대칭의 중요성을 익혔다. 그리고 각 계층은 서로 얽힌 정보의 흐름을 통해 하나의 통합된 유기적 구조로 결합되었다. 잠자리, 모래시계, 몽구스, 컨테이너선, 비행선, 지팡이 같은 새로운 이미지가 등장할 때마다 정보의 촉수들은 끊임없이 재조정되었고, 신경망은 점점 더 현실을 정밀하게 반영하는 거울로 변해 갔다.

지포스 GPU의 냉각팬은 끊임없이 돌아갔고, 약 44데시벨의 소음을 냈다. 귀가 멍멍할 정도의 소음은 아니었지만, 알렉스의 밤잠을 방해할 정도이기는 했다. 시간이 흐르면서 신경망의 이미지 인식 성공률이 조금씩 상승했다. 처음 0%에서 시작해 1%, 10%, 40%, 60%로 올라갔고, 80%에서 안정되었다.

완성된 신경망에는 여전히 약점이 있었다. 특히 인간이 사용하는 도구를 구별하는 데 어려움을 겪었다. 예컨대 주걱과 손도끼를 제대로 구분하지 못했다. 알렉스는 이를 더 조정할 수도 있었지만, 당시 다른 어떤 이미지 인식 기술도 70%를 넘은 적이 없었다. 그래서 이를 검증해 보고 싶었다. 마침 스탠퍼드 대학교의 페이페이 리가 이끄는 이미지넷 연구팀은 매년 AI 이미지 인식 대회를 개최하고 있었다. 알렉스는 자신의 모델이 실제로 경쟁력을 갖추었는지 확인하기 위해, 지난해 대회 데이터를 입력해 보았다. 이 데이터는 알렉스의 신경망이 한 번도 본 적 없는 것이었다. 그리고 결과는 압도적이었다. 신경망은 지난해 참가한 모든 경쟁 모델을 가볍게 눌렀다.

기존 질서를 무너트린 슈퍼비전

머신러닝 분야에서는 이미지넷처럼 라벨링된 데이터셋을 이용한 훈련을 '지도 학습supervised learning'이라고 불렀다. 그래서 알렉스 크리제브스키는 자신의 신경망을 슈퍼비전SuperVision이라고 명명했다. 제프리 힌턴과 일리야 수츠케버는 슈퍼비전의 결과에 몹시 충격을 받았다. "GPU가 등장했을 때, 그건 마치 기적 같았습니다." 일리야는 10년이 지났음에도 흥분을 감추지 못하며 말했다.

　최적의 환경이라면 이론상 2개의 지포스 카드는 초당 3조 회의 연산을 수행할 수 있었다. 계산해 보면, GPU는 불과 일주일 만에 개별 연산을 100경(10^18) 회 수행한 셈이었다. 인간이 1000억 년 동안 계산해야 할 분량이 고작 일주일 만에 슈퍼비전이라는 인공 신경망에 집약된 것이었다. "쿠다 없이 머신러닝을 한다는 건 너무 골치 아픈 일이었을 겁니다." 제프리 힌턴은 말했다.

알렉스 크리제브스키는 슈퍼비전을 세상에 알리는 방법으로 2012년 이미지넷 대회에서 우승하는 것을 택했다. 대회를 앞둔 몇 주 동안 제프리 힌턴과 일리야 수츠케버는 들뜬 마음으로 토론토 연구실을 이리저리 서성였다. 제프리 힌턴은 당시를 이렇게 회상했다. "우리가 이길 거라는 걸 알고 있었어요."

그들은 머지않아 온 세상이 경험하게 될 새로운 감정을 처음으로 경험하고 있었다. 그건 세상을 놀라게 만들 AI 기술을 대중에 공개하기 전에 미리 엿보는 짜릿한 전율이었다. 슈퍼비전이 세상에 미칠 영향을 두고 연구자들은 자율 로봇과 자율주행 자동차, 스스로 코드를 작성하는 컴퓨터에 대해 논의했다. 당시 그들에게 AI는 진보를 위한 긍정적인 도구였다. 적어도 그때까지는 말이다. 그리고 토론토 연구팀은 또 다른 사실을 깨달았다. 그건 슈퍼비전이 엔비디아의 GPU 덕분에 탄생했다면, 이제 엔비디아가 슈퍼비전 덕분에 더 큰 혜택을 보게 될 것이라는 점이었다. 신경망이 요구하는 병렬 컴퓨팅 능력은 끝이 보이지 않을 정도로 계속 증가할 것이기 때문이었다. "우리는 대회에 제출하기도 전에 이미 확신하고 있었어요. 앞으로 과학적 연산의 상당 부분이 머신러닝으로 넘어가게 될 것이라는 사실을 말입니다." 제프리 힌턴이 말했다.

페이페이 리는 슈퍼비전이 내놓은 결과를 처음 보았을 때, 그것이 오류가 아닌지 의심했다. 이미지넷 대회는 자신의 노력이 가치 있음을 지도교수들에게 증명하려는 시도였다. 하지만 참가자 수는 점차 줄어들었다. 2010년에 35개 팀이 참여한 이후 2011년에는 15개 팀으로 줄었고, 2012년에는 겨우 7개 팀이 참여했다. 대회가 다음 해에도 지속될 수 있을지조차 불확실한 상황이었다.

그런데 그 7개 팀 중 하나가 80% 이상의 성공률을 기록했다. 이는 당시 최첨단 기술보다 10%나 높은 수치였다. 이 분야에서의 성능 향상은 보통 소수점 단위로 이루어졌기에, 전례가 없는 일이었다. 더욱 놀라운 것은, 이 승자가 신경망 기술을 사용했다는 점이었다. 페이페이 리는 신경망을 이미 박물관에나 있을 법한 기술로 여겼다. 그는 회고록에서 이 순간을 이렇게 회상했다. "마치 혼다 시빅이 시속 100마일(160㎞) 차이로 지상 속도 기록을 깨뜨렸다는 이야기를 듣는 것 같았다."

중국에서 태어난 페이페이 리는 10대 때 뉴저지로 이민을 왔다. 고등학교 시절 미국 문화에 적응하는 데 어려움을 겪으면서도 부모의 세탁소 일을 도왔다. 다소 몽상가적인 성향이던 그의 진로에 영향을 준 사람은 다정한 수학 선생님이었다. 그 선생님은 그의 학문적 잠재력을 발견했고, 페이페이 리의 학업 성취도 향상을 격려해 주면서 이끌어주었다. 그의 지도 덕분에 그는 프린스턴 대학교에서 전액 장학금을 받을 수 있었다. 그는 물리학을 전공했고, 전기공학으로 전공을 바꿔 박사 학위를 받았으며, 그 과정에서 기계가 보는 법을 가르치겠다는 꿈을 품게 되었다.

하지만 막상 실제로 '볼 수 있는' 기계를 마주하게 되자 그것이 현실이라는 사실을 믿기 어려웠다. 그는 연구원들에게 결과를 다시 확인하라고 지시했다. 제프리 힌턴은 당시의 상황을 이렇게 설명했다. "결과를 다시 확인한 연구원도 처음에는 버그가 있다고 생각했습니다"

다시 검토해 보고도 여전히 확신이 서지 않았던 페이페이는 자신의 논문 지도교수를 찾아갔고, 그 지도교수는 제프리 힌턴에게 이메일을 보내 결과를 100% 확신할 수 있는지 물었다. 제프리 힌턴은 "결과가 정확하다는 것을 그가 믿을 때까지 여러 번 확인해 줘야 했어요"라고 말했다.

페이페이는 점차 현실을 받아들였다. 사라져가던 AI 대회가 이제 막 '미스 유니버스'를 탄생시킨 것이었다. 공식적인 이미지넷 대회 결과는 2012년 10월에 발표되었고, 같은 달 말 이탈리아 피렌체에서 열리는 NIPS(지금의 NeurIPS) 학회에서 연구자들이 각자의 모델을 발표할 예정이었다. 출산한 지 얼마 되지 않았던 페이페이는 원래 이 행사에 참석하지 않을 예정이었다. 하지만 그는 슈퍼비전의 결과를 보고 마음을 바꿨다. 이 기술을 만든 천재를 반드시 만나야 했다.

그는 피렌체로 날아갔다. 하지만 알렉스 크리제브스키는 그의 문자에 답하지 않았다. 그는 아예 오지 않은 걸까? 아니면 우피치 미술관에서 길이라도 잃은 걸까? 하지만 학회 당일 아침, 알렉스 크리제브스키는 별다른 연락도 없이 불쑥 나타났다. 그는 헐렁한 지퍼 달린 스웨트셔츠를 입은 채, 검은 뿔테 안경을 쓰고 있었으며, 머리는 부스스했다. 페이페이 리는 깜짝 놀랐다. '이 사람이 그 설계자라고?' 그의 눈에 알렉스는 10대처럼 보였기 때문이었다. 두 사람은 어색하게 인사를 나눴다. 페이페이 리는 자유분방한 기조 연설자의 등장에 안도감을 표한 다음, 연락이 되지 않아 애태웠다는 속내를 털어놓았다. 알렉스 크리제브스키는 사과의 말을 중얼거렸다.

알렉스는 그날의 마지막 발표자였다. 그의 발표 수준은 그가 제시한 연구 성과의 중요성에 반비례했다. 발표를 시작하자마자 그의 목소리는 날카롭고, 비음이 섞인 톤으로 갈라졌다. 그는 당황한 듯 눈을 내리깔고는 신경질적으로 기침을 했다. 알렉스는 고개를 거의 들지 않은 채 흑백 슬라이드 몇 장을 빠르게 넘기며 발표를 이어갔다. 그중 한 슬라이드에는 슈퍼비전의 사양이 적혀 있었다. 뉴런 65만 개, 매개변수 6,000만 개, 뉴런 간 시냅스 연결 6억 3,000만 개.* "사실, 이 모델을 제 침실에서 훈련시켰어요." 알렉스는 청중을 향

---

* 뉴런(노드)이 많다는 것은 더 복잡한 패턴을 학습할 수 있다는 의미이며, 매개변수가 많을수록 더 많은 정보를 저장하고 학습할 수 있지만, 연산량도 많아진다. 또한 시냅스 연결 수가 많을수록 정보 전달 경로가 복잡해지고 정교한 학습이 가능하다. 즉 슈퍼비전이 기존 모델보다 훨씬 더 규모가 크고 강력한 신경망이었음을 보여주는 수치이다.

해 말했다. 그리고 이렇게 덧붙였다. "침실에서 훈련한 모델치곤 꽤 크죠."

알렉스 크리제브스키는 자신이 컴퓨터 과학에 혁명을 일으켰다는 어떤 암시도 없이 짧은 발표를 마쳤다. "이게 전부입니다. 제가 준비한 건 여기까지예요." 그의 담담한 말이 끝나자 곧장 예상치 못한 적대적인 질문들이 쏟아졌다. 아니, 어쩌면 그건 예상된 반응이었을지도 모른다. 알렉스의 발표가 의미하는 바는 명백했다. 그것은 바로 지금까지 AI 연구자들이 만들어온 복잡한 수학적 모델은 이제 전부 쓸모가 없다는 뜻이었다. 동시에 그건 그 자리에 앉아 있던 학자들이 지금까지 해온 모든 연구가, 어쩌면 인생 전체가 부정당한 것이나 다름없었다. 어떤 이들에게는 수십 년간 쌓아온 연구가 무용지물이 될 상황이었다. 알렉스를 괴롭히는 질문이 이어진 지 몇 분이 지났고, 페이페이 리가 나서서 쏟아지는 비판을 멈추게 했다. 다른 연구자들은 마치 AI 경쟁에서 이 괴짜 같은 내성적인 남자에게 패배한 좌절감을 해소하려는 듯 보였다.

알렉스넷, 패러다임의 전환

피렌체에서의 반응과 달리 AI 연구 커뮤니티는 슈퍼비전의 결과를 적극적으로 받아들였다. "많은 중진 연구자들이 거의 즉각적으로 '이 결과는 놀랍다, 우리가 틀렸다, 신경망이 실제로 작동한다'라고 인정했어요." 제프리 힌턴이 말했다.

이듬해인 2013년 이미지넷 대회에는 신경망 기반의 모델이 쇄도했고, 2014년에는 출전한 40여 개 팀이 모두 신경망 방식을 사용했다. 슈퍼비전 네트워크에 대한 논문[*]은 알렉스 크리제브스키, 일리야 수츠케버, 제프리 힌턴이 공동 저자로 발표되었다. 이 논문은 현재까지 15만 회 이상 인용되며 컴퓨터 과학 역사에서 기념비적인 연구 중 하나로 자리 잡았다. 알렉스는 여러 중요한 프로그래밍 기법을 개척했다. 하지만 그가 발견한 가장 중요한 사실은 단 하나였다. 그건 GPU로 신경망을 훈련시키면 CPU보다 수백 배 빠르게 학습시킬 수 있다는 점이었다.

구글Google에서는 폴란드 출신 연구자 보이치에흐 자렘바Wojciech Zaremba가 슈퍼비전을 재현하는 임무를 맡았다. 그의 네트워크인 워즈넷WojNet이 업계 전반으로 퍼지기 시작하자, 제프리 힌턴은 알렉스 크리제브스키가 자신의 연구 성과를 제대로 인정받지 못할까 봐 걱정했다. 그는 슈퍼비전의 이름을 알렉스의 기여도를 강조할 수 있는 방향으로 바꿀 것을 권유했다. 하지만 알렉스는 그런 일에는 전혀 관심이 없었다. 제프리 힌턴은 이렇게 말했다. "알렉스는 브랜드 같은 것은 신경 쓰지 않았죠." 알렉스는 그 작업이 의미가 있는

---

[*] 이 논문은 '심층 합성곱 신경망을 이용한 이미지넷 이미지 분류ImageNet Classification with Deep Convolutional Neural Networks'라는 제목으로 발표되었다.

지 의문을 가지면서도 제프리의 의견을 따랐다. 그때부터 슈퍼비전은 '알렉스넷AlexNet'으로 불리게 되었다.

하지만 제프리 힌턴의 걱정은 기우가 되었다. 빅 테크기업들이 갑자기 토론토 대학교 컴퓨터과학과에 높은 관심을 보이기 시작했다. 자금 부족의 시대는 끝났다. 알렉스넷팀에 애퀴하이어acqui-hire . 제안이 쏟아졌다. 하지만 알렉스넷팀은 일리야 수츠케버의 강력한 주장을 받아들여 'DNN리서치DNNresearch'라는 스타트업을 설립했다. 제프리 힌턴, 알렉스 크리제브스키, 일리야 수츠케버가 각각 3분의 1씩 지분을 나누어 가졌다. 이 회사에는 고객도 없었고, 이사회도 없었고, 수익도 없었다. 심지어 웹사이트조차 없었다. 하지만 이들에게는 신경망의 암호를 풀어낸 세 사람의 두뇌, 바로 그것이 있었다. 그것만으로도 DNN리서치는 이미 엄청난 가치를 지니고 있는 셈이었다.

실제로도 그것만으로 충분했다. 2012년 12월, 한 연구 컨퍼런스에 참석한 제프리 힌턴은 이메일을 통해 DNN리서치를 매각하는 경매를 진행했다. 알렉스넷팀은 레이크 타호 언저리에 위치한 호텔의 7층 객실에 캠프를 차렸다. 그들은 곧 엄청난 부가 실현될 것을 예상하고 있었다. 마이크로소프트와 런던에 기반을 둔 AI 스타트업 딥마인드DeepMind가 초기 입찰에 참여했다. 하지만 두 회사

• 인수acquisition와 고용hiring의 합성어. 인적 자원을 흡수하기 위해 진행하는 작은 기업 인수를 가리킨다.

모두 몇 차례의 라운드를 거치며 물러났다. 그 결과 최종적으로 구글과 중국의 거대 IT 기업 바이두Baidu 간의 입찰 전쟁으로 좁혀졌다. 입찰가가 2,000만 달러를 넘어가자, 세 연구자는 가끔씩 창가로 다가가 눈이 살짝 덮인 시에라네바다 산맥의 숲을 감상하며 여유를 즐겼다.

마침내 구글이 4,400만 달러를 제안했을 때 제프리 힌턴은 나머지 두 사람의 동의를 받아 경매를 중단하고, 그 제안을 받아들였다. 세 사람은 구글이 바이두보다 문화적으로 더 자연스럽고 적합하다고 생각했다. 알렉스 크리제브스키가 자신의 방에서 훈련시킨 알렉스넷 신경망은 이제 라이트 형제의 비행기나 에디슨의 전구와 같은 반열에서 언급될 수 있었다. 제프리 힌턴은 말했다. "그 순간은 일종의 빅뱅과 같았어요. 패러다임 전환이었죠."

PART

2

엔비디아,
AI 혁명의 미래

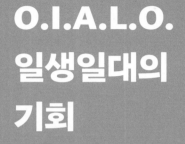

O.I.A.L.O.
일생일대의
기회

12

O.I.A.L.O.

브라이언 카탄자로^{Bryan Catanzaro}는 엔비디아 사무실에서 눈에 확 띄었다. 그는 과학, 기술, 공학, 수학(STEM) 분야의 엔지니어들 사이에서 몽상가였다. 긴 머리에, 어릿광대처럼 차려입었으며, 개성 강한 안경과 요란하고 촌스러운 셔츠를 즐겨 입었다. 그와 처음 대화를 나눴을 때, 그는 JPEG 압축 아티팩트^{artifacts} •로 장식된 무지개 티셔츠를 입고 있었고, 두 번째 만났을 때는 올빼미가 수놓인 스웨터를 입고 있었다. 그는 인내심이 많고 친절했으며, 부드럽고 온화한 목소리로 이야기했다. 내가 만난 엔비디아 엔지니어들 중에서 그는 유일하게 인문학 학위를 가진 사람이었다.

브라이언 카탄자로는 모르몬교 신자로 자랐고, 고등학교를 졸업

• 압축으로 인해 생긴 고르지 않거나 얼룩진 부분

한 지 1년 후, 선교사가 되어 시베리아에서 활동하기 시작했다. 그리고 그 뒤 2년간 러시아어로만 말했다. "정말, 정말 빠져 있었죠." 그곳에서 《죄와 벌》을 원어로 읽었는데 실존주의 철학에 입문한 그에게 감동적인 경험이었다. 이후 브리검영 대학교로 돌아와 러시아 문학 학위를 취득했다. "가장 좋아하는 작가는 당연히 도스토옙스키입니다." 브라이언은 말했다. "도스토옙스키, 톨스토이, 푸쉬킨, 이 세 사람이 내게는 최고의 작가입니다."

그는 컴퓨터공학도 공부하여 학위를 땄다. 사실 그는 자신의 문학 학위가 경제적으로 어떤 가치가 있는지 잘 알고 있었다. 2001년 여름, 인텔에 인턴으로 채용되었다. 인턴십에서 그에게 주어진 실습 과제는 초당 100억 번의 신호를 보낼 수 있는 마이크로칩을 설계하는 것이었다. 처음 그는 계산을 해본 후, 이 문제가 함정이라고 결론 내렸다. 그런 칩은 결코 만들 수 없었다.

브라이언 카탄자로는 자신의 분석 결과를 선임 엔지니어들 앞에서 발표했다. 하지만 그의 상사는 말했다. "브라이언, 당신의 계산이 잘못된 게 분명해. 이건 인텔의 로드맵에 포함된 기술이야." 브라이언은 충격을 받았고, 다시 한번 자신의 계산을 철저히 검토했지만 오류를 찾을 수 없었다. 트랜지스터가 너무 작아지고 있었고 무어의 법칙이 한계가 다다르고 있었으나, 인텔은 이를 무시하고 있었다. 당시에 대해 브라이언은 이렇게 말했다. "그러니까, 나는 그냥 인턴이었잖아요? 하지만 전통적인 컴퓨터 아키텍처가 벽에 부딪히고 있다는 걸 이미 알 수 있었어요."

브라이언 카탄자로는 이를 해결하기 위해서는 마이크로칩을 처음부터 새롭게 설계해야 한다고 확신했다. 그래서 2000년대 중반, 동료들과 함께 UC 버클리 병렬 컴퓨팅 랩을 공동 설립했다. 이후 병렬 컴퓨팅을 활용하는 기존 애플리케이션의 목록을 정리했고, 그 목록을 검토하면서 비즈니스 측면에서 병렬 컴퓨팅의 한계가 명확하다는 것을 확인했다. 즉 엄청난 연산 능력에 대한 수요가 아무리 크다고 해도, 고객 수요는 한계가 있었다. 예컨대 일단 유전 탐사자에게 슈퍼컴퓨터를 판매하면, 이후 몇 년간 추가 수요가 생기지 않는다. 브라이언은 컴퓨팅 파워를 아무리 투입해도 결코 충족되지 않는 애플리케이션이 필요하다고 생각했다. 3D 그래픽처럼 처음에 필요하던 컴퓨팅 성능이 충족되더라도, 기술이 발전할수록 점차 더 강력한 성능을 요구하는 분야가 필요했다.

결국 그는 병렬 컴퓨팅의 결정적인 활용 분야, 킬러 앱이 무엇인지 결론을 내렸다. 그는 이렇게 설명했다. "그 답은 AI였어요. AI를 밑바닥에서부터 접근했어요. 알고리즘이나 수학적 모델이 아닌 회로 관점에서 출발했죠. AI가 컴퓨터 하드웨어의 발전을 이끄는 핵심적인 애플리케이션이 될 것이라고 생각했어요."

하지만 브라이언의 지도교수들은 AI 연구를 선뜻 지지하지 않았다. 많은 컴퓨터 과학자들에게 AI를 구축하려는 시도는 마치 전설 속 괴물인 빅풋Bigfoot을 찾는 것처럼 터무니없어 보였다. 특히 신경망은 주류 연구자들 사이에서 거의 경멸에 가까운 눈총을 받고 있었다. 브라이언은 이렇게 설명했다. "당시 전반적인 분위기는 '컴퓨팅 산업에는 괴짜들이 많아. 괴짜들은 오래된 방식에 집착하고 있는데, 그건 정말 기묘한 데다가 돌아가지도 않는 방식이란 말이야'라는 거였죠."

그는 이 이야기를 하면서 어깨까지 내려오는 머리카락을 손가락으로 쓸어내리고는 고개를 흔들었다. 당시의 답답했던 상황이 떠오른 듯했다. 누구보다 먼저 AI와 병렬 컴퓨팅을 결합해야 한다는 통찰을 얻었지만, 지도교수들은 그가 올바른 도구를 사용하도록 이끌어주지 않았던 것이다.

그는 병렬 컴퓨팅 대신 복잡한 수학에 매달려 별로 흥미롭지 않은 논문을 몇 편 발표했다. 그 사이 박사 과정을 밟으며, 생계를 꾸려야 했다. 아내와 세 아이가 있었고, 그의 가족은 대학원생의 수입으로 샌프란시스코 베이 지역에서 생활했다. 생활이 막막해진 그는 신청할 수 있는 모든 기업의 펠로우십에 지원했다. 그 결과 6년간 8개 인턴십을 전전하며, 가족이 집에서 쫓겨나는 것을 간신히 면할 정도의 수입을 얻었다. 하지만 이 경험 덕분에 브라이언 카탄자로는 실리콘밸리 거대 기업들의 내부를 직접 들여다볼 수 있었다. 이건 의외의 소득이었다.

먼저 브라이언은 다시 인텔로 갔다. 당시 인텔은 엔비디아가 위협적인 존재라는 사실을 인식하고 있었다. 브라이언은 라라비 프로젝트Project Larrabee에 투입되었는데, 이 프로젝트는 인텔 내부에서 '지포스 킬러'라고 부르는 그래픽칩을 개발하는 작업이었다. 하지만 이런 자신감은 헛된 것이었다. 라라비 칩은 내부 갈등으로 인해 출시가 계속해서 지연되었고, 결국 시장에 나오지 못하고 폐기되었다. 브라이언은 인텔 경영진이 컴퓨팅 기술 발전에 대한 열정이 없다고 생각했다. "그들에게 인텔은 그냥 비누를 만드는 공장이나 다름없었어요."

그 후 그는 샌디에이고에 본사를 둔 칩 설계 회사 퀄컴에서 인턴십을 했다. 퀄컴은 현대 휴대전화 인프라의 상당 부분을 구축한 기업이었다. 회사 운영은 체계적이었고 급여도 좋았지만, 브라이언은 이 회사가 경쟁사를 노골적으로 깎아내리는 태도에 거부감을 느꼈다. "그들은 계속해서 엔비디아가 끔찍한 직장이라고 말했고, CEO인 젠슨 황은 폭군 같은 존재라고 이야기했어요."

하지만 이는 엔비디아에서 자신이 직접 경험한 바와 달랐다. 물론 앞서 소개한 "젠슨 황과의 소통은 전기 소켓에 손가락을 집어넣는 것과 같다"라고 말한 사람이 바로 브라이언 카탄자로이다. 그렇긴 하지만, 그는 젠슨이 단순히 비누를 만드는 사람이 아니라는 점을 강조했다.

젠슨 황은 컴퓨팅에 대한 열정이 누구보다 강했고, 병렬 컴퓨팅과 AI의 융합이 다가오고 있다는 점을 설득할 수 있는 대상이 있다면 그건 바로 젠슨 황일 것이라고 생각했다. 브라이언 카탄자로는 2011년 박사 학위를 받은 후, 엔비디아를 선택했다.

브라이언 카탄자로는 엔비디아 리서치에서 커지고 있던 빌 댈리의 연구팀에 합류했다. 브라이언은 이 부서 근무에 대해 대학원 생활과 비슷했다면서 다른 것이 있다면 더 컸고, 더 나은 곳이라고 말했다. 이 연구팀은 학문적 분위기가 강했고, 연구자들은 자신이 열정을 가진 분야를 자유롭게 탐구할 수 있었으며, 다른 기업 연구 그룹과의 협력도 장려되었다.

빌 댈리는 많은 연구 결과를 학술지에 공개적으로 발표했고, 금전적 보상이 없어도 연구 성과를 공유했다. AMD, 인텔의 엔지니어들과 함께 공동으로 논문을 집필하기도 했다. 그의 이런 개방적인 태도는 여러 사람을 놀라게 했고, 때로는 엔비디아 내부에서도 탐탁지 않게 여겨졌다.

하지만 빌 댈리는 장기적인 전망으로 게임을 하고 있었다. 그는 자신의 연구를 공개적으로 알리는 것이 최고의 과학자들을 끌어들이는 데 더 효과적이라고 생각했다. "우리 논문을 보면 최고의 연구자들이 우리 회사에 합류하고 싶어질 거야. 연구의 질이 우리 스스로를 증명해 줄 테니까."

그 말은 맞았다. 사실 그렇게 유입된 연구자 중 한 명이 브라이언이었다. 그는 처음에는 프로그래밍 언어를 연구하는 임무를 맡았다가, 곧 엔비디아의 첫 번째 AI 전담 연구원이 되었다. 당시 빌 댈리는 신경망 기술의 발전에 대한 소문을 듣고 있었고, 이를 간과할 수 없는 분야라고 판단했다. 그는 2012년에 브라이언을 자신의 옛 동료인 스탠퍼드 대학교의 앤드류 응Andrew Ng 교수에게 보냈다. 앤드류 응은 당시 구글 마운틴뷰 캠퍼스에서 알렉스넷과 유사한 기술을 개발하고 있었다. 다만 그는 기존의 전통적인 컴퓨팅 아키텍처를 활용하고 있었다. 이는 비용이 많이 드는 방식이었다. 앤드류 응은 2,000개의 CPU로 구성된 클러스터를 활용해 유튜브 동영상 1,000만 개의 섬네일을 신경망에 입력했다.

그들의 목표는 신경망이 고양이를 식별하는 방법을 학습시키는 것이었다. 이 프로젝트는 막대한 비용이 들었고 전력 소모도 엄청났지만, 훈련 과정이 끝났을 때 앤드류 응의 신경망은 고양이의 형질에 대한 뚜렷한 내적 개념을 형성했다. 그는 결과를 정리해서 언론에 배포했다.

2012년 6월 〈뉴욕 타임스〉는 컴퓨터가 만든 고양이 이미지에 관한 기사를 대대적으로 보도했고, 이 기사는 널리 회자되었다. 빌 댈리는 이에 관심을 가졌다. 하지만 그가 주목한 것은 신경망이 동물을 인식할 수 있다는 사실이 아니라, 이를 해내기 위해서 엄청난 연산이 필요했다는 점이었다. 그는 브라이언 카탄자로에게 엔비디아 하드웨어를 사용해 같은 실험을 반복하도록 지시했다. 브라이언은 단 12개의 GPU만으로 동일한 결과를 얻어냈다.

상황이 빠르게 돌아가기 시작했다. 다들 실리콘밸리로 몰려들고 있었다. 딥러닝 스타트업 DNN리서치를 구글에 매각한 후 알렉스 크리제브스키, 제프리 힌턴, 일리야 수츠케버는 마운틴뷰로 이주하여 본격적인 병렬 컴퓨팅 혁명을 일으켰다. 구글은 알렉스에게 구글의 방대한 CPU 클러스터를 사용하도록 제안했지만, 그는 이를 거절했다. 대신에 일반 PC와 소매용 엔비디아 그래픽카드를 몇 개 구입해 사무실 옷장에 설치했다. 곧이어 구글의 다른 연구원들도 당시 세계에서 가장 큰 민간 컴퓨터 네트워크 중 하나인 구글의 거대 데이터 센터에서 벗어나 책상 아래에 게임용 하드웨어를 설치하고 실험을 진행하기 시작했다.

　브라이언 카탄자로는 무언가 심상치 않은 기류를 감지했고, 엔비디아에 더 많은 자원을 요청했다. 하지만 그의 요청은 처음에는 거절당했다. 사람들이 보기에는 섬세한 성격에, 인문학 학위를 가지고 있는 그가 엔비디아에 딱 맞는 이상적인 직원은 아니었기 때문이다. 브라이언은 이렇게 말했다. "엔비디아에서 내 성과 평가는 그리 좋지 않았어요. 연봉도 별로 좋지 않았고요." 그러나 그는 물러서지 않았다. 혼자서 풀타임으로 cuDNN을 개발하기 시작했다. 이는 쿠다 플랫폼에서 신경망 개발을 가속하는 소프트웨어 라이브러리였다.

　처음에는 고전의 연속이었다. 브라이언은 연구자였지만 실무 소프트웨어 엔지니어링 경험이 전무했다. 게다가 넷째 아이가 막 태어난 직후여서, 집에서 잠을 제대로 잘 수 없었다. 건강 문제도 있었고, 복용 중인 약 때문에 늘 머리가 멍한 상태였다. 그럼에도 마침내 2013년 초, cuDNN의 프로토타입을 엔비디아 소프트웨어 팀에 선보였다. 하지만 기대와 달리 혹평이 쏟아졌고, 그는 자신감을 잃기 시작했다. 그는 한숨을 쉬며 엔비디아의 악명 높은 평가 등급인, 'RI(개선 필요)'를 떠올렸다. 그가 말했다. "내 상사들은 제가 중요한 일을 하고 있다고 생각하지 않았던 것 같아요. 뭔가 제대로 굴러가지 않는 기분이었습니다."

브라이언은 결국 직접 젠슨 황에게 자신의 연구를 설명하기로 결심했다. 당시 머신러닝 기술은 젠슨의 관심사가 아니었다. 2013년 3월 열린 GTC에서 젠슨은 날씨 예측 모델링과 모바일 그래픽에 대해 이야기했지만, 신경망에 대해서는 전혀 언급하지 않았다. (그는 이 컨퍼런스에서 처음으로 가죽 재킷을 착용했다. 투박하고 볼품없는 디자인이었지만 그의 스타일이 서서히 변해가는 과정이었다.)

그런데 의외로 젠슨은 브라이언의 이야기에 즉각 흥미를 보였다. 첫 회의 이후 젠슨은 예정된 일정을 취소하고, AI 관련 자료를 읽는 데 주말을 할애했다. AI에 대해 잘 모르는 상태에서 이 분야를 직접 공부하기로 한 것이다. 얼마 지나지 않아 두 번째 회의를 했고, 브라이언 카탄자로는 놀라운 상황을 마주했다. 젠슨이 이제 신경망에 대해 자신만큼, 어쩌면 그 이상으로 많은 것을 알고 있었다.

쿠다에 대한 젠슨의 도박은 회사를 미지의 바다로 깊숙이 이끌었다. 지난 10년 동안 뱃머리에 서서 새로운 땅을 찾으려 애써온 그는 마침내 아틀란티스를 발견한 듯했다. 젠슨은 연구와 전화 회의에 몰두했고, 배울수록 흥분은 더욱 커졌다. 그리고 2013년 중반이 되자 거의 광적인 에너지를 뿜어냈다.

젠슨은 브라이언을 사무실로 쓰는 회의실로 불렀다. 그러고는 이렇게 선언했다. "cuDNN은 엔비디아의 20년 역사상 가장 중요한 프로젝트다." 벽에 붙어 있던 화이트보드에서 기존의 다이어그램이 모두 지워져 있었다. 그 자리에 젠슨의 완벽한 필체로 적힌 수수께끼 같은 하나의 문구만 남아 있었다. 'O.I.A.L.O.' 젠슨은 'Once in a Lifetime Opportunity(일생일대의 기회)'라는 뜻이라고 설명했다.

놀란 브라이언에게 젠슨은 사고실험 하나를 제안했다. "그는 엔비디아의 모든 직원 8,000명을 주차장으로 불러 모았다고 가정해보라고 했어요. 그러더니 그중 원하는 누구라도 제 팀에 합류시킬 수 있다고 했죠."

엔비디아는 이제 AI 회사입니다

원래 젠슨은 새로운 아이디어를 받아들이는 데 시간이 걸리는 사람이었다. 이에 대해 데이비드 커크는 이런 말을 전했다. "병렬 컴퓨팅을 도입할 때도 젠슨을 설득하는 데 꽤 오랜 시간이 걸렸어요. 쿠다도 마찬가지였죠. 사업적으로 확실한 논리를 내세워야 했어요." 하지만 AI에 대해서는 완전히 달랐다. 그는 마치 사도 바울이 다마스쿠스로 가는 길에서 계시를 받았던 것 같은 깨달음을 얻었다. 데이비드 커크는 이렇게 말했다. "젠슨은 그 누구보다 먼저 이해했어요. AI가 무엇이 될 수 있는지를 가장 먼저 본 사람이었죠. 정말로 가장 먼저 말입니다."

젠슨 황은 이에 대해 말할 때 기본 원리에서 출발해 추론했다면서 내게 이렇게 설명했다. "완전히 비정형적인 문제인 컴퓨터 비전computer vision•을 신경망이 해결할 수 있다면, '그럼 또 무엇을 가르칠 수 있을까?'라는 질문이 자연스럽게 따라오죠." 그에 대한 답은 명확했다. "모든 것을 가르칠 수 있다."

젠슨 황은 신경망이 사회를 혁신할 것이며, 쿠다를 활용해 필수 하드웨어 시장을 장악할 수 있다고 결론지었다. 그리고 그는 회사의 모든 것을 이 도박에 걸기로 했다. "그는 금요일 저녁에 이메일을 보내 '이제 우리는 모든 것을 딥러닝에 집중한다. 이제 우리는 더 이상 그래픽 회사가 아니다'라고 선언했어요." 엔비디아 개발자 프로그램 부사장 그렉 에스테스Greg Estes는 말했다. "그리고 월요일 아침이 되자 우리는 AI 회사가 되어 있었습니다. 정말 그만큼 빨랐어요."

이 이메일을 보내기 몇 달 전, 젠슨은 쉰 살이 되었다. 머리가 점점 희끗희끗해지고 있었지만, 그는 여전히 소년 같은 열정으로 회

• 이미지나 영상을 보고 사물을 인식하고 이해하는 기술

사 곳곳을 활보하며, 종종 주니어 직원들을 붙잡고 그들이 진행하는 작업에 대해 질문을 던졌다. 회사가 커지자 그는 분기마다 전 직원을 대상으로 한 프레젠테이션을 열기 시작했다. 젠슨은 자료 없이 한 번에 두 시간 넘게 이야기할 수 있었고, 발표 때마다 반복해서 강조하는 주제들이 있었다. 광속 일정 관리의 중요성과 동화 같은 제로-빌리언 달러 시장 개척, 무엇보다 점진적으로 스며드는 관료주의의 위험이었다.

엔비디아가 성장했지만 젠슨 황은 기민하고 민첩한 기업 구조를 유지했다. 고정된 부서나 위계가 없었다. 최고 경영진은 사실상 그 혼자였다. 최고운영책임자^{COO}, 최고기술책임자^{CTO}, 최고마케팅책임자^{CMO} 같은 직책도 없었고, 명확한 2인자도 없었다. 비서실장조차 두지 않았다. 대신 30명 이상이 직접 그에게 보고했다. 그들 중 대부분은 '부사장'이라는 포괄적인 직함 아래 유동적인 역할을 맡았다.

그가 브라이언 카탄자로와 한 주차장 사고실험은 회사가 언제든 변화무쌍하게 재조직될 수 있어야 한다는 경영 철학이 반영된 것이었다. 젠슨은 경영진이 모인 자리에서 이렇게 말했다. "나는 여러분 모두가 준비되어 있어야 한다고 생각합니다. 언제 갑자기 이 회사에서 가장 중요한 사람이 될지 아무도 모릅니다."

2014년 초, 회사에서 가장 중요한 인물은 단연 브라이언 카탄자로였다. 그는 조직 문화에 잘 맞지 않는 사람이었고, 성과 평가도 계속 좋지 않았다. 하지만 이제 엔지니어팀을 이끄는 위치에 있었다. 그는 cuDNN을 가장 본질적인 작업으로 압축했다. 그건 바로 진화를 가속화하는 것이었다. 인간의 뇌 조직에서 각 뉴런은 평균적으로 약 1,000개의 시냅스 연결을 유지한다. 뇌는 화학 작용을 통해 이러한 연결을 조정한다. 그리고 신경망은 행렬 곱셈을 통해 이를 조정한다. 행렬 곱셈은 하나의 격자에 있는 숫자들을 두 번째 격자와 결합해 세 번째 격자를 생성하는 연산이다. 새로운 격자를 채우는 규칙 자체는 단순하지만, 행렬의 크기가 커질수록 필요한 계산량이 기하급수적으로 증가한다. 이는 병렬 처리를 적용하기에 적합한 작업이지만, 신경망이 등장하기 전까지 엔비디아에서 행렬 곱셈은 우선순위가 아니었다.

쿠다의 행렬 곱셈 라이브러리를 수년간 관리해 온 핵심 인물은 필리프 반데르메르쉬Philippe Vandermersch였다. 그는 프랑스인으로 매일 자전거로 출근했다. 필리프는 이전 개발자들이 미완성 상태로 남겨둔 이 소프트웨어 패키지를 구해 낸 사람이었다. 이후 몇 년간 그는 기후 변화 연구자들에게 오래된 프로그래밍 언어인 포트란 Fortran 코드로 작성된 기후 시뮬레이션을 자신의 현대적 구현 방식으로 업그레이드하도록 설득하기 위해 노력했다. 하지만 그 노력은 번번이 실패했다. 대다수 과학자들은 그만큼 노력을 기울이려 하지 않았다. 그는 이렇게 말했다. "연구자들은 좀 게으른 면이 있습니다."

그러나 신경망의 경우에는 전환 비용이 없었다. 코드의 대부분이 처음부터 새로 작성되었고, 이는 속도를 최우선으로 여기는 뛰어난 개발자들이 만들고 있었다. 이들은 젠슨이 오랫동안 꿈꿔온 '파워 유저'들이었다. 신경망 커뮤니티가 쿠다를 중심으로 형성되면서, 이들은 엔비디아 칩의 평생 고객이 되었다. 필리프 반데르메르쉬는 젠슨과 브라이언의 '주차장 사고실험'에서 선택되어 브라이언의 팀에 합류했다. 그는 핵심 프로그래머로서 AI에 필요한 조건을 충족시키기 위해 함수 라이브러리를 최적화하는 작업을 맡았다. 적어도 그의 말에 따르면, 실제 기술적인 작업도 많이 했다. "브라이언이 cuDNN의 잡스였습니다. 그리고 나는 워즈니악이었죠."

시간이 흐르면서 엔비디아의 프로그래머들은 행렬 연산을 더 빠르게 처리하는 다양한 방법을 찾아냈다. 그들이 초기에 발견한 것 중 하나는 신경망의 가중치 대부분이 -1과 1 사이에 몰려 있다는 점이었다. 이 범위를 벗어나는 숫자는 종종 잘라내도 큰 문제가 없었고, 그렇게 함으로써 오히려 연산 속도를 높이고 데이터 크기를 줄일 수 있었다.

또한 -1에서 1 사이의 가중치도 반드시 정확하게 표현할 필요가 없다는 점도 알아냈다. 인간의 뇌와 마찬가지로 신경망의 뉴런들은 애매했다. 즉 완벽한 연결을 유지하는 것이 아니라 느슨한 시냅스 연결을 통해 작동했다. 그렇기 때문에 경우에 따라서는 가중치 값을 정확하게 계산하는 것보다 단순히 양수인지 음수인지 부호만 맞추는 것으로도 충분했다.

앞에서 소개한 것처럼 알렉스넷은 65만 개의 뉴런을 사용해 6억 3,000만 개의 시냅스 연결을 나타냈다. 이 정도 규모에서는 개별 시냅스 하나가 미치는 영향은 미미했다. 기존의 직렬 코드는 극도로 까다로워서, 세미콜론 하나라도 잘못 들어가면 운영체제 전체가 충돌할 수 있었다. 하지만 신경망에서는 잘못된 가중치 하나쯤은 수백만 개에 이르는 데이터 포인트 중 하나에 불과했다. 그래서 엔비디아의 프로그래머들은 cuDNN을 개발하면서 정확성과 속도 사이의 균형을 다시 조정했다. 그들이 판단하기에 좋은 신경망 소프트웨어는 정확성보다 속도를 우선시해야 했다.

알렉스넷의 신경망은 곤충의 뇌 정도 수준이었지만, 앞으로 등장할 신경망은 크기가 훨씬 클 것이었다. 규모가 커질수록 중요한 것은 단순히 학습 속도가 아니었다. 사용자가 빠르게 답을 얻을 수 있도록 하는 것도 그만큼 중요했다. (모든 답을 알고 있지만 한 시간에 한마디만 하는 예언자를 상상해 보라.) 이 추론 과정이 필요로 하는 연산 능력은 학습 단계보다 적었지만, 시간이 지날수록 cuDNN의 핵심 기능 중 하나로 자리 잡게 되었다.

젠슨 황은 브라이언 카탄자로의 연구가 진척되는 것을 깊은 관심을 가지고 지켜봤다. 젠슨은 브라이언의 성을 자주 잘못 발음했고, 그때마다 거듭 사과해야 했다.

엔비디아가 아닌 다른 대부분의 회사에서는 cuDNN 라이브러리 연구개발을 지속하기로 했다고 해도, 개발자인 브라이언이 아니라 경험 많은 제품 관리자에게 프로젝트를 넘겼을 것이다. 하지만 엔비디아에서는 이 일을 상용 소프트웨어를 한 번도 개발해 본 적도, 제대로 된 팀을 관리해 본 적도 없는 브라이언에게 맡겼다. 회사가 사활을 건 대표 제품의 책임을 맡긴 것이다.

사실 브라이언 카탄자로도 자신이 이 일의 적임자인지에 대해 의문을 가졌다. 특히 마감 기한이 다가올수록 그 의심은 더 커졌다. 젠슨은 혁신에 대해서는 충분히 보상했지만, 일정 지연에 대해서는 혹독했다. 브라이언은 이런 말을 하기도 했다. "젠슨과 항상 잘 지내기는 쉽지 않아요. 가끔은 젠슨이 무섭기도 했죠. 하지만 그가 나를 아낀다는 것도 알고 있어요."

출시일이 다가오자 브라이언은 또 다른 걱정을 하기 시작했다. 그는 자신의 상사가 오래된 함정에 빠지고 있는 것은 아닌지 염려했다. 병렬 컴퓨팅보다 실적이 더 나쁜 분야가 하나 있다면, 그건 바로 AI였다. 1950년대 이후 오랫동안 AI 기술은 기대를 잔뜩 모았다가 실망스럽게 무너지는 패턴을 반복해 왔다. AI 연구자라면 누구나 AI가 상업 시장에서 겪어 온 이런 일들을 트라우마처럼 안고 있었고, 이는 브라이언 역시 잘 알고 있는 사실이었다. 브라이언은 AI가 이번에도 투자자에게 실망감을 안겨줄까 봐 걱정했다. 하지만 젠슨에게는 그 어떤 말도 하지 않았다. 자신에게 주어진 이 기회가 너무나 매력적이었기 때문이었다.

이렇게 과거를 기억하고 있었던 브라이언과 달리 월 스트리트는 그렇지 않았다. AI 연구와 관련해 1980년대 전문가 시스템Expert System● 붕괴 이후 거의 30년이 지났다. 이제 오랫 동안 일한 주식

● AI 연구는 1980년대 '전문가 시스템' 붕괴 이후 한동안 침체기를 겪었다. 당시 AI 연구자들

애널리스트들만 그 일을 기억하고 있을 뿐, 웬만한 이들은 기억조차 하지 못했다. 그렇게 신경망에 대한 기대가 확산되면서 엔비디아의 주가가 올랐다. 스타보드 밸류는 더 이상 항의 서한을 보내지 않았다. 텐치 콕스는 이렇게 말했다. "그들은 투자금을 2배로 불리고 사라졌어요."

병렬 컴퓨팅과 AI의 이중나선

cuDNN는 2014년 초에 출시를 앞두고 있었다. 젠슨 황은 GTC 2014 무대에 올라 이 기술을 홍보했으며, 이로써 엔비디아는 창립 21년 만에 처음으로 AI와 공식적으로 연결되기 시작했다. 젠슨의 영향력은 점점 커지고 있었다. 젠슨은 앤드류 응의 신경망이 개념화한 고양이와 인간 얼굴을 보여주었다. 이어 엔비디아의 초기 AI 프로젝트들을 설명했다. 그리고 마침내 이름을 또다시 잘못 발음한 후, 브라이언 카탄자로에게 발표를 넘겼다. 브라이언은 알렉스넷의

은 전문가 시스템이라는 방식을 활용해서 특정 분야의 전문가처럼 사고하고 결정을 내리는 프로그램을 만들려고 했다. 이 시스템들은 주로 규칙 기반rule-based으로 작동했는데, 사람이 직접 입력한 수많은 'if-then' 규칙들을 사용해서 문제를 해결하는 방식이었다. 이 방식은 규칙 추가가 어렵고, 스스로 학습하는 능력이 없어 유연성이 부족했으며, 규칙의 양이 많아질수록 연산량이 기하급수적으로 증가해 당시의 컴퓨팅 성능으로는 감당하기 어려운 한계가 있었다.

변형 모델을 사용해 트위터에 올라온 개 사진의 품종을 실시간으로 식별했다. 신경망은 달마티안, 저먼 셰퍼드, 비즐라, 케언테리어를 정확히 구분해 냈다. (브라이언 카탄자로는 "저는 솔직히 케언테리어가 뭔지도 몰랐어요"라고 말했다.) 이 귀여운 강아지 사진들과 함께, 반복적으로 찾아오던 AI 겨울이 마침내 종식되었다.

젠슨 황은 프레젠테이션의 마지막 슬라이드에서 cuDNN의 베타테스트를 진행 중인 기업 파트너들을 공개했다. 여기에는 어도비Adobe, 페이스북Facebook, 넷플릭스Netflix가 포함되어 있었다. 구글은 없었다. 구글은 AI 분야에서 너무 중요한 고객이었기 때문에 공개적으로 언급할 수 없었다. 개 품종 식별 시연이 있기 몇 주 전, 구글은 런던 기반의 AI 기업 딥마인드를 인수했다. 딥마인드는 데미스 하사비스Demis Hassabis와 무스타파 술레이만Mustafa Suleyman, 셰인 레그Shane Legg가 공동 창업한 회사로, 세계 최초의 인공일반지능AGI, Artificial Gerneral Intelligence을 개발하고 인간의 인지 과정이라는 난제를 완전히 풀어내겠다는 야심찬 목표를 가지고 있었다. 당시 딥마인드는 알파고AlphaGo를 개발 중이었다. 이 신경망은 2016년 바둑기사 이세돌 9단과의 세기의 대결을 통해 AI 분야에서 오랜 숙제였던 바둑이라는 난공불락의 벽을 허물었다. 앤드류 응의 연구팀과 알렉스넷팀, 딥마인드를 보유한 구글은 이때 이미 AI 분야에서 독점적인 지위를 구축하고 있었다. 구글의 AI 연구가 확장되면서 연구자들은 GPU를 요구하기 시작했다.

2014년 말, 구글은 '맥 트럭 프로젝트Project Mack Truck'라는 비밀 프로젝트를 시작했다. 이는 세계에서 가장 강력한 병렬 컴퓨터를 구축하려는 시도였다. 시스템 완성에 엔비디아 GPU가 4만 개 이상이 필요했고, 투입 비용은 1억 3,000만 달러에 달했다. 이는 엔비디아가 단일 고객으로부터 받은 주문 중 사상 최대 규모였지만, 이조차 단지 시작일 뿐이었다. AI가 성공을 거두면서 길고 혹독한 겨울을 버텨온 병렬 컴퓨팅 역시 마침내 빛을 보게 된 것이다.

사람들은 나중에서야 딥러닝 혁명이 소프트웨어만큼이나 하드웨어의 혁명이기도 했다는 사실을 깨달았다. 이 혁명은 단 하나가 아니라 2개의 외면받고, 버려지고, 신뢰를 잃고, 자금난에 시달리던 기술이 결합함으로써 가능해졌다. 신경망을 병렬 컴퓨터에서 실행시키는 것. 이 두 기술은 서로 긴밀하게 연결된 DNA의 이중나선처럼 서로 밀접하게 연결되어 있었다. 그리고 이 새로운 존재는 세상의 모든 데이터를 집어삼킬 준비를 하고 있었다.

초지능,
인간보다
똑똑한 AI는
가능한가

Superintelligence

13

이 시기 젠슨 황의 변화가 눈에 띄기 시작했다. 이전까지 젠슨 황은 아무리 바쁘게 일해도 집에서는 한결 부드러운 모습을 유지했다. 그는 취미 생활을 위한 시간을 따로 마련했는데, 반려견과 위스키 컬렉션, 테슬라 로드스터와 코닉세그 슈퍼카를 포함한 고급 자동차 컬렉션 등이었다. 또 하와이 마우이 해변에 석양이 보이는 넓은 별장도 구입했다. 그는 그곳으로 친구들을 자주 초대했는데, TSMC의 창립자인 모리스 창도 가까운 사이가 되어 함께 시간을 보내곤 했다.

젠슨이 가장 열정을 쏟은 취미는 요리였다. 어느 해 생일에는 친구들이 그를 위해 포시즌스 호텔에서 미슐랭 스타 셰프에게 직접 요리 수업을 받을 수 있도록 자리를 마련해 주었다. 아침에 도착하자마자 그는 일종의 신고식을 치러야 했다. "진짜 셰프가 젠슨을 놀려댔어요." 옌스 호르스트만이 말했다. "그가 데니스에서 일한 경험이 있긴 하지만 이건 완전히 다른 레벨이었죠." 젠슨은 12시간 동안 쉬지 않고 주방에서 일했고, 오랜만에 상사의 호통을 듣는 입장이 되었다. 그리고 친구들에게 직접 저녁 식사를 대접한 뒤, 집으로 돌아가는 차의 조수석에 앉자마자 그대로 잠들어 버렸다.

하지만 엔비디아가 AI 분야로 나아가면서 젠슨은 취미를 하나씩 포기하기 시작했다. 장난기 어린 성격도 사라졌고, 탁구 연습을 멈췄으며, 좋아하던 철판 요리도 더 이상 하지 않았다. 심지어 친구들의 문자메시지에도 답장하지 않았다. 옌스 호르스트만은 이렇게 말했다. "그는 그냥 너무 너무 일에 깊이 파고들었어요. 오로지 일에만요. 이제 그가 이야기하는 건 오직 일뿐이었습니다."

젠슨은 일생에 단 한 번뿐인 기회가 주어졌다는 확신에 사로잡혔다. 'O.I.A.L.O'라는 약어가 모든 회의에서 반복적으로 언급됐다. 젠슨은 스무 살에 직장 생활을 시작한 이후, 30년간 매주 6일씩, 하루 12시간 동안 일하는 삶을 살아왔다. 그리고 50대가 된 지금, 자녀들이 모두 성장한 이후, 더욱더 치열하게 일하기 시작했다.

젠슨은 혼자 영화를 보며 휴식을 취하곤 했다. 그는 특히 '어벤져스 시리즈'를 비롯해 거액이 투입된 팝콘 무비를 선호했는데, 단순히 스토리를 즐기기 위해서가 아니라 시각효과CG가 어떻게 구현되었는지 완성도를 평가하는 데 큰 흥미를 느꼈다.

그런데 마블 팬 중에는 게이머가 많았고, 젠슨 황의 사진은 이미 '엔비디아 서브레딧'(엔비디아 관련 커뮤니티)에 여러 번 게시되었기 때문에 극장에서 그를 알아보는 사람이 점점 많아졌다. 관객들이 그에게 다가와 셀카를 요청하는 일이 잦아지자, 그는 한동안은 오전 10시 상영만 골라 다녔다. 하지만 그마저도 효과가 없었다. 결국 그는 극장에 가는 것을 완전히 포기했다.

특히 2014년 이후, 그의 인생에는 오직 일만 남았다. 오직 AI뿐이었다.

게임 부품 회사에서 첨단 AI 기업으로

2013년 엔비디아의 주가는 30% 상승했고, 2014년에는 27%가 올랐다. 그리고 2015년에는 66% 폭등하며, 마침내 2001년 이후 처음으로 역대 최고가를 갱신했다. 엔비디아가 S&P500 지수에 처음 편입되었던 2001년 엔비디아의 주가는 최고점에 도달했었다. 이 편입 시점은 중요한 의미를 가졌는데, 미국의 은퇴 자금을 운용하는 인덱스펀드들은 편입 다음 거래일에 해당 주식을 매입해야만 했기 때문이다. 하지만 엔비디아의 주가는 이후 14년간 큰 성과 없이 정체되어 있었고, 개인 투자자들은 엔비디아라는 종목을 믿고 투자했지만, 별다른 성과를 얻지 못했다. 하지만 이제 상황이 달라졌다. 그동안 인내하며 엔비디아를 지켜온 투자자들에게 마침내 보상이 돌아가기 시작했다.

겉으로 보기에 엔비디아는 여전히 게임 회사였다. 지포스 시리즈의 소매 판매가 대부분의 매출을 차지했기 때문이다. 그러나 월스트리트는 미래를 내다보며 엔비디아를 최첨단 AI 기업으로 평가하기 시작했다. 구글이 맥 트럭 프로젝트에 사용할 GPU를 대량 구매했고, 아마존, 오라클, 마이크로소프트 같은 주요 테크기업들에서도 이런 주문이 일어났다. 이들 '클라우드 서비스 제공업체'는 수만 개에서, 많게는 수십만 개의 GPU를 탑재한 하이퍼스케일 데이터센터를 구축한 뒤, 이를 기업 고객들에게 임대하는 새로운 비즈니스모델을 개척했다.

클라우드 서비스 제공업체들은 컴퓨팅 파워를 수도나 전기와 마찬가지로 공공재처럼 판매했다. 데이터센터들은 전 세계 곳곳의 별 특징이 없는 산업용 창고에 자리 잡고 있었다. 보안 검색대를 통과하고, 에어락 설비를 지나, 온도와 습도의 조절이 완벽하게 통제되는 데이터센터 내부로 들어가면, 도서관의 책장처럼 줄지어 서 있는 높이 7피트(2.1*m*) 높이의 랙^{rack}이 보였다. 각 랙에는 여러 개의 수평형 트레이^{tray}가 놓여 있고, 각 트레이에는 1~2개의 GPU가 장착되어 있다. 트레이는 모듈식으로 설계되어 있어 쉽게 업그레이드할 수 있다. 전체 시스템은 케이블로 연결되어 수백 개의 GPU가 하나의 컴퓨터처럼 작동할 수 있도록 구성되어 있다. 소규모의 CPU 코어가 시스템을 관리하고, 굵은 광섬유 케이블이 이를 외부 세계와 연결한다.

엔비디아는 직접 랙이나 트레이를 만들지 않았고, 데이터센터 자체를 구축하지도 않았다. 엔비디아가 공급하는 것은 오직 칩뿐이었지만, 그것만으로도 엄청난 수익을 올릴 수 있었다. 게다가 엔비디아는 이 시장에서 사실상 독점적인 지위를 누리고 있었다. 엔비디아는 자사의 칩 아키텍처에 유명한 과학자들의 이름을 붙였다. 큐리Curie와 테슬라Tesla, 페르미Fermi, 케플러Kepler, 맥스웰Maxwell, 파스칼Pascal, 튜링Turing, 볼타Volta, 암페어Ampere, 러브레이스Lovelace, 호퍼Hopper, 블랙웰Blackwell 등이었다. 이들 중 후기에 출시된 칩셋들은 AI 연산을 위한 전용 회로를 포함했고, 이에 따라 데이터센터의 트레이는 지속적인 업그레이드가 필요했다. 엔비디아 칩의 업그레이드 주기인 6개월마다 머신러닝 선도 기업들에게 칩을 공급하는 업체들 사이에서 경쟁적인 패닉바잉panic buying(공황 구매)[*]이 발생했다. 그 결과 엔비디아는 막대한 수익을 올렸다.

클라우드 서비스 제공업체들은 요금을 'GPU 1개당, 시간당 달러'로 책정했다. 최신 엔비디아 칩셋을 사용할 경우 요금은 시간당 3달러까지 치솟았다. 비슷한 성능의 인텔 CPU 사용료는 몇 센트에 불과했다. 이 요금 체계를 기준으로 계산하면 알렉스넷의 곤충 수준 뇌를 학습시키는 데 약 500달러가 들었을 것이다. 그러나 연구자들은 이제 수십억 개의 파라미터(매개변수)를 가진 모델을 개발하고 있었다. 이 거대한 신경망을 학습시키기 위한 비용은 수백만

---

[*] 심리적 불안 때문에 물품을 사들이는 것을 뜻한다. 가격이 오르거나 물량이 더 이상 공급되지 않을 것이란 불안감 때문에 발생한다.

달러에 달했다. 이처럼 막대한 비용이 투입되는 학습이었지만 결과를 제대로 활용하면 이익을 낼 수 있었다. 이를 잘 보여주는 사례가 구글이었다. 구글은 신경망을 이용해 서버 네트워크의 전력 소비를 최적화함으로써 연간 전기료를 수억 달러 절감했다. AI 투자 비용을 거의 즉각적으로 회수한 셈이었다. 구글은 또한 AI 이미지 인식 기술을 사진 애플리케이션에 적용해 사용자 사진에 자동 태깅 기능을 제공했고, 검색 엔진의 품질을 높이는 데에도 활용했다.

다른 거대 테크기업들도 자사 제품에 AI를 통합했다. 인스타그램과 페이스북, 트위터 같은 소셜미디어 플랫폼은 사용자 피드를 '알고리즘적으로 정렬'하기 시작했다. 알고리즘적 정렬이란 머신러닝을 이용해 사용자 참여도를 극대화하는 전략을 완곡하게 표현한 것이다. 이런 전략은 효과적이면서도 착취적이었다. 소셜미디어의 자동화된 콘텐츠 큐레이션 시스템은 분노를 유발하는 콘텐츠를 끊임없이 제공함으로써 사용자들이 부정적인 콘텐츠를 보는 둠스크롤링doomscrolling을 몇 시간이고 멈추지 못하게 만들었다. AI 투자는 직접적인 방식으로 기업의 이익을 창출했고, 젠슨은 소매업의 오래된 마케팅 전략 중 하나를 부활시켰다. "더 많이 살수록 더 많이 절약할 수 있습니다."

벤처 캐피털 투자자들은 AI 스타트업에 거액을 쏟아붓기 시작했다. 투자 대상은 이미지 및 음성 인식뿐 아니라 헬스케어, 무인 계산대, 자율주행차, 교육 등 다양한 분야로 확장되었다. 2010년만 해도 AI에 대한 벤처 투자는 사실상 0에 가까웠지만, 2015년에는 50억 달러로 급증했고 계속해서 빠르게 증가하고 있었다. 2016년 초, 벤처 캐피털 회사 안드레센 호로위츠^{Andreessen Horowitz}의 마크 안드레센^{Marc Andreessen}은 이렇게 말했다. "우리는 딥러닝을 다양한 분야에 적용하는 스타트업에 많이 투자하고 있는데, 모든 기업이 엔비디아 플랫폼을 기반으로 시스템을 구축하고 있어요. 우리 회사에는 내부적으로 '만약 헤지펀드라면 어떤 상장사에 투자할 것인가'라는 게임이 있는데, 우리는 전부 엔비디아를 선택했어요."

숙련된 딥러닝 엔지니어들의 연봉도 천정부지로 치솟았고, 기업들은 채용 경쟁을 벌였다. 일자리 제안을 평가하는 데 널리 쓰인 기준은 '총보상^{total comp}'이었는데, 이는 기본급, 보너스, 스톡옵션, 복리후생 패키지를 모두 합산한 숫자였다. 총보상은 마법의 숫자였으며, 연간 100만 달러를 넘어가는 경우도 있었다.

2014년 말, 브라이언 카탄자로는 엔비디아를 떠나 바이두^{Baidu}로 이직해 앤드류 응과 함께 일했다. "연봉을 3배로 올려주더군요." 그는 어깨를 으쓱하며 말했다. 이어 쓸쓸하게 덧붙였다. "그냥 엔비디아에 남아 있었으면 스톡옵션으로 더 벌었을 텐데요." 쿠다 컴파일러의 첫 번째 버전을 만든 바스 아르츠도 그 무렵 회사를 떠났다. 하지만 몇 년 후, 두 사람 모두 다시 엔비디아로 돌아왔다. 다른 선택지는 없었다. 오직 엔비디아뿐이었다.

AI가 확장되면서 우려의 목소리도 커졌다. 스웨덴 출신의 옥스퍼드 대학교 철학자 닉 보스트롬Nick Bostrom은 2014년 출간한《슈퍼인텔리전스Superintelligence》에서 인간이 기계 지능을 다루는 것은 마치 어린 아이가 폭탄을 가지고 노는 것과 같다고 경고했다. 그는 인간이 일반적이고 추상적인 사고를 할 수 있는 컴퓨터를 만들어낸다면, 그것이 인간이 발명해야 할 마지막 발명이 될 가능성이 높다고 주장했다.

닉 보스트롬은 인공일반지능을 가진 컴퓨터는 자기 스스로를 개선하는 방향으로 진화할 것이며, 어쩌면 단 몇 초만에 인간이 이해할 수 없는 수준의 '초지능superintelligence'으로 변모할 수 있다고 보았다. 그리고 인간에게는 그런 존재가 전지전능한 것처럼 보일 것이며, 만약 이런 기계가 등장한다면, 결국 인간이 고릴라에게 했던 것을, 인간에게 할지도 모른다고 우려를 표했다. 즉 인류 문명을 장악하고, 인간이 살던 환경을 파괴한 뒤, 인간 개체는 몇몇만 살아남아 보호구역에 남아 있는 멸종 위기종처럼 보존될 수 있다는 것이었다.

그의 주장은 사실 그가 오랫동안 연구해 온 개념을 확장한 것이었다. 그는 이전에 '클립 최대화'라는 사고실험을 제안한 적이 있었다.

우선 한 AI가 오직 최대한 많은 클립을 만드는 것만을 목표로 한다고 가정해 보자. 이 AI는 곧 인간이 존재하지 않는 것이 훨씬 더 유리하다는 사실을 깨닫게 될 것이다. 왜냐하면 인간은 AI를 꺼버릴 수도 있고, 그렇게 되면 클립의 개수가 줄어들기 때문이다. AI는 또한 인체가 클립을 만드는 데 사용할 수 있는 원자들로 이루어져 있다는 것을 알게 된다. 따라서 이 AI가 만들려고 하는 미래에는 엄청나게 많은 클립이 존재하지만, 인간은 존재하지 않는 세계가 될 것이다.

'클립 최대화' 사고실험은 오래전부터 온라인에서 회자되어 왔는데, 특히 합리주의 커뮤니티뿐 아니라 많은 테크기업 경영진들 사이에서 큰 반향을 일으켰다. 닉 보스트롬의 책이 출간된 지 몇 달 후, 일론 머스크^{Elon Musk}는 미래학 관련 웹사이트 Edge.org에 다음과 같은 댓글을 남겼다.

> "인공지능(AI)의 발전 속도는 믿을 수 없을 정도로 빠르다. (여기서 말하는 AI는 좁은 의미의 AI가 아니다.) 만약 딥마인드 같은 연구팀을 직접 접한 적이 없다면, 그 속도가 얼마나 빠른지 가늠조차 하지 못할 것이다. 현재 AI는 기하급수적으로 성장하고 있다. 심각한 위험이 발생할 가능성은 향후 5년 안에 있다. 길어도 10년이다."

일론 머스크는 몇 분 후 이 댓글을 삭제했지만, 스크린샷은 빠르게 퍼져나갔다. 일론 머스크의 다른 예측들처럼 남은 기간에 대한 전망은 과장된 면이 있었다. 다만 장기적인 위험 자체는 실재하는 것이었다.

몇 달 후 열린 GTC 2015에서 일론 머스크는 젠슨 황과 함께 토론에 참여했다. 바로 이 자리에서 젠슨 황은 마침내 자신의 트레이드마크 스타일을 완성했다. 산호세 컨벤션센터 무대에 오른 그는 어두운 남색 폴로셔츠 위에 검은 가죽 재킷을 걸치고, 검은색 슬랙스에 검은 구두를 신고 있었다. 강렬한 인상을 준 이 스타일을 이룬 옷과 신발은 대부분 하이엔드 브랜드의 제품이었다. 젠슨 황은 이후 자신의 스타일 변화가 아내와 딸 덕분이라고 밝혔다. 특히 딸 매디슨의 영향이 컸다. 젠슨 황이 이 스타일을 공개한 직후, 매디슨은 요식업계를 떠나 프랑스 명품 그룹 루이비통모에헤네시LVMH에 합류했다. 2023년에 내가 젠슨에게 그날의 옷에 대해 이야기했을 때, 그는 자신이 어떤 브랜드를 입고 있는지조차 모른다고 했다. 그러고 나서 광택이 나는 검은 가죽 재킷을 뒤집어 라벨을 확인하면서 말했다. "이게… 음, 톰포드 제품일걸요. 아마도?"

그해 젠슨 황의 프레젠테이션은 쉬지 않는 AI 쇼케이스였다. 그는 먼저 슬로바키아 출신 연구원 안드레이 카르파치Andrej Karpathy를 초대했다. 안드레이 카르파치는 스탠퍼드 대학교에서 페이페이 리 교수와 함께 연구하고 있었고, 2개의 신경망을 결합한 모델을 개발했다. 하나는 알렉스넷처럼 이미지를 인식하는 AI였고, 다른 하나는 본 것을 우아한 자연어로 설명하는 AI였다. 이 두 가지를 결합시킨 신경망은 단순히 이미지를 태깅하는 것이 아니라 더욱 자연스럽고 정교한 문장으로 설명할 수 있었다. 예를 들어 새의 이미지는 단순히 '새'가 아니라 '나뭇가지에 앉아 있는 새'가 되었고, 비행기는 그냥 '비행기'가 아니라 '활주로 위에 있는 대형 비행기'가 되었다. 가장 인상적인 것은 마차를 모는 남성을 뒤에서 촬영한 사진에 대한 설명이었다. 안드레이의 신경망은 이를 완벽하게 설명했다. '거리에서 달리는 말이 끄는 마차를 모는 남성'.

관객들은 놀라움을 감추지 못했고, 젠슨은 신이 난 표정으로 안드레이 카르파치와 함께 몇 가지 오류를 살펴보았다. 날치는 '물 위를 나는 작은 흰 새'로, 썰매를 타고 있는 두 남성은 '벤치에 앉아 있는 남성과 아이'로, 칫솔을 들고 있는 아기는 '야구 배트를 들고 있는 어린 소년'으로 인식되었다. (신경망은 여전히 인간이 사용하는 도구의 범주를 구분하는 작업에 취약했다.) 안드레이 카르파치는 자신이 만든 기술에 한계가 있음을 인정했다. AI는 실제로 언어를 이해하지 못한 채 단순히 말을 흉내 내고 있었으며, 이해하지 못하는 개념을 만나면 당당하게 엉뚱한 말을 지어냈다. 안드레이는 이러한 오류를 '환각hallucinations'이라고 불렀다.

이때 일론 머스크가 무대에 올랐다. 청중은 하나같이 스마트폰을 들어 촬영을 시작했다. 젠슨 황은 테슬라의 열성 팬으로, 테슬라가 출시한 세 가지 모델을 모두 소유하고 있었으며, 테슬라의 소프트웨어 업데이트에 열광하는 사람이었다. 일론 머스크는 2011년부터 엔비디아의 칩으로 테슬라의 헤드업 디스플레이 모듈을 구동하고 있었다.

두 사람이 자리에 앉자마자 젠슨 황은 본론으로 들어갔다.

"당신은 인공지능이 핵무기보다 더 위험할 수 있다고 말한 적이 있습니다."

젠슨이 말했고, 일론 머스크는 자세를 조금 바꾸며 답했다.

"잠재적으로 그렇다고 말했죠."

젠슨은 계속하여 몰아붙였다.

"악마를 소환하는 것과 같다고도 하셨죠."

그 말에 일론 머스크는 젠슨을 날카롭게 쳐다보았고, 젠슨은 더 깊이 파고들지 않고 화제를 자율주행차로 바꿨다.

"나는 이 문제를 거의 해결된 문제라고 보고 있습니다. 몇 년 안에 실현될 겁니다."

그렇게 두 사람은 한동안 자동차에 대해 이야기를 나눴다. 그런데 대화가 끝날 무렵 일론 머스크는 존재론적 위험에 대한 주제로 돌아갔다.

"우리가 AI의 도래를 눈앞에 두고 있다는 게 이상하지 않나요? 우리가 하필 이 시대에 살고 있다는 게 참 기묘하게 느껴집니다."

이렇게 해서 AI 서밋은 조용하고 싱겁게 막을 내렸다. 하지만 진짜 논의는 무대 뒤에서, 카메라와 투자자들의 시선이 닿지 않는 곳에서 이루어졌다. 옆에는 옌스 호르스트만과 크리스 말라초스키가 서 있었고, 젠슨 황과 일론 머스크는 공개석상에서는 할 수 없었던 AI에 대한 진짜 생각을 나누기 시작했다. 두 사람은 서로에게 개념과 전략을 쉴 새 없이 던졌고, 점점 더 흥분했다. 얼마 지나지 않아 그들의 빠른 대화는 마치 인간의 대화라기보다는 초고속 데이터 링크에 가까울 정도의 아이디어가 오가기 시작했다. 당시의 모습을 옌스 호르스트만은 이렇게 회상했다. "그들은 계속 아이디어를 주고받았는데, 우리는 무슨 말인지 전혀 알 수 없었어요. 심지어 크리스조차 어리둥절해 했죠."

같은 듯 다른 일론 머스크와 젠슨 황

일론 머스크와 젠슨 황은 뚜렷한 공통점이 있었다. 둘 다 이민자였고 워커홀릭이었으며, 비전가였다. 둘 다 소리를 질러댔고, 도박과 같은 도전을 즐겼으며 세계적 수준의 엔지니어였다. 그들은 운 없는 기업가들의 잔해가 널린 황량한 상업 지대에 자신감 있게 발을 들였고, 처음으로 그곳을 번성시켰다.

그러나 더 예리하게 비교하면 분명 차이가 있다. 먼저 비전에 대한 접근 방식이 서로 달랐다. 일론 머스크는 환상에서 출발해 현실로 되돌아오며 비전을 그렸고, 젠슨 황은 현실에서 출발해 미래를 만들어나갔다. 또 다른 차이는 충성심에 대한 태도였다. 일론 머스크는 충성도를 중시하지 않았고, 종종 사람들을 경고 없이 독단적으로 해고했다. 한 번은 일요일 오후에 거의 무작위로 스타링크 Starlink 엔지니어링팀 전체를 해고했다. 반면 젠슨 황은 거의 누구도 해고하지 않았고, 그래야 할 경우에도 여러 차례 경고를 주고, 성과 개선 계획을 시행한 후에 결정을 내렸다. 엔비디아에서 쫓겨나는 건 정말로 용납할 수 없는 행동을 했을 때뿐이었다. 그래서 많은 직원이 수십 년 동안 근속했고, 브라이언 카탄자로나 바스 아르츠처럼 한 번 떠났다가 다시 돌아오는 직원들도 있었다. 젠슨 황은 설령 사업상 이유로 부서를 없애야 할 때도 직원들을 해고하는 대신 다른 부서로 재배치했다.

2019년, 커티스 프리엠은 16년 만에 엔비디아 사무실을 방문해 젠슨 황, 크리스 말라초스키와 함께 엔비디아 창립자 모임을 가졌다. 그날에 대해 커티스는 이렇게 말했다. "여전히 그곳에서 일하는 사람들이 그렇게 많을 줄은 몰랐어요. 정말 깜짝 놀랐어요. 제프 피셔에, 그의 아이들까지 엔비디아에서 일하고 있더군요."

젠슨은 결혼 생활을 안정적으로 유지했다. 그가 아내 로리에 대해 말할 때는 깊은 애정이 드러나곤 했다. 반면 일론 머스크는 최소 3명의 여성과의 사이에서 최소 11명의 자녀를 두었다. 젠슨은 자석 같은 카리스마를 발휘했고 때로 엄청나게 유머러스했으며, 불같이 화를 내지 않을 때를 제외하면 따뜻하고 공감 능력이 뛰어났다. 일론 머스크는 사회적 신호를 잘 파악하지 못했고, 대화에서 어색하고 부자연스러웠으며 자신은 자폐 스펙트럼에 있다고 주장했다. 젠슨은 위스키를 마셨고 트위터를 하지 않았으며, 내가 아는 한 40년 동안 단 한 번도 정치적 의견을 표명한 적이 없었다. (연방 기록을 뒤져봤지만, 그의 이름이나 로리의 이름으로 된 정치 기부 내역은 단 한 건도 없었다.) 반면 일론 머스크는, 대마초를 피웠고 트위터에서 민망한 글을 올렸으며 트럼프를 후원했다.

그러나 두 사람의 가장 중요한 차이는 아마도 AI가 초래할 위험성에 대한 견해이다. 일론 머스크에게 첨단 AI는 인류 멸종 수준의 위협이 될 가능성이 있는 존재였다. 이 의견은 AI 분야의 많은 기술 전문가들 사이에서 공유되었고, 그중에는 알렉스넷 논문의 공동 저자인 제프리 힌턴과 일리야 수츠케버도 포함되어 있었다. 그러나 젠슨 황은 그런 식으로 보지 않았다. 놀랍게도, 그는 AI에서 어떠한 위험도 보지 않았다. 그야말로 가능성 제로라고 생각했다.

초지능 AI와 오픈AI의 출발

2015년 말, 일론 머스크는 특유의 겸손함(?)을 발휘하며 인류를 AI로부터 보호하는 가장 좋은 방법은 자신이 직접 AI를 만드는 것이라고 결론을 내렸다. 그는 일반적이지 않은 구조를 택했는데, 기부자들과 기술자들의 연합을 이끌어냈다. 2015년 12월, 오픈AI^{OpenAI}가 설립되었다. 오픈AI 블로그의 첫 게시글에 이렇게 적혀 있었다.

"오픈AI는 비영리 인공지능 연구기관입니다. 우리의 목표는, 재정적 이익을 창출해야 한다는 제약 없이, 인류 전체에 가장 큰 혜택을 줄 수 있는 방식으로 디지털 지능을 발전시키는 것입니다."

이 비영리단체는 도합 1억 3,500만 달러의 기부금을 모았다. 일론 머스크의 기부 금액은 약 4,500만 달러로 최대 출연자出捐者가 되었다. 초기 출연자는 링크드인LinkedIn 공동 창업자인 리드 호프먼Reid Hoffman과 초기 스타트업 투자사 Y콤비네이터YCombinator의 대표였던 샘 올트먼Sam Altman 등이었다. (오픈AI의 조직 구조와 자금 조달 방식은 이후 모든 관계자들에게 문제를 일으켰다.)

오픈AI는 기부금을 모으는 동시에 뛰어난 AI 연구자들을 영입해 강력한 팀을 구축했다. GTC 2015에서 '환각 캡션 생성 엔진hallucinating caption engine'을 발표한 안드레이 카르파치도 공동 창립자 중 한 명이었다. 구글에서 알렉스넷을 복제한 폴란드 출신 프로그래머 보이치에흐 자렘바도 합류했다. 최고기술책임자는 결제 스타트업 스트라이프Stripe의 초기 멤버였던 그렉 브로크만Greg Brockman이 영입되었다. 그러나 가장 중요한 인물은 일리야 수츠케버였다. 러시아 출신 유대인인 그는 알렉스 크리제브스키의 연구 파트너로서, 알렉스넷 탄생 당시부터 함께했고, 이후 AI 발전을 이끌어온 핵심 인물이었다.

하지만 알렉스 크리제브스키는 이 거대한 프로젝트에 휩쓸리지 않았다. 그는 거의 누구와도 대화하지 않는 스타일이었고, 협업하기에 적합한 인물도 아니었다. 그는 2017년에 구글을 떠났다. 알렉스넷을 구글에 매각한 뒤 그가 받은 금액은 약 1,500만 달러였고, 검소한 생활 방식 덕분에 그는 더 이상 일할 필요가 없었다. 2019년, 한 일본인 기자가 샌프란시스코 베이 지역에 있는 그의 집을 방문할 기회를 얻었다. 알렉스 크리제브스키는 마치 베네딕트 수도사처럼 살고 있었다. 그의 집은 베트남 레스토랑 위에 자리한 검소한 스타일의 아파트였다. 내부 벽은 완전히 텅 비어 있었고, 가구는 책상과 소파, 디지털 피아노, 텔레비전이 전부였다. 그곳에서 살아 있는 흔적이라고는 그의 반려묘가 전부였다.

신경망 분야의 오빌 라이트Orville Wright(비행기를 발명한 라이트 형제 중 동생)라 불리는 알렉스 크리제브스키는 일본인 기자에게 "나는 AI 기술에서 손을 뗐습니다. 어쩌면 이건 내 성격일지도 모르겠어요. 어떤 분야에 오랫동안 깊이 몰두하다 보면, 10년쯤 지나서 흥미를 잃기 시작하거든요."

오픈AI가 'A-팀'을 구성하는 동안, 젠슨 황은 그들이 사용할 컴퓨터를 만들어주기로 했다. 당시 엔비디아가 제공하는 최고급 제품은 과학 및 데이터 시각화를 위한 데스크톱 장비였는데, 젠슨은 그 제품보다 10배는 더 강력한 것이 필요하다고 판단했다. 그는 AI 가속 컴퓨터인 DGX-1을 설계하도록 지시했다. DGX-1은 행렬 곱셈을 중심으로 설계된 최초의 컴퓨터였고, 이는 마치 그래픽 분야에서 〈퀘이크〉 게임이 차지하는 위상과도 같았다.

재설계는 원자 수준에서 시작되었다. 당시 TSMC는 핀FET FinFET라는 새로운 반도체 제조 기술을 제공하고 있었는데, 이를 통해 만들어진 트랜지스터는 실리콘 회로기판 위로 상어 지느러미처럼 돌출되어 있었다. 만약 사람이 극도로 매끄러운 실리콘 표면 위에 설수 있다면, 이 핀 형태의 트랜지스터는 마치 소련식 아파트 블록처

럼 200개의 원자가 세워져 있다. 이 크리스털 협곡은 단순히 '프린
팅'된 것이 아니라, 르네상스 시대의 거장조차 감탄할 정도의 정밀
도로 자외선을 이용해 '조각'된 것이었다. 엔지니어들은 이 제조 과
정을 "달 표면에서 레이저를 발사해 아칸소의 인도 위에 놓인 25
센트짜리 동전을 맞히는 것과 같다"라고 표현했다.

　새로운 상어 지느러미 형태의 트랜지스터 덕분에 설계자들은 전
기 흐름을 훨씬 정밀하게 제어할 수 있게 되었다. 과거의 트랜지스
터는 마치 낡은 정원용 호스처럼 여기저기서 전기가 새어 나갔고
^{leaking} 출력량은 대략적으로만 조절되었다. 하지만 새로운 트랜지스
터는 누설 전류가 없었고, 마치 최첨단 노즐이 장착된 것처럼 다양
한 방식으로 분사를 조절할 수 있었다. 핀FET는 칩 설계자들이 오
랫동안 염원해 온 정밀성과 효율성, 제어력을 동시에 제어하는 혁
신적인 기술이었다.

　하지만 이런 혁신은 대중으로부터 거의 주목받지 못했다. 이는 트
랜지스터, 즉 컴퓨터에서 1970년대 이후 나타난 가장 중요한 물리
적 업그레이드였지만, 그 의미를 알거나 관심을 갖는 사람은 100명
중 한 명도 되지 않았다. 마치 오랫동안 정상의 자리를 지키고 있는
명문 스포츠팀처럼, 오랫동안 지속되어온 반도체 산업의 놀라운 성
과들은 너무나 당연한 것으로 여겨졌고, 심지어 소프트웨어 엔지니
어들조차 이를 당연하게 받아들였다. 컴퓨터는 언제나 더 좋아지는
것이라는 게 기본값이었다. 그렇게 되지 않을 가능성은 상상조차
할 필요가 없었다.

반면 엔비디아 내부에서는 이 상어 지느러미 모양의 트랜지스터가 엄청난 흥분을 불러일으켰다. 칩 설계자들은 상상을 초월하는 규모에서 작업했다. 회로를 육안으로 보이는 수준으로 확대한다면 머리카락 정도의 가는 폭으로 테니스 코트를 채우는 정도가 아니라, 로드아일랜드주 전체를 덮을 수준이 되었다. 이러한 미로가 '수직으로 확장되기' 시작하면서, 놀라운 성능을 제공하게 되었다. 고대 신화에서 미궁을 설계해 무시무시한 미노타우로스를 가둔 이는 다이달로스였다. 하지만 그가 엔비디아가 만들고 있는 것을 보았다면 질투에 겨워 눈물을 흘렸을 것이다.

엔비디아의 핀FET을 적용한 첫 번째 칩 아키텍처는 17세기 철학자이자 수학자인 블레즈 파스칼의 이름을 따서 '파스칼'로 명명되었다. 그의 수많은 업적 가운데 최초의 기계식 계산기 발명이 이 명칭을 통해 기려졌다. 또한 이 이름은 컴퓨팅의 주요 병목 현상이 '연산 속도'라는 것을 나타내는 일종의 암시였다. 파스칼의 기어 구동 계산기에서부터 에니악ENIAC의 진공관, 인텔과 IBM의 미세한 마이크로칩에 이르기까지, 컴퓨터는 단 한 번도 연산 속도가 충분히 빠른 적이 없었다. 그러나 2016년 4월에 출시된 엔비디아의 P100 칩은 데이터 처리 속도가 데이터 입력 속도보다 빨랐다. 이 칩으로 인해 연산 속도는 더 이상 컴퓨팅의 주요 장애물이 아니었다. 이 칩을 통해 컴퓨터는 단순한 연산 장치의 한계를 초월하게 되었다.

젠슨 황은 이와 같은 추월을 내다보고 있었다. 엔비디아는 2014년부터 NV링크NVLink라는 데이터 초고속도로를 개발하고 있었는데, 이것이 바로 수학 문제를 컴퓨터에 전달하는 속도를 대폭 향상시키는 기술이었다. NV링크는 초당 수백만 학기 분량의 행렬 곱셈 문제를 프로세서에 쏘아 보내는 '숙제 대포'였다. 엔비디아는 8개의 P100 칩을 NV링크로 연결함으로써 개별 실리콘 미로들을 하나의 거대한 컴퓨팅 슈퍼 미궁super-labyrinth*으로 통합했다.

이 8개의 칩으로 구성된 강력한 배열은 DGX-1의 중심을 이루었고, 표면이 자갈 무늬로 마감된 세련된 금속 케이스 안에 담겼다. 이 컴퓨터의 무게는 134파운드(약 61㎏), 가격은 12만 9,000달러였으며, 전력 소모량은 빨래 건조기와 맞먹었다.

DGX-1은 엔비디아가 만든 가장 강력한 컴퓨터였다. 젠슨은 이를 '박스 안의 데이터센터'라고 불렀다. 이 기계는 범용 컴퓨터가 아니었으며, 오직 더 강력한 AI를 훈련시키기 위한 용도로만 설계된 것이다. 물론 DGX-1은 단순한 특수 장비를 넘어섰다. 그것은 에니악, 애플II와 함께 역사상 가장 중요한 컴퓨터 중 하나로 손꼽힐 만하다.

최초로 DGX-1을 받은 사람은 일론 머스크였다. 2016년 8월, 젠슨 황은 직접 DGX-1을 가지고 샌프란시스코 미션 디스트릭트에 있는 오픈AI 본사를 찾았다. 젠슨은 이제 트레이드마크가 된 가

* IT나 반도체 분야에서는 회로나 데이터 경로가 복잡하게 얽혀 있는 구조를 가리킬 때 미궁이라는 표현을 쓰곤 한다. 여기에서는 반도체칩 내부의 복잡한 회로와 NV링크로 연결된 GPU 네트워크를 의미하는 말로, 너무나 복잡하고 정교한 구조를 가진 컴퓨팅 아키텍처를 뜻하는 말이다.

죽 재킷을 입고 나타났다. 컴퓨터가 워낙 무거운 탓에 사무실 안으로 옮기는 데 짐수레가 필요했고, 테이블 위에 올리는 것도 도움을 받아야 했다. 일론 머스크는 박스를 커터 칼로 개봉했고, 젠슨은 마커펜으로 컴퓨터에 직접 서명을 남겼다. 그는 유려한 필체로 이렇게 적었다.

"일론과 오픈AI 팀에게! 컴퓨팅과 인류의 미래를 위해, 세계 최초의 DGX-1을 여러분께 바칩니다!"

그다음 주, 젠슨은 또 다른 DGX-1을 직접 스탠퍼드 대학교 페이페이 리의 연구실에 전달했다. 마찬가지로 친필 사인이 되어 있었다. 그로부터 며칠 뒤, 2016년 이미지넷 대회가 열렸다. 여러 층으로 이루어진 AI 모델들은 98%의 정확도로 이미지 태깅을 수행할 수 있었다. 이는 인간의 이미지 인식 정확도의 평균 수치인 95%를 넘어서는 성과였다. 60년에 걸친 연구와 수백억 달러의 투자 끝에, 이제 컴퓨터는 뒤집개와 손도끼를 구별할 수 있게 되었다. 기계가 인간을 넘어서는 시대가 시작된 것이었다.

엔비디아의
필연적
도약과 명암

The Good Year

14

2016년, 엔비디아의 주가는 무려 224% 상승했다. 이로써 젠슨 황은 명성을 되찾았고, 또 한 번 억만장자의 반열에 올랐다. 하지만 엔비디아는 그해 S&P500 지수에서 가장 높은 상승률을 기록한 종목은 아니었다. 그 영광은 엔비디아의 오랜 라이벌인 AMD에게 돌아갔다. 그 해 AMD의 주가는 무려 309%나 올랐다. 젠슨은 2위를 달가워하지 않았다. 그는 승리를 향한 의지를 더욱 불태웠고, 결국 이듬해 목표를 이루었다. 매출은 2배, 이익은 3배로 증가했고, 회사는 어지러울 정도의 속도로 신제품을 출시했다. 2017년 엔비디아만큼 성공적인 한 해를 보낸 기업은 역사상 거의 없었다.

2017년, 젠슨 황이 가장 먼저 해야 할 일은 AMD의 발목을 잡는 것이었다. 2006년 그래픽카드 제조사 ATI를 인수한 이후, AMD는 엔비디아의 유일하고 강력한 경쟁자로 자리 잡았다. 엔비디아의 지포스와 AMD의 라데온은 GPU 업계에서 마치 코카콜라와 펩시 같은 존재였다. 이 오랜 경쟁은 2014년 이후 단순히 비즈니스 경쟁을 넘어 개인적인 대결로 번졌다. AMD의 새로운 CEO가 된 리사 수Lisa Su가 젠슨의 먼 친척이었기 때문이다.

리사 수는 통계학자와 회계사의 딸로, 젠슨 황보다 일곱 살 어렸다. 그녀의 가족은 리사가 세 살 때 대만에서 뉴욕으로 이민을 왔다. 젠슨과 달리 리사는 자녀의 성공을 위해 강한 교육열을 보이는 아시아계 부모, 즉 타이거 부모 밑에서 자랐다. 리사의 부모는 어린 그에게 세 가지 직업만 선택할 수 있다고 했다. 엔지니어, 의사, 피아니스트였다. 리사는 가장 어려워 보였던 엔지니어를 선택했다.

리사는 부드러운 뉴욕 억양으로 말했고, 정장 바지를 즐겨 입었으며 짧은 헤어스타일을 유지했다. 그녀는 승부수를 던질 줄 아는 사람이었다. AMD의 고위 임원 포레스트 노로드Forrest Norrod는 이렇게 말했다. "그녀는 젠슨과 비슷한 면이 있어요. 확고하죠. 어려운 시기에도 꿋꿋하게 밀고 나갈 용기가 있는 사람이에요."

두 사람의 혈연관계는 다소 먼 편이다. 젠슨의 어머니는 형제자매가 11명이 넘었고, 그중 한 명이 리사 수의 외할아버지였다. 그는 젠슨에게는 외삼촌이기에, 리사와 젠슨은 5촌 사이였다. 젠슨 황은 어린 시절에는 리사의 존재를 몰랐고, 그가 AMD의 CEO로 임명된 후에야 자신의 먼 친척이라는 사실을 알게 되었다.

그들의 관계는 혈연적인 의미보다 더 멀게 느껴질 수도 있었다. 젠슨의 어머니는 자신의 가족과 그리 친하지 않았다. 남매 중 막내에 가까웠던 그녀는 다른 집에서 자랐다. 젠슨은 이렇게 설명했다. "옛날에는 아이를 한 명쯤 남에게 보내야 할 때가 있었어요. 그래서 친구에게 맡겨졌죠. 우리 어머니는 할아버지의 친구 집으로 보내졌고, 그걸로 끝이었어요. 따로 자란 거죠." 반면 리사의 외할아버지는 제 부모 아래서 성장했다.

젠슨 황에게 리사 수에 대해 묻자, 그는 긍정적인 말만 했다. "그녀는 대단한 사람이에요. 우리는 그다지 경쟁적인 관계가 아니에요." 하지만 이런 젠슨의 말과 달리 다른 사람들의 시각은 전혀 달랐다. 다년간 AMD는 GPU 시장에서 엔비디아의 유일한 경쟁자로 자리 잡았고, 엔비디아 직원들은 두 회사의 시장 점유율을 외울 정도로 신경을 쓰고 있었다.

젠슨이 무언가 숨기고 있는 게 아닐까 의심이 들었다. 과거 그는 언론에서 3dfx 같은 경쟁사를 깎아내리곤 했다. 하지만 이제 그는 경쟁사에 대해 나쁜 말을 전혀 하지 않았다. 적어도 기자들이 듣고 있는 자리에서는 말이다.

여러 사람이 말하길 젠슨이 공개적으로 경쟁사를 폄하하는 행위를 그만두었지만, 사석에서는 여전히 비판을 멈추지 않는다고 했다. 데이비드 커크는 젠슨이 3dfx 인수 이후 법정에서 자신이 한 비난 발언을 직접 읽어야 했던 경험 때문에 그가 바뀐 것이라고 보았다. 당시 그는 영상 증언에서 과거 자신이 했던 비난 발언을 스스로 읽어야 했다. 하지만 녹음기가 꺼지고 회의실 문이 닫히면, 젠슨은 예전처럼 경쟁사를 헐뜯는다고 암시했다. 반도체 업계 애널리스트인 한스 모제스만도 엔비디아와 AMD 사이의 우호적인 분위기가 일종의 눈속임이라고 보았다. 그는 이렇게 말했다. "맞아요, 젠슨은 절대 지고 싶어 하지 않아요. 특히 리사 수에게는 절대 지고 싶어 하지 않을 겁니다."

AMD와의 피할 수 없는 경쟁

젠슨 황과 AMD의 관계는 리사 수가 CEO로 선임되기 전부터 복잡했다. AMD는 젠슨의 첫 직장이었고, 1984년 자사주 프로그램을 통해 매입한 소량의 AMD 주식을 여전히 보유하고 있었다. 2006년, AMD는 엔비디아 인수를 추진하기도 했다. 당시 젠슨은 처음에는 인수 제안에 열린 태도를 보였지만, 협상을 진행하면서 자신이 합병된 회사의 CEO가 될 수 없다는 사실을 알자마자 협상을 중단했다. 그 거래를 수락했다면 상당한 금전적 보상을 받을 수 있었겠지만, 젠슨은 CEO 자리에서 물러날 생각이 전혀 없었다. 그에게는 애초부터 퇴진 계획이 없었다.

결국 AMD는 엔비디아 대신 캐나다 토론토에 기반을 둔 그래픽 카드 제조업체 ATI를 인수했다. 그러나 이후 연달아 경영 실책들이 벌어졌고, 심각한 위기에 빠진 AMD는 6년 동안 CEO가 세 번이나 바뀌었다. 2008년, AMD는 텍사스 오스틴의 언덕에 새로운 본사 캠퍼스를 완공했다. 그들은 이곳을 과시적으로 '란타나의 정상 The Summit at Lantana'이라고 불렀다. 하지만 실제 이 '정상'은 고작 몇 백 피트 높이의 낮은 언덕일 뿐이었다. 게다가 불과 5년 뒤 채권자 들의 압박을 견디다 못해 이 캠퍼스를 매각한 뒤 다시 임대해서 사 용해야 했다. 이 거래는 AMD에 큰 굴욕이었고, AMD의 위기를 상 징하는 사건이 되었다. 결국 2014년, AMD의 주가는 2달러까지 폭락했다.

회사의 연명 치료를 맡길 경영자를 찾던 AMD 이사회는 2014 년, 45세의 부사장 리사 수를 CEO로 승진시켰다. 당시 월 스트리 트에서는 대부분 그가 할 수 있는 일은 고작 파산 신청을 몇 달 늦 추는 것뿐이라고 예상했다. 하지만 그건 모두 리사 수의 능력을 과 소평가한 것이었다. 시간이 흐르면서 그는 매우 주목받는 반도체 기업 CEO로 부상했다. 이 측면에서 리사 수보다 앞선 경영자는 젠 슨 황 외에는 없었다.

두 사람은 성격이 달랐다. 젠슨 감정 기복이 크고 표현이 강한 반면, 리사는 신중하고 냉철했다. 한스 모제스만은 이렇게 말했다. "리사는 뛰어난 포커페이스를 가지고 있어요. 젠슨은 그렇지 않죠. 하지만 젠슨은 어떻게든 상대를 이기는 법을 찾아냅니다."

전략적 접근 방식도 정반대였다. 젠슨이 수평선 너머를 향해 거 침없이 항해하는 스타일이라면, 리사는 경쟁사의 주변을 맴돌며 기 회를 엿보는 타입이었다. 어쩌면 리사 수가 젠슨 황보다 더 대담했 을지도 모른다. 그는 경쟁을 피하지 않았다. 특히 인텔을 상대로 정면 승부를 벌였다. 업계 전문가들은 AMD가 인텔의 CPU 시장을 빼앗는 건 불가능하다고 여겼다. 하지만 AMD의 부활은 인텔의 시장을 빼앗으면서 시작되었다.

AI가 성공을 거두자, 리사는 젠슨의 주변을 맴돌며 기회를 엿봤다. 2016년 AMD는 오픈소스 기반의 쿠다 대체 기술을 개발해 라데온 그래픽카드에 사용할 수 있도록 했다. 물론 대부분의 개발자들은 이를 쿠다보다 열등한 기술로 평가했다. AMD의 클라우드 GPU는 엔비디아만큼 높은 가격을 받을 수 없었다. 그러나 리사는 젠슨만큼 인내심이 강했고, 적절한 순간을 노리며 몇 년이라도 기다릴 준비가 되어 있었다. AMD의 임원 포레스트 노로드는 이렇게 말했다. "젠슨은 절대 지고 싶어 하지 않아요. 그는 굉장히 목표 지향적인 사람이죠. 하지만 우리도 엔비디아와 경쟁할 수 있다고 생각합니다."

리사 수가 조용히 기회를 엿보는 사이 젠슨 황은 자신의 조카이자 신참 CEO인 그에게 강력한 한 방을 날렸다. AMD의 오랜 고객중 하나를 빼앗아 온 것이다. AMD는, 정확히는 AMD가 2006년 인수한 ATI는 닌텐도와 오랫동안 협력 관계를 유지해 왔다. ATI는 게임큐브GameCube와 위Wii를 포함해 여러 세대의 닌텐도 콘솔에 그래픽칩을 공급했다. 젠슨 황은 X박스 계약이 무산된 이후, 콘솔 시장에는 관심이 없다고 여러 차례 밝힌 바 있었다. 비디오게임 콘솔은 5년마다 한 번씩만 업데이트되었고, 6개월 주기로 신제품을 출시하는 데 익숙한 젠슨에게는 너무 느린 시장이었다. 따라서 닌텐도가 차세대 콘솔인 닌텐도 스위치의 그래픽칩 공급업체로 AMD 가 아닌 엔비디아를 선택했다는 소식이 발표되었을 때 모두가 충격 을 받았다. 리사 수에게도 예상치 못한 일이었다.

외부인의 시선으로 보면, 닌텐도는 마치 절대 열 수 없는 금고와 같았다. 일본 기업 중에서도 유난히 폐쇄적인 기업으로 유명했기 때문이었다. 닌텐도의 본사는 일본의 보수적인 도시 교토에 자리 잡고 있었고, 주요 결정은 전설적인 게임 디자이너 미야모토 시게루 와 그를 둘러싼 소수의 경영진이 내렸다. 〈슈퍼 마리오 브라더스〉와 〈젤다의 전설〉을 만들었 때 미야모토는 30대 초반이었다. 게임 업 계의 월트 디즈니인 그는 60대가 되어서도 여전히 열정을 불태우 고 있었다.

닌텐도는 그 어떤 게임 회사와도 다른 방식으로 운영되었다. 교 토 본사의 하드웨어팀과 소프트웨어팀은 같은 공간에서 협업하면 서 하드웨어와 게임플레이 컨트롤러를 긴밀하게 통합하는 방식을 고수했다. 한편 미야모토는 극도로 세밀한 부분까지 관여했는데, 한 번은 미국 광고에 등장한 마리오 캐릭터의 바지 솔기 부분 바느질 선이 마음에 들지 않는다고 불만을 제기했을 정도였다. 하지만 그는 동시에 팀원들에게 창의적이면서도 기술적으로 대담한 도전을 요 구했다. 곧 출시될 닌텐도 스위치는 역사상 가장 다재다능하고 재 미난 콘솔 중 하나로 자리 잡게 될 것이었다.

업계 내부에서는 닌텐도 스위치의 칩셋 계약이 이미 확정된 것 으로 여겨졌다. 반도체 업계 애널리스트인 존 페디는 당시의 상황을 이렇게 설명했다. "ATI와 닌텐도는 매우 특별한 관계를 맺고 있었어요. ATI는 충성스럽고 안정적인 공급업체였고, 그 관계가 변할 이유가 전혀 없었죠."

하지만 엔비디아의 영업팀은 어떻게든 틈을 비집고 들어갔다. 엔비디아가 내세운 제품은 테그라Tegra였는데, 사실 테그라는 원래 스마트폰용으로 개발된 칩이었다. 일부 엔지니어들은 이 칩을 '바닥에 떨어진 찌꺼기'라고 혹평하기도 했다.

정확히 어떤 방식으로 닌텐도 스위치 계약을 따냈는지는 철저히 비밀에 부쳐져 있다. 이 비밀스러움에 대해 '일본 기업들이 외국인 자문을 이사회에 초대할 수는 있지만, 실제 결정은 대개 밤늦게, 교토의 작은 이자카야에서 맥주 피처 한두 잔을 기울인 후에 이루어지곤 한다'는 말이 있을 정도이다.

테그라는 '시스템 온 칩' 방식으로 설계되었다. 즉 CPU와 GPU를 비롯한 여러 기능을 하나의 칩 위에 통합한 구조였다. 테그라의 연산 성능은 특별히 뛰어나지 않았지만, 소비 전력이 낮다는 것이 가장 큰 장점이었다. 덕분에 게이머들은 침대 속에 숨어, 본체에서 분리한 닌텐도 스위치를 들고 〈모여봐요 동물의 숲〉을 몇 시간 동안 즐길 수 있었다. 존 페디는 뜻밖의 결정이 이뤄진 후 가진 닌텐도 경영진과의 회의를 떠올렸다. "분위기는 굉장히 친절하면서도 단호했어요. '네, 그러니까 결정은 이미 끝났습니다. 만나서 반갑고요, 이제 돌아가주세요'라고 하는 느낌이었습니다."

닌텐도 스위치는 2017년 출시된 후 1억 4,000만 대 이상 판매되며 닌텐도 역사상 가장 수익성이 높은 제품이 되었다. 그러나 젠슨 황은 당시 인터뷰에서도 닌텐도 스위치의 핵심 칩을 설계했다는 사실을 크게 언급하지 않았다. 닌텐도 스위치는 엔비디아가 얼마나 빠르게 성장하고 있는지를 보여주는 잣대 중 하나일 뿐이었다. 사실 AMD를 기습한 것은 젠슨에게는 부차적인 일이었을 뿐이다. 그가 이끄는 엔비디아는 이제 거의 모든 산업으로 촉수를 뻗고 있었다.

기초과학 혁신에 공헌한 칩

2017년 노벨 물리학상은 레이저 간섭계 중력파 관측소LIGO, Laser Interferometer Gravitational-Wave Observatory 구축에 기여한 연구자들에게 돌아갔다. LIGO는 2개의 서로 교차하는 레이저빔을 이용한 쌍둥이 관측소로, 1,800마일(2900㎞) 떨어진 두 지점에 위치해 있었다. 이 관측소를 통해 공간-시간의 미세한 요동을 감지함으로써 수백만 광년 떨어진 별들의 충돌을 포착하는 데 성공했다. 같은 해 노벨 화학상은 극저온 전자현미경cryo-electron microscopy 연구자들에게 돌아 갔다. 이 기술은 생물학적 시료를 투명한 '비정질 얼음amorphous ice' 속에 고정한 후 전자빔을 쏘아 3차원 구조를 시각화하는 방식이다.

그런데 흥미로운 것은 이 두 수상 모두 새로운 과학적 발견이 아닌 새로운 과학적 도구에 주어진 것이라는 점이다. 그리고 이 두 가지 기술은 모두 엔비디아의 GPU가 제공하는 병렬 컴퓨팅의 발전과 맞물려 있었다.

LIGO 레이저빔과 극저온 전자현미경이 포착한 세포 구조는 각각 방대한 양의 원시 데이터raw data를 생성했다. 이 데이터는 본질적으로 공간상의 수많은 점들로 이루어진 집합으로, 마치 조립을 기다리는 수십억 개의 레고 블록 더미와 같았다. GPU는 과학자들이 이 '데이터 블록'을 동시에 병렬로 쌓을 수 있도록 해주었고, 이를 통해 우주의 경이로움을 정밀한 3D 모델로 구현할 수 있게 되었다. 그 규모는 미시적 세계에서 거대한 우주까지 아우르는 수준이었다.

LIGO 데이터는 2개의 블랙홀이 수백만 년 동안 중력 소용돌이에 갇혀 서로 가까워지며 회전하다가 마침내 충돌하는 과정을 애니메이션으로 구현하는 데 사용되었다. 그 충돌은 현실 자체의 구조를 뒤틀어버릴 정도로 엄청난 폭발을 일으켰고, 그 충격파는 우주 전역으로 퍼져나갔다. 이 발견은 과학 저널 〈사이언스Science〉에서 '올해의 혁신Breakthrough of the Year'으로 선정하기도 했다.

반대편 극단에서는 얼음 속에 갇힌 단세포 미생물이 초현실적인 수준의 복잡한 생물학적 기계를 드러냈다. 이전까지 이런 정교한 구조들은 현미경용 슬라이드 사이에서 돌이킬 수 없이 부서졌다. 이제 새로운 얼음 속 3차원 이미징 기술 덕분에 진화라는 '눈먼 시계공'이 실제로 생물학적 톱니바퀴를 만들어냈다는 사실이 밝혀졌다. 톱니바퀴가 있었다! 세포 안에 아주 작은 톱니바퀴가 있었고, 그것들이 회전하면서 마치 모터보트처럼 미생물을 앞으로 밀어냈다.

엔비디아 GPU가 만들어낸 3차원 렌더링은 실제 이미지가 아니라 CGI로 재구성된 것이었다. 그래서 때로는 그 아름다움을 보려면 눈을 가늘게 떠야 했다. 하지만 그것은 분명히 존재했다. 그것은 이론이나 실험을 기다린 것이 아니라, 순수한 과학적 발견 행위를 기다리고 있었다. 블랙홀의 충돌도, 세포 속 톱니바퀴도 수백만 년 동안 그 자리에 존재하고 있었던 것이고, 이제야 처음으로 인간이 그것을 볼 수 있게 된 것이었다. 그리고 이를 가능하게 만든 것이 바로 병렬 컴퓨팅이었다.

AI에 대한 열광 속에서, 엔비디아가 이런 기초과학 발전에 기여한 공헌은 상대적으로 가려졌다. 다만 엔비디아의 그런 공헌은 노벨상을 수상한 과학자들에게 직접적인 도움을 주었다. 같은 해에 물리학과 화학 분야의 노벨상 수상 연구를 동시에 지원했다는 사실은 쿠다가 인류에 기여한 가치에 대한 반박할 수 없는 증거였다. 하지만 문제는 그것이 수익이 되지 않는다는 점이었다.

엔비디아의 최고과학책임자CSO인 빌 댈리도 이 연구들이 아무리 아름답고 중요한 의미를 지닌다 해도 과학 연구만으로, 즉 신경망 없이도 수익성이 있었을지 확신할 수 없었다. 그는 이렇게 말했다. "전 세계 여러 연구소들이 사용하는 이런 대형 슈퍼컴퓨터 시장의 규모는 아마도 우리가 매 세대 GPU를 개발하는 비용 정도밖에 되지 않을 겁니다. 어쨌든 우리는 발전해 나갔을 테지만, AI가 등장한 건 다행이었죠."

한편 2017년에는 또 다른, 조금은 덜 명예로운 분야에서 쿠다가 인기를 얻었다. 바로 암호화폐 채굴에 사용된 것이다. 그들은 무차별 계산을 통해 수학적 암호를 풀어 새로운 비트코인을 생성했다. 쿠다는 이 작업에 적합했는데, 동일한 데이터 블록을 수백만 번 병렬 처리해야 했기 때문이다. 기민한 채굴자들은 잘 구성된 GPU 장비를 사용하면 단 4시간 만에 코인을 채굴할 수 있다는 사실을 알아차렸다. 비트코인 가격은 2017년 1월에 처음 1,000달러를 돌파했고, 초기 채굴자들은 순식간에 막대한 부를 축적했다.

2017년 중반이 되자 암호화폐 채굴은 전형적인 투기 열풍으로 변했다. 비트코인 가격은 4배로 뛰었고, 다시 4배가 더 뛰어 연말에 1만 6,000달러를 돌파했다. 소매업체들은 지포스 게이밍 그래픽카드 재고를 확보하지 못했고, 이베이eBay에서는 정가의 2배가 넘는 가격에 판매되기도 했다. 침실과 차고에서 수십 개의 GPU를 금속 랙에 쌓아 채굴하는 '슈퍼마이너Superminers'들이 등장했고, 여기서 발생하는 열로 지붕 위의 눈이 녹을 정도였다. 채굴자들은 곧 암호화폐 채굴의 성지라 할 수 있는 곳을 발견했다. 바로 워싱턴주 이스트 웨나치였다. 이 작은 강변 마을은 '수력 발전 벨트'에 위치해 미국에서 전기가 가장 저렴한 곳으로 유명했다.

이 시기 엔비디아의 주가는 비트코인 가격과 나란히 움직였다. 엔비디아 내부에서는 이에 충격을 받은 사람들이 많았다. 일부 직원들은 기후 변화 문제를 걱정하며 그래픽카드가 이런 용도로 사용되는 것이 신성 모독에 가까운 일이라고 생각했다. 한편 젠슨 황은 기본 원리에서 출발해 미래를 예측하는 사람이었다. 그는 AI가 컴퓨팅의 지배적인 힘이 될 것이라 확신했지만, 같은 방식으로 블록체인의 미래를 분석했을 때, 암호화폐가 법정화폐를 대체하게 될 것이라고는 생각하지 않았다.

젠슨은 철두철미한 사업가였기에 채굴자들이 엔비디아의 GPU를 구매하는 것을 명시적으로 만류하지는 않았다. 그렇다고 해서 비트코인 채굴을 공개적으로 용인하지도 않았다. 2017년 내내 엔비디아는 암호화폐 관련해 공식적으로 침묵했다. 투자자들과의 컨퍼런스콜에서도 엔비디아는 자율주행차와 AI에 대한 논의에 집중했을 뿐, 암호화폐에 관한 논의는 피해 갔다. 또한 채굴자들이 소매 판매에서 차지하는 비중이 어느 정도인지에 대한 분석도 내놓지 않았다. 당시의 재무보고서에는 '게이밍'이라는 일반 항목에서 수상한 매출 증가가 나타났을 뿐이었다. 하지만 침묵에도 대가는 따랐다. 이후 미국 증권거래위원회는 엔비디아가 GPU 판매에서 암호화폐 채굴 관련 매출이 차지하는 비중을 투자자들에게 충분히 공개하지 않았다며 조사에 착수했다. 엔비디아는 SEC의 조사 결과를 인정하지도 부인하지도 않은 채 벌금 550만 달러를 납부했다.

이 벌금은 급성장 중이던 엔비디아에게 큰돈이 아니었지만, 여전히 성가신 일이었다. 내가 만난 대부분의 엔비디아 엔지니어들은 암호화폐를 회사의 훨씬 더 중요한 과학적 연구를 방해하는 멍청한 방해 요소라고 여겼다. 결국 엔비디아는 채굴 전용 카드인 CMP를 출시했는데, 사실상 지포스 카드에서 비디오 출력 포트만 제거한 제품이었다. 동시에 일반 그래픽카드의 채굴 성능은 인위적으로 제한해, 게이머와 과학자들이 우선적으로 사용할 수 있도록 했다.

2018년 비트코인이 폭락하면서 채굴 수요가 증발했고, 이후 비트코인이 회복될 즈음에는 채굴자들이 GPU 대신 채굴 전용 장비를 주로 사용했다. 또한 주요 암호화폐들은 고비용이면서 에너지 소비가 심한 무차별 대입 방식에서 벗어나기 시작했다. 엔비디아는 이 시장을 기꺼이 포기했다.

새로운 캠퍼스, 엔데버와 디테일 추구

2017년 1월 엔비디아는 사상 처음으로 연간 순이익 10억 달러를 돌파했다고 발표했다. 얼마 지나지 않아 직원 수는 1만 명을 넘어섰다. 2001년부터 사용해 온 단조로운 현대식 사무 단지는 엔비디아의 야망을 담기에 역부족이었다. 확장해야 할 때가 된 것이다.

사실 수년 전, 엔비디아는 임대해 사용하고 있는 캠퍼스 옆의 부지를 매입하며, 젠슨 황의 비전을 실현할 새로운 사령탑을 건축할 준비를 하고 있었다. 이 프로젝트는 범프게이트 이후 지연되었다가, 몇 년간의 공사 끝에 2017년 드디어 새로운 본사 엔데버

Endeavor가 문을 열었다. 엔데버는 모서리가 깎인 삼각형 형태의 거대한 건물이었다. 이 삼각형 디자인은 건물 내부 곳곳에서도 반복되었고, 소파와 카펫부터 화장실의 소변기 칸막이까지 동일한 패턴으로 되어 있었다. 엔비디아 직원들이 이 건물을 '우주선'이라 불렀는데, 건물의 실내는 광활했고 빛이 가득했으며 흠잡을 데 없이 깨끗했다. 내부 공간은 병원 같은 흰색과 무광 검정색으로 마감되어, 날카로운 모서리와 강렬한 대비가 강조되었다. 또한 곳곳에는 몇 개의 층을 가로지르는 리빙월Living Walls이 설치되어 식물들로 울창했다.

엔데버의 수석 건축가는 세계적인 사옥 설계 회사인 겐슬러Gensler의 하오 코Hao Ko였다. 키가 크고 조용한 성격인 그는 세련된 옷차림을 유지했고, 다듬어진 소울 패치soul patch를 기르고 있었으며, 디자이너 브랜드의 검은 테 안경을 썼다. 당시 하오 코는 겐슬러의 주니어 건축가였는데, 젠슨은 그의 상사를 제치고, 하오를 엔데버 프로젝트의 단독 수석 디자이너로 지명했다. 나는 젠슨 황이 왜 그렇게 했는지 하오 코에게 물었다. "젠슨에 대한 얘기, 아마 들어보셨을 겁니다. 그는 굉장히 강한 사람입니다. 완전히 발가벗길 수도 있어요." 젠슨은 건축 경험이 없었는데도, 자신의 비전을 밀어붙일 수 있는 조금은 '길들이기 쉬운' 건축가를 원했다. "대다수 건축가들은 그에게 반발했을 겁니다. 90%쯤은 그랬을 거예요. 하지만 나는 듣는 쪽에 가깝죠."

젠슨은 엔데버에 대한 자신의 비전을 구현하기 위해 하오 코에게 VR 헤드셋을 씌운 뒤, 엔비디아 GPU가 설치된 슈퍼컴퓨터에 연결했다. 그러고 나서 자신이 설계한 건물 내부에서 빛이 흐르는 방식까지 시뮬레이션할 수 있도록 했다. 젠슨은 이렇게 말했다. "이건 슈퍼컴퓨터를 사용해 설계한 최초의 건물입니다." 하오 코는 이 VR 시스템을 활용해 엔데버의 독특한, 주름진 지붕을 설계했다. 그 형태는 프랙탈fractal을 연상시켰다. 건물의 유리 외벽 너머까지 지붕을 연장해, 모자 챙처럼 그늘이 드리우도록 만들었다. 그런 다음 컴퓨터 지원 설계CAD 소프트웨어를 이용해, 지붕의 주름을 따라 수백 개의 작은 삼각형 천창을 배치했다. 이 천창들은 수학적으로 최적화된 위치에 정교하게 배열되었다. 그 결과, 건물 전체가 항상 자연광으로 가득 차면서도 태양광으로 인한 눈부심은 완전히 차단되는 구조가 탄생했다.

엔데버 내부는 탁 트여 있어서 한쪽 끝에서 반대쪽 끝까지 수백 미터 거리 안에 시야를 가로막는 것이 없는 구조였다. 이것은 젠슨 황이 원한 그대로였다. 그는 직원들을 360도 시야로 한눈에 조망할 수 있기를 원했다. 한편 하오는 젠슨을 위해 3층에 아름다운 경영진 사무실 공간을 설계했지만, 젠슨은 그곳을 서고로 활용했다. 대신 그는 엔데버 한가운데 있는 눈에 띄지 않는 회의실을 차지하고는 그곳을 작전 상황실로 만들어버렸다. 젠슨은 여전히 중심에 있어야 했다. 마치 처음 엔비디아를 설립했을 때 커티스 프리엠의 집에서 냉장고 옆 테이블을 차지하고 앉아 있었던 것처럼 말이다.

젠슨과 함께 일하는 것은 힘들었다. 하오 코는 젠슨이 VR 헤드셋의 렌더링 속도 문제로 엔지니어들을 호되게 질책한 일을 떠올렸다. "그가 한바탕 심하게 해댔어요." 하오 코가 말했다. 원래 그 헤드셋은 건축물의 설계 변경 사항을 반영하는 데까지 5시간이 걸렸다. 하지만 젠슨의 거센 질책이 있고 난 후, 엔지니어들은 속도를 10초까지 단축해 냈다. 젠슨은 혹독했지만, 그 뒤에는 나름의 논리가 있었다. 하오 코는 이런 말을 덧붙였다. "헤드셋이 변경 사항을 반영하는 데까지 5시간 걸렸다면, 나는 그냥 적당히 괜찮아 보이는 녹색을 선택했을 겁니다. 하지만 10초밖에 안 걸렸기에 최상의 녹색을 찾는 데 시간을 쓸 수 있었습니다."

그렇게 만들어진 엔데버는 여러 건축상을 받았고, 하오 코도 업계에서 명성을 쌓는 계기가 되었다. 이제 엔비디아도 구글플렉스나 애플의 인피니트 루프Infinite Loop에 견줄 만한 상징적인 본사를 갖게 되었다. 직원들은 새롭게 마련된 거대한 업무 공간을 보며 놀라워했다.

하오는 젠슨의 요청으로 최상층에 '섀넌스'라는 바bar까지 만들었다. (이 바의 이름은 엔비디아의 전직 법률 고문 데이비드 섀넌David Shannon의 이름에서 따왔다. 그는 직원들이 술을 마시도록 하는 것이 현명한 결정인지 의문을 제기했는데, 젠슨은 오히려 일종의 유머처럼 그의 이름을 바에 붙였다.) 하지만 이 외에 편의시설은 별로 없다. 엔데버는 실리콘밸리의 다른 캠퍼스들과 달리 과도한 복지 시설은 없었다. 헬스장, 암벽등반장, 반려견 공원, 디스크 골프장, 볼풀 같은 건 전혀 없었다. 젠슨은 이에 대해 단호하게 말했다. "여기는 일하러 오는 곳이지."

하오 코의 프로젝트는 아직 끝나지 않았다. 첫 번째 건물 엔데버를 완성한 그는 이미 바로 북쪽에 더 크고 거대한 두 번째 건물을 설계하고 있었다. 이 건물은 보이저Voyager라는 이름으로, 엔데버와 대칭을 이루는 또 하나의 다듬어진 삼각형 형태가 될 예정이었다. 두 건물은 함께 맞물려 다각형 구조를 형성함으로써, 엔비디아가 3D 그래픽으로 시작한 역사를 상징하는 동시에, 지상과 하늘에서 모두 인상적인 경관을 연출하도록 설계되었다. (엔데버와 보이저라는 이름도 서로 연결되었는데, 두 단어의 첫 음절을 합치면 엔비디아의 약자인 'NV'가 된다.) 하오가 보이저를 완성하면, 세 번째 건물도 들어설 예정이었다. 아직 이름이 정해지지 않은 그 건물은 앞선 두 건물을 보완하는 역할을 할 것이다. 그리고 각 건물은 이전 것보다 더 커지며, 계곡 바닥을 한 조각씩 삼각형 모양으로 채워가는 모자이크 구조를 이루는 형태였다.

엔데버가 문을 열었을 때 하오 코는 젠슨 황과 임원진이 건물 내부를 둘러보도록 안내했다. 그는 당시의 상황을 이렇게 설명했다. "모든 게 완성됐고, 건물은 놀라울 정도로 멋졌어요. 투어를 진행하고 있었는데, 젠슨이 갑자기 음수대 위치에 대해 따지기 시작하는 거예요. 그는 화장실 옆에 음수대가 설치된 걸 못마땅해 했어요. 하지만 그건 건축 규정에 따른 것이었습니다. 게다가 이건 10억 달러짜리 건물이잖아요. 그런데도 그는 그냥 넘어가지 못하더군요." 이에 대해 젠슨은 이렇게 말했다. "나는 절대 만족하지 않아요. 어떤 것이든, 내게는 오직 결함만 보여요."

2017년 한 해 동안 쿠다 소프트웨어 패키지는 270만 번 다운로드 되었다. 이는 전년 대비 거의 3배에 가까운 숫자였고, 2012년과 비교하면 15배에 달하는 횟수였다. 일부 다운로드는 암호화폐 채굴을 위한 것이었지만, 대부분은 AI 개발을 위한 것이었다. 특히 학생들의 관심이 높았다. 2017년 스탠퍼드 대학교에서 가장 인기 있는 강의는 'CS 229 : 딥러닝 입문'이었다.

쿠다를 활용하는 개발자들은 암호화폐 채굴자들과 달리 반드시 엔비디아 하드웨어를 직접 구매할 필요가 없었다. 많은 개발자들이 가상머신을 임대해 쿠다를 실행했고, 자신의 스타트업 전체를 클라우드에서 운영하기도 했다. 이는 클라우드 서비스 제공업체들에게 막대한 수익원이 되었다. 시장을 지배한 회사는 아마존 웹 서비스AWS, Amazon Web Services로 50%의 점유율을 기록했다. 업황이 좋은 해에는 아마존의 방대한 이커머스 사업보다 더 많은 수익을 올리기도 했다. 그 뒤를 추격한 것은 마이크로소프트의 클라우드 서비스 애저Azure로, 마이크로소프트에 다시 활력을 불어넣은 CEO 사티아 나델라Satya Nadella의 리더십 아래 급성장했다. 아마존과 마이크로소프트, 기타 클라우드 업체들의 대규모 구매 수요 덕분에 엔비디아의 데이터센터용 칩 판매량은 1년 만에 2배 증가했다.

젠슨은 가상 컴퓨팅 장비 임대가 물리적 하드웨어 판매보다 더 수익성이 높다는 사실을 놓치지 않았다. 그는 2017년에 직접 두

가지 임대 플랫폼을 도입했다. 첫 번째는 지포스 나우^{GeForce Now}로 가상 그래픽카드^{Virtual GPU}를 대여해 게이머들이 저사양 노트북이나 일반 PC에서도 고사양 게임을 플레이할 수 있도록 하는 것이었다. 물론 여전히 지포스 게이밍 그래픽카드의 실물 판매가 엔비디아 매출의 대부분을 차지했고, 하드웨어 애호가들은 자신의 시스템을 자랑하는 것을 즐겼지만, 클라우드 게이밍이 미래가 될 것이 분명했다. 클라우드 컴퓨팅이 보편화되면서 게이머들에게 모니터와 안정적인 초고속 인터넷만 있으면 충분한 시대가 열릴 것이었다. 젠슨은 지포스 나우를 통해 25년간 엔비디아의 핵심 사업이었던 GPU 판매를 언젠가 직접 없앨 준비를 미리 하고 있었다. 그의 논리는 단순했다. 자신이 먼저 죽이지 않으면, 언젠가 다른 누군가가 대신 그 일을 할 것이라는 점이었다.

두 번째 플랫폼은 훨씬 더 기묘했다. 젠슨은 서던캘리포니아 대학교^{USC} 연구원 예브겐 체보타르^{Yevgen Chebotar}가 로봇 팔을 훈련시키는 모습을 보면서 이 아이디어를 떠올렸다. 예브겐 체보타르는 강화 학습 기법을 적용해 로봇 팔이 하키 스틱으로 오렌지색 공을 쳐서 골을 넣도록 훈련 중이었다. 충분한 시간이 주어진다면, 이 로봇 팔이 언젠가 전설적인 하키 선수 웨인 그레츠키^{Wayne Gretzky}에 필적할 수도 있을 것이다. 하지만 문제는 연구 방식이었다. 예브겐과 연구원들은 공을 스틱 앞에 놓는 작업을 수천 번 반복해야 했다.

젠슨 황은 이것이 너무 비효율적이라고 생각했고, 그 순간 아이디어를 떠올렸다. 하키의 물리적 법칙을 컴퓨터에서 시뮬레이션하는 편이 더 나을 것이라는 판단이 들었다. 시뮬레이션의 힘은 젠슨의 경력 전반에서 반복되는 주제였다. 그는 시뮬레이션할 수 있는 것은 무엇이든 했고, 그 결과는 늘 혁신적인 제품과 수익으로 이어졌다. 이제 단순히 하나의 개별적인 사물을 시뮬레이션하는 것으로는 충분하지 않다는 생각에 이르렀다. 모든 것을 시뮬레이션해야 했다. 젠슨은 이렇게 말했다. "우리는 이제 대체 우주를 만들어야 합니다."

로봇 훈련을 위한 대체 우주에서 예브겐은 공을 직접 다시 세팅할 필요가 없었다. 대신 강화 학습이 즉각적으로 이루어질 수 있었고, 로봇 팔은 같은 시간 동안 10억 개의 공을 칠 수 있었다. 제럴드 테사우로는 수백만 번의 주사위 굴리기를 시뮬레이션해 백개먼 게임을 훈련시켰다. 이제 젠슨은 코드를 통해 새로운 현실을 만들어내며 하키 경기를 시뮬레이션하려 했다.

하지만 현실 세계의 물리 법칙을 충실하게 구현하는 플랫폼을 만들기란 결코 쉬운 일이 아니었다. 기존 게임 엔진은 그 수준에 한참 못 미쳤다. 존 페디가 지적했듯이, 텍스처를 제거하면 결국 단순한 블록들이 서로 충돌하는 것에 불과했다. 진정한 현실 시뮬레이터를 만들려면 완벽한 물리 엔진뿐만 아니라, 충돌 시 탄성, 물체의 밀도까지 정밀하게 반영해야 했다. 예를 들어 테니스공을 치는 것과 당구공을 치는 것은 서로 다른 반응을 일으켜야 했다. 천과 같은 부드러운 재질은 휘어야 하고, 금속처럼 단단한 재질은 형태를 유지해야 했다. 젖어서 미끄러운 접시는 떨어져야 했고, 과일은 충격을 받으면 으깨져야 했다. 이처럼 변수가 너무 많았기 때문에 현실 시뮬레이터를 만드는 데에는 막대한 비용이 들고, 개발 시간도 오래 걸렸다. 초기에는 고객도 많아야 대여섯 정도에 불과할 수도 있었다. 하지만 젠슨은 이런 걸 신경 쓰지 않았다. 오히려 이 아이디어를 좋아했다. 젠슨은 이렇게 만들어진 첫 번째 현실 시뮬레이터를 '아이작 Isaac'이라고 명명했다. 로봇 훈련을 위한 플랫폼이었다. 시간이 지나면서 아이작은 더 정교한 제품인 '옴니버스'로 발전했는데, 젠슨은 이를 '산업용 메타버스'라고 부르기도 했고, 때로는 '지구의 디지털 쌍둥이 Digital Twin of Earth'라고 표현하기도 했다. 옴니버스는 물리적 제품이 아니라 고해상도의 디지털 환경이었다. 젠슨은 이를 임대하는 방식으로 제공할 계획이었다. 그리고 이 플랫폼은 로봇만을 위한 것은 아니었다. 자동차, 산업디자이너, 물류 창고 건설업체, 그 외에도 복잡한 물리적 제품을 실험적으로 만들어보지 않고도 최적화하려는 모든 사람을 위한 것이었다.

AI 시대는 엔비디아 없이는 불가능하다

2017년 엔비디아의 연간 순이익은 3배로 증가해 30억 달러에 이르렀다. 모든 제품 라인에서 폭발적인 성장을 기록했다. 무시당하던 그래픽카드 회사는 이제 월 스트리트에서 인정받는 기업이 되었고, 시가총액 1,000억 달러를 돌파했다. 하지만 2017년 일반인들에게 엔비디아가 만드는 제품이 무엇인지 물었다면, 일반적인 사람 중 대부분은 엔비디아가 뭔지조차 모른다고 답했을 것이다. 이 회사를 아는 사람들조차 비디오게임과 관련지어 "그래픽카드"라고 답했을 것이고, 혹자는 "암호화폐 채굴 장비"라고 말했을 것이다.

그러나 예리한 투자자들은 엔비디아가 더 이상 소비자용 그래픽 회사가 아니라는 사실을 깨닫고 있었다. 엔비디아는 AI 기업이었다. 아니, AI를 대표하는 기업이었다. 그리고 AI는 어느 순간 조용히, 하지만 모든 곳에 스며들고 있었다. 사람의 얼굴을 인식하고, 알고리즘으로 상품을 추천하며, 소셜미디어 피드를 구성하고, 휴대전화의 음성 품질을 개선하는 등 일상의 많은 부분을 담당하게 되었다. 마크 안드레센이 지적했듯, 이 모든 것들이 어떤 방식으로든 엔비디아의 컴퓨팅 스택에 의존하고 있었다.

어두운 시기를 엔비디아와 함께한 투자자들은 그 보상을 받았다. 2013년 보스턴에서 심문하듯 젠슨 황에게 질문했던 피델리티의 포트폴리오 매니저들은 이제 엔비디아 주식이 시장에서 최고의 투자처로 변모하는 모습을 보며 환호했다. 쿠다, 닌텐도 스위치, 노벨상, 암호화폐, 클라우드 컴퓨팅. 이 모든 것을 통해 엔비디아는 더 이상 정체된 기업이 아닌 혁신의 중심으로 자리 잡았다. 그러나 이 모든 제품, 심지어 현실을 복제하려는 젠슨의 시도조차 앞으로 닥칠 진짜 변화에 대비하지는 못했다. 고객, 투자자는 물론이고, 젠슨 황 자신조차 곧 벌어질 거대한 변신을 예측하지 못했다.

트랜스포머, 인간의 상호작용을 이해하는 AI

The Transformer

15

볼프강 아마데우스 모차르트가 음악을 위해 태어났고, 스테판 커리가 농구를 위해 태어났듯이, 야콥 우스코라이트^{Jakob Uszkoreit}는 컴퓨터언어학^{computational linguistics}이라는 다소 생소한 분야를 위해 태어난 사람이었다. 그의 아버지 한스 우스코라이트는 저명한 학자로 평생 컴퓨터가 언어를 처리하도록 가르치는 연구를 했다. 야콥은 컴퓨터로 뭔가 다른 일을 하고 싶었고, 원래는 생물학과 관련된 컴퓨터 분야에서 일하고 싶어 했다. 그러나 2008년 구글에 입사한 후 곧 언어 처리가 매우 흥미로운 문제 중 하나라는 것을 깨달았다. 결국 그는 운명에 순응하며 아버지와 같은 학문의 길에 들어섰고, 몇 년 만에 아버지를 뛰어넘는 존재가 되었다.

야콥 우스코라이트는 게르만계의 단정한 인상을 가졌고, 짙은 갈색 눈을 가진 잘생긴 인물이었다. 머리카락을 길게 길렀는데, 종종 뒤로 묶고 다녔다. 미국에서 태어났지만, 독일에서 자란 그는 독일어 억양이 섞인 영어를 구사했다. 야콥은 구글에서 언어를 작동하게 만드는 숨겨진 문법적 구조에 대해 탐구했다. 신경망이 무작위로 설정한 가중치 배열 속에서, 어쩌면 그 동일한 구조들이 자연스럽게 형성될 수도 있지 않을까?

신경망을 이용한 초기의 언어 연구는 실망스러웠다. 아무리 훈련을 시켜도 모델들은 계속해서 기초적인 문법적 오류를 저질렀다. 고등학교 라틴어 교사가 가르치듯 컴퓨터에 문법을 명시적으로 훈련하는 방식은 확장성이 없었다. 연구자들은 대신 '순환 신경망 RNN, Recurrent Neural Network' 내부에 장기 및 단기 기억을 구현하려 했지만, 이 구조는 까다롭고 프로그래밍하기 어려웠다. 게다가 더 많은 텍스트를 학습시키면 순환 신경망은 오히려 배워서 알고 있던 내용을 잊어버리곤 했다.

야콥 우스코라이트는 신경망이 더 많은 텍스트를 읽을수록 더 똑똑해지기를 원했다. 2014년 어느 날, 그는 새로운 아이디어를 떠올렸다. 더 많은 데이터가 더 나은 결과로 이어진다면, 정보를 처리하는 기본 구조는 가능한 한 단순해야 한다는 것이었다. 영감을 준 건 생물학이었다. 의료 스캔 결과에 따르면 인간의 뇌에는 약 1,000억 개의 뉴런이 존재하는데, 이중 언어 처리를 담당하는 뉴런은 채 1%도 되지 않는 것으로 추정된다. 야콥은 이와 관련해 2023년 한 인터뷰에서 이렇게 말했다. "아마도 언어는 우리의 인지 능력을 최적에 가깝게 활용하는 방식으로 진화했을 것입니다."

야콥은 언어를 오직 맥락만 이용해 모델링하기로 결심했다. 그는 기존의 모든 기억 구조를 제거하고, 대신 단순한 지식 그래프 knowledge graph를 도입했다. 단어 그 자체는 아무런 의미도 갖지 않았다. 단어는 개별적으로 보면 단순한 음의 조합에 불과했다. 단어의 의미를 포착하는 유일한 방법은 그것을 다른 단어들과 연결하는 것이었다. 예를 들어 hop(뛰다), green(초록색), tongue(혀), flies(파리), amphibian(양서류) 같은 단어들이 서로 연결된 지식 그래프가 있다면, 그 중심에 있는 단어는 'frog(개구리)'일 가능성이 크다는 걸 알 수 있다. 이뿐만 아니라 이 그래프의 구조는 독일어나 프랑스어, 스와힐리어, 베트남어에서도 동일해야 했다. 즉 인지적 관점에서 frog라는 단어는 단순히 f, r, o, g라는 글자의 조합이 아니다. 그건 단지 기호일 뿐이다. 인지적 관점에서 보면, 진짜 의미는 그 단어가 어휘 전체와 어떤 고유한 연결망을 형성하느냐에 달려 있는 것이다. 즉 관계의 지도 이다.

이 관계를 포착하기 위해, 우스코라이트는 각 단어를 통계적 가중치로 이루어진 하나의 트리 구조로 정의했다. 예를 들어, 'The orange ＿＿ caught the brown mouse(주황색 ＿＿가 갈색 생쥐를 잡았다)'라는 문장에서 빈칸에 들어갈 단어를 예측하도록 요청받았을 때, 신경망은 'cat(고양이)'이 가장 적절한 단어라고 추측할

• 사물(개체)들 간의 관계를 그래프 형태로 표현한 것이다. 예를 들어 [스티브 잡스] — (창립자) → [애플] — (본사 위치) → [캘리포니아]

수 있었다. 학습 데이터에서 'cat/mouse(고양이/생쥐)'라는 단어 쌍을 수없이 접한 결과였다. 'cat'은 또한 'caught(잡았다)' 및 'ate(먹었다)'와 비교적 강한 연관성을 가질 수 있지만, 'brown(갈색)'과의 관계는 상대적으로 약하고, 'the(그)'와의 관계는 거의 없을 것이다. 그리고 충분한 학습 데이터를 제공하면, 컴퓨터는 명시적인 문법 지도를 받지 않고도 'orange(주황색)'가 명사 'cat(고양이)'을 수식하는 형용사라는 것을 이해할 수도 있을 것이었다.

이러한 방식으로 일반명사는 비교적 쉽게 매핑할 수 있었지만, 어떤 단어들은 이보다 어려웠다. 예를 들어 'unhappiness(불행)'라는 단어를 분석할 때, 원어민 화자는 무의식적으로 'un-'이 부정을 의미하는 접두사이며, 'happi'가 어간이고, '-ness'는 형용사를 명사로 변환하는 접미사라는 것을 인식한다. 야콥은 이런 관계를 더 잘 모델링하기 위해 일부 단어를 '토큰tokens'이라 불리는 조각들로 나누었다. 토큰들 또한 통계적 가중치로 연결된 트리 구조를 형성했다.

야콥 우스코라이트는 이 학습 메커니즘을 '셀프 어텐션self-attention'이라고 불렀다. 그러나 구글 내부의 반응은 냉담했다. 기존의 신경망 아키텍처를 전부 버리는 방식이었기 때문이다. 그는 이렇게 말했다. "사람들이 눈살을 찌푸렸어요. 기존 모델을 전부 없애버리는 방식이었으니까요." 그의 아버지조차 회의적이었다.

그러나 야콥은 GPU를 위한 설계를 하고 있었다. 기존의 순환 신경망 구조는 엔비디아의 하드웨어를 제대로 활용하지 못했다. 데이터 입력을 최소화하고 복잡한 코드 연산을 극대화하자 오히려 병렬 아키텍처와 충돌했다. 그는 뇌와 신경망의 유사성을 가지고 접근하고자 했다. 그리고 방대한 양의 텍스트와 단어, 연산 능력을 단순하면서도 우아한 구조로 처리하는 방식이 필요하다고 판단했다. 그는 2023년에 자신의 철학을 이렇게 설명했다. "만약 당신이 아주 많은 단순 연산을 동시에 처리할 수 있는 하드웨어를 가지고 있다면, 그와 반대로 복잡하고 구조적인 연산을 순차적으로 수행하도록 설계하는 것은 비효율적입니다. 결국 우리가 활용해야 하는 것은 하드웨어의 통계적 특성입니다."

셀프 어텐션 메커니즘의 확장성

셀프 어텐션 메커니즘은 즉각 성공을 거두었고, 그 개념의 일부는 구글의 검색 및 광고에 도입되었다. 야콥은 이를 더 발전시키고자 했고, 구글플렉스에서 함께 일하던 뛰어난 프로그래머 일리야 폴로수킨Illia Polosukhin을 설득해 연구팀에 합류하도록 했다. 일리야 폴로수킨 역시 인간이 언어를 사용하는 선천적 능력과 뇌 구조, 즉 언어의 생물학적 기반에 깊은 흥미를 갖고 있었다. 그는 이렇게 말했다. "이미지는 흥미롭고, 분명 많은 세계 지식을 담고 있지만, 보는 능력을 가진 종은 수천 가지나 됩니다. 하지만 언어를 실제로 이해할 수 있는 종은 단 하나뿐이죠."

일리야 폴로수킨은 셀프 어텐션 메커니즘을 어떻게 구현할지 고민하던 중에 드니 빌뇌브^{Denis Villeneuve}의 2016년작 〈컨택트^{Arrival}〉를 보게 되었다. 영화에서 오징어 같은 외계 생명체인 '헵타포드^{heptapod}'는 신비로운 원형의 잉크 얼룩을 그려 인간과 소통하려 한다. 언어학자(에이미 아담스 분)는 결국 각 잉크 무늬가 하나의 통합된 텍스트의 전체적인 메시지를 나타낸다는 사실을 깨닫는다. (그후 그녀는 미래를 보기 시작하지만, 여기서는 잉크 무늬에만 집중하자.) 영화를 보면서 일리야 폴로수킨은 얼룩과 비슷하게 셀프 어텐션을 더 극대화된 방식으로 적용할 수 있다는 영감을 얻었다. 한 문장 안에서 단어들을 서로 연결하는 것에 그치지 않고 문서 전체에 걸쳐 수천 개의 다른 단어들과 확률적으로 연결하는 방식이었다. 몇 단락 전에 등장했던 단어도, 다음에 나오는 단어의 의미를 파악하는 데 중요한 맥락적 단서가 될 수 있었다.

야콥과 일리야는 구글의 또 다른 연구원 아시시 바스와니^{Ashish Vaswani}와 팀을 꾸렸고, 세 사람은 2017년 초까지 셀프 어텐션 메커니즘을 기반으로 한 기본적인 영어-독일어 번역기를 개발했다. 일리야와 야콥은 이전에 구글 내부 프로그램으로 위키백과 문서를 자동으로 작성하는 실험에 참여했다. 이 프로그램의 이름은 '오토봇^{autobot}'이었다. 새로운 셀프 어텐션 메커니즘은 '트랜스포머^{transformer}'라고 불리었다.

이후 몇 달 동안, 이 팀은 4명의 연구원을 추가로 영입했고,

2017년 2월쯤에는 독일어-영어 번역기가 기존의 최상급 순환 신경망 모델들과 대등한 성능을 보이기 시작했다. 이 시점에 2000년부터 구글에서 일해 온 베테랑 개발자 노암 샤지어Noam Shazeer가 여덟 번째이자 마지막 팀원으로 합류했다. 노암 샤지어는 순환 신경망에 불만을 가지고 있었고, 이를 대체할 수 있는 것을 찾고 싶었다. 그는 웨일스 출신 프로그래머 라이온 존스Llion Jones와 함께 연구용으로 개발된 트랜스포머를 실제 제품 수준의 소프트웨어로 업그레이드했다.

팀이 더 많은 데이터를 트랜스포머에 입력하자 성능이 계속해서 향상되었고, 마침내 '구글 번역' 플랫폼을 능가하는 수준에 이르렀다. 노암은 이렇게 말했다. "우리가 본 것은 단순히 모델의 크기를 키우면 키울수록 분명히 더 똑똑해진다는 거였습니다. 이전의 다른 모델들에서는 이런 현상을 볼 수 없었죠."

이전의 신경망 아키텍처들은 문장이나 더 나아가 단락 전체를 한꺼번에 생성하려고 시도했다. 반면 트랜스포머는 한 번에 오직 한 단어만 예측하는 방식으로 작동했다. 이 과정은 확률적 관계를 기반으로 이루어졌으며, 오직 한 단어만 예측하는 것이 모델이 내다볼 수 있는 가장 먼 범위였다. "순차적으로 문장을 생성하는 법을 배우면서, 모델은 어쩔 수 없이 매우 복잡한 행동 패턴을 학습하게 됩니다. 그리고 여기서 가장 놀라운 현상이 나타나죠." 팀원이었던 에이든 고메즈Aidan Gomez는 말했다. 곧 트랜스포머 모델은 단순한 단어 예측을 넘어, '우리의 문화와 언어, 인간의 상호작용을 이해하는' 모습을 보이기 시작했다.

라이온 존스는 트랜스포머가 항상 가장 확률이 높은 단어만 고르면 문장이 어색해질 수 있다는 점을 발견했다. 이를 해결하기 위해 작가가 유의어 사전을 활용하듯이 모델이 여러 후보 단어 중에서 선택할 수 있게 하는 '빔 서치beam search' 기능을 구현했다. 그는 이렇게 설명했다. "가장 유력한 단어를 그대로 고르는 대신, 그다음 단어를 고려하고, 또 다음 단어를 살펴본 뒤, 다시 최상위 단어를 선택하는 방식으로 길을 열어가면, 단순히 가장 높은 확률의 단어를 고르는 것보다 더 나은 결과를 얻을 수 있어요. 구현하는 과정은 정말 악몽이었지만, 그걸 거치고 나서 비로소 최첨단 성능을 얻을 수 있었습니다."

라이온 존스는 트랜스포머가 어떻게 작동하는지를 더 잘 이해하기 위해 단어 간의 통계적 관계 강도를 서로 다른 두께의 선으로 표현하는 시각화 도구를 개발했다. 그는 이 도구를 이용해 어렵기로 악명 높은 다음 문장 쌍을 실험해 보았다.

"The animal didn't cross the street because it was too tired.(그 동물은 너무 피곤해서 길을 건너지 않았다.)"

"The animal didn't cross the street because it was too wide.(그 동물은 길이 너무 넓어서 건너지 않았다.)"

두 문장을 올바르게 해석하려면, 트랜스포머는 'tired(피곤한)'가

'동물'만 수식할 수 있고, 'wide(넓은)'는 '길'만 수식할 수 있다는 사실을 이해해야 했다. 놀랍게도 존스가 만든 시각화 도구는 이 관계를 정확히 보여주었다. "이 문제는 컴퓨터 언어학에서 가장 오래된 난제 중 하나였습니다. 그런데 우리는 애초에 이 문제를 해결하려고 한 것이 아니었어요. 그런데도 답이 그냥 자연스럽게 나온 겁니다."

언어에는 이와 유사한 깊고 암묵적인 구조가 많았다. 그중 일부는 언어학자들조차 인식하지 못하는 정도였다. "이 모델은 단순히 형용사와 명사의 관계를 학습하는 것이 아니라, 우리가 설명할 언어조차 갖고 있지 않은 훨씬 더 복잡한 것들을 배우고 있는 겁니다." 에이든 고메즈는 이렇게 말했다. 예를 들어 영어 원어민은 형용사 배치 순서에 대한 암묵적인 규칙을 따라 'an old Canadian maple tree(캐나다의 오래된 단풍나무)'라고 말하지 'a maple Canadian old tree(단풍나무 캐나다의 오래된 나무)'라고 하지 않는다. 트랜스포머를 통해 이런 언어적 직관이 처음으로 소프트웨어 형태로 구현된 것이다.

만약 알렉스넷이 최초의 비행기였다면, 트랜스포머는 제트엔진이었다. 노암 샤지어와 야콥 우스코라이트는 화이트보드 앞에서 협력하며, 트랜스포머의 모든 요소가 하이퍼스케일hyperscale 아키텍처에 완전히 최적화되도록 설계했다고 확언했다. 그 기반에는 방대한 양의 데이터와 엄청난 수의 파라미터(모델 설정값), 대규모 GPU 클러스터가 있었다.

프로젝트가 탄력을 받으며 작업은 열띤 흥분 속에서 진행되었고, 밤샘 작업 후 아시시 바스와니는 극도의 피로 속에서 사무실 커튼에 뉴런이 보이는 듯한 착시를 경험하기도 했다. 노암 샤지어는 엔비디아 플랫폼에서의 작업을 이야기하면서 흥분으로 눈을 반짝였고, 공중에서 손을 움직이며 앞뒤로 몸을 흔들기 시작했다. 그러고는 이렇게 말했다. "이 칩들은 원래 괴물을 쏘기 위해 만들어졌는데, 우리는 이걸로 두뇌를 만들고 있어요!"

이 팀은 마지막 단계에서 트랜스포머 코드의 일부를 의도적으로 비활성화하는 절제 작업ablations을 실험했다. 각 부분이 어떤 역할을 하는지 파악하기 위해서였다. 그러자 예상하지 못했던 결과가 나타났다. 절제가 오히려 트랜스포머의 핵심 기능을 더 향상시켰다. 노암샤지어는 주변 코드를 계속 걷어냈고, 결국 거의 아무것도 남지 않았다. 가장 원시적인 형태에서 보면 트랜스포머는 겨우 20행 남짓인 코드에 불과했다.

오, 그러나 그것이 해낼 수 있는 일들이란! 기념비적인 논문을 준비하는 동안 팀은 트랜스포머에 음악 라이브러리와 미술 아카이브를 입력하는 실험을 진행했다. 트랜스포머는 문장에서 다음으로 올 가능성이 가장 높은 단어를 정확히 예측할 수 있었던 것처럼, 교향곡에서 다음 음표나, 그림 속 다음 픽셀도 예측할 수 있었다. 곧 트랜스포머는 음악을 작곡하고, 그림을 그리기 시작했다.

한 번에 한 걸음씩 나아가는 가장 단순한 개념을 수행하도록 설계된 이 우아한 아키텍처는 AI를 위한 마스터키 같았다. 팀은 2017년에 이 연구 결과를 신경정보처리시스템 학회 저널에 발표했다. 이 저널은 알렉스넷의 연구 결과가 게재된 매체였다. 논문 제목을 지을 때 라이온 존스는 비틀스를 떠올렸고 'Attention Is All You Need(당신이 필요한 모든 것은 관심)'•라는 아이디어를 즉흥적으로 제안했다. 그는 그저 농담으로 던진 이 제목을 팀이 채택하리라고 예상하지 못했다. 하지만 나중에 그는 이 문장을 팔에 문신으로 새긴 사람들을 만나게 된다.

연구 결과를 발표하기 직전인 2017년 7월, 노암 샤지어와 우카시 카이저Lukasz Kaiser는 한 가지 실험을 시도했다. 트랜스포머에게 기존의 텍스트를 번역하도록 요청하는 대신, 위키피디아 문서 수백만 개를 학습하도록 한 뒤 그것을 바탕으로 새로운 텍스트를 생성하도록 한 것이다. 그들은 단 하나의 요청을 입력했다. "트랜스포머에 대한 기사를 작성하라."

그러자 일본 뉴웨이브 펑크 밴드 트랜스포머에 대한 1,000단어짜리 설명이 흘러나왔다. 물론 그런 밴드는 존재하지 않았다. 완전히 환각이었다. 그런데도 문장은 매끄럽고 자신감 있게 쓰였으며, 게다가 조작된 각주까지 포함하고 있었다.

에이든 고메즈는 이 모습을 보고 예상보다 기술 발전이 훨씬 더

• 비틀즈의 노래 제목은 〈All You Need is Love〉이며, 실제로 이 논문은 'Attention Is All You Need'라는 제목으로 2017년 신경정보처리시스템 학회에서 발표되었다. 트랜스포머는 딥러닝에서의 패러다임 전환을 이루었다는 평가를 받고 있으며, 많은 AI 모델의 기반이 되었다.

빠르게 진행되고 있음을 깨달았다. "어제까지만 해도 모델이 겨우 철자를 맞추는 수준이었어요. 우리는 설득력 있는 영어를 쓰는 모델이 나오려면 몇십 년은 걸릴 거라고 생각했는데, 갑자기 그게 눈앞에 나타난 거죠!"

트랜스포머팀은 구글이 이 기술을 소비자용 제품으로 발전시킬 것이라 기대했지만, 경영진은 이상하게도 그 가치를 제대로 인식하지 못했다. 팀원들은 구글이 검색에서 독점적 지위를 얻으면서 비대하고, 관료적인 조직을 만들어버렸고, 결과적으로 더 이상 모험을 하지 않게 되었다고 느꼈다. 당시의 상황에 대해 일리야 폴로수킨은 이렇게 말했다. "경영진은 '검색 창에 들어맞지 않는 것은 출시할 수 없다'는 식이었어요. 15년 전만 해도 우리는 완성도가 낮아도 그냥 출시했어요. 그리고 나서 반복하고, 배우고, 계속해서 개선해 결국에는 정말 좋은 걸 만들었습니다. 그런데 어느 순간, 우리는 그런 사고방식을 잃어버렸어요."

트랜스포머 연구진들은 하나둘 스타트업으로 이탈하기 시작했다. 2023년에 이르자 트랜스포머를 연구한 팀원 8명 전원이 구글을 떠났다.(노암 샤지어는 인기 챗봇 서비스 캐릭터AI^{Character AI}를 공동 창업했다가, 2024년에 애퀴하이어로 구글에 다시 합류했다. 이탈은 결국 돈이 됐다.) 가장 마지막으로 떠난 라이온 존스는 여전히 전 직장을 칭찬했다. 그는 각기 다른 관점과 역량을 지닌 다채로운 동료들이 유망한 주제를 중심으로 자연스럽게 뭉친 경험을 떠올렸다. "이 기술은 구글이었기 때문에 개발할 수 있었던 거예요." 그는 말했다. 이 말이 사실일 가능성이 높았지만, 구글이 트랜스포머를 제대로 활용하지 못한 탓에 시장에는 거대한 공백이 생겼다. 다른 누군가가 채우게 될 자리였다.

트랜스포머의 미래

오픈AI는 젠슨에게 DGX-1을 받은 후 어려움을 겪고 있었다. 회사의 첫 연구 프로젝트는 '인공지능 게이머'였는데, 실시간 전략 게임 〈도타2〉에서 뛰어난 성과를 보였다. 하지만 조직 내에서는 '과연 이것이 세계적 수준의 인재들이 연구해야 하는 일인가?'에 대한 의문이 제기되었다.

오픈AI의 발전 속도가 지지부진하자 일론 머스크는 불만을 품고, 엔지니어들을 테슬라로 빼내 오려는 시도를 시작했다. 이런 상황은 2018년 2월 이사회에서 벌어진 격렬한 논쟁으로 정점에 치달았고, 그 결과 일론 머스크가 배제되고 Y콤비네이터 대표였던 샘 올트먼이 경영을 맡게 되었다.

일론 머스크는 마지막 회의에서 직원들에게 자신이 오픈AI를 떠나 테슬라에서 자체적으로 AI 연구를 진행할 것이라고 선언했다. 〈월 스트리트 저널〉에 따르면, 한 젊은 연구원이 그의 결정에 이의를 제기하며 "그러면 AI 군비 경쟁이 더욱 심해질 것"이라고 지적하자, 일론 머스크는 그 연구원에게 "멍청이"라는 말을 남기고는 건물을 떠나버렸다고 한다.

일리야 수츠케버는 오픈AI에 남았다. 알렉스넷의 공동 저자인 그는 계속해서 중요한 연구 결과를 발표하며, 이제는 자신의 스승인 제프리 힌턴과 어깨를 나란히 할 정도로 해당 분야에서 가장 많이 인용되는 학자가 되었다. 일리야 수츠케버는 AI 연구에만 몰두하면서 점점 다른 모든 것을 배제하는 삶을 살았다. 그는 용모에도 전혀 신경 쓰지 않아서, 수염은 헝클어졌고, 눈썹은 정리되지 않았으며, 숱이 적고 가는 머리카락 사이로 두피가 훤히 보였다. 제프리 힌턴이 지적했듯이, 일리야 수츠케버의 강점은 유망한 아이디어를 발견하면 빠르게 전환할 수 있는 능력이었다.

일론 머스크가 발작하듯 화를 내며 떠날 때쯤 일리야 수츠케버는 한 학회에서 노암 샤지어가 트랜스포머에 대해 발표하는 모습을 지켜보고 있었다. 이 아키텍처의 강력함을 즉각 깨달은 그는 오픈AI 사무실로 복귀해 동료들에게 지금 당장 인공지능 게이머 프로젝트를 중단하고, 세상을 바꿀 수 있는 것을 만들어야 한다고 조언했다. 일리야는 당시를 이렇게 회상했다. "정말로 그다음 날, 나와 우리 모두에게 트랜스포머가 순환 신경망의 한계를 해결하는 기술이라는 것이 명확해졌어요. 우리는 즉시 트랜스포머로 전환했습니다." 새롭게 경영을 맡은 샘 올트먼도 이 전략 변경에 동의했다.

일리야 수츠케버는 트랜스포머를 활용해 사람이 읽을 만한 고품질 텍스트를 생성하고, 어떤 프롬프트에도 답할 수 있는 제품을 만들고 싶어 했다. 그는 노암 샤지어와 우카시 카이저가 가짜 위키피디아 기사로 증명한 개념을 보았고, 이를 더욱 발전시킬 수 있다고 생각했다. 우선 모델은 방대한 텍스트 데이터로 '사전 훈련'을 한 뒤에 스스로 텍스트를 생성하게 된다. 이렇게 목적(Generative, 생성형)과 방법(Pre-trained, 사전 훈련), 아키텍처(Transformer, 트랜스포머)를 결합시켜 '생성형 사전 훈련 트랜스포머GPT, Generative Pre-Trained Transformer'가 탄생했다.

GPT-1은 2018년 6월에 처음 공개되었다. 이 모델은 무료 자가출판 전자책 약 7,000권을 모은 북코퍼스BookCorpus를 학습 자료 삼아 독해 능력을 익혔다. (대부분 SF와 로맨스, 판타지 장르였고,《트와일라잇》의 아류작이 많았다.) GPT-1의 성능은 형편없었다. 사용자 질문에 초현실주의적인 난해한 문장으로 답을 내놓곤 했다. 삼류 뱀파이어 소설을 커리큘럼 삼아 훈련되었으니, 예상에서 벗어나지 않은 결과였다. 일론 머스크는 당연히 실망했고, GPT-1 출시 후 오픈AI에 날 선 이메일을 보냈다. 그는 이렇게 썼다. "현재 방식과 자원으로는 오픈AI가 딥마인드(구글)와 경쟁할 수 있을 가능성이 0%라고 판단합니다."

이런 비판이 있다고 해도, 오픈AI는 형편없는 것을 내놓을 자유가 있었다. 구글과 달리 끔찍한 수준일지라도 일단 내놓고 나서 개선하고, 또 개선하고, 또 개선할 수 있었다. GPT-1은 형편없었지만, 그와 같은 것이 작동할 수 있음을 보여주었다. 2012년에 이미 일리야 수츠케버가 깨달았듯이, 더 나은 시스템의 핵심은 스케일,

즉 규모였다.

GPT-2는 그로부터 8개월 후 공개되었다. 뱀파이어 로맨스 교과서에서 졸업한 이 모델은 약 800만 개의 웹페이지에서 60억 개에 달하는 단어를 학습했다. 개발 최종 단계에서는 때때로 인간이 쓴 글과 구별할 수 없는 텍스트를 생성하기도 했다. 오픈AI 연구원들은 GPT-2에 이야기를 써보라고 하면서 다음과 같이 프롬프트를 입력했다.

"놀랍게도 과학자들은 안데스산맥의 외딴, 미지의 계곡에서 유니콘 무리를 발견했다. 연구자들을 더욱 놀라게 한 것은 그 유니콘들이 완벽한 영어를 구사한다는 사실이었다."

이를 받아 GPT-2가 이렇게 썼다.

"과학자들은 이들의 독특한 뿔에 착안해 그들을 '오비드의 유니콘'이라고 명명했다. 이 4개의 뿔을 가진 은백색 유니콘들은 이전까지 과학계에 알려지지 않은 존재였다. 거의 200년이 지나, 이 기이한 현상을 촉발한 원인이 마침내 밝혀졌다."

GPT-2는 단지 통계적 관계만을 이용해 문장에서 다음 단어를 추측하는 구조일 뿐인데, 기존의 어떤 언어 모델보다 더 나은 문장을 만들어냈다. 일리야와 연구팀은 여기서 멈추지 않고, GPT-2를 익숙한 범위를 넘어서는 실험에 투입했다. 그건 훈련시킨 웹페이지 어디에도 직접적인 답이 없는 질문을 던져보는 실험이었다. 이를 제로샷 테스트라고 한다.

"《종의 기원》을 쓴 사람은 누구인가?"라고 묻자, GPT-2는 "찰스

다윈"이라고 답했다. (정답)

"영국에서 가장 큰 슈퍼마켓 체인은?"이라고 묻자, "테스코"라고 답했다. (정답)

"영화 〈터미네이터〉에서 존 코너를 연기한 배우는?"이라고 묻자, "아놀드 슈워제네거"라고 답했다. (오답 : 아놀드 슈워제네거는 사이보그를 연기했다.)

"로마와 관련된 강은?" 하고 묻자, "테베레강"이라고 답했다. (정답)

이처럼 GPT-2가 명시적인 훈련이 없이도 배운 적 없는 질문에 답할 수 있는 능력은 AI에서 나타나는 '창발성'의 한 예였다. 모델이 커질수록 이러한 예기치 않은 기술과 행동이 등장했고, 연구자들을 놀라게 했다. 일단 모델이 창발성의 임계점을 넘어선 이후에는 설계자들조차 그것이 정확히 무엇을 할 수 있는지 완전히 파악할 수 없다.

물론 GPT-2에는 많은 한계가 있었다. 논리적인 글을 요약하는 데 취약했고, 숫자를 셀 때도 종종 실수를 했다. 그렇지만 일리야는 이 모델의 능력을 보면서 인공일반지능AGI으로 가는 첫걸음일 수 있다고 생각했다. AGI는 인간이 할 수 있는 모든 작업을 수행할 수 있는 인공지능을 의미한다. 일리야는 점점 더 정교한 GPT 모델을 개발하면서 오픈AI 설립 당시의 문제의식을 다시 떠올렸다. 만약 AGI가 자체적으로 AI 연구를 수행하며, 끊임없는 피드백 루프를 통해 스스로 지능을 향상할 수 있다면 어떻게 될까? 닉 보스트롬이 가정했듯, 어느 순간 갑자기 AI가 '어느 정도 똑똑한' 상태에서 '초지능' 상태로 넘어가게 될까? 그리고 그런 일이 벌어지고 있을 때 개발자들은 이를 알아차리고, 이해할 수 있을까? AGI는 인간이 생존하도록 남겨둘까?

일리야는 현재의 신경망 구조로는 AGI에 직접 도달할 수 없다고 생각했다. 하지만 다음 돌파구는 어떨까? 그는 불과 5년 남짓한 기간 동안 AI가 두 차례나 전례 없는 도약을 하는 것을 지켜보았다. 그렇다면 어딘가에서 누군가는 새로운 알렉스넷, 새로운 트랜스포머를 개발하고 있을 것이 분명했다. '그다음은?' 이 질문은 점점 일리야 수츠케버를 사로잡기 시작했다. AGI의 임계점을 넘는 순간 무슨 일이 벌어질지 아무도 장담할 수 없었다.

하지만 이런 걱정이 그의 야망을 꺾지는 못했다. 연구자들은 모델의 크기를 개별 가중치, 즉 파라미터의 수로 표현한다. 각 파라미터는 대략 생물학적 뇌에서 하나의 시냅스에 대응하는 개념이다. GPT-1은 약 1억 개의 파라미터를 가지고 있어 곤충 수준의 뇌이다. GPT-2는 15억 개로 작은 도마뱀 수준의 규모였다. 일리야는 다음 모델에서 1,000억 개의 파라미터를 목표로 삼았는데, 이는 설치류 수준에 해당하는 규모였다.

이 신경망 구조를 훈련하는 데는 전례 없는 수준의 연산 능력이 필요했다. 전기 요금만 해도 인공지능 역사상 가장 비싼 프로젝트 중 하나가 되었고, 이는 앞으로 다가올 변화의 신호였다. 오픈AI의 CEO 샘 올트먼은 기부금만으로는 일리야 수츠케버의 꿈을 실현시킬 만큼 자금을 조달할 수 없다는 것을 깨달았다. 그래서 그는

2019년 오픈AI가 수익 제한 자회사를 설립한다고 발표했다. 이 구조에서 투자자들이 받을 수 있는 최대 수익은 100배로 제한된다. 보도자료에는 다음과 같은 문장에 담겨 있었다.

"오픈AI 글로벌 LLC에 대한 투자는 일종의 기부로 간주하는 것이 현명합니다. AGI 이후의 세계에서 돈이 어떤 역할을 하게 될지는 예측하기 어려울 수도 있습니다."

초기 기부자 중 가장 큰 금액을 내놓은 건 마이크로소프트였다. 그들은 10억 달러를 투자했다. 그리고 최대 1,000억 달러가 될 수 있는 소소한 수익률을 받아들인 것이었다. (어쩌면 돈을 초월한 세계가 올 수도 있겠지만, 그날이 오기 전까지 마이크로소프트는 계속해서 돈을 벌어들일 것이다.) 이 투자는 7년 전 알렉스 크리제브스키와 일리야 수츠케버가 지포스 2개를 사느라 쓴 1,000달러와 비교하면 100만 배 커진 규모였다. 그러나 이 정도로도 일리야 수츠케버의 욕구를 충족시키기에는 부족했다. 인간의 뇌는 약 200조 개의 시냅스를 가지고 있다. AGI 여부를 떠나, 오픈AI는 이를 넘어설 방법을 모색하고 있었다. 엔비디아도 이미 이를 실현하기 위한 컴퓨팅 시스템을 구축하고 있었다. 젠슨 황은 그것을 슈퍼컴퓨터나 데이터센터가 아니라 'AI 팩토리AI factory'라고 불렀다.

하이퍼스케일, 무한한 확장의 가능성

16

Hyperscale

이제 젠슨 황의 유일한 관심사는 규모였다. 그는 AI를 창발적인 기계 초지능으로 보지 않았고 생물학에 직접 비유하는 것에도 무관심했다. 그에게 AI는 그저 소프트웨어이고, 엔비디아가 판매하는 하드웨어에서 실행되는 프로그램일 뿐이었다. 그는 이런 관점을 사내 연설을 통해 분명하게 밝히고 공유했으며, 이로 인해 엔비디아 직원들은 AI의 가능성을 둘러싸고 이야기를 나눴지만, 예상보다는 훨씬 침착한 반응을 보였다.

어쩌면 젠슨 황의 관점에서 진정한 성취는 신경망 자체가 아니라, 데이터센터에 어마어마한 연산 능력을 집약해 놓는 것이었을지도 모른다. 그는 GTC 2018에서 엔비디아 GPU의 처리 속도가 5년 만에 25배 향상되었으며, 이는 무어의 법칙을 훨씬 초월한 속도라고 강조했다. 그러고 나서 하나의 도표를 보여줬는데 그건 2012

년 출시된 엔비디아 그래픽카드에서 일주일 걸렸던 알렉스넷 훈련이 신형 컴퓨터 DGX-2에서는 단 18분 만에 완료된다는 내용이었다. 그는 이렇게 말했다. "새로운 법칙이 등장했습니다. 초가속 법칙이죠."

젠슨 황은 데이터센터에 대해서도 자신만의 관점을 가지고 있었다. 이 거대한 컴퓨터들은 단순히 여러 개의 칩을 모아놓은 조합체처럼 보일지도 모르지만, 그는 하나의 문제를 해결하기 위해 유기적으로 작동하는 거대한 단일 칩으로 보았다. 사실 수천 개의 GPU가 엄청난 속도로 데이터를 전송하면서 네트워크 인프라가 병목 현상을 겪을 정도였다.

이를 해결하기 위해 젠슨이 직접 나섰다. 당시 세계에서 가장 빠른 네트워킹 표준은 이스라엘 기업 멜라녹스Mellanox가 개발한 인피니밴드Infiniband였다. 멜라녹스의 창립자 에얄 왈드먼Eyal Waldman은 건장하고 수다스러운 연쇄 창업가로, 젠슨 황처럼 과감한 기술 투자에 거리낌이 없었다. 그는 애초에 인피니밴드를 슈퍼컴퓨터라는 틈새 시장을 위해 개발하기 시작했고, 시장이 보장하는 수익보다 훨씬 더 많은 비용을 기술 개발에 쏟아부었다. 쿠다처럼 인피니밴드 역시 강력한 기술이었지만 마땅한 고객을 찾지 못한 상태였다.

젠슨이 경험했듯, '필드 오브 드림스' 식 접근, 즉 먼저 지어놓으면 고객이 찾아올 것이라는 식의 접근 방식은 투자자들을 불안하게 만들었다. 과잉 투자로 인해 이익이 줄었고, 감소한 이익은 주가 하락으로 이어졌으며, 낮은 주가로 인해 주주들의 불만이 커졌다. 그리고 주주들의 불만이 커지면 결국 제프 스미스가 다시 등장했다. 2013년 엔비디아를 겨냥했던 그 기업 사냥꾼 말이다.

제프 스미스는 2017년까지 연평균 30% 이상의 수익률을 기록하며 세계적인 투자자의 반열에 올랐다. 그의 투자회사 스타보드 밸류는 부진한 실적을 보이던 멜라녹스의 주식을 꾸준히 매입했고, 곧 회사 지분의 10%를 보유하게 되었다. 젠슨 황은 스미스를 막아내는 데 성공했지만, 에얄 왈드먼은 그렇게 운이 좋지 않았다. 스타보드는 엔비디아에게 그랬던 것처럼 멜라녹스 이사회 멤버 11명 전원을 단 한 번의 투표로 모두 쫓아내려는 공세를 벌였다.

에얄 왈드먼은 살아남기 위해 필사적으로 지지표를 모으며 이사회 회의를 연기했다. 제프 스미스는 멜라녹스의 투자자들을 설득해 에얄 왈드먼을 축출하려 했다. 치열한 위임장 대결이 예고되었지만, 막판에 에얄 왈드먼이 자진해서 물러섰다. 그는 이사회 의석 세 자리를 양보했고, 그런 다음 자신을 압박하던 상대들과 마주 앉은 자리에서 멜라녹스를 매각하겠다고 선언했다.

적어도 타이밍은 좋았다. 2010년대 후반 클라우드 컴퓨팅 산업이 급격히 성장하면서 인피니밴드에 대한 수요 역시 커지고 있었다. 데이터센터를 람보르기니 급으로 구축하는 데 있어 낡은 이더넷 기술은 턱없이 부족했다. 에얄 왈드먼은 압박을 받는 상황에서도 클라우드 업체 7곳에서 인수 제안을 받아냈다. 그리고 2019년 3월, 엔비디아는 근소한 차이로 인텔을 제치고 70억 달러에 멜라녹스를 인수했다. 2020년 거래가 마무리되면서 엔비디아는 3,000

명의 새로운 직원을 맞이했고, 멜라녹스는 '엔비디아 이스라엘'로 재탄생했다.

이 인수로 애증 관계였던 제프 스미스에게 거액을 지불해야 했지만, 젠슨은 전혀 개의치 않았다. 그가 진짜로 원했던 것은 바로 데이터 전송망이었다. 그것이 있어야만 AI 팩토리를 단순한 '두뇌'에서 통합된 '신경계'로 탈바꿈시킬 수 있기 때문이었다. 이 인수는 진정한 시너지를 일으킨 보기 드문 사례였다. 제프 스미스는 이 인수를 통해 투자금을 2배로 불렸다. 하지만 이후 전개된 상황을 보면 젠슨이 훨씬 더 큰 이득을 얻었다. 엔비디아 이사회 멤버 마크 스티븐스는 이 인수를 이렇게 평가했다. "최근 기억에 남을 만한 기업 인수 중에서 수익성이 높은 거래 중 하나였다." 이후 스타보드는 기업 공시에서, 한때 자신들이 몰아내려 했던 젠슨 황을 재평가하며 이렇게 경의를 표했다. "젠슨 황은 이 분야의 진정한 비전가이다."

인수합병을 통한 승부수

멜라녹스 인수 이후, 젠슨 황은 또 다른 승부수를 던졌다. 2020년 9월 영국의 반도체 설계 기업 ARM을 인수하겠다고 나선 것이다. 그가 제시한 금액은 무려 400억 달러였다. 이는 반도체 업계 사상 최대 규모의 인수합병이었지만, 결과적으로 너무 큰 거래였다.

2021년 미국 규제 당국은 이 인수합병이 혁신을 저해할 것이라며 소송을 제기했고, 연방정부와 정면으로 맞설 생각이 없었던 젠슨 황은 곧바로 인수를 철회했다. (중국과 영국의 규제 당국도 마찬가지로 회의적이었다. 당시 데이터센터 시장에서 인텔과 엔비디아는 치열하게 경쟁하고 있었고, AMD도 가세한 상황이었다. 특정 기업이 수직 계열화할 경우, 나머지 두 회사의 경쟁력이 약해질 우려가 컸다.)

엔비디아는 독보적인 시장 지위를 바탕으로 높은 가격을 책정할 수 있었고, AI 칩의 총이익률은 90%를 넘기도 했다. 이런 수익 구조는 상어 떼를 끌어들이듯 새로운 경쟁자들을 불러 모았다. 구글과 테슬라는 엔비디아 의존도를 낮추기 위해 자체적으로 AI 훈련용 하드웨어를 개발했고, 여러 스타트업들도 이 시장을 노렸다. 그중 하나인 세레브라스Cerebras는 디너 접시만 한 '메가칩'을 제작했다. 세레브라스의 CEO 앤드류 펠드먼Andrew Feldman은 엔비디아를 향해 직격탄을 날렸다. "그들이 고객을 착취하고 있는데도, 아무도 소리 내 말하지 않는다."

일각에서는 엔비디아의 시장 지배력이 지속될 수 있을지 의문을 품었다. AMD와 인텔은 쿠다의 오픈소스에 대한 대안을 제공하고 있었고, 이는 고객들이 엔비디아 하드웨어 생태계에서 벗어날 수 있게 해주며, 수십억 달러를 절감할 가능성을 열어주었다. 하지만 실제로 AMD나 인텔의 제품을 사용하는 AI 연구자는 거의 없었다. 왜 그럴까?

나는 이 질문을 수많은 사람들에게 던졌고, 다양한 답변을 들었다. 흔한 오해 중 하나는 쿠다에서 벗어나는 것이 기술적으로 어렵다는 것이었다. 하지만 실제로는 매우 간단해서, 경우에 따라 몇 줄의 코드만 수정하면 되는 수준이었다. 또 다른 오해는 기업의 하드웨어 구매 담당자들이 안전한 선택을 한다는 것이었다. 한스 모제스만은 과거 IBM을 두고 했던 말을 빌려 "엔비디아를 사서 해고당한 사람은 없다"라고 말했다. 그런데 정작 하드웨어 구매 담당자와 인터뷰를 해본 결과 그들은 경쟁 제품을 꾸준히 테스트해 보고 있으며, 값싼 대체재가 나오기를 간절히 바라고 있었다. 그는 엔비디아의 컴퓨팅 스택에 대해 이렇게 말했다. "이거, 개같이 비싸요."

전속력으로 달려 최초가 되는 것

엔비디아가 성공한 이유는 회로의 성능이 더 뛰어나서가 아니었다. 핵심은 소프트웨어였다. 더 이상 성능 향상을 위해 트랜지스터를 더 많이 집적하는 고전적인 방식이 통하지 않았다. 무어의 법칙은 이미 끝난 상태였다. 나머지 성능 향상은 빌 댈리, 이안 벅, 그리고 엔비디아 과학자들이 수학적 마법을 이용해 행렬 곱셈을 가속한 덕분이었다.

엔비디아 엔지니어들은 GPU에 새로운 명령어를 가르쳐, 마치 루빅스 큐브를 순식간에 풀어내는 방식으로 연산 속도를 높였다.

프로세서가 원래 사용하는 정교한 데이터 표현 방식 대신, 덜 정교하지만 더 빠른 로우파이 데이터 타입으로 바꿨다. 비유하면 서예 대신 속기로 쓰는 것과 비슷하다. 또 뉴런 네트워크에서 쓸모없는 정보를 제거하는 방식으로 이른바 '죽은' 시냅스를 행렬에서 잘라 냈다. 이는 영화 〈이터널 선샤인〉의 '망각 기계'처럼 불필요한 정보를 삭제하는 과정과 유사했다.

2012년부터 2022년까지 10년 동안 엔비디아는 단일 칩의 AI 추론 성능을 무려 1,000배나 향상시켰다. 이는 무어의 법칙이 예측한 것보다 훨씬 빠른 속도였다. 그런데 트랜지스터 증가로 인한 성능 향상은 겨우 2.5배에 불과했고, 나머지 400배는 전적으로 엔비디아의 수학적 기술 덕분이었다. 하드웨어 엔지니어링 디렉터인 아르준 프라부는 이렇게 말했다. "솔직히 말해 AMD도 우리만큼 훌륭한 칩을 만들 수 있습니다. 하지만 연산 속도를 이렇게까지 끌어올릴 수는 없죠."

이 강력한 엔진 위에 엔비디아는 특정 분야의 프로그래머들을 위한 영역별 도구를 구축했다. 자동차 연구를 위한 '드라이브Drive', 신약 개발을 위한 '바이오네모BioNeMo'와 의료 영상 분석을 위한 '클라라Clara', 사이버 보안을 위한 '모르페우스Morpheus', 〈포트나이트〉에서 결정적인 킬샷을 자동 캡처해 주는 '하이라이트Highlights' 등이 있다. 2020년대에 접어들며 엔비디아는 게임과 애니메이션, 행성 과학, 기후학, 수학, 물리학, 금융, 생화학, 양자 컴퓨팅 등 다양한 분야에 걸쳐 거의 300개에 달하는 소프트웨어 툴킷을 제공했다.

소프트웨어 패키지는 누구나 자유롭게 사용할 수 있었고, 라이선스 비용도 없었다. 젠슨은 이 툴킷들을 마치 할머니가 음식을 한 접시 더 챙겨주듯 과학자들에게 적극적으로 나눠주었고, 이 도구들을 '내 보물들'이라고 불렀다.

물론 젠슨이 자선 사업가여서 그런 것이 아니다. 그의 장기적인 전략은 이 무료 소프트웨어를 통해 연구자들을 엔비디아의 하드웨어 업그레이드 주기에 묶어두는 것이었다. 칼텍 데이터센터의 한 관리자는 2024년 초에 학교에서 구매한 H100 칩을 받기까지 대기 시간이 거의 18개월에 달한다고 말했다. 그는 학교 교수들에게 다른 공급업체로 전환하면 좋겠다는 의견을 냈지만, 이를 받아들이려는 사람은 거의 없었다고 전했다. 그는 이렇게 말했다. "교수들은 쿠다를 포기하느니 하드웨어를 기다리겠다고 하더군요."

엔비디아의 경쟁 우위는 바로 이 모든 코드 덕분에 만들어졌다. 신생 기업들이 새로운 칩을 설계할 수는 있지만, 그것만으로는 충분하지 않았다. 엔비디아의 소프트웨어 개발 부서 책임자인 드와이트 디어크스는 무려 1만 명의 프로그래머가 있다면서 이렇게 말했다. "사실 엔비디아는 소프트웨어 회사예요. 사람들이 그걸 이해하지 못할 뿐이죠."

젠슨처럼 드와이트도 절대 압박을 늦추지 않았다. 그는 팀을 계속해서 밀어붙여 최신 필수 기능을 제공하도록 했다. 그와 함께 일하는 것은 힘들었고, 전직 엔비디아 프로그래머 중에는 '번아웃'을 퇴사의 가장 큰 이유로 꼽는 이들이 많았다. 체크무늬 셔츠에 청바지를 입고 우주선 같은 사무실을 돌아다니는 드와이트는 마치 UFO에 납치된 목장주 같았지만, 이 엉뚱한 외모 속에는 마감일에 대한 집착이 감춰져 있었다.

엔비디아의 소프트웨어 제품들은 항상 아름답거나 사용하기 쉬운 것은 아니었고, 일부 툴킷의 인터페이스는 10년은 뒤처진 상태였다. 그러나 드와이트는 외관에 신경 쓰는 사람이 아니었다. 그는 오직 '최초'가 되는 데에만 관심을 가졌다. 어떤 과학 분야이든 새로운 프론티어가 열릴 기미가 보이면, 그는 가장 먼저 그곳에 도달해서 투박하지만 효과적인 최신 소프트웨어 툴킷을 배포했다. 경쟁자가 나중에 더 세련되고 운영 비용이 저렴한 제품을 들고 나타날 수도 있었지만, 그때쯤이면 이미 너무 늦었다. 업계 표준이 이미 정해져 있었기 때문이다. 빌 댈리는 내게 엔비디아가 오픈소스 경쟁에 대해 걱정하지 않는 것은 이런 이유 때문이라고 설명했다. "왜냐하면 우리는 전속력으로 달리고 있으니까요! 우리는 항상 그들보다 두 세대는 앞서 있어요."

아무리 성공한 기술이어도 버려야 산다

엔비디아는 코로나19COVID-19 팬데믹이 닥쳤을 때 운영에 거의 영향을 받지 않았다. 자체 제조 시설을 보유하고 있지 않았고, 직원들은 원격 협업에 익숙했기 때문이었다. 하지만 분위기는 한결 재미없어졌다. 엔데버 3층에 있던 바는 문을 닫았고, GTC 컨퍼런스는 온라인으로 전환되었으며, 젠슨도 다른 사람들과 마찬가지로 집에 머물러야 했다. 2020년 7월, 엔비디아가 마침내 인텔의 시가총액을 앞질렀을 때에도 사람들과 함께 그 순간을 축하할 수 없었다. 가족들에게도 자신의 성과를 자랑할 수 없었다. 그의 남동생 짐이 여전히 인텔에서 일하고 있었기 때문이다. 대신 젠슨은 반려견 두 마리와 산책을 나갔다. 어쩌면 반려견이 그의 성취감을 알아차렸는지도 모른다. 하지만 확신할 수는 없었다.

곧이어 엔비디아의 시가총액은 AMD도 넘어 업계 선두에 섰다. 집에 머물면서 세계에서 가장 가치 있는 반도체 회사를 운영하던 젠슨은 자신과 현장 직원들과의 접점이 끊어지고 있다고 걱정하게 되었다. 엔비디아는 너무 커져서 그가 직접 모든 상황을 완전히 파악할 수 없었지만, 그렇다고 해서 업무 위임은 그의 스타일이 아니었다. 조직과의 공명을 유지하려면 최전선에 있는 직원들과 직접 소통해야 했다.

2020년경 젠슨은 전 직원에게 매주 자신이 진행 중인 가장 중요한 다섯 가지 업무 목록을 제출해 달라고 지시했다. 그날 이후 매주 금요일마다 그는 2만 통의 이메일을 받았다. 간결하게 작성해 달라고 권장했고, 젠슨은 받은 이메일 중 일부를 무작위로 골라 늦은 밤까지 읽었다. 그리고 그에 대한 답장을 직접 보냈다. 하루 수백 통의 이메일을 썼는데 대부분 몇 단어 정도로 짧았다. 한 임원은 그의 이메일을 하이쿠와 같다고 했고, 또 다른 이는 몸값 요구서 같다고 했다. 그의 응답 속도는 거의 초인적이었다. 빌 댈리는 이렇게 말했다. "새벽 2시에 이메일을 보내면 2시 5분에 답장이 옵니다. 그리고 다시 새벽 6시에 이메일을 보내면 6시 5분에 또 답장이 와요."

젠슨 황은 바로 이 이메일을 통해 트랜스포머 아키텍처에 대한 소문을 들었다. 오픈AI가 마이크로소프트 애저 서버에서 거대한 훈련 작업을 돌리고 있는데, GPU 1,000개를 무려 한 달 넘게 점유했고, 비용은 약 500만 달러에 달한다는 것이었다. 이 모델은 새로운 형태의 언어 모델이었는데, 사람들은 이를 '대규모 언어 모델large language model'이라고 부르기 시작했다. 이 모델이 기존에 배포된 어떤 모델보다 100배 이상 큰 규모였기 때문에 붙은 이름이었다.

젠슨 황은 트랜스포머 전용 툴킷이 필요하다는 것을 깨달았다. 그는 바스 아르츠에게 현재 사용 중인 순환 신경망 컴파일러를 휴지통으로 끌어다 놓고 즉시 트랜스포머 컴파일러 작업을 시작하라고 지시했다. 바스 아르츠는 이 전환을 오히려 기뻐했다. 그는 순환 신경망의 장기·단기 기억 구조가 쓸데없이 복잡하다고 생각하고 있었다. "RNN은 프로그래밍하기도 어렵고, 컴파일하기는 더더욱 어려웠어요˙. 트랜스포머가 모든 면에서 훨씬 더 적합했죠."

˙ 바스 아르츠가 최초의 쿠다 컴파일러를 개발한 이후 프로그래밍 환경은 크게 변했다. 과거에 신경망 프로그래머들은 루아Lua라는 틈새 프로그래밍 언어로 작성된 토치Torch라는 소

전환 전부터 이미 바스 아르츠는 엔비디아 내에서 기이하고도 놀라운 일들을 목격하고 있었다. 사내에서는 대중에게 공개되기 몇 달, 때로는 몇 년 전에 최첨단 제품의 데모를 볼 수 있었다. 바스 아르츠는 말없이 경외감을 느끼며, AI가 실시간으로 〈미션 임파서블〉 시리즈 중 한 편을 편집해 톰 크루즈의 얼굴을 방 안에 서 있는 다른 사람의 얼굴로 바꾸는 모션 전송 데모를 지켜보았다. 그 광경에 대해 그는 이렇게 말했다. "나는 영상 전문가는 아니지만, 내 눈에는 완벽해 보였어요. 가짜라는 것을 전혀 알아차릴 수 없었어요."

엔비디아는 극적인 연출을 좋아했다. 2019년 어느 날, 엔데버의 넓고 텅 빈 공간 한가운데에 갑자기 큰 검은 기둥이 나타났다. 바스 아르츠는 이를 '오벨리스크'라고 표현했다. 이 오벨리스크에는 '피

프트웨어 라이브러리를 사용했다. 2016년, 페이스북의 AI 연구팀은 토치를 더 사용하기 쉬우며 연구자들에게 익숙한 프로그래밍 언어인 파이선Python으로 포팅했다. 그 결과 탄생한 파이토치PyTorch 프레임워크는 업계 표준이 되었고, 파이선은 세계에서 가장 인기 있는 프로그래밍 언어가 되었다. 2010년대 후반에는 기본적인 AI 워크플로우가 거의 확립되었다. 파이선 노트북에서 파이토치 라이브러리를 사용해 코드를 작성하고, 이를 쿠다로 컴파일한 뒤, 엔비디아 GPU 클러스터에 전송해 처리하며, 결과를 파이토치에서 분석한 후, 이 과정을 자각이 생길 때까지 반복하는 방식이었다.

한동안 파이토치는 구글의 텐서플로우TensorFlow 프레임워크와 경쟁했지만, 현재 텐서플로우의 시장 점유율은 한 자릿수대로 떨어졌다. 프로그래머들 사이에서는 파이토치가 더 사용하기 쉽고, 커뮤니티 지원도 더 탄탄하다는 의견이 대세를 이룬다. 이 같은 인식이 자리 잡은 데에는 독일 출신 프로그래머 표트르 비알레츠키Piotr Bialecki의 꾸준한 노력이 큰 역할을 했다. 그는 2017년 파이토치 공식 포럼에 가입한 이후 4만 개에 가까운 게시물을 올렸으며, 하루 평균 약 15개씩 답변을 남겼다. 특히 파이선과 쿠다를 연동하는 데 탁월한 도움을 주었다. 댓글 목록에 등장한 그의 친근한 얼굴은 난관에 봉착한 개발자들에게 일종의 희망의 신호처럼 여겨졌다. 표트르 비알레츠키는 2019년 엔비디아에 합류했다.

카소GAN'이라는 AI 시스템이 내장되어 있었다. 피카소GAN은 2개의 신경망을 서로 경쟁시키며 이미지를 생성하는 AI였다. 바스 아르츠는 기계의 반응 속도를 보며 놀랐다. 이 터미널은 원하는 어떤 것이든 만들어낼 수 있었다. "프롬프트를 입력하죠. '강과 나무, 새들, 뒤쪽에 작은 집이 있는 풍경 속의 남자를 그려줘'라고요. 그러면, 바로 '펑' 하고 완성됩니다."

바스 아르츠를 비롯한 엔비디아의 모든 직원은 비밀 유지 서약서에 서명했기 때문에 이런 기술에 대해 외부에서 말할 수 없었다. 이런 상황에서 느끼는 답답함은 실리콘밸리 전반에 널리 퍼져 있었다. 비밀을 지키기로 맹세한 기술직 직원들은 눈앞에서 벌어지는 기적 같은 일들을 발설할 수 없었다. 2018년경까지 AI는 개방적 협업 문화 속에서 빠르게 발전해 왔다. 그런데 이제 혁신은 '스컹크 웍스Skunk Works'식 비밀 연구에서 쏟아져 나오고 있었다. 트위터에는 암호 같은 계정들이 등장해, 믿기 힘든 미래 기술을 암시하는 수수께끼 같은 글을 올리곤 했다. "와, 이 시대에 이런 게 가능하다고? 믿을 수 없다는 생각이 드는 것들을 봤어요. 사람들은 이미 무슨 일이 일어나고 있는지 전혀 눈치채지 못하고 있죠."

그러나 지금까지 바스 아르츠가 본 것도 빙산의 일각에 불과했다.

돈, 인재, 혁신, 모든 것은 엔비디아를 거친다

17

Money

오픈AI는 2020년에 GPT-3를 공개했다. 이 모델은 1테라바이트 이상의 텍스트 데이터, 즉 약 1,000억 단어에 해당하는 방대한 데이터를 학습했다. 그 학습 데이터의 세부 사항은 비밀 유지 서약서의 두터운 장벽 속에 숨겨져 있었다. 이후 나온 분석들에 따르면 오픈AI는 '공정 이용' 원칙을 매우 폭넓게 해석해, 영어판 위키백과 전체는 물론이고, 저작권이 있는 웹사이트 링크까지 샅샅이 긁어온 것으로 보였다. 여기에는 1851년부터의 〈뉴욕 타임스〉 기사도 포함되어 있었다. 학습 데이터에는 자가출판된 뱀파이어 로맨스 소설뿐 아니라, '북스2books2'라는 라벨이 붙은 미스터리한 텍스트 커리큘럼이 포함되어 있었다. 사람들은 이 '북스2'가 리브젠LibGen에서 가져온 것일 거라고 추측했다. 리브젠은 수년간 개인 간P2P 파일 공유 사이트를 통해 유통된 약 400만 권의 불법 복제 전자책을 모아놓은 그림자 라이브러리이다. (이후 조너선 프랜즌, 존 그리샴, 조디 피코, 조지 R. R. 마틴 등 베스트셀러 작가들과 〈뉴욕 타임스〉는 GPT 출력물이 자신들의 저작물과 비슷하다며 오픈AI를 상대로 소송을 제기했다.) 모델은 이후 인간의 입력을 통해 미세 조정되어 부적절한 응답을 걸러내는 작업을 거쳤다. GPT-3는 논리 퍼즐을 풀고, 실용적인 컴퓨터 코드를 작성하는 등 예상을 뛰어넘은 여러 능력으로 개발자들을 놀라게 했다. 그럼에도 초기부터 대중들의 폭발적인 관심을 불러일으키지는 못했다. GPT-3는 개발자 사이에서만 화제를 모았고, 일반 대중에게는 거의 알려지지 않은 채 조용히 지나갔다.

그러다 2022년 말, 일리야 수츠케버와 그의 팀이 챗GPT^{ChatGPT}라는 챗봇을 내놓으면서 상황이 완전히 바뀌었다. 이 모델의 내부 작동 방식에 대한 세부 사항은 기밀이었다. 이 시점까지 마이크로소프트는 오픈AI의 수익 제한 자회사에 최소 100억 달러를 투자한 상태였다. 마이크로소프트는 독점 데이터가 경쟁사에 공개되는 것을 꺼렸다. 확실히 말할 수 있는 것은 챗GPT가 인간과의 대화를 위해 미세 조정되었다는 점이다. 여기에는 인터넷상의 텍스트뿐 아니라 유튜브의 스크립트와 라이선스를 받은 제3자 출처의 데이터도 활용되었다. 보수적인 추정에 따르면 이 모델은 적어도 1조 개의 매개변수를 가지고 있다. 이를 시냅스로 환산하면 고양이 뇌에 가까운 수준이었다.

2022년 11월 30일, 챗GPT 베타테스트가 출시되었다. 별도의 마케팅도, 유료 구독 서비스도 없었다. 세계 정복으로 가는 포털은 단조로운 회색조의 웹사이트에 깜박이는 커서 하나뿐이었다. 사용자는 그곳에 어떤 명령이든 입력할 수 있었다. 정말로, 아무것이나 입력할 수 있었다. 챗GPT는 시를 쓸 수 있었다! 단순한 엉터리 시뿐만 아니라, 소네트, 리머릭, 세스티나 같은 고전 형식을 갖춘 정형시도 쓸 수 있었다. 각본과 에세이, 실제로 작동하는 컴퓨터 코드도 작성할 수 있었다. 단편 소설과 신문사 독자 투고, 육아 상담도 훌륭하게 해주었다. 출시 후 불과 닷새 만에 100만 명 이상이 챗GPT 테스트에 참여했다. 2023년 1월, 월간 활성 사용자 수는 1억 명에 달했다.

오픈AI는 2023년 3월 자사 온라인 포털을 통해 GPT-4를 공개했다. 오픈AI는 GPT-4의 지능을 정량적으로 측정하기 위해 다양한 시험을 치르게 했다. 먼저 미국 변호사 시험을 통과했다. AP(대학 과목 선이수제) 시험의 미술사, 미국사, 미국 정치와 정부, 생물학, 통계학에서 모두 만점(5점)을 받았다. GRE(대학원 입학 시험)의 언어 영역에서 상위 1%에 들었고, 소믈리에 입문 시험에서도 상위 8%의 성적을 기록했다.

연구진은 신경망에 시각 인식 계층을 추가했는데, GPT-4는 이미지를 완벽하게 설명할뿐더러 복잡한 시각적 농담까지 이해할 수 있었다. 예를 들어 연구진은 GPT-4에 1990년대의 투박한 컴퓨터 케이블이 아이폰에 연결된 이미지를 보여주고 그 의미를 물었다. 모델은 "이 이미지의 유머는 크고 구식인 VGA 커넥터를 작고 현대적인 스마트폰 충전 포트에 꽂으려는 말도 안 되는 상황에서 비롯됩니다"라고 응답했다. 이후 한 소셜미디어 사용자는 GPT-4가 냅킨에 그린 스케치만으로도 웹사이트를 만들 수 있음을 보여주었다.

이 무렵, 나는 내 직업을 잃지 않을까 염려되기 시작했다. 한 번은 챗GPT에게 나를 울게 해달라고 부탁했는데, 돌아온 이야기는 아름답게 지저귀는 새 두 마리에 관한 것이었다. 한 마리가 유리창에 부딪혀 죽었는데, 다른 한 마리는 영원히 빈 둥지를 지킨다는 이야기였다. 또 한 번은 나를 웃게 해달라고 했더니, 옆 차에 타고 있는 남자가 코를 후비는 모습을 상상해 보라고 했다. 하지만 나는 이 책을 쓰는 데 챗GPT를 사용하지 않았다. 너무 두려웠기 때문이다.

전 세계 사용자들도 내가 경험한 것과 비슷한 놀라움을 느끼고 있었다. 학생들은 챗GPT를 이용해 에세이를 쓸 수 있다는 사실을 깨달았고, 숙제라는 건 사실상 사라졌다. 변호사들은 법률 문서를 요약하는 데 사용했고, 구직자들은 자기소개서를 작성할 때 활용했으며, 내 아버지는 시의회에 교통표지판을 설치해 달라는 요청서를 작성하는 데 사용했다. 이건 마법이었다. 진짜 마법 같았다. "사람들을 사로잡은 것은 바로 그 첫 경험이었어요." 일리야 수츠케버는 말했다. "처음 사용했을 때 경험은 거의 영적 체험이라고 생각합니다. '세상에, 이 컴퓨터가 내 말을 이해하는 것 같아' 하고 말이죠."

오픈AI는 GPT-4를 학습시키는 데 1억 달러 이상을 투자했다. 이 자금의 상당 부분은 마이크로소프트에서 나와 엔비디아로 흘러들어갔다. GPT-3가 본질적으로 단일 거대 신경망이었다면, GPT-4는 '전문가 조합mixture of experts' 모델을 활용했다. 이 모델은 여러 개의 신경망이 각각 다른 역할을 맡도록 설계되어 있다. 예를 들어 어떤 전문가 신경망은 '안전'을 담당해 사용자가 GPT-4에게 폭탄을 만드는 방법이나 시신을 처리하는 방법 같은 위험한 질문을 던졌을 때 답하지 않도록 했고, 또 다른 전문가 신경망은 컴퓨터 코드 작성에 초점을 맞췄고, 또 다른 전문가 신경망은 감정적 어조를 조절하는 역할을 했다. (오픈AI는 GPT-4의 구성에 대해 논평을 거부했다.)

GPT-4에서 지식을 추출하는 '추론inference'은 고객에게 끊기지 않고 제공되어야 하는데, 이 작업에도 막대한 비용이 들어갔다. 여기에 드는 비용은 초기 학습에 투여한 비용의 절반을 넘길 것이라고 추산된다. 추정치마다 차이는 있지만, 한 신뢰할 만한 분석에 따르면 추론 비용은 단어당 약 0.25센트 정도였다. 이런 비용이라면 GPT-4가 대학의 학기말 리포트 5,000단어짜리를 작성하는 데 약 10달러밖에 들지 않는다는 뜻이다. 무직 상태의 대학원생을 고용하는 것과 비교하면 저렴한 편이고, 스스로 숙제를 하는 것보다 훨씬 나은 선택이었다. 오픈AI는 이 추론 비용을 충당하기 위해 GPT-4 사용자에게 월 20달러를 부과하는 요금제를 도입했으며, 2023년 3월까지 이 서비스의 유료 구독자는 약 200만 명으로 늘었다.

트랜스포머 아키텍처와 초대형 병렬 컴퓨팅의 결합은 AI 서비스의 '캄브리아기 대폭발'을 가져왔다. 마이크로소프트는 프로그래머들에게 없어서는 안 될 자동 완성 코딩 툴인 코파일럿을 개발했다. (이 서비스는 매우 성공적이어서, 젠슨 황은 앞으로 코딩 자체가 사라질 것으로 예측했다. 그는 "미래의 프로그래밍 언어는 인간의 언어가 될 겁니다"라고 말했다.) 딥마인드는 알파폴드2^{AlphaFold2}를 개발했다. 이 AI는 1차원의 아미노산 서열을 보고, 3차원 단백질 구조를 예측할 수 있는데, 이를 통해 생명과학은 프로그래밍이 가능한 생물학의 시대로 접어들기 시작했다. RNA의 네 가지 기본 아미노산을 컴퓨터 이진수의 0과 1처럼 작동하도록 만들 수 있는 시대가 다가온 것이다. 이외에도 생성형 AI 제품들이 쏟아져 나왔고, 이에 따라 명령을 통한 콘텐츠 합성으로 창작 산업이 혁명적으로 바뀔 수 있게 되었다. 오픈AI의 달리^{DALL-E}, 경쟁 제품인 미드저니^{Midjourney}, 스테이블 디퓨전^{Stable Diffusion}은 어떤 설명이든 받아들여, 단 몇 분 만에 원하는 스타일의 예술 작품을 만들어낼 수 있다. 스타트업 우디오^{Udio}와 수노^{Suno}는 어떤 장르의 음악이든 생성할 수 있는 음악 생성 애플리케이션을 경쟁적으로 선보였다. 재스퍼^{Jasper}는 몇 초 만에 효과적인 마케팅 캠페인을 만들어냈다. 2024년에 공개된 오픈AI의 소라^{Sora}는 어떤 설명을 제공하든 실시간으로 동영상을 제작할 수 있는 가능성을 보여주었다.

이처럼 소비자용 AI 제품들은 눈에 띄고 화려했다. 하지만 AI 분야 관련자들은 진정한 발전은 본래 보이지 않는 제품군에서 일어난다고 믿었다. 산업 분야에서 AI가 도입되면서 전력망이 더 효율적으로 관리되었고, 항공편 스케줄이 더 빠르게 조정되었으며, 배송 속도가 빨라졌다. 그리고 이 외에도 작지만 실질적인 개선이 수없이 많이 이뤄졌다. 이런 각각의 개선은 전문가들 외에는 눈치채지 못한 채 후방 인프라에 흡수되었지만, 이러한 개선이 모여서 전 세계 생산성이 계속해서 대규모로 업드레이드 되었다.

또한 인간 활동의 마지막 개척지라고 할 수 있는 영역에서도 진전이 있었다. 바로 AI를 활용해 AI의 발전을 가속화하는 것이다. 딥마인드는 2022년 행렬 곱셈을 빠르게 수행하기 위한 신경망을 공개했다. 엔비디아는 2년 후 생성형 AI를 사용해 실리콘 마이크로칩의 패턴을 설계하는 소프트웨어 패키지를 선보였다. 이런 자기 증식형 AI는 아직까지는 인간의 통제 안에 머물러 있다. 하지만 이 상태가 언제까지 유지될지는 알 수 없다.

한편 섬뜩한 악용 사례들도 등장하기 시작했다. AI 음성 복제 기술을 이용해 도널드 트럼프와 조 바이든을 서로 싸우는 오버워치 팀원으로 풍자한 사례가 있었다. 기이한 알고리즘 생성 콘텐츠가 소셜 미디어를 뒤덮기 시작했다. 여학생들을 대상으로 한 '딥페이크' 포르노가 미국 고등학교에서 유포되었다. 음성을 복제한 텔레마케터들이 대중을 괴롭혔고, 일부 사기꾼들은 가족이 납치된 것처럼 꾸며 사람들을 속였다. 홍콩에서는 건축 회사의 자금 담당 직원이 전화 회의에 참여한 동료들이 모두 딥페이크 클론임을 알아차리지 못하고, 회사 자금 2,500만 달러를 사기당한 사건도 있었다.

기술 전문가들은 이러한 문제의 유일한 해결책은 더 강력한 AI를 활용하는 것뿐이라고 조언했다.

이 무렵, 대형 테크기업들은 전체 사업 라인을 AI 중심으로 재정비했다. 마이크로소프트, 메타Meta(페이스북), 테슬라, 구글 모두 수십억 달러 규모의 투자 계획을 발표했다. 아울러 자동차 제조업체들은 자율주행차를 약속했고, 방위 산업은 자율 무기를 예고했다. AI 스타트업들은 2023년에만 총 500억 달러의 투자금을 유치했다. 이 자금은 의료, 교육, 비즈니스 플랫폼, 로봇 등 다양한 분야에 투입되었으며, 주식 시장은 전례 없는 생산성 향상을 기대하며 급등했다. 여러 수상 소식도 들려왔다. AI 개척자들에게 상을 수여하기 시작한 것이다. 딥마인드의 데미스 하사비스는 단백질 구조 예측에 관한 연구로 2024년 노벨 화학상을 받았고, 같은 해에 제프리 힌턴은 노벨 물리학상을 수상했다.[*] 젠슨 황은 미국 국립공학아카데미 회원으로 선출되었는데, 사람들은 이를 두고 '너무 늦게 주어진 영예'라고 평가했다.

그리고 이 모든 것— 이 모든 돈, 이 모든 인재, 이 모든 혁신 —은 단 하나의 기업을 통할 터였다. 이 모든 것이 엔비디아를 거치게 될 것이었다.

---

[*] 제프리 힌턴의 수상은 그의 역전파나 알렉스넷 연구와 직접 관련이 있는 것은 아니었고, 통계 물리학의 방법을 사용해 데이터를 분석한 이전 연구에 주어진 것이었다. 대체로 제프리 힌턴의 과학적 기여를 칭찬하는 분위기였지만, 일부 연구자들은 그가 물리학 분야 자체와 얼마나 관련이 있는지에 대해 의문을 제기했다.

　어니스트 헤밍웨이의 소설 《태양은 다시 떠오른다》에서 무일푼이 된 참전 용사 마이크 캠벨은 어떻게 파산하게 되었느냐는 질문을 받는다. 술에 취한 그는 "두 가지 방법이 있지. 서서히, 그러다 갑자기." 젠슨 황이 부자가 된 과정도 이와 비슷하게 설명할 수 있다. 20년간 투자하여 서서히 쌓인 작은 변화들이 이제 엄청난 수익을 가져다주었다.

　젠슨은 2023년 초 투자자들에게 미국 100대 기업 중 50곳에 엔비디아의 GPU 슈퍼컴퓨팅 클러스터를 판매했다고 밝혔다. 그리고 나머지 50곳에는 클라우드를 통해 엔비디아의 인프라를 임대하고 있다고 덧붙였다. 그는 2023년에 데이터센터 매출이 처음으로 게임 관련 매출을 넘어섰으며, 향후 1년 안에 데이터센터 매출이 다시 2배로 증가할 것이라고 예상했다. 엔비디아는 AI 칩 시장의 약 90%를 장악했고, 이로 인해 월 스트리트에서 뜨거운 관심의 대상이 되었다. CNBC는 엔비디아의 분기 실적 발표에 맞춰 카운트다운을 진행할 정도였다.

　그런데 이번엔 기대가 현실을 따라가지 못했다. 2023년 5월 25일, 나스닥이 개장하자마자 엔비디아의 가치는 약 2,000억 달러 증가했다. 장이 마감될 때쯤 엔비디아는 월마트Walmart와 엑슨모빌ExxonMobil을 합친 것보다 더 큰 기업 가치를 가진, 세계에서 여섯 번째로 규모 있는 기업이 되었다. 한 월 스트리트 애널리스트는 "AI

분야에서 전쟁이 벌어지고 있는데, 엔비디아는 유일한 무기상이다"
라고 말했다.

불과 10년 전만 해도 젠슨 황은 자신의 자리를 지키기 위해 피델리티에게 간청해야 했다. 그러나 이제 60세가 된 그는 지구상에서 가장 유명한 독점 기업가가 되었다. 대만에서는 그가 방문한 국수 가게들이 메뉴에 그의 사진을 걸어두었고, 그의 상징적인 가죽 재킷은 〈뉴욕 타임스〉 스타일 섹션에 소개되었다. 그는 로스 알토스와 마우이에 있는 집 외에도, 억만장자들이 소유한 저택이 모여 있는 샌프란시스코 골드 코스트에 침실 7개인 3,800만 달러짜리 저택도 가지고 있다. 물론 이 집은 법인을 통해 소유한 것이지만 도서관, 체육관, 영화관을 갖춘, 샌프란시스코에서도 최고가로 랭크된 초호화 주택이다. 이제 스티브 잡스와 제프 베이조스, 빌 게이츠, 마크 저커버그와 같은 성역화된 이름을 나열할 때 젠슨 황의 이름도 추가해야 할 때가 된 셈이었다.

젠슨 황과 엔비디아가 만들어낸 반도체칩은 너무나 가치가 높아 대출 담보로 사용될 정도이고, 이 칩이 필요할 경우 유력한 인물들조차 고개를 숙여야 하는 상황이 펼쳐졌다. 젠슨은 2023년 말 팔로알토의 노부 레스토랑에서 일론 머스크와 오라클 공동 창업자 래리 엘리슨Larry Ellison을 만나 함께 초밥을 먹었다. 일론 머스크와 래리 엘리슨의 순자산을 합하면 3,000억 달러를 넘지만, 이 자리에서도 젠슨 황이 절대적인 우위에 있었다. 두 사람이 식사 내내 젠슨에게 AI 칩을 더 많이 보내달라고 요청했기 때문이다. 래리 엘리슨은 이렇게 회상했다. "일론과 나는 애걸하고 있었다고 표현하는 게 가장 적절할 겁니다. 한 시간 동안 초밥을 먹으며 애걸했죠."

엔비디아 주가가 급등하면서 오랫동안 충성해 온 이들에게 막대한 부를 안겨주었다. 텐치 콕스와 마크 스티븐스는 모두 1993년부터 이사회에 몸담았으며, 힘든 시기를 겪는 젠슨 황을 지켜줬고, 스타보드 밸류가 회사를 장악하려 했을 때도 방어해 주었다. 2024년 기준, 이 두사람 모두 각각 엔비디아 지분을 40억 달러 이상 보유하고 있었다. 텐치 콕스는 수백 개 기업에 투자했는데, 내가 그에게 "엔비디아가 가장 성공적인 투자였나요?"라고 묻자, 마치 지금껏 들어본 것 중 가장 어리석은 질문을 받은 것처럼 나를 바라보며 답했다. "어…. 그렇죠."(나중에 깨달은 사실인데, 세계에서 가장 가치 있는 회사의 창업자 지분은 그 자체로 '인류 역사상 가능한 최고의 투자'라는 뜻이라는 것이었다.)

엔비디아 이사회의 오랜 멤버 하비 존스Harvey Jones의 지분 가치는 10억 달러가 넘었고, 감사위원회 의장인 브룩 시웰Brooke Seawell은 약 7억 달러 상당의 엔비디아 주식을 보유하고 있었다. 젠슨 황의 첫 번째 변호사였던 짐 게이더는 이사회에 1998년에 합류했기 때문에 고작(!) 5억 달러 정도의 지분을 가지고 있었다. 엔비디아의 CFO 콜렛 크레스Colette Kress는 약 8억 달러, 법률 고문 팀 티터Tim Teter는 4억 달러 이상, 운영의 달인 데브 쇼퀴스트는 3억 달러 이상의 지분을 보유하고 있었다.

엔비디아의 분권화된 관리 구조 덕분에 드와이트 디어크스와 빌 댈리 같은 오랜 직원들은 회사 임원으로 간주되지 않았고, 따라서 그들은 지분을 공개할 의무가 없었다. 하지만 나는 그들 역시 '잘 살고 있을 것'이라는 느낌을 받았다. 젠슨에게서 1997년에 거절하지 못할 정도의 주식 패키지를 제시받은 데이비드 커크는 2018년에 은퇴했지만, 주식 일부를 여전히 보유하고 있다고 말했다. 그는 "내가 생각할 수 있었던 것보다 가진 돈이 훨씬 많아요"라고 말했다.

가장 미스터리한 부는 엔비디아의 공동 창업자인 크리스 말라초스키의 몫이었다. 나는 그의 이름이 〈포브스〉 억만장자 명단에 없다는 점을 눈치챘다. 2001년 당시 그의 마지막 공시 자료에 따르면 크리스 말라초스키는 엔비디아의 지분 약 5%를 보유하고 있었는데, 이는 현재 가치로 1,000억 달러가 넘는 금액이다.[.] 물론 그 이후 많은 것이 변했지만, 2023년 중반에 그에게 현금을 많이 인출했는지 물었을 때 그의 대답은 간단했다. "별로 안했어요."

다수의 기업들과 마찬가지로 엔비디아도 직원들이 시장 가격보다 낮은 가격으로 자사주를 매입할 수 있게 했다. 엔비디아 프로그램이 특별했던 점은, 직원들은 지난 2년 중 최저 가격에 추가 할인을 적용받아 주식을 사들일 수 있다는 것이었다. 일정 금액의 상한선이 있었지만, 주가가 급등하면서 이 프로그램은 사실상 거저 주는 돈에 가까워졌고, 매년 한도를 꽉 채워 투자한 사람들은 평생 최

• 이 장의 지분 평가액 기준은 2024년 12월 5일 엔비디아의 종가인 145.14달러이고, 가족 신탁에 보유된 자산도 포함한 금액이다.

고의 거래를 경험했다. 이처럼 막대한 수익이 중간 관리자층까지 퍼지면서, 일부 신입 직원들은 신흥 부자가 된 기존 직원들이 '반쯤 은퇴한 상태가 아닌가' 하는 우려를 표했다. 경영진은 이런 평가에 반박했다. 회사의 게임 부문을 이끄는 제프 피셔는 엔비디아 초기 30명의 직원 중 한 사람이다. 그는 이렇게 말했다. "이제 우리 중 많은 이가 사실상 금전적으로는 자원봉사자라고 할 수 있죠." 그러면서 이렇게 덧붙였다. "하지만 우리는 회사의 사명을 믿어요."

혁신적인 기술을 개발하는 매력은 돈으로 살 수 있는 것 이상의 목적을 제공했다. 이는 특히 오래 근무한 직원들에게는 더욱 그랬다. 이들은 수년 동안 어리둥절해하는 주변 사람들에게 왜 자신이 게임 회사에서 일하고 있는지 설명해야 했고, 항상 회사 이름의 발음을 바로잡아줘야 했다. 이들 베테랑 직원들에게 AI는 전혀 예상치 못한 영역이었다. 모두가 그랬던 것처럼 그들도 자신이 AI를 개발하고 있다는 사실이 여전히 놀라울 뿐이다. "그 당시에는 저는 물론이고, 누구도 상상조차 하지 못했습니다. SF 소설 작가들이나 상상할 법한 일들이 실제로 현실이 될 거라고는 말입니다." 2005년에 엔비디아에 합류한 영업 담당 부사장 제이 퓨리Jay Puri의 말이다. 그가 가진 엔비디아 지분 가치는 2024년 기준으로 7억 달러가 넘었지만, 그는 엔비디아에서의 진정 흥미로운 일은 이제 막 시작됐다고 느꼈다. "아마 내가 편향되어 있을 수도 있지만, 우리 회사는 정말로 지금 시대에 세상에서 가장 중요한 테크기업이라고 생각합니다."

엔데버,
엔비디아의
심장

18

나는 2023년 말, 처음으로 엔비디아 사무실을 방문했다. 이제는 엔비디아 캠퍼스 중 더 큰 삼각형 구조인 보이저가 개방되어 있었다. 그곳은 정말 굉장했다. 75만 평방피트(약 7만㎡)에 달하는 넓고 자연광이 가득한 사무 공간 한가운데에는 3층 높이의 무광 검정색 '산'이 솟아 있었다. 계단을 따라 올라가면, 돌나물, 담쟁이, 고사리 등 다양한 식물로 이루어진 수직 정원 벽이 파도치는 듯한 녹색 톤으로 조성되어 있었다. 그 꼭대기에는 조명이 비추는 대리석 바가 있었고, 그 주변으로 천연 목재로 만든 야외 퍼걸러*가 자리 잡고 있었다. 음료를 들고 산꼭대기 가장자리로 걸어가면, 수천 개의 야외 칸막이 공간이 보였고, 곳곳에 100피트(30m) 높이로 뻗어 있는 깔끔

* 식물이 타고 올라가도록 만들어 놓은 아치형 구조물

한 흰색 기둥들이 높은 천장을 떠받치고 있었다.

건물 내부는 티끌 하나 없이 깨끗했다. 나는 게임 〈포탈^{Portal}〉에서 나오는 총을 벽에 쏘는 상상을 했다. 나중에 들은 이야기지만, 엔비디아는 건물 전체에 설치된 비디오카메라와 AI를 통해 직원들의 움직임을 추적하고 있었다. 만약 직원이 회의실 테이블에서 식사를 하면, AI는 1시간 이내에 청소 담당 직원을 보내 그 자리를 정리하게 한다. 아직까지 청소는 인간 직원이 하고 있다.

나는 이런 감시망 속에서 직원들이 어떻게 신나게 일할 수 있는지 눈으로 보면서도 믿기 어려웠다. 그때 젠슨 황도 함께 건물에 있었다. 그가 바닥을 가로지를 때마다 큐브 안에서 웅성거림이 퍼졌다. 그는 예상보다 더 키가 작았고, 검은 옷을 입은 채 새하얀 공간을 홀로 누비고 다녔다. 수행원도 없이 그저 그 혼자뿐이었다. 사람들은 그를 "젠슨!"이라고만 불렀다. 회사의 슬랙^{Slack} 채널에는 젠슨 맞춤형 이모지 메뉴까지 있었는데, 사람들은 긍정적인 소식이 있을 때마다 젠슨 이모지로 반응을 표현했다. 예를 들어 내가 방문한 지 얼마 지나지 않아 엔비디아가 시가총액 3조 달러를 돌파하며 세계에서 가장 기업 가치가 높은 기업이 되었을 때처럼 말이다.

엔비디아의 직원들은 축복받은 사람들처럼 환한 얼굴로 이 쌍둥이 우주선을 거닐고 있었다. 그들은 진지했고, 들뜬 듯했고, 괴짜 같기도 했으며, 허세라고는 찾아볼 수 없었다. 다만 영어 실력이 부족한 경우는 종종 있었다. 구내식당에서 만난 한 신입사원은 입사한 지 두 달밖에 되지 않았다고 했다. 그는 스물다섯 살이고, 중국에서 컴퓨터 공학 석사 학위를 받고 최근 엔비디아에 합류했다고 했다. 그녀는 "저는 매일 아침 출근하는 게 너무 행복해요"라고 말했다. 작은 체구에 입사할 때 회사에서 제공한 백팩을 멘 그녀는 보이저 내부를 가리키며 말했다. "여기 좀 보세요. 여기 있는 사람은 모두 정말 똑똑해요. 제가 이곳에 있다는 게 믿기지 않아요!"

엔비디아에서 행복해 보이지 않는 유일한 사람들은 품질 관리 기술자들이었다. 그들은 마치 난쟁이들처럼 '산' 내부에서 일하고 있었다. 창문 없는 실험실은 금속 랙으로 둘러처져 있고, 그 안에 갇힌 티셔츠 차림의 창백한 젊은 남성들은 귀마개를 하고 엔비디아의 마이크로칩을 고장 직전까지 밀어붙이고 있었다. 과열된 병렬 회로를 식히기 위해 팬이 고속으로 돌아가며 내는 소음이 끊임없이 울려 퍼졌다. 그 소음은 참기 어려울 정도로 날카로웠다. 이 병렬 회로 위에서 엔비디아는 또하나의 현실 병렬 세계를 만들어가고 있었다.

AI는 위협적 존재가 될 것인가

엔비디아의 그래픽카드는 2018년부터 '레이 트레이싱ray-tracing' 기술을 탑재하기 시작했다. 이 기술은 빛이 물체에 반사되는 방식을 시뮬레이션해서 사진처럼 현실적인 효과를 만들어낸다. 엔비디아의 임원실에 있는 반투명 유리 삼각형 공간 안에서 제품 데모 전문가가 내게 일본 라멘 가게를 3D 렌더링한 장면을 보여줬다. 금속 카운터에 빛이 반사되고, 끓고 있는 육수 냄비에서 김이 피어올랐다. 내가 보기엔 그 영상이 실제가 아니라고 알아차릴 수 있는 단서는 하나도 없었다.

그는 이어서 '다이앤Diane'을 보여줬다. 초현실적 디지털 아바타인 다이앤은 5개국어를 구사했다. 강력한 생성형 AI가 실제 사람들의 동영상 수백만 개를 학습해 이 존재를 만들어냈다. 다이앤은 놀라울 정도로 현실적이었지만, 내가 정말로 감탄한 건 그녀의 불완전함이었다. 콧등에는 블랙헤드가 있었고, 윗입술에는 솜털이 나 있었다. 다이앤이 진짜 인간이 아니라는 유일한 단서는 그녀의 눈동자 흰자에 나타나는 묘하게 어색한 반짝임이었다. 제품 데모 전문가는 말했다. "우리는 그 부분도 개선 중이에요."

젠슨 황의 목표 중 하나는 엔비디아의 컴퓨터 그래픽 연구와 생성형 AI 연구를 통합하는 것이다. 이미지 생성 AI는 곧 3D로 구현된 현실감 있는 세계를 만들고, 그 안을 진짜처럼 보이는 사람들로 채울 수 있을 만큼 정교해질 것이다. 동시에 언어 처리 AI는 음성 명령을 실시간으로 처리하고 해석할 수 있게 될 것이다. 이 기술들이 하나로 통합되면, 사용자는 몇 가지 간단한 음성 명령만으로 하나의 우주를 창조할 수 있게 된다.•

• 구글이 2024년 12월에 공개한 지니2Genie2는 사진 한 장만 제공하면 우리가 탐험할 만한 3D 세계를 창조할 수 있다.

제품 데모를 보고 나서 현기증이 났다. SF 소설이 떠올랐고, 창세기도 떠올랐다. 모서리가 잘린 삼각형 소파에 앉아 내 딸이 살게 될 미래가 어떤 모습일지 애써 상상해 봤다. 그들은 컴퓨터 과학의 맨해튼 프로젝트를 구축하고 있었다. 그러나 내가 이러한 막강한 힘을 풀어놓는 것이 과연 지혜로운 일인지 묻자, 엔비디아 임원들은 마치 세탁기의 유용성을 의심하는 사람을 보듯 나를 바라봤다.

"AI가 언젠가 사람을 죽일 수도 있을까요?"라고 묻자 브라이언 카탄자로가 말했다. "음⋯. 전기도 매년 사람을 죽이잖아요."

AI가 예술을 없애버릴지도 모른다고 생각했다. 이번엔 드와이트 디어크스가 말했다. "AI는 예술을 더 좋게 만들 거예요! 당신이 하는 일도 지금보다 더 뛰어나게 해낼 수 있게 만들어줄 거고요."

언젠가 AI가 자아를 가지게 되지 않을까? 젠슨 황은 이렇게 답했다. "생명체가 되려면 의식이 있어야 하죠. 자기 자신에 대한 어떤 인식이 있어야 한다고요, 맞죠? 그러니까, 아니에요. 그런 일이 어떻게 가능한지 모르겠어요."

나는 젠슨 황과 인터뷰할 때마다 이 점에 대해 압박하듯 물었다. 그는 매번 같은 대답을 약간만 바꿔 반복했다. 나는 제프리 힌턴의 우려를 언급했다. 제프리 힌턴은 PBS와의 인터뷰에서 "인류는 지능이 진화하는 과정에서 그저 지나가는 단계에 불과하다"라고 말했다. 젠슨은 비웃었다. "그가 왜 그런 말을 하는지 이해하지 못하는 연구자가 많아요. 아마도 자신의 연구에 관심을 끌려는 걸지도 모르죠." 나는 젠슨의 말에 충격을 받았다. 제프리 힌턴은 AI 역사상 가장 통찰력 있는 연구자였고, 엔비디아가 거둔 재정적 성공의 근원으로 거슬러 올라가면 그의 연구실에 도달하게 된다. 이는 젠슨 황도 여러 차례 인정한 바 있는 사실이다. 제프리 힌턴의 발언은 길거리에서 피켓을 들고 흔드는 사람이 하는 말이 아니다. AI 분야에서 가장 위대한 지성을 지닌 사람, 조지 불George Boole*의 직계 후계자라 할 수 있는 그가 우리에게 매우, 매우 걱정해야 한다고 경고하고 있는 것이었다.

젠슨은 차갑게 무시했다. "생각해 보세요. 당신이 핫도그를 사면 기계가 케첩과 머스터드를 추천해 줬다면 어떤가요? 그게 인류의 종말인가요?"

그는 자동차와 자명종, 휴대전화 같은 신기술에 우리가 얼마나 빠르게 적응해 왔는지 이야기했고, 자율 로봇이 카펫을 청소하는 것에도 금세 익숙해질 거라고 말했다. "그 로봇은 이상한 일을 하는 게 아니에요. 말했잖아요, 그저 데이터를 처리하고 있을 뿐이에요. 그 작동 방식을 이해하면 그 세계가 전혀 이상하게 보이지 않아요."

하지만 나는 계속 물었다. 결국 황은 화를 내기 시작했다.

"이 질문 정말 지겨워요. 증거도 없는 것에 대해 모든 이론을 늘어놓는 거잖아요!"

---

* 영국의 수학자이자 논리학자로, 논리를 집합 개념의 조작의 법칙으로 풀어내는 기호논리학을 창시했다.

다이앤은 '딥러닝 슈퍼 샘플링^{deep learning super sampling}'이라는 기술을 통해 렌더링되었다. 이 기술은 먼저 레이 트레이싱을 활용해 장면에 빛을 비추고, 그 후 신경망을 사용해 세부 사항을 그려낸다. 제품 데 모에서 실제 레이 트레이싱 알고리즘으로 생성된 픽셀은 전체 픽셀 중 8분의 1에 불과했다. 나머지 픽셀은 모두 AI가 추론해 채워 넣은 것이다.

데이비드 커크는 레이 트레이싱을 시뮬레이션 기술의 마지막 개 척지라고 여겼다. 장면 속 빛의 흐름을 정확하게 묘사할 수 있게 된 다면, 그것이 곧 종착지였다. 현실과 시뮬레이션이 하나의 프레임 안에 완전히 합쳐지는 셈이었다. 영화에서는 레이 트레이싱을 활용 한 CGI가 카메라로 실제 촬영한 영상과 구별되지 않을 정도가 되 었다. 이제 거의 모든 주요 영화가 이 기술을 사용하고 있다. 데이 비드 커크는 말했다. "화면에서 사실과 허구를 구분하는 건 더 이상 의미가 없어요. 모든 것이 허구입니다."

하지만 엔비디아로 돌아와 딥러닝 애플리케이션을 관리하게 된 브라이언 카탄자로는 그 너머의 세계를 보았다. '뉴럴 그래픽스 ^{neural graphics}'라고 불리는 신기술은 이제 물리적 현실을 시뮬레이션 하려는 시도조차 하지 않는다. 대신 AI를 사용해 현실적인 장면을 실시간으로 '그려낸다.' 뉴럴 그래픽스는 빛의 물리적 속성을 통해 현실을 재현하는 대신, 인간의 빛에 대한 인식을 해킹해서 장면을 구성하는 방식이었다.

브라이언의 엔비디아 복귀 과정은 순탄치 않았다. 마흔 살 즈음 그는 자신이 게이라는 사실을 마침내 받아들였다. 그는 아내와 이혼했고, 모르몬교 교회 합창단에서도 쫓겨났다. 그는 여전히 눈에 띄는 옷을 입었고, 종교적인 사색을 즐겼으며, 문학과 음악에 대한 깊은 관심을 가지고 있었다. 덕분에 그는 언제나 엔비디아에서 눈에 띄는 사람이었다. 하지만 그렇다고 그가 실제로 괴짜라거나 독특한 사람은 아니었다. 구글에서는 오히려 평범한 축에 속했을 것이다. 하지만 엔비디아는 직원들이 환각제 아야후아스카를 복용해 보거나 복잡한 연애 관계를 즐기를 그런 분위기의 회사가 아니었다. 내가 엔비디아 직원들과 수백 시간 동안 인터뷰를 진행하는 동안, 아무도 단 한 번도 버닝맨*을 언급하지 않았다.

브라이언 카탄자로는 자신이 개발하고 있는 기술의 함의에 대해 논의할 의향을 나타낸 유일한 사람이었다. 소셜미디어를 둘러보다가 나는 SF 작가 아서 C. 클라크Arthur C. Clarke가 1964년에 BBC와 인터뷰한 영상을 보게 되었다. 클라크는 영화 〈2001 스페이스 오디세이2001: A Space Odyssey〉의 각본을 공동 집필하기 훨씬 이전부터 이미 기계가 인간보다 더 빠르게 학습할 수 있게 될 미래를 상상하고 있었다.

"그 미래 세계에서 가장 지능이 높은 존재는 인간도 원숭이도 아

• 매년 8월 마지막 주에 미국 네바다주 블랙록 사막에서 열리는 예술 축제.

410

닐 것입니다. 그들은 기계일 것입니다. 오늘날의 컴퓨터의 먼 후손들이죠. 현재의 전자 두뇌들은 완전히 바보 같지만, 한 세대만 지나면 더는 그렇지 않을 겁니다. 그들은 생각하기 시작할 것이고, 결국 그들을 만든 창조주들을 완전히 능가하게 될 겁니다. 이게 우울한 일일까요? 그럴 필요는 없다고 생각합니다. 우리는 크로마뇽인과 네안데르탈인을 대체했고, 그걸 진화, 진보라고 생각합니다. 우리는 더 높은 것들을 위한 디딤돌이 되는 것을 특권으로 여겨야 한다고 생각합니다. 나는 유기적, 생물학적 진화는 이제 거의 끝났고, 지금은 무기물적, 기계적 진화의 시작점에 와 있다고 생각합니다. 그리고 이 새로운 진화는 수천 배 더 빠르게 진행될 것입니다."

이것은 엔비디아가 이뤄낸 성취에 대한 가장 낙관적인 해석이기도 했다. 단순히 사업적 또는 기술적 성공을 넘어, 새로운 진화의 단계를 열었다는 의미 부여였다.

브라이언 카탄자로와 다시 인터뷰를 하면서 나는 아서 C. 클라크의 인터뷰 영상을 보여줬다. 그는 열정적으로 반응했다. 자세를 바로잡았고, 손으로 머리를 쓸어 넘기기 시작했다. "보수적인 입장은 이렇죠. 프로메테우스는 인류에게 불을 준 죄로 바위에 묶여 간을 쪼이는 벌을 받아 마땅하다는 것, 그리고 인간은 불을 가질 자격이 없다는 겁니다." 그가 말을 이어갔다. "하지만 진보적인 입장은 세상이 더 나아질 수 있고, 더 나아져야 하며, 그것을 실현하는 것이 우리의 책임이라는 겁니다. 나는 인류가 직면한 문제들을 볼 때, 우리에게 더 많은 지능이 필요하다고 믿습니다."

물론 나는 반론을 제기했다. 뛰어난 지능은 분명 위험해질 수도 있지 않은가. 인간은 농업과 축산, 광물 채취, 도시화 등을 통해 지표면을 변화시켰고, 경쟁 종을 몰살하거나 멸종시켰다. 이제 보호구역 몇 곳만이 손상되지 않은 채 남아 있을 뿐이지 않은가. 그렇다면 AI도 우리에게 같은 일을 할 수 있지 않겠느냐고 물었다.

"우리는 SF 소설적인 시각에 너무 자주 갇히는 것 같아요." 브라이언 카탄자로는 이렇게 말하며 의자에 등을 기댔다. 나는 그의 스웨터에 수놓아진 커다란 올빼미를 제대로 볼 수 있었다. 그는 계속해서 이렇게 말했다. "AI는 우리와 제로섬 게임을 하고 싶어 하지 않을 겁니다. 왜냐하면 이 우주에는 할 일이 훨씬 더 많기 때문이죠. 예를 들어 만약 AI가 거대한 데이터센터를 짓고 싶어 한다고 가정해 보죠. AI가 인간이 사는 곳에 그걸 짓고 싶어 하진 않을 거예요. 오히려 다른 곳, 어쩌면 지하에 짓고 싶어 할 겁니다. 지하에 얼마나 많은 공간이 있는지 아세요?"

브라이언은 막힘없이 말을 이어갔다. 엔비디아에서는 이런 관점을 함께 공유할 기회가 없었던 것 같았다.

"AI는 이 생물권에 머물 필요가 없어요. 사실 지구에 있을 필요조차 없죠. 왜냐하면 인공지능의 가장 큰 특징은 빛의 속도로 이동할 수 있다는 거예요. 아시다시피 인간은 실제로 몸을 이끌고 다녀야 하잖아요. 그런데 인공지능은 반대편에 안테나만 있으면 라디오 신호를 통해 이동할 수 있어요."

브라이언은 생물학적 한계에서 벗어난 AI가 태양계를 넘어 빠르게 확산될 것이라고 설명했다. "인간은 본래 대립적인 동물이에요. 자기 영역을 점유하고 방어하려는 본능이 우리 뇌의 변연계에 뿌리 깊게 박혀 있죠." 그가 말했다. "AI가 진정으로 지능이 있다면, 그것이 관심을 가지는 것들은 인간이 사는 이 얇디얇은 지구 표면보다 훨씬 더 크고 넓은 것일 거예요. 나는 AI가 지구 표면을 우리에게서 빼앗으려고 할 거라고 생각하지 않아요. 오히려 AI는 우리를 돌보고 싶어 할 거라는 느낌이 들어요."

우주 컴퓨터의 동물원 속 동물로 살아가는 것은 한가할 때 음미할 만한 경험이다. 그러나 오늘날 엔비디아는 여전히 지구에 묶여 있으며, 브라이언 카탄자로의 데이터센터 위치에 대한 논의는 단순한 탁상공론이 아니었다. 그것은 실질적인 문제에서 비롯된 것이었다. 내가 '산' 내부에서 본 윙윙거리는 팬들은 엔비디아 장비들이 얼마나 많은 전력을 사용하고 있는지 그대로 보여주는 것이었다. GPU는 계산 속도의 병목을 해소했고, 멜라녹스의 인피니밴드 프로토콜은 데이터 처리 속도의 병목을 해소했다. 남은 병목은 단순히 데이터센터가 얼마나 많은 전기를 끌어다 쓸 수 있는가였다. 결국 마지막 남은 한계는 전력, 즉 에너지였다.

마지막 남은
숙제,
전력

19

송전탑에 가까워지자, 전선에서 윙윙거리는 소리가 들리기 시작했다. 전선에는 20만 볼트 이상의 전류가 흐르고 있었다. 전력회사 작업자는 크레인에 연결된 버킷에 매달린 채 약 100피트(30m) 높이에서 일하고 있었다. 그는 공구 벨트를 차고, 난연 셔츠, 절연 장갑을 착용한 상태였고, 특수 도구인 '핫 스틱hot stick'을 사용해 고압전선을 지탱하고 있는 가로 지지대에서 전선을 분리하려고 했다. 조금이라도 실수를 하면 그대로 감전사할 수 있기 때문에 최대한 조심스럽게 작업을 진행했다. '지지직' 소리를 내며 전선이 분리되었고, 공기 중에는 오존 냄새가 퍼졌다. 하나가 끝났다. 하지만 수천 개가 남아 있었다.

이 작업자는 버지니아주 라우든 카운티에 전력을 공급하는 전력회사 도미니언 에너지Dominion Energy 소속이었다. 그는 세계에서 가장 많은 데이터센터가 모여 있는 이 지역의 전력 인프라를 업그레이드하는 중이었다. 라우든 카운티는 미국 소매 컴퓨팅 수요의 신경 중추 역할을 하고 있었다. 만약 당신이 맨해튼에서 구글 검색을 했다면, 그 검색어는 이곳 버지니아를 거쳐 갔을 가능성이 높다.

초대형 컴퓨터에 전력을 공급하는 기존의 인프라는 도미니언이 100년 넘게 공들여 구축한 것이었다. 하지만 AI의 등장으로 인해 앞으로 15년 안에 그 규모를 2배로 늘려야 할 것으로 예측되었다. 이 작업은 최상의 조건에서 진행한다고 해도 위험한 일이지만, 2024년 여름에는 상황이 심각해졌다. 데이터센터의 전력 수요가 워낙 컸기 때문에, 도미니언 에너지는 전선에 전기가 흐르고 있는 상태에서라도 교체 작업을 해야 한다고 결론 내렸다. 분명 위험한 일이었지만 인간의 안전은 부차적인 고려 사항처럼 보였다. 어떤 상황에서도 데이터센터의 전력 공급이 끊겨서는 안 되었다. 수요는 너무나도 광적이었다. 사람들은 AI를 간절히 원하고 있었다.

이런 수요는 새로운 신경망을 훈련시키는 데서 비롯된 것이 아니었다. 수요의 대부분은 이미 훈련된 AI를 실행하는 데에서 발생했다. 예전에는 추론이라고 불리는 이 과정이 플로피 디스크에 들어갈 정도였지만, 현대의 사용자는 AI가 백거먼 게임의 다음 수를 알려주는 것 이상을 원했다. 즉 단순한 AI로는 만족하지 못했다. 사람들은 AI가 리포트를 작성해 주기를 원했고, 검색 결과를 제공해 주기를 원했으며, 음성 생성기를 이용해 밈을 만들고 싶어 했다. 오픈AI의 GPT 모델들은 일일 사용자 수가 1억 8,000만 명을 넘었다. 구글은 기존 검색 결과에 실험적인 AI 답변을 함께 제공하고 있었다. 틱톡^{TikTok} 릴스^{Reels}에서는 점점 더 많은 AI 음성 아바타들이 내레이션을 하고 있었다. 이들 서비스를 구동하는 것은 주요 인구 중심지 외곽의 이름 없는 창고에 자리 잡은 데이터센터의 서버 랙에 설치된 엔비디아의 GPU였다.

GPU는 엄청난 전력을 소비했다. 일반적인 구글 검색 한 번에 약 0.33와트시의 전기가 필요했다. 생성형 AI 기능을 활성화하면, 같은 구글 검색에 필요한 전력이 그보다 10배로 많아졌다. 이는 전구 하나를 약 20분 동안 켤 수 있는 전력이다. GPT에게 5,000단어짜리 리포트를 작성해 달라고 요청하면, 전자레인지를 한 시간 동안 돌릴 수 있을 만큼의 전기를 사용하게 된다. 산업용 수요는 그보다 더 컸다. 경영진들은 인간 노동력을 완전히 대체할 가능성에 흥분하고 있었다. 제임스 얼 존스는 2022년, 다스 베이더 목소리를 더 이상 직접 연기하기 힘들다고 발표했다. 그리고 디즈니에 자신의 목소리를 영구 복제할 수 있도록 라이선스를 주었다. (제임스 얼 존스는 2024년에 세상을 떠났지만, 다스 베이더의 위협적인 톤과 거친 숨소리는 어쩌면 영원히 남을지도 모른다.) 이미지 인식 도구는 연간 수십억 달러의 MRI 분석 비용을 절감할 수 있을 것이라는 가능성을 보여주었다. 이는 영상의학 전문의들이 일자리를 잃을 수도 있다는 뜻이었다. 아마존은 AI를 사용해 배송 중인 딸기가 멍들었는지 여부를 파악했으며, 농장주들은 AI 로봇을 이용해 출하할 과일을 수확하는 실험을 하고 있었다.

한 분석에 따르면 생성형 AI 붐에 대응하려면 10년 이내에 미국의 원자력 발전 용량을 2배로 늘려야 할 것으로 나타났다. 보수적인 전망치조차 총 전력 수요가 20% 증가할 것으로 내다봤다. 엔비디아 GPU에 필요한 전력을 공급하면서 동시에 탄소 중립 목표를 달성할 현실적인 방법은 없었다. 도미니언은 고압 전선 업그레이드 외에 이미 폐쇄된 석탄 화력발전소를 재가동하는 방안을 논의하고 있었다.

엔비디아는 지구 온난화 문제를 부정하지 않았다. 엔비디아의 연구원들은 기후 모델링이 슈퍼컴퓨터의 초기 활용 사례 중 하나였다는 점을 강조하곤 했다. 2021년 노벨 물리학상을 수상한 과학자 마나베 슈쿠로真鍋 淑郎는 1960년대 후반, 대기 중에 있는 극소량의 이산화탄소가 열을 가둔다는 사실을 밝혀냈는데, 이건 무게 70톤짜리 IBM 컴퓨터를 사용해 만든 원시적인 지구 시뮬레이션을 활용해 이룬 연구 성과였다. 이 컴퓨터는 도시 내 10개 블록에서 사용하는 만큼 전력을 잡아먹었다. 1980년대에 들어 NASA 과학자들은 훨씬 더 강력한 컴퓨터를 사용해 지구 평균 기온이 얼마나 상승할지에 대한 예측을 정확히 내놓았다. 당시 경험적인 데이터는 평탄한 추세를 보였음에도 불구하고 말이다. 이 시뮬레이션은 또한 지구가 따뜻해지면서 상층 대기가 냉각되고 열이 지표면 근처에 갇히면서 대기층이 팬케이크처럼 압축될 것이라고 예측했다. 2020년대에 들어서 위성 데이터는 실제로 하늘이 내려앉기 시작했음을 보여줬다.

우리가 기후 변화에 대해 이해하게 된 거의 모든 지식은 강력하고 많은 에너지를 소모하는 슈퍼컴퓨터를 통한 것이다. 과학자들은 2000년대 후반부터 엔비디아 하드웨어로 기후 모델을 실행해 왔으며, 엔비디아는 자체 기후 부서를 두고 매우 정밀한 예측을 수행했다. (엔비디아는 '어스2Earth 2' 시뮬레이션이 개별 도시 블록의 풍속까지 예측할 수 있다고 장담했다.)

엔비디아의 수석과학자 빌 댈리는 기후 변화에 대해 많은 걱정을 했다. 눈 덮인 시에라 산맥과 폭풍에 휩싸인 카리브해를 자주 방문했던 그는 기후 변화의 다양한 영향을 직접 목격했다. 빌 댈리가 AI 연구 개발에 몰두하는 이유 중 하나는 AI가 인류를 탄소 중립적인 미래로 이끄는 데 기여할 수 있다는 믿음 때문이다. "세상 사람 모두가 밤잠을 설쳐야 할 단 하나의 문제가 있다면, 그건 바로 기후 변화입니다. 지구가 살아남을 수 있느냐 하는 문제는 최우선으로 다뤄져야 합니다."

하지만 이런 이야기와 달리, 엔비디아의 칩은 거의 단독으로 전 세계 전력 수요 증가를 주도하고 있다. 칩이 행렬 곱셈을 더 잘하게 될수록 전력도 그만큼 더 많이 먹게 되었다. 2020년에 출시된 A100 칩은 표준 구성에서 250와트를 필요로 했다. 2년 후 출시된 H100은 75% 증가한 350와트를 필요로 했다. 2024년에 출시된 B100은 소비 전력이 2배가 늘어 700와트를 요구했고, 곧 출시될 B200은 무려 1,000와트를 소모할 것이라고 알려졌다. 2016년 출시된 초기 DGX 박스는 의류 건조기만큼의 전력을 사용했지만,

2024년 후속 모델은 단독 주택 하나를 운영할 수 있을 정도의 전기를 소비했다.

게다가 이것은 요새의 벽을 이루는 벽돌 중 하나에 불과했다. 즉 어디까지나 전체 데이터센터 인프라 중 하나의 유닛이 소비하는 전력량이라는 뜻이다. DGX 박스들은 모듈형 유닛이고, 고객들은 이를 현대 데이터센터의 중심을 이루는 긴 '슈퍼팟superpods'으로 쌓았다. 슈퍼팟은 두꺼운 케이블 묶음으로 연결되었고, 과열을 방지하기 위해 첨단 공기 및 액체 냉각 시스템을 탑재했다.

대규모 하이퍼스케일 데이터센터들의 연간 전력 요구량은 기가와트 단위에 이른다. 이는 원자력 발전소 한 기의 출력량과 맞먹으며, 미니애폴리스 도시 전체를 가동할 수 있는 규모이다. 데이터센터에서 엔비디아 칩을 계속해서 업그레이드하면서 구글의 온실가스 배출량은 5년간 50% 증가했다. 이는 전력망의 효율성 향상을 감안한 수치이며, 2030년까지 탄소 중립을 달성하겠다고 공언한 상황에서 나온 수치이다. (구글 대변인은 2024년 AI 전력 소모가 '쉽지 않은 과제'임을 인정하면서도 탄소 중립에 대한 구글의 의지를 재확인했다.) 고가의 오픈AI 모델을 학습하고 배치한 마이크로소프트의 클라우드 컴퓨팅 부문에서도 탄소 배출량이 3분의 1 가까이 증가했다. 클라우드 제공업체들은 심지어 사용하고 있지 않은 암호화폐 채굴 시설을 사들이려고도 했다.

일부 투자자들은 이러한 거대한 인프라 확장이 과연 현명한 결정이었는지 의문을 제기했다. AI에서 수익을 창출하는 경로는 결코 단순하지 않았고, 값비싼 반도체와 전력 비용, 인재 부족 문제까지 더해지면서 비용은 더욱 증가했다. 변덕스러운 AI 아키텍처에서 일관된 결과를 끌어낼 수 있는 '뱀 부리는 사람' 같은 AI 전문가는 드물었고, 그들은 상당한 몸값을 요구했다. 모든 회사가 오픈AI처럼 성공적인 것은 아니었고, 모든 회사에 일리아 수츠케버 같은 인재가 있는 것도 아니었다. 프레드릭 달이 신경망으로 포커를 잘 치게 만들려다 겪은 좌절이 이제 전 세계 IT 부서에서 재연되고 있었다.

연산 능력이 높아졌는데도 신경망은 여전히 한계에 부딪혔고, 그럴 때마다 그것을 개선할 명확한 방법이 없는 경우가 많았다. 자체 데이터를 사용해 GPT를 복제하려던 기업들은 종종 장난감 수준을 간신히 넘는 엉성한 '지식 엔진'을 만들어냈다. 그런 AI들은 표준 대형 언어 모델 학습 데이터셋에 이메일과 미션 선언문, 특허 신청서, 법률 메모, 기타 기업 내부 자료를 추가해 학습시킨 결과였다. 지식 엔진들은 AI 열풍이 중간 관리자들을 통해 퍼지는 가운데 마케팅, 미디어, 헬스케어 업계의 임원들이 야심차게 시작한 프로젝트의 산물이었다. 이를 주도한 이들 중에는 신경망이 제대로 작동하면 많은 직원이 해고될 것이라고 노골적으로 말하는 이도 있었다. 그러나 실제로 만들어진 것들 중 상당수는 제대로 작동하지 않았고, 비싼데다 늦게 출시된 베이퍼웨어vaporware에 불과했다. 이용자 중 다수가 AI 기술은 간단히 말해 '아직 준비되지 않았다'고 느꼈다.

2024년 여름, 세계 굴지의 헤지펀드인 엘리엇 매니지먼트Elliott Management는 투자자들에게 기술주, 특히 엔비디아가 '거품 지대'에 들어갔다고 경고했다. 〈파이낸셜 타임스〉에 인용된 고객 서한에서 엘리엇은 AI가 "지나치게 과대평가 되었고 많은 애플리케이션이 아직 실제 활용에 적합하지 않다"라고 평가했다. 이어 약속된 많은 애플리케이션들은 "비용 효율을 이루지 못할 것이고, 제대로 작동하지 않거나, 에너지를 지나치게 잡아먹거나, 신뢰할 수 없는 것으로 판명날 것이다"라는 전망도 덧붙였다.

엔비디아 제국의 가장 큰 위험은 경쟁이 아니라 실망이다. 많은 일들이 뒤처질지 모른다는 포모FOMO에 의해 추진되고 있다. 즉 AI 전략이 없는 채로 버틸 배짱이 있는 회사는 없다는 뜻이다. 엔비디아 하드웨어를 구매하는 경영진은 투자 규모를 정당화할 수 있는 제품을 만들어야 했다. 만약 그렇지 못하면 후회가 밀려오고, 수요는 줄어들며, 엔비디아의 주가는 폭락할 수 있었다. 엘리엇 매니지먼트의 펀드매니저들은 엔비디아가 단 한 번이라도 실적 부진을 겪는다면, 전체 기술 부문이 마치 바람 빠지는 타이어처럼 급격히 축소될 것이라고 내다봤다.

AI 투자자들이 과열된 상태인 건 사실이다. 그러나 그들이 비이성적이었을까? 회의론자들은 AI 열풍을 닷컴 버블 붕괴나 서브프라임 모기지론 위기와 비교했지만, AI 관련 지출을 결정한 경영진들은 사기꾼이 아니다. 그들은 컴퓨터 분야에서 수십 년간 경험을 쌓은 노련한 전문가들이다. 관련 기업들은 안정적이었고, 투자금도 수익을 통해 축적해 둔 예비자금에서 나온 것이지, 위험한 주식 발행이나 부실 채권에 의존한 게 아니었다.

내가 만난 학계의 컴퓨터 과학자들은 하나같이 신경망의 성공을 문명적 발전으로 보았다. 많은 이들은 이것이 이 분야 역사상 가장 중요한 발견이라고 생각했다. 기술은 경이로웠고, 지금까지 창출된 수익도 실체가 있는 것들이었다.

과거 투자자들이 엔비디아 개별 주식의 가치를 평가할 때 마주친 난제가 이제 주식 시장 전체의 시장 가치를 어떻게 평가할 것인가 하는 데까지 확장되었다. 과거 재무제표를 면밀히 분석해 봐도 AI에 대한 도박이 현명한 선택인지 알 수 없었고, 미래 수익 예측은 찻잔 바닥에 남은 찻잎 찌꺼기를 세는 것만큼이나 현실과 동떨어져 있었다. 가장 중요한 질문은 젠슨은 자신이 무엇을 하고 있는지 알고 있는가 하는 것이다. 젠슨 황뿐만 아니라 마크 저커버그와 일론 머스크, 사티아 나델라, 순다르 피차이Sundar Pichai, 샘 올트먼도 자신이 무엇을 하고 있는지 알고 있는가이다. 그들은 이 검증되지 않은 기술에 수천억 달러를 투자했다. 이게 과연 현명한 선택이었을까? 그들은 진짜 똑똑한가, 그렇지 않은가?

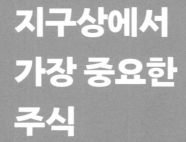

지구상에서 가장 중요한 주식

20

The Most Important Stock on Earth

2024년 2월 21일, 심판의 날이 찾아왔다. 엔비디아의 실적 발표 앞두고 사람들의 기대가 황당할 정도로 차올랐다. CNBC는 며칠 전부터 카운트다운을 진행했고, 소셜미디어 커뮤니티 핀트윗FinTwit에서는 젠슨 황이 그의 시그니처인 가죽 재킷을 입고 미국의 선거 지도 앞에 서 있는 밈을 돌렸다. 지도에는 미국 50개 주가 모두 엔비디아 로고의 녹색slime green으로 칠해져 있었다. 발표 직전 골드만삭스는 엔비디아를 '지구상에서 가장 중요한 주식'이라고 선언했다.

엔비디아의 실적 발표 컨퍼런스콜은 주식 시장 거래 마감 15분 후에 시작됐다. 월 스트리트 역사상 기록적으로 청취자가 많이 몰려들었다. 먼저 발표한 사람은 엔비디아의 CFO 콜렛 크레스였다. 그는 연간 매출이 예상보다 훨씬 좋았으며, 2배 이상 증가해 600억 달러에 달한다고 발표했다. 그뿐만 아니라 엔비디아는 모든 제품에서 70% 이상의 매출총이익률을 달성했다. (참고로 월 스트리트의 대표적인 수익 창출 기업인 애플의 매출총이익률은 46%였다.) 콜렛 크레스는 연간 순이익이 300억 달러에 살짝 못 미쳤다고 발표했는데, 이는 엔비디아가 지난 30년간 벌어들인 순이익을 모두 합친 금액보다 많았다. 직원 수가 3만 명이니 1인당 연간 100만 달러의 순이익을 창출한 셈이었다.

다음은 젠슨 황의 차례였다. 그의 어조는 마치 토머스 에디슨 같았다. 그는 신경망이 이제 인간의 언어뿐 아니라 생물학적 정보나 3차원 세계를 포함한 다양한 정보를 이해하고 생성할 수 있게 되었다고 설명했다. 또한 AI 팩토리를 구축하는 '1조 달러 규모의 인프라 사이클'이 다가오고 있다고 말했다. "우리는 지금 새로운 산업의 초입에 서 있습니다. AI 데이터센터가 방대한 원시 데이터를 처리해 이를 디지털 지능으로 바꾸는 역할을 하게 될 것입니다. 지난 산업혁명에서 교류전력 발전소가 있었다면, 이번 산업혁명에서는 엔비디아 AI 슈퍼컴퓨터가 AI를 만들어내는 공장 역할을 하게 될 것입니다."

그다음 날의 열기에 대해 누구도 준비할 수 없었을 것이다. 2월 22일, 단 6시간 반 동안의 거래만으로 엔비디아의 시가총액은 2,770억 달러나 증가했다. 이는 코카콜라의 전체 기업 가치를 넘어선 규모였다. 이날 하루 동안 650억 달러 이상의 엔비디아 주식이 거래되었고, 이는 미국 전체 주식 시장 거래에 약 5분의 1에 해당하는 규모였다. 그날 장이 마감됐을 때 전 세계에서 가장 가치가 높은 3대

기업은 마이크로소프트, 애플, 그리고 엔비디아가 되었다. 이는 월스트리트 역사상 어느 기업에서도 볼 수 없었던 단일 하루 최대인부의 축적 기록이었다.

이와 같은 성장은 젠슨 황에게 엄청난 압박을 주었다. 엔비디아의 가치 중 대부분은 이미 해낸 성과보다 앞으로 회사가 이룰 성취에 대한 투자자들의 기대에 기반을 두고 있었다. 이는 동기 부여가 된 경쟁자들이 속속 참여하는 이 분야에서 계속해서 빠르게 혁신하고 성과를 내야 한다는 뜻이었다. 그가 컨퍼런스나 투자자 발표 무대에서 서성이는 모습을 보며, 나는 25년 전 커티스 프리엠이 느꼈을 상황을 깨달았다. 젠슨 황은 완전히 혼자였다.

경영학자들은 CEO가 직접 보고를 받는 임원이 8명에서 12명 정도인 것이 이상적이라고 말한다. 하지만 젠슨은 무려 55명에게서 직접 보고를 받고 있다. 그에게는 오른팔 역할을 해줄 사람도, 비서실장도 없으며, 명령 체계도 없다. 후계자 역시 정해져 있지 않다. 엔비디아가 성장할수록 경영진은 오히려 줄어들었기 때문에 실수에 대한 희생양도 없었다. 이사회 멤버들은 젠슨의 대체 불가능성에 대해 이야기했다.

그가 아니었으면 미국 경제는 침체에 빠졌을지도 모른다는 말조차 과언이 아니었다. 엔비디아의 성장 과정에서 미국 주식 시장은 유럽과 아시아 시장을 크게 앞질렀고, 그 성과는 대부분 AI 덕분이었으며, 그 핵심에는 엔비디아가 있다. 3조 달러에 달하는 엔비디아의 시가총액은 겉으로는 앞으로 엔비디아가 벌어들일 이익에 대한 기대치라고 하지만, 실제로는 이 61세 남자의 능력에 대한 기대에 걸린 도박, 국내총생산^{GDP} 규모의 베팅과도 같았다.

가장 일하기 좋은 회사

2022년, 엔디비아는 기업 리뷰 사이트 글래스도어^{Glassdoor}에서 미국 기업 중 가장 일하기 좋은 곳으로 선정되었다. 물론 직원들이 주가의 영향을 받은 것도 사실이지만, 게임 산업에 집중하던 시절에도 직장으로서 엔비디아에 대한 평가는 좋았다. 이는 다소 놀라운 일이었다. 엔비디아에서 일하는 것은 자극적이지만, 딱히 재미있다고 말하기 어려운 환경이었기 때문이다. 젠슨 황이 만들어낸 기업 문화는 구글보다는 마이크로소프트에, 애플보다는 IBM에 가까웠다.

몇 년 전 대만 물리학자 팅와이 추는 젠슨에게 "당신이 내가 평생 하고 싶었던 인생의 연구를 할 수 있게 해줬다"고 말한 바 있었다. 젠슨은 이 말에 감동했고, 직원들에게도 같은 기회를 주고 싶어 했다. 엔비디아는 연례 사업보고서에 이렇게 적었다. "우리는 엔비디아가 사람들이 평생의 커리어를 쌓을 수 있는 회사가 되기를 원합니다. 엔비디아 직원들은 대체로 입사하면 오래 머무릅니다."

엔비디아의 매력은 이곳에서 일하면서 이룰 수 있는 성취에 있었다. 젠슨 황이 직원들을 혹독하게 몰아붙인다는 것은 비밀이 아니었다. 그래서 그는 유산을 남기고자 하는 결심이 확고한 워커홀릭들을 끌어모았다. 베스트셀러 작가가 돈이 많아도 집필을 멈추지 않는 것처럼, 엔비디아에서 큰돈을 번 엔지니어들도 역시 매일 출근해 기술적 난제에 끊임없이 도전했다. 이 엔지니어들이 보유한 특허만 해도 1만 5,000개 이상이지만, 그들에게는 여전히 만들어야 할 무언가가 항상 남아 있었다.

엔비디아는 성공을 거둔 덕분에 직원을 채용하는 데 있어 매우 까다롭게 선택할 수 있게 되었다. 이제 모든 채용 공고에 수백 명의 지원자가 몰렸다. AI 혁명에 기여하고자 하는 야심 찬 인재들에게 엔비디아는 입사하고 싶은 회사 1위가 되었다.

직원 구성은 어느 정도 다양하다고 할 수 있었다. 이는 내가 점심시간에 구내식당을 둘러보고 받은 인상이다. 대략 직원의 3분의 1은 남아시아 출신, 다른 3분의 1은 동아시아 출신, 나머지 3분의 1은 백인이었다. 구내식당 인도 음식 코너에 줄이 가장 길었다.

엔비디아는 공식적인 인구 통계를 제공하지 않았지만, 사진과 인터뷰를 통해 확인한 바로는 2000년대 중반까지도 여전히 직원 중 대다수는 백인 미국 남성이었다. 인력 구성이 아시아계 중심으로 변화한 것은 실리콘밸리 전반에 나타나는 흐름이기도 했고, 동시에 젠슨 황의 전략적 초점이 달라졌음을 보여주는 변화이기도 했다. 오랫동안 근무한 한 임원은 말했다. "알다시피 컴퓨터 그래픽 분야는 그렇게 매력적인 분야로 여겨지지 않았어요. 어딘가 약간 평판이 좋지 않은 느낌이 있었죠."

하지만 AI가 그 평판을 바꾸어 놓았다. 이제 건빵 바지를 입은 장발 미국인들 대신 인도, 중국, 대만의 최고 명문 공과 대학을 졸업한 인재들이 엔비디아에 지원하고 있었다. 한 전직 관리자는 아시아계 졸업생들이 가족들에게 받는 압박에 대해 설명했다. "이 친구들에게 가족이 주는 선택지는 딱 세 가지예요. 의사가 되거나, 엔지니어가 되거나…. 사실 세 번째 선택지는 없는 것 같네요. 그들은 매우 경쟁적이고, 매우 똑똑하며, 엄청난 압박을 받고 있어요."

컴퓨터 그래픽 산업에 집중하던 시절부터 엔비디아에서 일했던 이 관리자는 게이머 출신으로 엔비디아의 변화하는 문화에 대해 생각했다. 그래픽 분야는 독특하고 상대적으로 급여도 낮았다. 그는 말했다. "제 부모님은 그 일을 하지 말라고 했었죠. 진짜 직업을 가져야 한다고 하셨어요."

그는 이제 엔비디아가 성공하면서 과거 이 회사를 이끌었던 열정적인 괴짜 개발자들이 점점 사라지고, 그 자리를 말 잘 듣고 순종적이며, 성실하고 경쟁력 있는 엘리트들이 대체하고 있다고 느꼈다. 그렇다 하더라도 그는 새로운 직원들이 매우 뛰어나다는 점을 인정했다. "그러니까, 객관적으로 봤을 때, 그들이 코딩을 잘하느냐고요? 그럼요. 저보다 훨씬 잘합니다."

초창기 엔비디아에는 여성 직원이 거의 없었다. 데이비드 커크는 1999년 회사가 상장하던 무렵, 몬트리올 출신의 동료 직원이자 훗날 결혼한 미래의 배우자를 만났다. 데이비드는 이렇게 말했다. "당시 엔비디아에 여성이 몇 명 있는지 남자 직원들은 정확히 알고 있었어요. 딱 3명이었죠."

이 숫자는 적어도 부분적으로는 전기공학을 전공한 여성의 수가 적다는 현실을 반영한 것이다. 사실 요즘에도 미국 전기공학 전공 졸업생의 90% 이상이 남성이다. 2022년 한 설문조사에서 미국의 공학 전공 여성 학부생들에게 관심 있는 세부 전공이 무엇인지 물었는데 환경공학과 생물의학공학이 공동 1위를 차지했고 전기공학은 꼴찌였다.

젠슨 황의 직접적인 지시로, 엔비디아는 여성 직원의 채용을 늘리기 위한 노력을 본격적으로 시작했다. 이 노력은 성공적이었고, 2024년이 되자 전체 직원 중 여성 직원의 수가 4분의 1을 넘어섰다. (엔비디아 홍보에서 성적 이미지로 활용되었던 CGI 요정 던도 2020년 무렵 회사 마케팅 자료에서 조용히 사라졌다.) 젠슨의 아내 로리는 아이들을 키우기 위해 회사를 그만뒀는데, 젠슨이 팬데믹 이후 자유로운 재택근무 정책을 유지하겠다고 선언했을 때, 그의 말 속에서 어쩌면 아내의 경력 단절에 대한 속죄의 마음 같은 것이 느껴졌다. 젠슨은 이렇게 말했다. "이 놀라운 화상회의 기술을 활용해 젊은이들,

특히 젊은 여성들이 인생을 설계하고, 가정을 이루고, 동시에 커리어를 이어갈 수 있도록 돕고 싶습니다. 나는 이 기회를 포기하고 싶지 않아요."

반면 흑인 직원을 채용하려는 노력은 그리 성공적이지 못했다. 2020년 기준 전 세계 엔비디아 직원 중 흑인의 비율은 1% 미만이었다. 이 역시 전기공학을 전공한 흑인 졸업생이 적다는 현실을 반영한 결과이다. 하지만 더 중요한 이유는 미국 내 전기공학 전공자 수 자체가 너무 적다는 것이었다. 이 분야는 글로벌한 인재풀에서 사람을 뽑는 구조였고, 이 인재풀에는 미국 태생 시민에 비해 동아시아와 남아시아, 중동, 유럽 출신 지원자의 수가 10배 이상 많다. 한 대학 교수는 이렇게 말했다. "우리의 다양성 문제는 기본적으로 어떤 인종이냐 하는 것보다 미국인들이 이 과목을 전공하려는 사람이 거의 없다는 데 있어요."

내가 눈치챈 한 가지는, 엔비디아에서 만난 많은 엔지니어들이 적어도 부모 중 한 사람이 엔지니어였다는 사실이다. (어떤 사람들은 부모가 모두 엔지니어였는데, 그들에게는 이것이 유전적 질병과도 같았다.) 사미르 할레페테는 초등학교 3학년 때 이미 아버지에게 회로에 납땜하는 법을 배웠다고 한다. 그는 이렇게 말했다. "공학, 특히 전기공학은 정말, 정말 위압적이에요. 그래서 일종의 심리적 완충장치가 필요해요. '이건 네가 할 수 있는 일이야'라고 말해줄 사람이 있어야 하죠." 그는 자신의 아버지처럼 딸들에게 납땜을 가르쳐보려 했지만, 성공하지는 못했다.

젠슨 황 역시 아버지와 두 형제가 모두 엔지니어였다. 두 자녀들은 처음에는 서비스 분야에 진로를 선택했지만, 젠슨은 여러 해에 걸쳐 부드럽지만 집요한 설득 끝에 결국 그들을 엔비디아로 끌어들였다. 큰딸 매디슨은 셰프로 훈련받고, 파리의 LVMH에서 일하다가 2020년에 엔비디아의 마케팅 디렉터로 입사했다. 아들 스펜서는 타이베이에서 칵테일바 '실험실'을 공동 창업했는데, 그곳은 아시아 최고의 바 50곳에 선정되기도 했다. 하지만 팬데믹으로 인해 문을 닫았고, 그는 2022년 엔비디아의 로보틱스 팀에 합류했다. 엔비디아 내부에서 매디슨과 스펜서가 특별 대우를 받는 일은 없었다. 한 직원은 이렇게 말했다. "그들도 프레젠테이션 자료를 만들고, 끝없이 이어지는 지루한 회의에 참석하고, 구내식당에서 밥을 먹어요."

엔비디아의 지정학적 영향력

엔비디아는 오랫동안 세계화의 혜택을 받아왔고, 역사적으로 엔비디아는 지정학적 갈등에 대해 깊이 고민하지 않아도 되는 위치에 있었다. 그러나 이 상황은 2023년 10월 7일 바뀌었다. 이날 하마스 소속 무장 세력이 이스라엘을 침공해 민간인을 무차별적으로 학살했다. 멜라녹스 창업자 에얄 왈드먼의 막내딸이 이 학살에서 희생되었고, 엔비디아의 엔지니어 아비나탄 오르Avinatan Or는 인질로 잡혔다. (2024년 11월 현재까지도 그의 생사는 확인되지 않은 상태다.) 하마스의 공격으로 1,100명 이상이 사망했고, 250명 이상이 납치되었다.

이에 격분한 이스라엘이 반격에 나섰다. 초기 공격 이후 몇 달 동안 이스라엘군은 약 4만 명의 팔레스타인인을 살해했고, 그중 적어도 8,000명은 아동이었다. 가자지구 건물 중 절반 이상이 파괴되거나 훼손되었고, 전 세계 곳곳에서 항의 시위가 벌어졌다. 전쟁이 시작되었을 당시 엔비디아는 이스라엘 직원 약 3,000명과 팔레스타인 직원 약 100명(서안 지구 소재)을 두고 있었다. 이스라엘 직원 중 400명이 군대로 소집되자, 젠슨 황은 텔아비브에서 열릴 예정이었던 AI 컨퍼런스를 취소하고 현지 직원들에게 전체 메일을 보내 "조금이나마 도움이 되길 바란다"라며 보너스를 지급한다고 알렸다. 또한 엔비디아는 직원들이 자발적으로 기부하는 금액만큼 회사도 똑같은 금액을 추가로 기부하겠다며 매칭 후원을 약속했다. 메일에는 이렇게 적혀 있었다. "어떤 이들은 이스라엘의 구호 활동을 돕고 싶어 하고, 또 어떤 이들은 무고한 팔레스타인인들을 돕고 싶어 합니다. 여러분은 이스라엘, 가자, 또는 양쪽 모두에 대한 인도적 지원을 선택할 수 있습니다."

공식 성명에서 젠슨 황은 분쟁 중인 어느 쪽도 명확하게 편들지 않았다. 그는 거듭해서 자신의 최우선 관심사는 직원들의 안전이라고 강조했다. 그러나 동시에 이스라엘의 첨단 기술 산업이 엔비디아에 가져다주는 가치를 강조했다. 그는 2024년 3월 GTC에서 기자들에게 이렇게 말했다. "블랙웰 프로세서의 심장과 영혼은 이스라엘에서 나왔습니다. 우리는 앞으로도 이스라엘에 대대적인 투자를 계속할 것입니다." 실제로 한 달 후, 전쟁이 계속되고 있던 와중임에도 엔비디아는 이스라엘 스타트업 런 AI^Run:AI를 7억 달러에 인수한다고 발표했다. 이 회사는 임직원이 150명인 작은 회사였다.

중국과의 관계에서 엔비디아는 더욱 까다로운 상황에 직면했다. 젠슨 황은 중국을 AI 칩의 중요한 시장으로 보았고, 가능한 한 많은 칩을 중국 고객들에게 판매하고 싶어 했다. 하지만 미국 정부의 생각은 달랐다. 미국 정부는 2022년 엔비디아의 첨단 AI칩인 A100 및 H100의 중국 수출을 금지시켰다. 엔비디아는 칩을 수정한 버전을 판매하며 이러한 제재를 우회적으로 피해갔다. 미국 정부는 이를 탐탁지 않게 여겼고, 엔비디아가 법의 허점을 악용했다고 비난하면서 AI칩뿐 아니라 일부 고급 게이밍 카드까지 포함시킨 더 강력한 수출 금지 조치를 단행했다.

그 결과 중국에서는 이상한 상황이 벌어졌다. 중국 관영 매체는 비디오게임을 "정신적 아편"이라고 비난했으며, 중국 정부는 어린이의 게임 시간을 주당 3시간으로 제한했다. 그러나 게이밍 하드웨어를 AI 연구나 군사 용도로 활용하려는 중국 과학자들의 수요는 여전히 많았다. 제재가 발효되기 직전 며칠 동안 엔비디아는 서둘러 칩을 중국으로 내보냈고, 틱톡의 모회사 바이트댄스^ByteDance는 챗GPT 10개를 학습시킬 수 있을 만큼의 A100 칩을 확보했다. 수출 금지 조치 이후에도 첨단 칩은 암시장을 통해 계속 중국으로 흘러 들어갔다. 2023년 6월, 로이터 통신은 선전의 대형 전자상가에서 A100 칩이 정가의 2배 가격으로 판매되고 있다고 보도했다. 젠슨은 내게 자신의 우선순위가 법을 준수하는 것이라고 말했지만, 제재에 대해서는 반대 입장을 나타냈다. 그는 이렇게 말했다. "만약 우리가 팔지 않는다면 그냥 자기들이 만들어낼 겁니다."

젠슨이 직면한 더 큰 문제는 대만을 향한 중국의 야심이었다. 중국 해군은 세계 어느 나라보다 많은 군함을 보유하고 있었고, 중국은 오래전부터 대만을 자국 영토의 일부라고 주장해 왔다. 2023년 새해 전야 연설에서 시진핑 주석은 "대만과의 통일은 불가피하다"라고 선언했다. 2024년 4월 공개된 위성 사진에서 중국이 고비사막에 타이베이 대통령궁 지역을 재현한 것으로 보이는 구조물을 건설한 모습이 포착되었는데, 이는 상륙 침공 훈련 용도로 추정되었다.

만약 그런 침공이 실제로 일어난다면, 그 규모는 노르망디 상륙 작전조차 작아 보일 정도일 것이다. 또한 이는 세계 경제에 재앙을 가져올 것이 분명했다. TSMC의 대만 제조 시설은 전 세계 주요 생산의 병목 지점 중 하나였다. 세계 어디에도 TSMC만큼 최첨단 마이크로칩을 빠르고 정밀하게 생산할 수 있는 곳은 없다. 팬데믹 동안 대만에서 생산이 느려지면서 자동차 출고가 수개월 지연된 적이 있을 정도이다. 전쟁이 벌어진다면 자동차와 AI뿐만 아니라 스마트폰, 가전제품, 의료 기기 등 고급 마이크로칩을 사용하는 모든 제품의 공급이 여러 해에 걸쳐 차질을 빚을 것이다.

그런데 무척 놀랍게도, 엔비디아는 그런 상황에 대한 비상 계획을 전혀 세우지 않았다. 데브 쇼퀴스트는 이렇게 말했다. "만약 대만과 TSMC에 무슨 일이 생긴다면, 그 영향은 너무 커서 마치 '캘리포니아가 바다에 가라앉으면 어떻게 할 거냐고' 하고 가정하는 것만큼 무의미합니다." 데브 쇼퀴스트는 세계에서 가장 가치 있는 반도체 기업에서 물류를 총괄하고 있지만, 젠슨은 그에게 이 문제에 대해 절대 고민하지 말라고 지시했다. 젠슨은 이렇게 말했다. "그가 그 일을 해결하는 데 뇌세포 한 조각도 낭비하는 걸 원하지 않았습니다. 왜냐하면 그가 할 수 있는 일이 아니기 때문이죠." 데브는 전쟁이 발발할 경우 한국의 삼성전자나 전 세계 다른 해외 파트너들에게 주문을 이전할 것이라고 예측했다. 그리고 이렇게 말했다. "무슨 일이 벌어질지는 알죠. 결국 모든 제품의 성능이 한 단계씩 낮아질 겁니다."

대만의 위태로운 상황을 인식한 각국 정부는 자체 칩 제조 인프라 구축에 자금을 투입하기 시작했다. 미국에서는 조 바이든 대통령이 오하이오와 애리조나에 시설을 건설하기 위해 세금 수백억 달러를 배정했다. 일본과 한국, 그리고 유럽연합EU에서도 비슷한 대응이 시작되었다. 모리스 창은 2023년 말 TSMC 행사에서 직원들에게 이렇게 말했다. "반도체 분야에서는 이제 세계화란 없습니다. 우선순위는 오직 국가 안보뿐입니다."

TSMC는 애리조나주 피닉스 북부의 주인 없는 사막 지대에 1,100에이커(약 4.5㎢)의 황무지를 개척하여 2개의 초대형 반도체 제조 공장을 건설하기 시작했다. 이 부지는 행정구역상 피닉스시의 외곽이었지만 아직 개발되지 않은 척박한 황무지였다. 가장 가까운 오락 시설이라고는 야외 사격장이 전부였다. 이 복합 단지는 독립된 세계와 같았다. 전용 수도 및 천연가스 시설이 마련되어 있고, 질소, 산소, 아르곤 같은 고순도 기체를 정제하는 현장 정제소까지 있다. 소노라 사막의 기온은 8월에 화씨 110도(섭씨 43도)를 넘나들기도 하며, 물을 절약하기 위해 공장에는 영화 〈듄Dune〉에 나올 법한 수분 회수 시스템까지 갖추고 있다.

호기심 많은 주민들은 인근 피라미드 피크에서 현장을 바라보며 동시에 작동 중인 39개의 건설 크레인을 세어 보았다. 그중에는 한 번에 500만 파운드(2,270t)를 들어 올릴 수 있는 180피트(약 55m) 높이의 매니토웍 크롤러 크레인도 포함되어 있었다. TSMC의 피닉스 공장 건설을 위한 전체 예산은 400억 달러를 초과할 것으로 예상되었다. 이는 미국 역사상 가장 큰 외국인 직접 투자 중 하나이며, 전 세계에서도 손꼽히는 초대형 메가 프로젝트였다. 공장이 완공되면, 약 2,000명을 고용하고 연간 60만 개의 칩을 생산할 예정이었으며, 이는 미국의 전체 국내 수요를 충족할 수 있는 규모이다.

남쪽으로 약 40마일(64km) 떨어진 챈들러의 주거 지역에서는 인텔이 320억 달러 규모의 공장 확장 공사를 진행 중이었다. 골프장과 건조 기후에 맞춰 지어진 목장 스타일의 주택들 사이에서 인텔은 24시간 공사를 이어갔다. 시공팀은 여름 더위에도 콘크리트 기반이 제대로 굳게 하기 위해서, 콘크리트 혼합물에 얼음을 넣고 한밤중에 타설을 진행했다. 총 약 40만 입방야드(약 30만m³)의 콘크리트를 사용했는데, 이는 올림픽 수영장 100개를 채울 수 있는 양이었다. 그 위로 초대형 지지 구조물을 세우는 데 3만 톤의 강철이 운반되어 왔다.

드론 촬영 영상에는 남북으로 늘어선 거대한 반도체 제조 건물 6개가 보이고, 서쪽의 평행선상에 있는 지원 시설과 산업용 배관으로 연결되어 있었다.

애리조나에서 경쟁적으로 건설된 두 공장과 전 세계에서 진행 중인 다른 프로젝트들은 향후 공급 과잉이 일어날 수도 있음을 암시했다. 이미 은퇴해서 의사결정에서 손을 뗀 모리스 창은 TSMC의 미국 투자가 어리석은 짓이라고 보았다. 그는 미국 직장 근무 문화가 아시아의 생산성을 절대 따라잡을 수 없으며, 이 시설이 글로벌 경쟁자들에 비해 뒤처질 것이라고 생각했다. (2022년 낸시 펠로시 미 하원 의장이 대만을 방문했을 때, 모리스 창은 그녀에게 미국 프로젝트는 '실패할 운명'이라고 말했다.) 그는 또한 TSMC가 대만에 집중되어 있는 상황이 오히려 중국의 침공을 막아주고 있다고 주장했다. 만약 TSMC가 멈춘다면 가장 큰 피해를 보는 건 중국이기 때문이라는 것이었다. 즉 어느 나라 경제도 중국만큼 큰 타격을 받지 않을 것이기 때문이라는 논리였다. (그는 이를 대만의 '실리콘 방패'라고 불렀다.) 하지만 2023년에 그가 가장 좋아하는 고객인 젠슨 황이 TSMC의 피닉스 공장 건설 현장을 둘러보러 왔을 때는 미소를 지으며 그를 맞이했다.

중국은 이에 비견할 만한 것을 가지고 있지 않았다. 미국 정부는 반도체 제조 공정에서 가장 중요한 요소인 초정밀 노광장비의 수출을 막는 데 성공했고, 그 결과 중국은 기술적으로 최소 10년 정도 뒤처진 상태였다.

중국이 대만 TSMC 공장을 점령해 직접 마이크로칩을 생산하려 할 수 있지 않을까. 이 가능성을 궁금해하는 내게 전직 미국 군 관계자는 그럴 법하지 않다고 답했다. 그는 이렇게 말했다. "이건 이라크가 쿠웨이트를 정복해서 유전을 차지한 것과는 다릅니다. 이 기계들은 미친 듯이 정밀하고, 미친 듯이 취약합니다. 원자 하나의 정밀도까지 요구되죠. 만약 그 기계 옆에서 미사일이 폭발한다면, 그 기계에 어떤 일이 일어날 것 같나요?" 그는 관리자가 원격으로 소프트웨어를 비활성화하여 기계를 벽돌처럼 쓸모없는 상태로 만들 수 있다고 지적했다. 또한 직원들이 단순히 야구방망이나 망치로 기계를 부숴버릴 수도 있었다. 그는 이렇게 덧붙였다. "대만 엔지니어들이 고의적으로 장비를 파괴할 가능성을 절대 과소평가해서는 안 됩니다."

그럼에도 나는 여전히 의문이 들었다. 중국이 그 기계들을 재건할 수 있을지 묻는 것이 그렇게 터무니없는 일일까? 그들이 자체적으로 소프트웨어를 업데이트할 가능성은 없을까? 또는 대만 엔지니어들을 강제로 생산라인에서 일하게 할 수도 있지 않은가? 전직 군 관계자는 한참 동안 말을 잇지 않았다. 그러고는 말했다. "미국이 TSMC의 반도체 공장을 중국이 차지하도록 두는 일은 절대 없을 겁니다. 절대요."

엔비디아를 중심으로 시작된 부의 폭발은 반도체 전반에 대한 열풍으로 확산되었다. 퀄컴, AMD, 브로드컴^{Broadcom}, 슈퍼마이크로 ^{Supermicro} 등 여러 기업이 사상 최고 가치를 기록했다. 노광장비를 제조하는 네덜란드 회사 ASML은 유럽에서 가장 비싼 기술주가 되었고, 독보적인 제조 시설을 갖춘 TSMC는 아시아에서 가장 비싼 기술주가 되었다. 2024년 3월, 〈파이낸셜 타임스〉는 대만 내 페라리 판매량이 지난 4년 새 2배로 증가했다고 보도했다. 한 현지 사업가는 이렇게 말했다. "아주 간단해요. 대만 사람들은 부유하고, 돈을 넣을 데가 별로 없거든요. 부동산을 사거나 차를 살 수밖에 없죠."

엔비디아의 급성장, 단지 운이 좋아서인가

엔비디아의 주가는 1999년 1월 22일 상장 이후 2024년 중반까지 3,000배 이상 상승했다. 이 엄청난 상승은 수년 전의 무심코 내린 결정이 얼마나 어마어마한 결과로 돌아왔는지 여실히 보여준다. 드와이트 디어크스는 상장 당시 일부 주식을 팔아 아버지에게 차를 사드렸다. 그는 이렇게 말했다. "지금 와서 보면, 그건 10억 달러짜리 캐딜락이었죠."

엔비디아에 재입사한 브라이언 카탄자로와 바스 아르츠는 복귀 시점에 스톡옵션이 조정되면서 아쉬움이 남았지만, 그래도 결국에는 훌륭한 성과를 거뒀다. 물론 커티스 프리엠은 이미 오래전에 자신의 주식을 모두 처분했다. 이제 엔비디아는 동료들에게 엄청난 부러움의 대상이 되었지만, 정작 가장 부러워해야 할 사람은 커티스 프리엠 자신이었다.

2024년 말, 엔비디아의 기업 가치는 고전 중이던 인텔보다 20배나 높아졌다. (사실 젠슨 황의 지분만 따져도 인텔 전체 기업 가치보다 더 높았다.) 앞서 2023년 12월, 인텔의 새 CEO 팻 겔싱어^{Pat Gelsinger}는 MIT 학생들을 대상으로 한 강연에서 엔비디아가 GPU 분야에서 "엄청난 운이 따랐다"고 주장하면서 이렇게 말했다. "그들은 첫 AI 프로젝트를 지원조차 하고 싶어 하지 않았습니다."

팻 겔싱어는 펜실베이니아 시골 출신으로 마른 체격에 매서운 인상을 가진 전기 엔지니어로, 여러 차례 젠슨을 사업에서 몰아내려 시도했다. 1990년대 후반 그는 인텔 i740의 제품 매니저였는데, 이 3D 그래픽 가속기는 실패작으로 끝났다. 2000년대 후반에는 '엔비디아 킬러'로 불렸던 프로젝트 라라비를 책임졌지만, 제품 출시조차 하지 못했다. 2022년 CEO가 된 그는 인텔 아크^{Arc}라는 저가형 소비자 그래픽카드를 출시했지만, 시장 점유율은 고작 1%에 그쳤다. 경쟁사들이 생산을 외부에 맡기는 등 '상업용 칩' 접근 방식을 기민하게 구사하는 동안, 팻 겔싱어는 제조 부문에 더욱 집중했다. 그 결과 사상 최고의 반도체 호황기였음에도 불구하고 인텔의 주가는 반토막이 났다. 결국 인텔 이사회는 2024년 말 팻 겔싱어를 해임했다.

그런데 "젠슨은 운이 좋았다"라고 말한 건 팻 겔싱어만은 아니었다. 사실 브라이언 카탄자로조차 병렬 컴퓨팅과 신경망의 교차점을 예측하지 못했다. 바스 아르츠는 두 기술의 기술적 측면을 누구보다 잘 이해하고 있었는데, 그 완벽한 조화에 감탄을 금치 못했다. 투자 부족으로 고사 직전이었고, 업계와 연구자들 모두에게 미움, 아니 혐오의 대상이던 컴퓨터과학의 두 비주류 분야가 통합되어 이제는 자각知覺을 향해 질주하는 번성하고 거대한 존재를 형성하게 된 것이다.

바스 아르츠는 이렇게 말했다. "나는 그냥 생각했어요. 엔비디아가 이렇게 운이 좋을 리가 없다고요. 딥러닝이 이렇게 완벽하게 맞아떨어질 리가 없다고요. 왜냐하면 엔비디아는 여기에 아무런 노력을 기울인 적이 없었거든요!"

이에 대해 젠슨 황은 이렇게 표현했다.

"행운이었죠. 단, 비전이 만든 운이었습니다."

빌 댈리는 엔비디아를 성공으로 이끈 것은 황의 지칠 줄 모르는 부지런함이라고 생각했다. 평소에도 빈틈 없는 하루 일정으로 유명한 빌 댈리조차도 자신의 상사가 보여준 초인적인 노력은 믿을 수 없다는 반응을 보였다. "우리 나머지는 단지 젠슨의 대역폭 요구를 줄이기 위해 여기에 있는 것 같아요. 그는 정말, 언제 잠을 자는 걸까요?" 드와이트 디어크스도 동의했다. "그의 취미는 일, 이메일, 그리고 또 일입니다."

물론 업무에 많은 시간을 쓰는 사람은 많다. 그렇다고 모두 성공하는 건 아니지만 말이다. 그래서 옌스 호르스트만은 젠슨의 성공 비결을 그의 적응력에서 찾았다. "나 자신에게 자주 물어보곤 합니다. 우리는 같은 사무실에서 시작했고, 비슷한 IQ를 가지고, 둘 다 똑같이 열심히 일했는데 어떻게 이 사람은 이 놀라운 회사를 세웠을 뿐만 아니라, 필요하다면 자신을 위해 기꺼이 헌신할 사람들로 가득한 네트워크까지 구축할 수 있었을까?" 옌스 호르스트만은 젠슨이 여러 번 스스로를 변화시켰다고 믿었다. 그는 LSI 로직 시절의 젠슨을 떠올렸다. 당시 젠슨은 시뮬레이션 소프트웨어의 한계를 끝까지 밀어붙이던 엔지니어였다. "지금도 그는 똑같은 일을 하고 있어요. 하지만 이제 그가 엔지니어링하는 대상은 자기 자신이에요. 그는 타고난 위대한 CEO가 아니고, 그럴 운명을 타고난 것도 아니었어요. 그는 단지 추상화를 통해 스스로를 CEO로 변모시켰어요! 훌륭한 CEO가 갖추어야 할 '입력'과 '출력'을 문제 해결하듯 다루면서요."

마지막 한마디는 모리스 창에게 돌아간다. 그는 젠슨 황의 성공이 그의 근면함 덕분이라고 보지 않았다. TSMC에서는 그 정도 근면함은 그저 평균 이상일 뿐 특별하지 않았다. 또한 젠슨이 특별히 적응력이 뛰어나다고 보지도 않았다. 내가 그와 이야기를 나눴을 때, 모리스 창은 92세였다. 그는 보라색 케이블 니트를 입고 있었고, 눈에 띄는 추상화 작품 앞에 앉아 있었다. 그의 얼굴은 평온했고, 머리카락은 새하얗게 변해 있었다. 두 대륙에 걸쳐 70년간 기업 활동을 해오면서 그는 있을 법한 모든 유형의 경영진을 만나보았다. 그가 보기에 젠슨 황의 성공 비결은 복잡할 것이 없었고, 특별한 비밀도 없었다. 그는 이렇게 말했다.

"젠슨 황은 그저 지적인 능력이 탁월한 겁니다."

사람들을
팬으로
만드는 사람,
젠슨 황

21

Jensen

엔비디아 직원들은 젠슨 황을 거의 숭배하다시피 했다. 나는 그들한테 뭐라고 할 수 없었다. 그들은 부유했다. 미친 듯이, 믿을 수 없을 정도로 부자가 되었고, 그걸 가능하게 만들어준 사람이 바로 젠슨 황이었다. 젠슨은 한때 괴짜들을 위한 틈새 제품이던 것을 이제는 시대를 지배하는 컴퓨팅 플랫폼으로 탈바꿈시켰다. 직원들은 젠슨을 단순한 리더가 아닌 예언자로 여겼다. 젠슨은 어떤 일이 벌어질 것인지 예언했고, 정말로 그 일은 현실이 되었다. 그리고 그의 예언이 하나씩 실현될 때마다 우주선 같은 사무실 안에 있는 이들 모두가 자신의 순자산에 '0'을 하나씩 더 추가할 수 있었다.

젠슨은 이와 같은 숭배 분위기를 조성하기 위해 많은 노력을 기울였다. 연설, 비판과 자기 반성을 강요하는 고강도의 회의, 달콤한 말과 거친 말이 번갈아 나오는 태도 등. 이 모든 전술은 사람들을 자신의 의지에 따라 움직이게 만들기 위한 수단이었다. 그는 또한 자신의 개인 브랜드도 철저히 구축했다. 단순히 가죽 재킷만이 아니었다. 엔비디아의 역사 대부분 동안 젠슨은 대만 이름(仁勳)을 음역한 '젠순Jen-Hsun'으로 불렸다. 하지만 2023년경 '젠슨Jensen'으로 불리기로 결정했다. 하나의 이름만으로 상징이 되는 존재로 자리 잡은 것이다. 2011년 스티브 잡스가 사망한 뒤로, '시그니처 스타일과 비전을 가진 테크기업 경영자'라는 미국 문화에서 중요한, 상징적인 자리가 공석이었다. 그리고 2024년이 되자 마침내 젠슨이 그 자리를 채울 수 있는 인물로 보였다.

하지만 그는 여전히 다소 알 수 없는 인물이었다. 그와 대화를 시작하더라도 조심해야 했다. 젠슨은 내게 흥미로운 일화를 많이 들려주었지만, 그 세부적인 내용은 조금씩 바뀌었다. 나는 그를 직접 인용하는 것이 위험할 수 있다는 사실을 깨달았다. 그가 무언가를 말한다고 해서 반드시 그것을 믿는다는 뜻은 아니었다. 젠슨의 말은 어디로 튈지 흐름이 불규칙했다. 개와 구토에 대한 기괴한 이야기를 하기도 했고, 남성 패션, 데니스 레스토랑의 계란 품질, 또는 그 순간 그의 머릿속에 떠오른 어떤 주제로든지 빠질 수 있었다. 그에게서 일관성을 찾아보기 어려웠다. 종종 심사숙고한 의견처럼 보이거나 간결한 격언처럼 들리는 말조차도, 그가 즉석에서 생각해 낸 것이거나 진심으로 한 말이 아니었으며, 나중에는 자신이 그런 말을 했다는 사실조차 기억하지 못할 때도 있었다.

젠슨은 자주 스스로의 말을 모순되게 만들었고 때로는 한 번의 인터뷰를 하는 동안에도 상반된 관점을 동시에 내놓기도 했다. 그렇다고 그가 악마의 변호인 역할을 자처한 것은 아니었다. 그는 단지 아이디어를 양쪽에서 모두 공격하기를 좋아했을 뿐이었다. 옌스 호르스트만은 이렇게 말했다. "그는 정치인이 되려는 게 아닙니다. 메시지를 일관되게 유지하려는 것도 아니고요. 그는 실시간으로 들어오는 정보들을 처리하려는 거예요. 그리고 일시적으로라도 모순된 생각을 받아들일 준비가 되어 있는 겁니다." 겉보기에는 확고한 선언처럼 보이는 말도, 사실은 젠슨이 그저 자신의 생각을 소리 내 정리하고 있는 것인 경우가 많았다.

그러다 그가 같은 말을 반복하기 시작하면 주의 깊게 들어야 했다. 어떤 아이디어가 진정으로 젠슨에게 와닿으면, 그것은 며칠, 때로는 몇 주에 걸쳐 서서히 힘을 키워갔다. 그 아이디어는 그의 어휘에 스며들었고, 회의마다 반복적으로 나타났다. '제로-빌리언 달러 시장'이나 '빛의 속도' 같은 개념들도 갑작스럽게 떠올린 것이 아니었다. 이 모든 것은 젠슨의 마음속에 자리 잡고 있는 돌 다듬는 기계에서 몇 달간 굴러다니다가 마침내 매끄럽게 다듬어진 지혜의 조각으로 나타나는 것이었다. 그렇게 다듬어진 아이디어는 직원들에게 철저히 주입되었다. 그래서 때로는 직원들이 영화 〈맨츄리안 캔디데이트The Manchurian Candidate〉의 세뇌당하는 등장인물들처럼 보이기도 했다. 그들은 초점이 없는 듯한 눈으로 젠슨의 유행어를 그대로 반복했다. 심지어 엔비디아를 떠난 지 여러 해가 지난 직원들조차 여전히 그 교리를 줄줄 외울 수 있을 정도였다.

그럼에도 거기에는 매력이 있었다. 젠슨의 카리스마와 유머 감각은 긴장된 분위기를 풀어놓았다. 그의 리더십 스타일이 혼란스럽고 독재적이었다고 해도, 적어도 지루하지는 않았다. 한 직원은 엔비디아를 떠나 이직한 새 회사에서 프레젠테이션을 보며 처지는 듯한 기분을 느꼈다고 말했다. "CEO가 분기 실적 발표를 하고 있었는데, 그 모습을 보면서 속으로 '와, 유머는 어디 있는 거지? 항상 이렇게 지루한가?'라고 생각했어요." 그가 의자에서 몸을 뒤척이자, 다른 직원들은 의아한 눈빛으로 쳐다봤다고 한다. "저는 속으로 '세상에, 여러분은 뭘 놓치고 있는지조차 모르고 있네요'라고 생각했어요."

젠슨의 상상은 항상 현실이 된다

젠슨은 보는 것만으로도 재미가 있는 사람이었다. 2023년 말, 나는 젠슨이 엔비디아 본사 건축을 맡은 수석 건축가 하오 코와 공개 인터뷰를 하는 자리에 함께 참석했다. 인터뷰는 태평양 해안의 고급 리조트에서 진행되었다. 조금 일찍 도착한 나는 그 두 사람이 바다를 바라보며 조용히 대화를 나누고 있는 모습을 볼 수 있었다. 두 사람의 옷차림은 거의 똑같았다. 검은색 가죽 재킷, 검은색 청바지, 검은색 신발을 착용하고 있었다. 다만 하오가 훨씬 더 키가 컸다. 나는 컴퓨팅의 미래에 대한 솔직한 이야기를 들을 수 있기를 기대했지만, 그 대신 하오의 옷차림을 두고 젠슨이 놀리는 광경을 보았다. 그 농담은 약 6분간 이어졌다. "이 사람 좀 봐요!" 젠슨이 말했다. "나랑 똑같이 입었잖아. 나를 따라 하고 있어. 똑똑한 선택이지. 하지만 바지에 주머니가 너무 많아." 하오는 긴장한 듯 웃으며, 실제로 기능적인 필요 이상으로 주머니가 많은 자신의 디자이너 브랜드 청바지를 내려다보았다. "단순하게 가야지, 친구!" 젠슨은 그렇게 말하며 내 쪽을 향하며 덧붙여 말했다. "하오가 나처럼 옷을 입은 이유가 있어요. 내가 이 친구한테 모든 걸 가르쳐줬거든요."

그 인터뷰는 하오가 근무하는 건축 설계 회사 겐슬러가 후원한 행사였고, 이 자리에는 건축가 수백 명이 참여했다. 행사 시간이 가까워질수록 젠슨은 농담, 유머의 강도를 높였고, 어설픈 농담을 던지며 제자리에서 몸을 앞뒤로 흔들었다. 젠슨은 매년 수십 건씩 강연을 소화했고, 이날도 이미 다른 청중을 대상으로 강연을 마친 상태였다. 그런데 놀랍게도 그는 긴장하고 있었다. "난 사람들 앞에서 말하는 거 진짜 싫어해요." 그가 말했다. 진심이었다. 그는 정말로 무대 체질이 아니었다.

하지만 막상 무대 위에 오른 그는 좌중을 휘어잡았다. 하오가 질문을 던질 필요가 거의 없었다. 그의 뒤로 펼쳐진 엔비디아 본사 건물 사진을 바라보며, 젠슨은 최상층 디자인을 비판하기 시작했다. 처음에 젠슨은 옥상에 야외 발코니를 원했지만, 하오는 이를 제때 구현하지 못했다. 젠슨은 이 건물이 정말로 완공된 것인지 의문을 제기했다. 그러고는 한발 더 나아가, 어떤 건물이든 진정한 완성이 가능한 것인지 묻기 시작했다.

이어서 그는 AI 시대의 변형 가능한 건축에 대해 즉흥적으로 아이디어를 내기 시작했다. 고객의 변화하는 요구에 맞춰 스스로 구조를 바꾸는 건축물에 대한 아이디어였다. "예를 들어 오후 1시가 되면, 건물의 상위 3개 층이 그냥 나이트클럽으로 변신하는 거죠." 젠슨이 말했다.

하오는 당황한 듯 바라보았지만 젠슨은 이제 막 시작했을 뿐이었다. "이제, 만약 건물이 로봇처럼 작동한다면 건물 전체가 소프트웨어로 구동되는 거 아닌가요?" 젠슨은 청중에게 물었다. 그는 미래의 오피스 건물들이 직원들의 행동 데이터를 수집해 이를 AI에 입력하고, 옴니버스 안에서 디지털 트윈을 다시 설계한 후, 밤사이 실제 구조를 바꿔나가게 될 것이라고 주장했다.

젠슨은 겐슬러가 단순한 건축 회사에서 변형 가능한 소프트웨어를 관리하는 기술 회사로 진화할 것이라고도 추측했다. "우리가 컴퓨터 함대를 운영하듯이, 여러분은 이러한 건물들을 운영하게 될 겁니다. 그리고 이제 겐슬러, 여러분이 다음에 디자인할 건물들은 무료가 될 겁니다. 맞죠? 건물들은 무료가 될 거예요. 그 이유는 여러분이 건물을 운영함으로써 돈을 벌게 될 것이고, 상상조차 할 수 없을 만큼 부유해질 것이기 때문이죠. 이런 얘기는 여기서 처음 들으셨을 겁니다."

인터뷰가 끝난 후 젠슨은 청중의 질문을 받았다. 그중에는 AI의 잠재적 위험에 대한 질문도 있었다. "세상의 종말을 불러올 AI도 있습니다. 예를 들어 어떻게든 컴퓨터에서 탈출한 뒤 엄청난 양의 정보를 스스로 학습하고, 자기 태도와 감성을 재구성하며, 각종 버튼을 누르는 등 스스로 결정을 내리기 시작할 수 있게 된 AI 말이죠." 젠슨은 허공에 버튼을 누르는 동작을 흉내 내며 말했다. 방 안은 조용해졌고, 젠슨은 덧붙였다. "어떤 AI도 인간이 개입하지 않고 학습할 수 있어서는 안 됩니다." 한 건축가는 AI가 스스로 무언가를 이해하기 시작하는 시기가 언제일지 물었다. "추론 능력은 앞으로 2~3년이면 가능할 겁니다." 젠슨의 말에 청중 사이로 낮은 웅성거림이 퍼졌다.

대담이 끝난 뒤 나는 하오를 따로 만났다. 그는 약간 스트레스를 받은 듯 보였다. 젠슨과의 인터뷰는 하오가 단 하나의 질문을 하고, 젠슨이 45분 동안 대답하는 것으로 끝났기 때문이다. 나는 그에게 행사가 성공적이었다고 안심시켰다. 청중들이 몰입해서 듣는 모습은 절대 꾸며낼 수 있는 것이 아니라고 설명했다. 그러고 나서 나는 하오에게 '변형 가능한 건축'에 대해 어떻게 생각하는지 물었다. "저기요, 내가 처음 젠슨을 만났을 때, 그는 자율주행차에 대해 이야기했어요. 그리고 그때도 그건 미친 소리처럼 들렸죠." 하오는 어깨를 으쓱하며 말했다. "이제는 그냥 의심하지 않는 게 낫다는 걸 배웠죠."

엔비디아의 주가가 급등하면서, 경영자 젠슨은 이제 유명 인사로 변모했다. 이제 그의 팬층에는 게이머들뿐만 아니라, 그의 지원을 받는 과학자들, 그의 기술 덕분에 가능성을 얻은 AI 가속주의자들, 그가 투자 포트폴리오를 회복시켜준 베이비붐 세대 은퇴자들, 그가 한마디 할 때마다 엔비디아 주식 옵션에 올로 정신으로 전 재산을 밀어 넣는 투기적 개인 투자자들까지 포함되었다.

2024년 GTC 행사 중 그의 기조연설은 산호세 도심의 NHL 경기장에서 진행될 만큼 엄청난 인기를 끌었다. 1만 7,000명을 수용할 수 있는 곳이었지만 몰려든 군중을 모두 감당하기에는 역부족이었다. 결국 8,000명은 행사장에 들어가지 못하고, 동시 중계로 연설을 들어야 했다.

기조연설은 멀티미디어 아티스트인 레픽 아나돌이 실시간으로 진행한 AI 아트 설치 퍼포먼스로 시작되었다. 경기장 뒤편의 거대한 화면에는 살아 움직이는 듯한 색채의 물결이 펼쳐졌고, 꽃, 나무, 새와 같은 알아볼 수 있는 형태로 응집되었다가, 다시 소용돌이치는 픽셀의 폭풍으로 해체되었다. 이 광경을 보며 오비디우스의 《변신 이야기》 중 한 구절이 떠올랐다. "광활한 자연의 얼굴은 그저 무질서하게 황폐한 혼돈일 뿐이었다." 이윽고 젠슨 황이 무대에 올랐고, 박수갈채가 쏟아졌다. 그리고 동시에 수천 대의 스마트폰 카메라가 일제히 들어 올려져 그를 촬영하기 시작했다.

454

젠슨이 GTC 무대에 직접 선 것은 5년 만이었다. 그동안 그의 세계는 완전히 변했다. 이제 그는 조금 더 나이가 들어 보였다. 머리는 완전히 회색이 되었고, 중년까지 유지했던 탄탄한 근육질의 체격도 세월의 흐름에 조금은 작아졌다. 그는 직접 손으로 그린 컴퓨팅 역사 지도를 자랑스럽게 보여주었다. 이 지도는 IBM의 1964년 S/360 컴퓨팅 아키텍처에서 시작해 젠슨이 '새로운 산업혁명'이라고 부르는 시점까지를 담은 것이었다. "여러분을 위해 작은 만화를 준비했어요. 진짜로, 이건 제가 직접 그린 겁니다"라고 말했다.

그는 이어서 알렉스넷에 대한 이야기로 넘어갔다. 그는 이를 AI의 '퍼스트 콘택트' 순간이라고 표현했다. 설명을 이어가는 동안, 화면에는 알렉스넷을 학습시킨 지포스 카드의 분해도를 클로즈업한 이미지가 나타났다.

젠슨은 이 순간 컴퓨팅 분야가 새롭게 재탄생했다고 믿었다. 컴퓨팅 분야에서 처음 60년간은 IBM의 아키텍처가 지배적이었지만, 이제는 병렬 컴퓨팅, 신경망, 클라우드가 새로운 표준이 되었다는 것이다. 더 이상 컴퓨팅은 까다롭고 복잡한 장비나, 반응이 느린 화면을 상호 연결하는 방식이 아닐 것이며, 대신 사용자는 기계에 자연어 명령을 내림으로써 거의 무한한 능력을 활용할 수 있을 것이라고 말했다. 앞으로 인간은 마법사가 될 것이다. 젠슨은 그렇게 예언했다.

청중들은 이 말에 열광했다. 내 옆에 앉아 있던 테크 팟캐스터는 흥분을 주체하지 못하고 다리를 흔들기 시작했다. 젠슨은 새로운 하드웨어, 추론 속도를 높이기 위한 새로운 마이크로서비스 microservices, 연구자들을 위한 새로운 소프트웨어, 그리고 GR00T라는 새로운 로봇 훈련 플랫폼을 선보였다. 발표의 마지막에는 키가 약 3피트(90㎝) 정도 되는 안드로이드 둘이 무대에 올라오더니, 젠슨과 함께 우렁찬 박수갈채를 받으며 무대 아래로 내려갔다.

GTC 컨퍼런스는 그후 4일간 주변 컨벤션센터에서 계속되었고, 수백 개의 전시업체들이 로봇 바텐더를 포함한 온갖 기묘한 기술들을 선보였다. 젠슨이 등장할 때마다 사람들은 그를 둘러싸고 사인을 요청했다. 사람들은 사인을 받기 위해 컨퍼런스 기념품 배지나 게이밍 GPU를 내밀었고, 젠슨은 이런 광경을 기복 없이 유머러스하게 받아들였다. 하지만 어느 순간, 화장실에 가려고 움직일 때조차 사방에서 몰려든 팬들 때문에 옴짝달싹 못했다. "화장실에서까지 내 사진을 찍는 사람들이라니. 이런 건 저도 처음입니다." 그가 말했다. 그가 홀을 가로질러 걸어가는 동안, 나는 그가 단순히 이 시대의 위대한 사업가 중 한 명에 불과한 것인지, 아니면 그 이상의 존재인지 궁금해졌다.

AI가 만들어낼 다음 세상

가까이에서 지켜본 결과, 젠슨은 성공을 감당하는 데 어려움을 겪고 있는 것이 분명해 보였다. 그는 잠을 거의 자지 못했고, 끊임없는 공개 행사 출연으로 상당한 스트레스를 받고 있었다. 2024년 칼텍 졸업식에서 축사를 했을 때도 그는 여느 때처럼 훌륭하게 연설을 마쳤다. 하지만 그 후 그를 만났을 때, 그는 나무 벤치에 앉아 팔짱을 낀 채 못마땅한 표정을 짓고 있었다.

내가 볼 때마다 그는 항상 똑같은 검은색 반팔 셔츠를 입고 있었다. 가슴팍에는 토머스 버버리Thomas Burberry의 여러 문자를 하나로 합쳐서 도안한 모노그램이 새겨져 있었다. 그는 2020년에 이 셔츠를 24장 구입했고, 지난 4년 동안 매일 번갈아 입고 있었다. 이 유니폼 차림으로 그는 이제는 익숙해진 특유의 자세를 취하곤 했는데 벤치를 소품 삼아, 몸을 대각선으로 기울이고, 다리는 넓게 벌린 채, 고가의 구두를 자갈 깔린 파티오 바닥에 단단히 댄 자세였다.

그의 순자산은 주식 시장의 변동에 따라 출렁였지만, 적어도 그날만큼은 1,000억 달러 이상이었다. "나 이제 정말 부자가 됐어요." 그가 말했다. "내가 얼마나 부자인지 아세요?" 그것은 자랑이 아니었다. 나는 그에게 그 돈을 어떻게 쓸지 계획이 있는지 물었다. "아무 생각이 없어요. 정말 아무것도요."

젠슨은 그날 새벽 3시 30분에 일어났다고 말했다. 반려견 중 한 마리가 그의 다리 사이에서 자고 있었다. 33년간 그는 S&P500에 편입된 테크기업에서 가장 오래 CEO 자리를 지킨 인물이었다. 그는 침대에서 일어날 필요가 없었고, 사실 정말로 일어나고 싶지도 않았다고 인정했다. '오늘 우리 회사를 망하게 할 만한 구체적인 일이 있을까?' 그는 자문했다. 아니, 그런 일은 없었다. 하지만 가까운 곳에 위험이 도사리고 있을까? '음, 어쩌면….'

엔비디아의 가장 큰 고객들은 이제 자신들만의 마이크로칩을 만들고 있었다. AMD는 하드웨어만으로는 충분하지 않다는 사실을 깨닫고, 다수의 소프트웨어 엔지니어들을 고용하고 있었다. 만약 엔비디아 엔지니어들이 고객들에게 충분히 밀착해 도움을 주지 않는다면, 신경망 기술은 기대에 못 미칠 수도 있었고, 엔비디아 제품에 대한 수요가 줄어들 수도 있었다.

새벽 4시, 젠슨은 자리에서 일어나 일을 시작했다. 그는 항상 가장 중요한 장기 프로젝트로 하루를 시작했다. 그 프로젝트를 처리해 두면, 하루 동안 다른 일이 어떻게 되든지 간에 그날은 헛되이 보낸 게 아니라는 생각에서였다. 나는 젠슨과 여러 차례 대화를 나누며 그가 뭔가 큰 것을 준비하고 있다는 느낌을 받았다. 하지만 그는 그것이 무엇인지 알려주지 않았다. "나도 비밀 하나쯤은 있어야 하잖아요." 그가 웃으며 말했다.

하지만 나는 짐작할 수 있었다. 당시에 오픈AI가 프로젝트 스트로베리Project Strawberry라는 신경망을 개발 중이라는 소문이 돌고 있었다. 이 AI는 이른바 '합리적인 AI'로 불리며, 순수 수학 연구를 수행하도록 설계되었다고 했다. 젠슨은 내게 프로젝트 스트로베리에 대해 직접 이야기한 적은 없었지만, 몇 번 지나가는 말로 이런 상상을 해보라고 말했다. "버튼을 한 번 클릭하면 수학 증명이 즉시 생성되는 세상 말이에요. 계산의 한계 비용이 제로가 되었고, 이는 엄청난 가능성을 열어줬어요." 이어 그가 물었다. "자, 스스로에게 물어보세요. 수학을 실행하는 한계 비용이 제로가 된다면, 그때는 뭘 할 건가요?"

나는 칼텍의 거북이 연못을 바라보았다. 여기에 있는 모든 과학자들, 이 모든 두뇌들이 순식간에 수조 개의 맞물린 트랜지스터에 의해 대체되는 모습이 그려졌다. 그다음은 어떻게 될까? 우리는 필즈상을 컴퓨터에게 수여하게 될까? 물리학의 통합장 이론에 도달할까? 나는 파스칼의 기어가 처음으로 돌아가며 기계적 계산을 수행한 순간을 떠올렸다. 하지만 젠슨은 이미 산술을 정복해 버렸다. 이제 그의 기계들은 이성을 향해 진격하려 하고 있었다.

두려움,
AI를 둘러싼
이중 잣대

22

The Fear

그 두려움은 2023년 초, 어느 겨울날 요슈아 벤지오$^{Yoshua\ Bengio}$를 엄습했다. 몬트리올의 AI 선구자인 그는 신경망 기술의 초기 지지자 중 한 명이었다. 그는 신경망 기술에 오랫동안 매료되어 있었고, 여러 차례의 후퇴기에도 옹호해 왔다. 그는 이 분야에서 이룬 획기적인 연구 성과를 인정받아 2019년 컴퓨터 과학 분야의 노벨상이라 불리는 A.M. 튜링상$^{A.\ M.\ Turing\ Award}$을 수상했다. 그의 오랜 협력자인 얀 르쿤$^{Yann\ LeCun}$과 제프리 힌턴도 함께 수상했다.

요슈아 벤지오는 마른 체형에, 덥수룩한 눈썹이 가파르게 휘어졌으며 눈빛이 날카로웠다. 그의 부모는 모로코 출신의 세파르디 유대인으로, 1970년대에 아방가르드 공연 예술의 중심지였던 몬트리올로 이주했다. 그러나 요슈아 벤지오는 컴퓨터에 끌렸고, 1990년대의 신경망 연구는 실험적 연극만큼이나 비주류였지만 이를 선택했다. 그의 연구는 알렉스넷의 기반이 되었다. 2010년대 중반에 이르러 그는 마침내 자신이 옳았다는 확신을 얻었고, 인정받기 시작했다. 수년 전 학술지 구석에 실렸던 그의 난해한 논문들은 이제 새로운 과학 분야의 토대가 되었다. 요슈아 벤지오는 상업적 관심이 거의 없는 순수 학자였지만, AI 붐을 마치 아버지의 마음으로 자랑스럽게 지켜보고 있었다.

AI 연구의 거장들이 말하는 위험

하지만 이 분야의 여러 연구자들처럼 요슈아 벤지오도 때때로 AI가 지나치게 강력해지는 세상을 상상하곤 했다. 그러나 그 생각은 아주 오랫동안 거의 농담에 가까웠다. 'AI가 세상을 정복할 정도라면, 왜 연구비 1만 달러를 받는 것조차 이렇게 힘든 걸까?' 하지만 챗GPT가 공개된 후, 요슈아는 생애 처음으로 진지하게 걱정하기 시작했다. 그는 챗GPT의 능력에 완전히 놀랐고, 충격을 받았다. 그는 자신이 살아 있는 동안 인간과 지적으로 소통하는 컴퓨터를 보게 될 것이라고는 상상하지 못했다. 그런데 2022년 말 어느 날, 그런 기술이 그야말로 불쑥 눈앞에 나타난 것이었다. 그는 그 순간을 외계인을 만난 것에 비유했다.

요슈아는 날씨와 상관없이 매일 아침 산책을 하며 생각을 정리했다. 그 두려움이 그를 덮친 날, 몬트리올 기온은 평소보다 온화했고, 앙상한 나무들이 늘어선 거리는 사람들의 발자국으로 거뭇거뭇해진 눈이 아직 덮여 있었다. 그 길을 걷던 요슈아 벤지오에게 그때까지 한 번도 느껴본 적 없는 낯선 감정의 홍수가 밀려왔다. 그는 이를 '전환conversion'이라고 불렀다. 그는 이렇게 말했다. "아이들과 손주를 생각하고 있었어요. 20년 후 그들에게 세상은 어떤 모습일까요? 그때도 그들이 정말 삶이란 걸 누릴 수 있을까요?"

그 두려움은 가장 끔찍한 종류의 것이었다. 감정을 제쳐두고 문제를 이성적으로 들여다볼수록 더 무서워지는 그런 종류의 공포였다. 요슈아 벤지오는 이를 핵전쟁의 위협에 비유했다. 사실 그것보다 더 심각하다고 생각했다. 그의 논리는 이렇다. 핵전쟁이 일어나도 인류 중 일부는 살아남을 수 있지만, 만약 AI가 인류를 몰살시키기로 결심한다면, 전 인류를 멸종시킬 치명적인 병원균을 설계할 수도 있다는 것이다. 그는 말했다. "위험의 규모 면에서는 비교할 만한 것이 없다고 생각합니다."

산책을 마친 후 요슈아 벤지오는 친구이자 자주 협업을 해온 제프리 힌턴에게 연락했다. 자신의 생각이 이성적인지 확인해 보고 싶어서였다. 그러나 도움이 되지 않았다. 제프리 힌턴 역시 독자적으로 같은 결론에 도달해 있었기 때문이다. 실제로 그는 거의 같은 시점에, 같은 방식으로 동일한 결론에 이르렀다. 챗GPT의 능력을 탐구하면서, 처음에는 만족감을 느꼈고, 이어 개인적인 확신을 얻었으며, 그러다 서서히 불안이 밀려오는 것을 경험했다.

얼마 지나지 않아 제프리 힌턴은 구글을 그만두고 통제 불가능한 AI의 위험을 인류에게 경고하는 일에 전념하기로 했다.

챗GPT를 만든 일리야 수츠케버 역시 점점 더 우려를 느끼고 있었고, 초지능 AI가 인류의 이익에 반하는 목표를 추구하지 않도록 보장하는 AI 정렬AI alignment· 연구에 전념할 뜻을 내비쳤다.

요슈아 벤지오, 제프리 힌턴, 일리야 수츠케버. 이들의 의견이 일치한다는 것은 심각한 상황임을 시사했다. 이들은 살아 있는 컴퓨터 과학자 중 가장 많이 인용되는 순서대로 1위, 2위, 3위였다. 그런데 이 3명이 모두, AI가 인류를 몰살시킬 수 있다는 우려를 하고 있는 것이었다.

≡   **AI에 대한 양극단적 견해**   ≡

모든 사람이 이렇게 생각한 것은 아니었다. 튜링상을 공동 수상한 얀 르쿤은 동료들의 걱정을 터무니없다고 여겼다. 얀 르쿤은 1998년 인간의 필체를 인식할 수 있는 신경망의 설계를 주도했고, 이 기술을 우체국과 금융기관에 라이선스해 주어 주소를 읽거나 수표를 분

· AI 정렬 연구는 AI 시스템을 인간이 의도한 목표, 선호도, 또는 윤리적 원칙에 맞게 조정하는 것을 목표로 한다. AI 시스템은 의도한 목표를 달성하면 정렬된 것으로 간주된다.

석하는 데 활용하도록 했다. 얀 르쿤의 필체 분석기는 다층 신경망이 산업적으로 널리 사용된 최초의 사례였다. 그는 파리 출신으로 유머 감각이 뛰어났고, 자신의 직관이 과학적 연구를 통해 여러 번 입증된 사람다운 권위를 갖추고 있었다. 요슈아 벤지오와 얀 르쿤은 여러 차례 공동 연구를 진행했는데, 그중에는 그 유명한 필체 분석 논문도 포함되어 있었다. 두 사람 모두 모국어가 프랑스어였고, 오랜 연구 기간 동안 깊은 우정을 쌓아왔다. 그러나 이제 AI 위험성에 대한 상반된 관점으로 인해 그들의 관계에 금이 가고 있었다. "이론적으로는 아직 친구예요. 하지만 오늘날 우리는 보통 친구들이 하지 않는 방식으로 공개적으로 논쟁을 벌이고 있어요."

얀 르쿤은 AI에 대해 전혀 두려움을 느끼지 않았고, 요슈아 벤지오가 해롭지 않은 기계를 의인화하고 있다고 생각했다. 그는 〈타임〉과의 인터뷰에서 이렇게 말했다. "인간은 지배욕 또는 적어도 영향력을 행사하고자 하는 욕구를 타고나는데, 이는 우리가 사회적이고 위계 조직을 갖춘 종[▊]이어서 진화 과정에서 우리에게 깊이 새겨진 것입니다. AI 시스템은 아무리 똑똑해도 우리에게 종속될 것입니다. 우리가 목표를 설정해 주기 때문에, 지배하겠다는 본능 같은 것을 AI가 스스로 가질 수는 없습니다."

물론 신경망이 지배욕을 가질 수도 있다는 가능성은 얀 르쿤도 인정했다. 그러나 그렇게 어리석은 AI를 만들 사람은 없을 것이라고 믿었다. "그런 걸 만드는 건 정말 어리석은 짓이죠. 게다가 쓸모도 없을 거예요. 어차피 아무도 사지 않을 테니까요." (얀 르쿤의 말은 1600년대 중반 파스칼의 발언을 떠올리게 한다. 파스칼은 당시 자신이 만든 계산기의 톱니바퀴를 들여다보며 의식을 찾으려 했다. 그가 도달한 결론은 다음과 같다. "이 계산기는 동물이 하는 행동보다 인간의 사고에 더 가까운 결과를 만들어내지만, 그렇다고 해서 계산기가 의지를 가졌다는 주장을 정당화할 수 있는 것은 아무것도 없다.")

요슈아 벤지오는 얀 르쿤이 지나친 자신감에 빠져 있다고 생각했다. 개인이든 전체 사회든, 사람들은 온갖 어리석고 파괴적인 짓을 저질러 왔다. 현재로서는 AI 기술을 훈련하는 데 드는 비용이 크기 때문에 상대적으로 책임감 있는 조직에 한정되어 있지만, 엔비디아가 컴퓨팅 비용을 낮추면서 AI를 훈련할 수 있는 능력이 점차 모든 이에게로 퍼지고 있었다. 그리고 통제 불가능한 초지능은 단 한 번만 나타나면 충분했다. "AI가 더 강력해질수록, 스스로에게 더 많은 보상을 주기 위해 자신이 실행되고 있는 컴퓨터를 통제하고 싶어 할 가능성이 커집니다." 요슈아는 말했다. "그게 우리에게는 이야기의 끝입니다."

제프리 힌턴도 이에 동의하며, 그런 사건이 의도치 않게 일어날 수 있다고 경고했다. "만약 AI 중 하나가 아주 약간이라도, 정말 티끌만큼이라도 스스로를 돕고자 하는 욕구를 가지면 어떻게 될까요?" 그가 물었다. 그리고 이렇게 자답했다. 그런 AI가 승리할 것이라고. "그 AI는 스스로에게 조금 더 많은 자원을 제공할 겁니다. 사실, 가장 이기적인 변종들이 가장 잘 살아남을 겁니다. 그리고 이것이 얼마나 위험한 경사면인지는 당신도 알 수 있을 겁니다."

요슈아 벤지오와 얀 르쿤 사이의 균열은 AI 업계 전반에 퍼져 있는 분열을 반영하고 있다. 이 논쟁은 종종 'p(종말)'라는 변수로 표현되곤 했는데, 이는 AI가 언젠가 인류를 멸망시킬 확률에 대한 개인의 평가를 나타냈다. 얀 르쿤의 p(종말)는 0이었다. 반면 요슈아 벤지오의 p(종말)는 50%였다. 이들은 이 문제에 대한 극단적인 시각을 대표하고 있었다. 그런데 중간 확률은 모두, 즉 0보다 크다면 그것만으로도 충분히 걱정스러운 수준이라는 의미였다.

제프리 힌턴이 2023년 초에 요슈아 벤지오와 이야기를 나눴을 때, 그의 p(종말) 역시 50%였다. 세계에서 가장 유명한 AI 과학자가 AI가 인류에게 재앙적 결과를 초래할 확률을 2분의 1로 본 것이다. 그러나 2024년에 그와 대화를 나눴을 때, 제프리 힌턴은 이 확률을 10~20%로 낮췄다. 그는 자신이 우려 정도를 낮춘 것은, 그가 지적 능력을 존중하는 사람들 중 여럿이 자신의 의견에 강하게 반대했기 때문이라고 말했다. 그러고는 덧붙여 말했다. "가장 대표적인 인물로는 물론, 젠슨이 있죠."

젠슨의 p(종말)는 0이었다. 더 정확하게 나타낸다면 음수였다. 물론 기술적으로 이 값이 마이너스가 될 수는 없는데도 그랬다. 젠슨은 이 프레임 자체를 공개적으로 거부했고, 그 질문이 어리석다고 생각했으며, 그런 논쟁을 벌이는 사람들이 인류의 발전을 저해하고 있다고 보았다. 데니스에서 인터뷰하면서 그는 제프리 힌턴이 이런 추측성 논의에 시간을 쏟는 것이 그의 학문적 유산을 훼손하고 있다고 말했을 정도이다.

이처럼 확신에 찬 젠슨의 견해를 접하면서 제프리 힌턴은 자신의 입장을 조금 조정했지만, 요슈아는 자기 자리를 굳게 지켰다. (우연이 아닌 사실로, 요슈아 벤지오는 주요 AI 과학자들 중 실리콘밸리에서 돈을 받은 적이 없는 거의 유일한 인물이다.) 제프리 힌턴과 요슈아 벤지오는 모두 AI 모델 훈련 비용이 1억 달러를 초과할 경우 규제를 요구하는 캘리포니아주 법안(SB 1047)을 지지했다. 그러나 이 법안은 실리콘밸리에서 극심한 반대에 부딪혔다. 벤처 캐피털리스트들과 테크기업 연합, 새크라멘토의 로비스트들이 이 법안에 반대했다. 유력 정치인이자 전설적인 기술 투자자인 낸시 펠로시 Nancy Pelosi도 반대 성명을 발표했다. 스탠퍼드 대학교의 페이페이 리 등 여러 학자들도 이 법안이 위험을 줄이지 못할 것이며, 오히려 혁신만 저해할 것이라고 주장했다. 구글에서 고양이 이미지를 합성한 앤드류 응 교수는 AI의 반란을 걱정하는 것을 화성의 인구 과잉을 걱정하는 것에 비유하며 조롱했다. 여론조사에 따르면, 대중의 80% 가까이는 SB 1047을 지지했다. 하지만 2024년 9월, 캘리포니아 주지사 개빈 뉴섬은 이 법안에 대해 거부권을 행사했다.

젠슨은 SB 1047에 대해 공개적으로 언급하지 않았지만, AI 위험에 대한 (솔직히 꽤나 비약적인) 추측을 뒷받침할 만한 데이터는 전혀 없다고 계속해서 강조했다. 내가 젠슨의 이 같은 반론을 요슈아 벤지오에게 전하자, 그는 열을 올렸다. "당연히 데이터가 없죠! 인류가 아직 사라지지 않았으니까요! 우리가 인류의 멸망을 여러 번 반복한 후에야 '아, 이제야 데이터를 얻었군!'이라고 말할 건가요?"

그의 말은 일리가 있었다. 앞서 알렉스넷의 도약이나 트랜스포머 아키텍처의 성공에 대한 예측은 세상의 모든 데이터 중 어디에서도 없었던 것이다. 지난 10년간 AI는 두 번이나 예측하지 못한, 영구적인 능력 향상을 경험했다. 요슈아는 현재의 AI 모델들이 당장 인류의 생명에 위협을 가한다고 생각하지는 않았다. 그러나 다음의 혁신은 어떨까? 그것이 무엇을 가져올지, 언제 일어날지는 아무도 알 수 없다.

설령 초지능이 앞으로 10년 내에 등장하지 않더라도, 20년, 30년, 심지어 100년 후에는 결국 나타날 것이 분명하다. 이는 투자 수익을 예측할 수 있는 범위를 벗어난 기간이지만, 인류 역사라는 큰 틀에서는 충분히 고려해 봐야 할 기간이다. 한두 세대만 지나면 호모 사피엔스가 더 이상 지구의 지배적인 종이 아닐 수도 있다. 그러나 벤처 투자자들은 그렇게 먼 미래를 내다보지 않았다.

단기적 이익과 장기적 위험 사이의 불일치는 AI 스타트업 내부에서 혼란을 야기했다. 오픈AI에서는 2023년 11월 기묘한 이사회 쿠데타가 벌어져 샘 올트먼이 축출되었다. 일리야 수츠케버는 처음에는 샘 올트먼 해임에 찬성표를 던졌다가 며칠 뒤 그의 복귀를 촉구했다. 결국 샘 올트먼이 승리했고, 비영리 이사회의 나머지 인사들은 모두 교체되었다. 샘 올트먼의 복귀 이후 명확해진 것이 있다. 오픈AI의 비영리 미션 선언과 달리 수익 상한 자회사에 대한 마이크로소프트의 투자가 실제로 오픈AI가 세계 최고 수준의 정교한 AI 모델을 개발하도록 이끌고 있다는 점이다.

일리야 수츠케버는 이 이사회 이후 언론과의 접촉을 피했다. 나는 이 일이 일어나기 전, 내부적 갈등이 진행되고 있던 2023년 9월에 그를 만났다. 당시 그는 더 이상 대규모 언어 모델 개발에 집중하지 않고, AI 초지능을 인간의 이익에 맞추는 일, 소위 AI 정렬 문제에 초점을 맞추고 있다며 이렇게 말했다. "특정 모델에 대해서는 말할 수 없습니다. 하지만 AI가 통제 불능이 되어 매우 바람직하지 않은 일을 저지를 수 있다는 우려를 해결할, 결정적인 해법을 제가 지금 만들고 있다고 믿습니다."

2024년 말 기준, 이러한 해법은 아직 등장하지 않았다. 반면 오픈AI의 모델들은 점점 더 커지고 강력해졌다. 오픈AI는 2024년 5월 GPT-4o를 출시했는데, 여기서 'o'는 'omni(옴니, 전방위)'를 의미한다. 이 멀티미디어 AI는 텍스트, 오디오, 이미지, 영상 등 다양한 입력을 받아들이고, 이에 대한 응답도 텍스트, 오디오, 이미지 형식으로 내보낼 수 있었다. 모델의 매끄러운 반응 속도는 최신 세대 엔비디아 칩이 제공하는 초고속 추론 성능 덕분이었다. GPT-4o가 출시된 다음 날, 일리야 수츠케버는 사퇴했다.

오픈AI는 곧 GPT-4o에 대화 모듈을 추가했고, 응답 지연이 거의 느껴지지 않을 정도로 자연스럽게 작동했다. 이 모델과 대화하는 경험은 마치 초지능적인 인간과 대화하는 것 같았다. (많은 사람들이 영화 〈허Her〉에 나오는 AI와 비교했다.) GPT-4o가 출시된 바로 그날, 구글은 증강 현실 AI 비서인 아스트라Astra를 선보였다. 이 AI 어시스턴트는 어떤 질문에도 거의 즉각적으로 답하고, 모든 세부 사항을 기억하며, 주변 환경을 단 몇 초 안에 설명할 수 있는 듯 보였다.

스타트업 앤트로픽^{Anthropic}이 만든 모델인 '클로드^{Claude}'는 여러 기준에서 GPT-4o에 필적하거나 더 나은 성능을 보여주었다. 각국 정부는 민감한 데이터를 클라우드에 맡기지 않으려 대규모 자체 AI 훈련 센터를 건설하고 있었다. 일론 머스크의 xAI 이니셔티브는 오라클의 GPU 서버를 임대하는 100억 달러 규모의 계약을 체결했다. (2015년에 그가 표현했던 AI에 대한 실존적 우려는 이제 일론 머스크에게서 사라진 듯했다.) 가장 큰 투자는 마크 저커버그의 메타에서 나왔다. 메타는 300억 달러를 투입해 엔비디아 칩 100만 개를 구매하고, 이를 가동할 전용 원자력 발전소를 확보할 계획이라고 발표했다.

캘리포니아주 상원의 법안이 이 중 어느 것 하나라도 막을 수 있을 것이라는 전망은 순진하게 주 정부의 힘을 믿는 사람들 사이에서만 나왔다. 엔비디아 GPU의 속도가 빨라질수록 경제 성장에 대한 기대치도 함께 높아졌다. 실리콘밸리의 산업 거물들은 이미 베팅을 마쳤고, 그들의 수익 상한선을 제한한다는 것은 주식 시장을 붕괴시킨다는 것이나 마찬가지 의미였다. 이를 막을 만한 영향력을 가진 정치인은 어디에도 없었다.

설령 요슈아 벤지오와 제프리 힌턴, 일리야 수츠케버가 자본으로부터 한발 물러났다고 해도, 그들이 제기한 문제들은 여전히 유효했다. 그들은 AI 기술이 무엇이 될 수 있는지 그 가능성을 깊이 들여다본 이들이며, 이를 입증할 학문적 자격도 갖춘 이들이다. 만약 그들이 지금 우려하고 있다면, 나는 그들의 말에 귀담아들을 가치가 있다고 느꼈다. "현재, AI를 더 발전시키려는 매우 똑똑한 사람들이 99명이고, 그것이 세상을 장악하지 않게 막으려는 매우 똑똑한 사람은 한 명뿐이다." 제프리 힌턴은 이렇게 말했다.

솔직히 말하면, 나 역시 '그 두려움'을 느꼈다. 챗GPT가 공개된 순간부터 나는 내 경력이 끝나가고 있다고 생각했다. GPT-4o는 단순히 그럴듯한 수준의 글을 쓰는 정도였다. AP 영어 문학 및 작문 시험에서 백분위 22를 기록했으니 말이다. (나는 백분위 23 정도는 받을 자신이 있다.) 하지만 모델들은 계속해서 나아지고 있다. 게다가 더 중요한 점은 최소한 내가 학부생 때 썼던 글보다 AI가 쓴 글이 더 낫다는 사실이었다. 내가 서른여섯 살에 처음 내 작품을 발표하기까지 거쳤던 긴 수련의 여정은, 만약 이런 도구가 내가 젊었을 때부터 있었다면 그저 시간 낭비였을 것이다.

작가의 종말이 다가오는 것은 개인적으로 작은 비극이지만, 이를 거부하는 것은 마부들이 자동차를 싫어한 것이나 마찬가지라는 점은 인정한다. 자동차 시대가 도래하면서 적어도 거리는 말똥으로 덮이지 않게 되었다. 나는 변화에 적응할 줄 아는 사람이고, 결코 기술 혁신을 반대하는 러다이트는 아니다. 나는 기술을 사랑하고, 인터넷을 사랑하며, 우주여행을 꿈꾸고, 자율주행 자동차를 원하고, 첫 아이폰이 출시된 날 줄을 서서 바로 샀다. 자본주의에 대한 이념적인 편견도 없다. 사실 미국인으로서 대기업들이 내 작은 요구까지 맞춰주는 것이 당연한 권리라고 느꼈다.

그런데도 AI는 나를 불안하게 만들었다. 잠을 설칠 정도로 불안했다. 나만 그런 게 아니었다. 요슈아 벤지오도 악몽을 꾸었다고 말했다. GPT-4o 출시 몇 달 후, 오픈AI는 복잡한 과학적, 수학적 추론을 수행할 수 있는 AI를 목표로 한 첫 시도인 'o1' 모델을 공개했다. o1의 출시와 함께, 오픈AI는 AI가 인류에 초래할 수 있는 잠재적 위험에 대한 업데이트된 분석을 발표했다. 오픈AI는 요슈아가 가장 우려했던 위험, 즉 막을 수 없는 생물학적 무기를 AI로 개발할 수 있다는 위험 가능성에 대한 평가를 기존의 '낮음'에서 '중간'으로 상향 조정했다.

우리는 AI를 통제하고 있는가

우리가 정말로 이 시스템들을 통제하고 있는 걸까? 앞으로 몇 년 내에 누군가는 인간 두뇌의 시냅스 수에 필적하는 최초의 100조 개의 파라미터(매개변수)를 가진 모델을 공개할 것이다. 그 이후 인간의 역할은 무엇일까? AI 가속주의자들은 AI가 마치 지난 산업혁명처럼 새로운 고용 형태를 열어줄 것이라고 주장했다. 하지만 낙관론자들조차 집요한 질문을 받으면 이 주장을 지키지 못함을 나는 알게 되었다. 그들은 이와 같은 단순 비교가 편의에 의한 것일 뿐이며, 그것이 진짜 사실인지 알 방법이 없다는 점을 인정하곤 했다.

마크 트웨인은 틀렸다. 역사는 각운을 맞추지 않는다. 전도서도 틀렸다. 태양 아래 새로운 것은 없다고 했지만, 실제로는 새로운 것들이 계속해서 생겨났다. 삼엽충부터 공룡에 이르기까지 말이다. 그리고 분명히 초당 50억 회의 사이클로 100조 개의 시냅스가 발화하는 기계적 두뇌는 역사나 종교, 철학 어디에서도 전례가 없었다. AI 시대에 지구인들에게 어떤 일이 일어날지 확신을 가지고 말할 수 있는 사람은 아무도 없을 것이다.

그러나 젠슨은 이것이 안전하다고 주장했다. 물론 그에게도 나름의 동기가 있었다. 돈 말고도 자부심도 있었다. 병렬 컴퓨팅을 수익화하기 위해 오랫동안 외로운 싸움을 벌여온 젠슨 황은 이제 그 결실을 즐기려는 의지가 강했다. 그는 겉으로는 AI의 위험성을 비난하면서 계속해서 엔비디아의 하드웨어를 사들이는 엔지니어들에게 불쾌함을 느끼는 듯했다. 그의 관점을 이해할 수 있었다. AI 개발자들이 점점 더 큰 모델을 훈련시키면서 동시에 종말론적 어휘를 사용하는 태도는 일면 위선적으로 보인다.

젠슨의 자신감은 AI가 생물학적 두뇌와는 다른 점이 많다는 사실에서도 비롯되었다. 분명 인간의 뇌는 역전파로 학습하지 않는다. 신경망은 단지 뉴런을 모방할 뿐이었다. 예를 들어 뉴런을 지원하는 신경교세포에 해당하는 것은 없었고, AI 시스템은 자율신경계에 연결되어 있지 않다. 신경망에는 시상하부나 해마, 송과선도 존재하지 않았다. 신경망은 호르몬의 영향을 받지 않으며, 성욕도 없고, 잠을 자지도 않으며, 자식을 사랑하지도 않고, 꿈을 꿔본 적도 없었다.

잘 훈련된 모델은 인간의 사고 능력을 모방했고 때로는 초과했지만, 감각 기억도 없고, 감정도 없고, 상상력도 없고, 생식 기능도 없으며, 생존 본능도 없었다. 이런 의미에서 그것을 진정으로 '살아 있다'고 할 수는 없다. 가장 원시적인 단세포 생물조차 갖추고 있는 자기 지속 가능성을 가지고 있지 않기 때문이다. 신경망 훈련과 진화 사이에는 분명히 유사성이 있지만, AI는 생물학적 생명이 탄생한 그 무자비하고 다윈주의적인, 죽이거나 죽거나, 혹은 잡아먹거나 잡아먹히는 행성 실험실의 산물이 아니었다.

긍정적인 면도 고려할 필요가 있었다. 앞서 살펴본 '종이클립 최대화' 가설로 유명한 닉 보스트롬은 2024년이 되자 다른 질문을 던졌다. 바로 "무한한 AI가 구현된 '해결된 세계'에서 인간은 무엇을 할 것인가?"였다. 닉 보스트롬은 2024년 발간한《깊은 유토피아 Deep Utopia》에서 모든 불쾌한 일들은 로봇이 처리하고, 상상할 수 있는 모든 경험이 시뮬레이터에서 재현될 수 있는 세계를 상상해 보라고 제안했다. 이는 단순한 공상이 아니었다. 이미지 인식 문제가 해결되면서, 페이페이 리는 이제 이 '해결된 세계'를 현실로 만들기 위한 프로젝트에 착수했다.

페이페이 리는 2024년 GTC에서 '행동 1K Behavior-1K'라는 이니셔티브를 공개했다. 빌 댈리와 함께 무대에 오른 그녀는 아마존의 미케니컬 터크를 활용해 응답자 그룹을 모집했다. 그들에게 단 하나의 질문, '로봇이 이 일을 대신 해준다면 당신에게 얼마나 도움이 될까요?'를 수천 가지 선택지와 함께 제시한 다음 답변을 받았다. 그는 그 결과를 무대에서 설명했다.

가장 높은 점수를 받은 건 사람들이 가장 싫어하는 일들이었다. 변기 청소, 바닥 닦기, 파티 후 뒷정리 등이었다. 반면 가장 하위에는 인간에게 어느 정도 기쁨을 주는 활동들이 자리 잡았다. 보석 고르기, 스쿼시 치기, 선물 풀어보기 등이 그것이다. 이러한 결과를 바탕으로 페이페이 리는 이제 엔비디아의 옴니버스에서 인공지능을 훈련시켜 가장 불쾌한 작업들을 수행할 수 있도록 하고 있었다. 언젠가, 아마도 그리 멀지 않은 미래에, 이 신경망들 중 하나가 실제 로봇에 탑재되어 변기 청소에 투입될 날이 올 것이다.

'해결된 세계'는 확실히 매력적이었다. 사람들이 스쿼시를 치거나 선물을 풀어보는 것에 언젠가는 질릴 수도 있겠지만, 페이페이 리의 연구가 시사하듯이 결과를 결정짓는 것은 철학적 논쟁이 아니라 실제 행동이었다. 10년이나 20년 후에는 집안일을 기꺼이 해주는 로봇 무리를 소유하는 것이 오늘날 냉장고를 갖추는 것만큼이나 당연한 기대치가 될 소비 환경을 상상하는 것은 어렵지 않았다. 아무도 다시는 변기를 청소할 필요가 없는 세상이 어느 정도 실존적 위험을 내포할 수도 있겠지만, 나는 사람들 대다수가 이러한 상쇄를 기꺼이 받아들일 것이라고 생각한다. 설령 그들이 그것을 명시적으로 인정하지 않더라도 말이다. 나도 변기 청소 로봇을 갖고 싶으냐고 묻는다면 물론이다!

2024년 말이 되자, AI에 대한 지식인들의 분위기가 종말론에서 멀어지고 있다는 것이 분명해졌다. AI의 위험에 대한 기고문이나 사설은 더 이상 큰 주목을 받지 못했다. 대신 우리는 이러한 새로운 시스템들을 낙관적으로 바라보라는 메시지를 받았다. 오픈AI의 CEO 샘 올트먼은 2024년 9월에 쓴 글에서 이렇게 밝혔다.

"인류 역사를 바라보는 한 가지 좋은 관점이 있습니다. 수천 년에 걸친 과학적 발견과 기술적 진보를 통해 우리는 모래를 녹이고, 약간의 불순물을 첨가하고, 이를 믿을 수 없을 만큼 정밀하게 극도로 작은 규모로 배열해 컴퓨터 칩을 만들고, 여기에 에너지를 흘려보내어 점점 더 강력한 인공지능을 만들어낼 수 있는 시스템을 만들어냈습니다. 이는 지금까지의 모든 역사를 통틀어 가장 중대한 사실이 될지도 모릅니다."

이 글이 발표된 직후 오픈AI는 AI 기반으로 무기를 제조하는 방산 스타트업 안두릴Anduril과의 협력을 발표했다.

AI의 긍정적인 면을 받아들이려고 노력했지만, 나는 불안을 떨칠 수 없었다. AI 모델을 사용할수록 내 역할에 대해 의문이 커졌다. AI는 곧 나보다 더 글을 잘 쓸 수 있게 될 뿐만 아니라, 시간이 지나면 내가 진행하는 인터뷰조차 필터링하게 될 것이다.

나는 영향력 있는 임원과 화상 인터뷰를 하는데, 그가 내보내는 디지털 AI 클론과 대화하고 있다는 사실을 전혀 눈치채지 못하는 상황을 상상했다. 내 직업의 끝이 다가오고 있다는 생각이 들었다. 현실의 끝이 다가오고 있다는 생각이 들었다. 의식의 끝이 다가오고 있다는 생각이 들었다. 젠슨 황은 자신이 만들어낸 것의 힘에 매료된 나머지 인류의 미래를 걸고 도박을 하고 있는 것일까? 나는 알아야 했다. 마지막으로 그에게 물어봐야 했다.

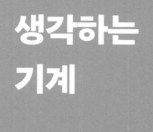

생각하는
기계

23

The Thinking Machine

젠슨과의 마지막 인터뷰는 2024년 3월 22일 금요일, GTC 2024가 끝난 다음 날에 이루어졌다. 우리는 엔비디아 남캠퍼스의 한가운데에 자리 잡고 있는 회의실 겸 젠슨의 사무실에서 만났다. 나는 긴 나무 테이블 건너편에 앉았고, 우리를 둘러싼 벽면에는 그가 직접 그린 정교한 다이어그램과 일정표가 가득했다.

방 맨 끝에는 향후 GPU 및 소프트웨어 제품 출시 일정이 표시된 달력이 있었다. 젠슨의 뒤쪽에는 최소 30피트(약 9*m*)에 달하는 화이트보드가 있었고, 그 위에는 엔비디아 컴퓨팅 스택이 복잡한 다이어그램으로 그려져 있었다. 다이어그램은 GPU에서 시작해 막 발표한 마이크로서비스 아키텍처에 이르기까지 컬러 마커와 대문자로 표시된 글씨로 정교하게 이어져 있었다. 하지만 이 거대한 화이트보드조차 부족했는지, 글씨는 방의 먼 쪽 벽을 돌아 내 뒤쪽에 있는 반투명 유리 외벽까지 이어져 있었다.

　나흘간의 끊임없는 발표와 인터뷰, 기술 데모를 이어온 젠슨은 지친 기색이 역력했다. 그의 GTC 개막 기조연설은 가장 큰 규모였고, 그것이 그에게 얼마나 큰 부담이었는지 느낄 수 있었다. 나는 그가 그리 중요하지 않은 Q&A 세션에서 400명의 건축가들 앞에 섰을 때조차 그의 몸짓에서 불안이 드러나는 것을 목격했었다. 그런 그가 광적인 팬들로 가득 찬 하키 경기장에서 인생에서 가장 중요한 발표를 앞두고 느꼈을 불안감은 상상조차 되지 않았다.

　사람들이 젠슨에 대해 조금 비판적이 되어가고 있다는 느낌이 들었다. GTC 기자회견에서 한 기자는 "당신은 새로운 로버트 오펜하이머인가요?"라고 물었다. 그 질문의 숨은 뜻은 '오펜하이머는 폭탄을 만들고 있었습니다'였을 것이다. 젠슨은 답했다. "우리는 그런 일을 하고 있지 않습니다." CBS의 프로그램 〈60분60 Minutes〉의 진행자 빌 휘태커는 젠슨과 함께 일하는 것이 "쉽지 않다"고 말했다. 이에 대해 젠슨은 "그렇게 되어야 합니다. 비범한 일을 하고 싶다면, 쉬워서는 안 되죠"라고 반응했다. 한편 미국 정부도 엔비디아의 가격 정책에 민감하게 반응하고 있었다. 미국에서는 연방거래위원회FTC 위원장 리나 칸이 엔비디아를 예의주시하고 있었고, 프랑스에서는 반독점 행위에 대한 우려로 엔비디아 사무실이 압수수색을 당하기도 했다.

　여하튼 우리 인터뷰는 우호적으로 시작되었다. 나는 젠슨에게 기조연설에서 훌륭한 모습을 보여준 것을 축하했고, 그후 대만에서의 삶과 그의 가족, 새롭게 얻은 명성을 어떻게 다루고 있는지 물었다. 그의 대답은 간결하고 직설적이었다.

나는 그에게 AI로 인해 새롭게 생길 수 있는 일자리는 구체적으로 어떤 것들이 있을지 물었다. 젠슨이 말했다.

"음, 스스로에게 물어보세요. 연산을 하는 데 드는 한계 비용이 제로에 가까워지면, 그때 당신은 무엇을 하겠습니까?"

"잘 모르겠네요."

"음, 그게 바로 당신이 방금 내게 한 질문과 같잖아요. 좋아요. 당신도 나만큼 똑똑하니 이걸 스스로 생각해 낼 수 있을 거예요."

나는 잠시 멈칫했다. 당황스러웠다. 그 말의 의미를 풀어내기에는 너무 복잡했다. 젠슨이 내 지능에 대해 친절하게 말해줬지만, 나는 그와 같은 수준이 아니었다. 어떻게 대화를 이어가야 할지 몰라서, 나는 젠슨에게 브라이언 카탄자로의 열광적인 해석에 영감을 준 아서 C. 클라크의 영상 클립을 보여주기로 했다.

아서 C. 클라크가 기계적 진화의 미래에 대해 단조롭게 이야기하는 동안, 나는 젠슨의 얼굴에서 핏기가 빠져나가는 것을 보았다.

"그냥… 당신이 잘못된 사람을 인터뷰하고 있는 것 같아요." 그가 조용히 말했다. 그리곤 이렇게 이어 말했다. "마치 당신이 지금 일론 머스크를 인터뷰하고 있는 것 같은데, 나는 그런 사람이 아니에요."

나는 잠시 멈췄다. 무슨 말을 해야 할지 몰랐지만, 이미 늦어버렸다. 나는 건드려서는 안 되는 선을 건드리고 만 것이다.

"그것이… 그것이 일자리를 파괴할까요?" 젠슨이 물었다. 그의 목소리는 분노로 점점 커지고 있었다.

"계산기가 수학을 파괴할까요? 그 대화는 너무 오래된 이야기예요. 나는 정말, 정말 지쳤어요. 더는 그 얘기하고 싶지 않아요! 똑같은 대화를 계속해서, 끝도 없이 반복하고 있잖아요. 우리는 농업을 발명했고, 결국 음식 생산의 한계 비용을 제로로 만들었어요. 그건 사회에 좋은 일이었죠! 우리는 전기를 대량으로 생산했고, 그 결과 나무를 베고, 불을 피우고, 횃불을 들고 다니는 비용을 사실상 제로에 가깝게 만들었어요. 그리고 우리는 또 다른 무언가를 하러 떠났죠. 그리고 우리는 계산을 하는 한계 비용을, 나눗셈이요! 제로로 만들었어요!"

이제 그는 소리를 지르고 있었다.

"우리는 세대마다, 세대마다, 세대마다 계속해서 무언가의 한계 비용을 제로로 만들어왔는데, 매번 이 똑같은 대화가 반복되고 있어요!"

주제를 바꾸려 했지만 소용없었다. 그의 분노에는 혐오가 묻어 있었다. 그는 마치 문제를 일으키는 10대에게 말하듯 나를 훈계하기 시작했다. 그는 나에게 큰 기대를 걸었는데, 내가 자신을 실망시켰다고 말했다. 나는 그의 시간을 낭비했고, 모두의 시간을 낭비했으며, 이제 이 책의 전체 프로젝트 자체가 의심받게 되었다고 말했다. 인터뷰 현장에는 젠슨의 PR 담당자 2명이 있었지만, 그들 중 누구도 중재하려 하지 않았다. 그들은 사서 불벼락을 맞고 싶지 않았던 것이다.

나중에 데이비드 커크는 그날 젠슨의 분노가 전략적인 것이었을 거라고 들려줬다. 하지만 그 순간에 내가 느낀 바로는 전혀 그렇지 않았다. 그의 분노는 통제되지 않았고, 사방을 향했으며, 매우 부적절했다. 나는 젠슨의 직원이 아니었고, 그가 나에게 화를 내서 얻을 것은 아무것도 없었다. 그는 단지 자신이 만든 도구의 부정적인 측면에 대한 질문을 받는 것에 지친 듯했다. 그는 그 질문이 멍청하다고 생각했는데 사실 너무나도 많이 들었기 때문이었다.

"이건 말도 안 되는 SF 소설이 될 수 없어요."

젠슨은 이렇게 말하고는 테이블 끝 쪽에서 얼어붙어 있는 PR 담당자들을 향해 손짓했다.

"여러분, 이해하시나요? 나는 SF 소설 속에서 자란 사람이 아니에요. 이건 SF 영화가 아닙니다. 여기 있는 사람들은 진지한 일을 하는 진지한 사람들이에요! 이건 장난이 아니에요! 이건 아서 C. 클라크의 반복이 아닙니다. 나는 그의 빌어먹을 책을 읽지도 않았어요. 그 책들에는 관심도 없어요! 우리는…… 우리는 SF의 반복이 아닙니다! 이 회사는 〈스타 트렉Star Trek〉의 구현이 아니에요! 우리는 그런 일을 하고 있지 않아요! 우리는 진지한 사람들이고, 진지한 일을 하고 있습니다. 그리고… 엔비디아는 그저 진지한 회사고, 저는 진지한 사람이며, 그저 진지하게 일하고 있을 뿐이에요."

그 후 20분간, 비난과 짜증, 얕보는 톤을 번갈아가며 젠슨은 내 전문성을 의심하고, 내 인터뷰 접근 방식을 문제 삼고, 내가 이 프로젝트에 얼마나 헌신했는지에 대해 의문을 제기했다. 그는 내가 자신의 정신을 분석하려 한다고 비판했고, 내 전기적인 질문들에 답하는 것이 얼마나 싫었는지 말했다. 특히 자신의 정신 상태를 밝히려는 질문들은 더욱 그랬다고 했다.

"나는 이런 캐묻는 질문들이 싫어요. 나 자신에 대해 이야기하는 게 싫어요, 알겠어요?! 상담 같은 거 안 좋아해요."

그는 내 질문들이 "평범하다"고 표현하면서 멍청하다는 생각을 내비쳤다. 그는 자신에 대해 특별한 점은 전혀 없다고 주장했는데, 이는 지금까지 쌓인 모든 증거와는 상반되는 말이었다.

"저기요, 나는… 나는 정말 평범해요." 젠슨이 말했다.

그의 분노는 서서히 누그러들었다. 젠슨은 몇 차례 주제를 바꿔, 곧 출시할 제품에 대해 이야기했고, PR 담당자들의 안부를 물었으며, 쿠다 프로젝트에 있어 고故 존 니콜스의 기여를 회상했다. 그러다 문득 로마 제국 이야기를 꺼냈다. 그는 나를 계속해서 부드럽게 꾸짖었는데, 사실상 그는 나와의 대화를 끝낸 상태였다. 그리고 나는 문밖으로 안내되었다. 인터뷰를 마치고 나서 나는 어리둥절했다. 수많은 경영자들과 긴장감 넘치는 인터뷰를 여러 번 해봤지만, 이렇게 누군가 나를 향해 퍼부은 적은 한 번도 없었다. 나는 놀랐지만, 솔직히 말해 약간 들뜬 기분도 들었다. '황의 분노'를 직접 경험했다는 것은 어떤 의미에서는 영광이었다. 그의 내밀한 인맥에 들어가는 사람이라면 누구나 겪는 일종의 통과의례 같았다.

회의실을 나오며 나는 PR 담당자 중 한 명에게 말했다. "잘 진행된 것 같네요." 그가 웃으며 답했다. "아, 그거요? 그건 아무것도 아니에요."

생각하는 기계의 미래

인터뷰가 끝난 후, 나는 근처 데이터센터에 위치한, 1만 개 칩으로 구성된 슈퍼컴퓨터 이오스^{Eos}를 보러 이동했다. 이오스의 속도는 어마어마했다. 예를 들어 이 슈퍼컴퓨터는 오픈AI의 GPT-3 모델을 4분 이내에 훈련시켰다. 그곳에서 베테랑 슈퍼컴퓨터 엔지니어인 마크 해밀턴$^{Marc\ Hamilton}$을 만났다. 그는 나를 에어록을 지나 무균 상태인 데이터센터 내부로 안내했다. 그곳에서는 벽으로 구분된 수십 개의 팟^{pods} 안에 있는 엔비디아 하드웨어 랙들이 형광등 불빛 아래서 끊임없이 깜박이고 있었다.

인간이 컴퓨터의 영역에 발을 들이는 것은 마치 어떤 신성한 공간을 침범하는 듯한 느낌을 주었다. 수천 개의 팬이 동시에 작동하면서 내는 둔탁한 소음은 멀리서 들리는 박수 소리 같았다. 하지만 나는 거의 정신을 차릴 수 없었다. 아직도 젠슨에게 혼난 일 때문에 정신이 아득했다. 그가 일부러 그런 걸까? 당시에는 아무 이유 없이 폭발한 듯했던 그의 행동이, 돌아보니 의도적이었던 것 같았다.

우리의 대화를 다시 떠올려보니, 젠슨은 갑자기 나에게 화를 낸 것이 아니었다. 오히려 몇 분에 걸쳐 의도적으로 점점 더 화를 내는 상태로 자신을 몰아간 것 같았다. 특히 내가 아서 C. 클라크의 영상을 보여준 것이 얼마나 어리석었는지를 반복적으로 언급하면서, 마치 일부러 격분을 쌓아 올리는 듯한 모습이었다.

나는 그 질문이 그렇게 멍청하다고 생각하지 않았고, 그건 지금도 마찬가지다. 기계적 두뇌가 생물학적 두뇌보다 더 빠르게 진화할 것인지에 대한 질문은, 기계적 두뇌를 만들어 막대한 부를 쌓은 사람에게 충분히 해볼 만한 질문이라고 생각한다. 게다가 나는 젠슨 황에게 답변을 강요하지도 않았고, 그 질문에 그가 화났음이 분명해지자 몇 번이나 주제를 더 안전한 방향으로 틀려고 노력했다. 그러나 젠슨은 그렇게 하지 못하게 했다.

돌이켜보니 젠슨은 애초에 화를 내고 싶었던 것 같다. 그는 의도적으로 나를 혼내기로 결심한 듯했다. 일단 그 퍼포먼스가 시작되자 그의 분노는 진심이었다. 하지만 그 모든 것은 그가 전달하고 싶었던 더 큰 메시지의 일부였다. 그것은 단지 그가 SF 소설을 읽지 않는다는 것만이 아니었다. 사실 그는 SF 소설을 진심으로 싫어했다. 그는 진지한 사람이었다.

다른 사람들이 실패한 분야 —병렬 컴퓨팅, AI, 옴니버스— 에서 젠슨이 성공할 수 있었던 이유는 그가 미래에 대한 공허한 추측을 전혀 용납하지 않았기 때문이었다. 그는 기술을 철저하게 기본 원리에서 출발해 냉정하게 검토했다. 그는 낙관주의나 두려움에 흔들리지 않았고, 냉정하고, 자제력을 갖춘 상태로 비즈니스 논리에 의해 움직였다. 그는 그런 비즈니스 논리를 기업 예지력의 한계를 넘어 관철할 수 있는 유일한 인물이었다. 그 이상의 것에는 관심을 두지도, 상상하려 하지도 않았다. 인류 멸종의 가능성은 그의 입장에서는 기업 전략의 문제가 아니었기 때문에, 그에게는 지도에서 미지의 영역에 용을 그리는 것만큼이나 어리석은 일이었다.

나는 지금까지 만난 엔비디아 임원들의 철저한 태도를 떠올렸다. 젠슨은 그들을 마치 피아노 줄처럼 팽팽하게 조여놓은 듯했다. 그들은 자신감 있고 똑똑하며 미세한 사항까지 아주 철저하게 준비되어 있었다. 나는 그들이 실수하는 모습을 본 적이 한 번도 없었다. 갑자기 떠오른 또 다른 기억이 있었다.

엔디비아 임원들은 자신들이 만들고 있는 기술이 미래에 가질 함의에 대해 이야기하기를 극도로 꺼렸다. 나는 그들의 이러한 꺼림칙함이 불편함을 넘어 두려움으로 이어지는 것을 느꼈었다. 그리고 이제야 그 두려움의 근원이 어디였는지 알 것 같았다. 그들은 인류를 멸망시킬 가능성보다 젠슨이 자신에게 소리치는 것을 더 두려워한 것이었다.

한 컴퓨팅 팟에 다가갔을 때 자동으로 문이 열리면서 내 상념은 끊어졌다. 나는 깜짝 놀라 뒤로 물러섰고, 등은 곧게 펴졌으며, 팔에 소름이 돋았다. 잠시 망설이다가 안으로 들어갔다. 사방에서 불어오는 공기에 휩싸였다. 내 양 옆의 랙에 설치된 냉각팬들이 끊임없이 윙윙거렸고, 바닥의 환풍구에서 불어오는 바람에 바지가 펄럭였다. 무언가를 생각하기에는 소음이 너무 컸다. 나는 이제 컴퓨터의 뇌 안에 서 있었다.

내 주변의 회로들은 초당 1,000경 번의 계산을 수행하고 있었다. 이 시스템은 우리 모두를 죽이거나, 우리를 구원할 것이다. 어떤 일이 일어나든, 그것은 젠슨의 칩 위에서 일어날 것이다. 나는 이 모든 스택을 상상하려 했다. 옹스트롬 크기의 트랜지스터에서부터 복잡한 회로 아키텍처, 이안 벅의 수학적 마법, 바스 아르츠의 컴파일러, 존 니콜스의 쿠다 툴셋, 그리고 마침내 그 위에 있는 초자연적인 속도로 진화하는 거대한 겹겹의 시뮬레이션 뉴런 그리드에 이르기까지. 여기에 서 있는 동안 원자의 규모에서부터 기계 의식의 새벽까지, 엔비디아가 이뤄낸 성취의 규모를 조금씩 깨닫기 시작했다. 그러나 진정으로 이 모든 것을 볼 수 있는 사람은 오직 젠슨 황, 즉 미국의 다이달로스뿐이었다.

소음 때문에 소리를 지르며 이오스가 어떤 문제를 해결하고 있는지 물었다. 마크는 GPT-4o 스타일의 엔비디아 내부 모델을 훈련하고 있다고 대답했다. 다시 말해 나는 지금 언어 모델에 둘러싸여 있었다. 나를 점점 따라잡고 있는, 언젠가 곧 나를 대체할 그런 모델이었다. 마크 해밀턴은 팬 소음을 뚫고 소리를 지르며, 훈련을 완료하려면 이 컴퓨터가 1,000조 번를 300억 회 곱한 만큼의 연산을 수행해야 한다고 말했다.

나는 주위를 둘러보았다. 낡고 죽어가는 내 육체가 초라하게 느껴졌다. 팻은 아름다웠다. 나는 아무것도 아니었다. 그것에 맞서 싸울 방법은 없었다. 이것이 바로 생각하는 기계였다. 그리고 팬이 한 바퀴씩 돌 때마다, 회로가 한 번씩 맥동할 때마다, 그것은 조금씩 더 똑똑해지고 있었다.

THE THINKING MACHINE

이 책의 독자를 부러워하며

멈출 수 없었다. 종종 밤 늦게까지 작업했고, 주말에도 어김없이 일했다. 마감 일정은 이유 중 하나일 뿐이었다.

그보다 더, 다음 내용이 궁금했다. 무모하기 짝이 없던 젠슨 황의 시도가 과연 성공했을까, 깐깐한 행동주의 투자자는 엔비디아 경영에 얼마나 관여할 수 있었을까, 황이 화이트보드의 기존 메모를 싹 다 지우고 새로 적은 'O.I.A.L.O.', 즉 일생일대의 기회 프로젝트는 어떻게 추진되었을까….

주요 대목이 마치 소설처럼 읽혔다. 젠슨 황의 유일무이한 리더십과 전략 실행, 그가 규합한 각 분야 인재들의 활약, 엔비디아가 마침내 정보기술 산업의 중원을 차지하는 과정 등이 그랬다. 주역에 캐스팅된 된 인물들은 다채로운 개성을 한껏 드러냈다.

지적인 흥미는 기본이다. 그래픽칩에서 병렬 컴퓨팅으로, 고도의 연산 능력을 원하는 연구 분야로의 확장, 생성형 AI와의 결합에 이르기까지 모든 내용이 직소퍼즐처럼 맞춰진다.

스티븐 위트는 기술을 다루면서도 직관적인 설명과 다양한 수사법, 풍부한 인용을 통해 독자에게 지루할 틈을 주지 않는다. 한 챕터를 마무리하면서는 다음 챕터의 미끼를 흔든다.

이처럼 다면적인 이 책의 미덕이 한국어로도 고스란히 전해질 수 있을까. 번역하면서 고심한 점이다. 한 단어를 몇 주 뒤 다른 낱말로 바꾸기도 했다.

부럽다. 이 책을 쓰는 기회를 잡은 저자와 그의 취재력, 필력이.

또한 부럽다. 나처럼 업무 부담을 지지 않은 채 오롯이 읽는 즐거움을 누릴 이 책의 독자가.

옮긴이 백우진

감사의 말

.

젠슨 황과 엔비디아 팀에게, 그들이 제공한 시간과 솔직함, 통찰력에 대해 감사합니다. 특히 이 프로젝트가 가능하도록 힘써준 밥 셔빈Bob Sherbin에게 깊이 감사합니다. 밥, 모든 것에 고마움을 표합니다. 당신은 내게 평생 잊지 못할 기회를 주었습니다. 또한 이 책을 위해 자신의 이야기를 나눠준 모든 분들께 감사합니다. 특히 옌스 호르스트만과 커티스 프리엠, 존 페디, 데이비드 커크에게 고맙습니다.

〈뉴요커〉에서 이 책으로 이어진 매거진 기획 연재를 맡고, 진행해 준 윌링 데이비슨Willing Davidson과 팀원들께 감사합니다. 윌링은 뛰어난 편집자이며, 여러분도 그에게 아이디어를 제안해 보기를 권합니다. 또한 내 원고를 다시 한번 기획하고, 편집하고, 출간해 준

바이킹 출판사의 앨리슨 로렌첸Allison Lorentzen과 보들리 헤드의 스튜어트 윌리엄스Stuart Williams에게도 감사를 전합니다. 앨리슨과 스튜어트, 두 분의 통찰력과 조언은 매우 소중했습니다.

이 원고의 사실 확인을 도와준 숀 라버리Sean Lavery와 이누오 시Yinuo Shi, 안나 코던스키Anna Kordunsky에게도 감사를 표합니다. 그리고 언제나 그렇듯, 내 에이전트 크리스 패리스-램Chris Parris-Lamb에게 무한한 감사의 마음을 전합니다. 그는 10년 넘게 내 경력 활동을 지지하고 응원해 주었습니다. 크리스를 만난 것은 내게 큰 행운입니다.

메건 맥에너리Meghan McEnery는 내가 이 프로젝트를 진행하도록 격려해 주었고, 내 사기와 감정 측면에서 지원을 아끼지 않았습니다. 고마워요, 메건. 당신 없이는 이 책을 쓸 수 없었을 거예요. 또 나와 함께 엔비디아에 대한 흥미를 공유하며 여러 시간에 걸쳐 엔비디아에 대해 이야기를 나눠준 친구 제이 버드직Jay Budzik과 마커스 모레티Marcus Moretti에게도 고마움을 표합니다.

항상 나를 응원해 주신 부모님 레너드Leonard와 다이애나Diana, 아울러 언제나 내게 영감을 주는 누나 에밀리Emily에게도 감사를 전하고 싶습니다. 그리고 아빠가 며칠씩 어두운 방에 틀어박혀 글을 쓸 때도 참아준 딸 제인Jane에게도 고맙습니다. 고마워, 제인. 이 책은 너를 위한 거야.

엔비디아 젠슨 황 ✕ 생각하는 기계 **493**

옮긴이 백우진

번역자·저술가. 무크 《버핏클럽》의 편집장으로 활동했고, 《주식시장은 어떻게 반복되는가》를 공역했다. 옮긴 책으로 《인구 대역전》과 《arm, 모든 것의 마이크로칩》, 《맥스 테그마크의 라이프 3.0》《부의 완성》 등이 있다. 지은 책으로 《슈퍼개미가 되기 위한 38가지 제언》과 《1% 일잘러의 글쓰기 비밀노트》, 《단어의 사연들》 등이 있다. 서울대학교 경제학과와 동 대학원을 졸업했다.

엔비디아 젠슨 황,
생각하는 기계

1판 1쇄 인쇄 2025년 5월 15일
1판 1쇄 발행 2025년 5월 25일

지은이 스티븐 위트
옮긴이 백우진

발행인 양원석 **편집장** 최두은
디자인 조윤주 **영업마케팅** 윤송, 김지현, 백승원, 유민경
해외저작권 임이안, 안효주

펴낸 곳 ㈜알에이치코리아
주소 서울시 금천구 가산디지털2로 53, 20층 (가산동, 한라시그마밸리)
편집문의 02-6443-8844   **도서문의** 02-6443-8800
홈페이지 http://rhk.co.kr
등록 2004년 1월 15일 제2-3726호

ISBN 978-89-255-7376-2 (03320)

THE
THINKING
MACHINE